21 世纪高等院校金融类系列实验教材

国际贸易结算实验教程

林晓慧　刘　玲　编著

经济科学出版社

图书在版编目（CIP）数据

国际贸易结算实验教程／林晓慧，刘玲编著．—北京：经济科学出版社，2010.8

21 世纪高等院校金融类系列实验教材

ISBN 978－7－5058－9720－5

Ⅰ.①国…　Ⅱ.①林…②刘…　Ⅲ.①国际贸易－国际结算－高等学校－教材　Ⅳ.①F830.73

中国版本图书馆 CIP 数据核字（2010）第 141457 号

责任编辑：周胜婷
责任校对：杨晓莹
技术编辑：董永亭

国际贸易结算实验教程

林晓慧　刘　玲　编著

经济科学出版社出版、发行　新华书店经销

社址：北京海淀区阜成路甲 28 号　邮编：100142

总编部电话：88191217　发行电话：88191109

网址：www.esp.com.cn

电子邮件：esp@esp.com.cn

北京京津彩色有限公司印装

787×1092　16 开　23.25 印张　530000 字

2010 年 8 月第 1 版　2010 年 8 月第 1 次印刷

ISBN 978－7－5058－9720－5　定价：38.00 元

目　录

第二部分 单元实验

第三部分 综合实验

绪 论

一、国际贸易结算概述

1. 有关概念

国际结算是指处于两个不同国家的当事人通过银行办理的涉及商品买卖、服务供应、资金调拨、资金借贷等项活动的跨国货币收付业务，是一项国际间的综合经济活动，是保障与促进国际间各项活动与交往正常进行的必要手段。

根据发生国际债权债务关系的原因，国际结算可分为贸易结算与非贸易结算。

（1）国际贸易结算：是指有形贸易活动（即由商品的进出口）引起的货币收付活动，是国际结算的主要内容。其项目单一，但在国际收支中占有特殊地位，并具有结算方式的多样性。

（2）国际非贸易结算：是指由有形贸易以外的活动（包括国际资本流动、国际资金借贷、技术转让、劳务输出、侨民汇款、捐赠、利润与利息收支、国际旅游、运输、保险、银行业等活动）引起的货币收付活动。它的项目繁多，但结算方式简单，只涉及部分结算方式的内容。

2. 学习国际贸易结算的意义

国际结算是随着国际贸易的出现而产生的，直到20世纪80年代初，国际贸易结算金额都远高于非贸易结算。但近年来，随着国际信贷、外汇买卖等金融交易的迅速增加，国际非贸易结算的笔数和金额均已远远超过国际贸易结算。但是，国际贸易结算在整个国际结算中仍然占据重要地位。这不仅因为它是国际贸易活动中不可缺少的组成部分，而且就国际贸易结算实务而言，贸易结算较非贸易结算要复杂得多，它几乎使用了所有国际结算的手段和方式。作为一门学科，国际贸易结算也是全部国际结算的核心和基础。因此，学习国际结算，就必须首先学习国际贸易结算。

二、国际贸易结算的演变过程

1. 从现金结算到非现金结算

最早期的国际贸易是卖方一手交货，买方一手交钱，货款两清；后来为适应大量远洋贸易发展，出现了采用票据及其他信用支付方式来结清债权债务关系的方法。

2. 从货物买卖到单据买卖

随着海运事业的发展，贸易、运输、保险分化为三个独立的行业，发票、运输单据（如海运提单）、保险单等相继问世，成为贸易中的主要商业单据。交易单据化的发展，确定了贸易商凭单付款结算的交易原则。

3. 从直接结算到间接结算

伴随贸易方式和运输方式的多元化，银行信用也逐步加入到国际结算业务中，并最终成为国际结算的业务中枢。贸易商与银行之间的关系体现为：委托代理关系、融资信贷关系、担保关系、顾问咨询关系。

4. 从人工结算到电子结算

随着计算机网络和通信技术的迅猛发展，传统的手工结算方式逐渐被电子化、网络化的结算系统所取代。“电子数据交换”（Electronic Data Interchange，EDI）实现了无纸贸易，降低了成本和费用，提高了效率。

目前国际上主要的清算系统有：

（1）环球同业银行金融电讯协会（Society for Worldwide Inter-bank Financial Telecommunications，SWIFT）

SWIFT 系统建于 1977 年，是目前影响最大的国际银行间清算网络。SWIFT 成员都拥有 SWIFT 的银行代码（Bank Indentification Code，BIC），该代码可以在 SWIFT 电文中使用。使用 SWIFT 系统必须严格按照 SWIFT 手册操作，否则将会被系统自动拒绝。

SWIFT 手册给出了各种电文的规范格式，其中常用的格式有：MT103 用于单独客户汇款（即发出 Payment Order，简称 P. O.，银行为非金融业客户间汇付划拨用的“支付授权书”）；MT202 和 MT205 用于银行间资金的划拨（即发出 Bank Transfer，简称 B. T.，银行间资金划拨的“银行划账拨单”），其中 MT205 用于同一国家银行间的资金划拨；MT700 和 MT701 用于开立信用证（其中 MT701 格式在信用证较长的时候应用）；MT707 用于修改信用证；MT900 和 MT910 分别用于发借记报单和贷记报单等。

SWIFT 系统以其费用低廉、安全、可靠、快捷、标准化、自动化等优点，已成为银行之间划拨资金、开立信用证和往来联系的主要通信工具。

目前，中国多家银行已加入 SWIFT，成为该协会会员。这些银行及其识别代码分别是：中国银行（BKCHCNBJ）、中国人民银行（PBOCCNBJ）、中国工商银行（ICBKCNBJ）、中国建设银行（PCBCCNBJ）、中国农业银行（ABOCCNBJ）、中国投资银行（IBOCCNBJ）、交通银行（COMMCNBJ）和中信实业银行（CIBKCNBJ）。

（2）纽约同业银行电子清算系统（Clearing House Inter-bank Payments System，CHIPS）

CHIPS 系统成立于 1970 年，属纽约清算所协会所有并经营，成员有分属 40 多个国家的 100 多家银行。由于凡涉及美元的清算最终都要在美国完成，故该系统是国际清算中一个非常重要的系统。

CHIPS 系统为每个客户编制了 6 位数代码，即“Universal Identification Number”，简称 UID，以方便系统自动处理收付款。CHIPS 电文中还常涉及“美国银行协会代码”（Amercian Bankers Association Number，简称 ABA No.）。以上号码齐全的电文被称为“qualified payment”，享受优惠的使用费率。发送电文时，如果没有借记方或贷记方的 UID 号码，可以使用其在 CHIPS 成员银行的账号或其 SWIFT 银行代码。

CHIPS 只进行纽约同城清算。在纽约以外的其他城市的收付清算，需要通过美联储系统（Federal Reserves Wire Transfer System，简称 FEDWIRE）进行。

（3）伦敦同业银行自动清算系统（Clearing House Automated Payments System，CHAPS）

CHAPT 系统建于 1984 年，采用双重清算体制，一般商业银行先通过 CHAPS 系统成员的清算银行账户进行清算，然后在每天营业结束时，再由英格兰银行和成员清算银行进行清算。

（4）欧元清算系统之一——TARGET 跨国清算系统（Trans-European Automated Real-Time Gross Settlement Express Transfer System）。

TARGET 系统是由总部设在法兰克福的欧洲中央银行推出，用以处理欧元跨国清算业务时的实时总额清算系统。该系统将所有欧盟成员国的本国清算系统连接起来，使各清算行的欧元清算只需要通过本国中央银行即可与该系统完成互相交换数据。非欧元区国家的银行只要在欧盟各国中央银行开有账户即可申请成为 TARTEGT 清算银行。

三、国际贸易结算的特点

1. 国际贸易结算是全部国际结算的核心和基础。
2. 国际贸易结算是现代商业银行的中间业务。
3. 国际贸易结算实行推定交货的原理。
4. 国际贸易结算与金融学科密切相关。

四、本实验教程的结构体系安排

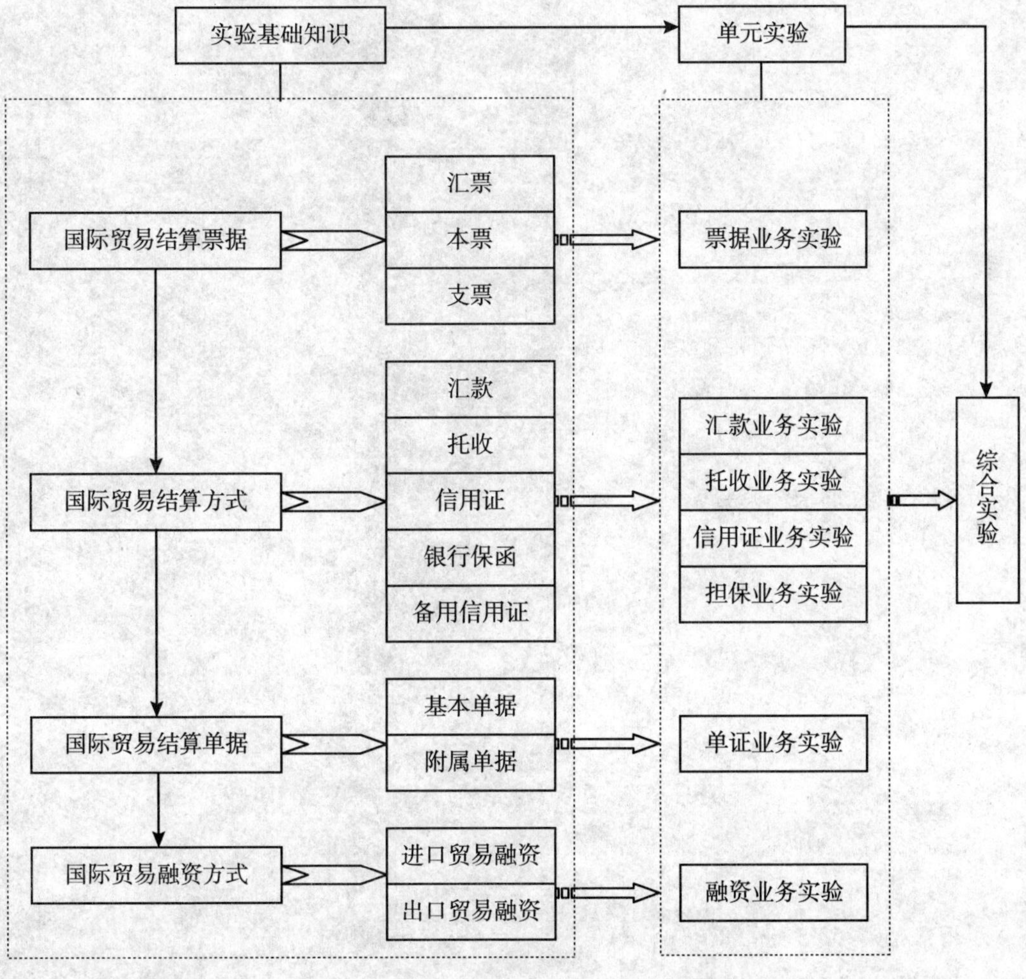

第一部分

实验基础知识

第一章　国际贸易结算票据

第一节　票据的概念、特性及当事人

表 1.1-1　　票据概述

票据的概念	广义的票据	一切商业权利凭据，即某人拥有的不在其实际占有下的一定金钱或商品的所有权或索取权的各种商业书面权利凭证。如股票、债券、提单、汇票等
	狭义的票据	以支付货币为目的的特殊证券，即由出票人签名于票据上，约定由自己或另一人无条件地支付确定金额的可流通转让的证券。包括汇票、本票、支票
票据的特性	设权性（Right to be Paid）	票据一经签发并交付，即创设了一种请求权。按照权利行使的先后顺序，分为付款请求权和追索权
	流通性（Negotiability）	票据的基本特征。指票据权利通过交付或背书及交付进行转让，不必通知债务人
	无因性（Non-causative Nature）	持票人行使票据权利时，无须证明取得票据的原因，只要票据的记载合格，符合法定要式，持票人就能取得票据文义载明的权利
	要式性（Requisite in Form）	票据的制作、形式和内容必须完全符合法律规定
	提示性（Presentment）	持票人请求付款人履行票据义务时，必须向付款人提示票据，才能请求给付票款
	返还性（Returnability）	持票人收到款项后，应将票据交还付款人
票据的作用	支付和流通工具	以票据代替现金清偿国际间的债权债务；票据经背书后可以连续转让，减少现金使用，提高效率
	信用和融资工具	票据本身无价值，它是建立在信用基础上的书面支付凭证，从一定程度上可解决企业资金周转困难
票据的法律体系	英美法系	以《英国票据法》为代表
	大陆法系	以《日内瓦统一票据法》为代表

表 1.1 –2　　　　票据的当事人

汇票进入流通领域前	基本当事人	出票人（Drawer）	开立、签发和交付票据的人。出票人在承兑前是主债务人，承兑后是次债务人
		付款人（Drawee）	接受无条件支付命令的当事人，又称受票人（Addressee），不一定是票据的主债务人。但其一旦对远期票据进行承兑，就成为票据的主债务人，即承兑人（Acceptor）
		收款人（Payee）	收取票款的人，是首先拥有票据的人，即第一持票人
汇票进入流通领域后	一般当事人	背书人（Endorser）	在票据背面签字以将票据权利转让他人的人
		被背书人（Endorsee）	接受票据权利转让的受让人，是票据的债权人，享有付款请求权和追索权。被背书人可继续背书转让票据
		保证人（Guarantor）	为票据债务人的票据行为提供担保并在票据上签章的人，是票据债务人以外的第三人。保证人与被保证人承担相同责任
		参加承兑人（Accept for Honor）	当票据提示被拒绝承兑时，在票据上签章，表示参加承兑的人。参加承兑人是票据的债务人
		持票人（Holder）	指现在正持有票据的人。可分为正当持票人（善意持票人，即善意地付了对价的、取得一张表面完整、合格、未到期票据的持票人）和对价持票人（不论持票人自己是否付了对价，只要前手付过对价转让到现在持有汇票的人）

第二节　票据行为

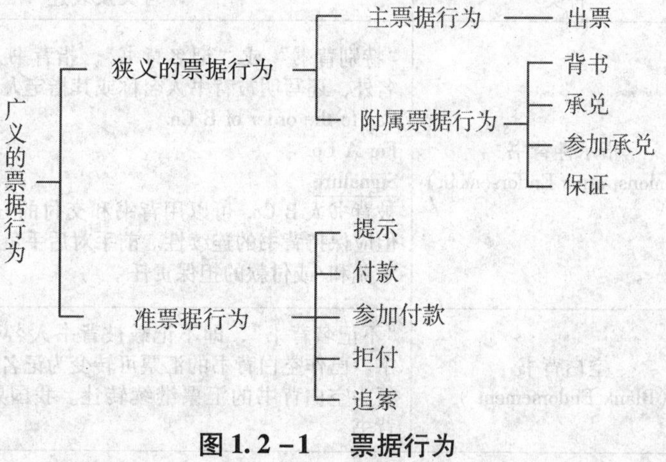

图 1.2 –1　票据行为

一、出票（Issue）

出票人签发汇票并将其交给收款人的行为。出票是票据诸行为中主要的票据行为，其他行为都是在出票的基础上进行的。票据上收款人的记载，称为“抬头”，一般有三种写法。

表 1.2.1 –1　票据抬头人的写法

写法	含义	表述方式
限制性抬头（Restrictive Order）	限制不得转让他人，从而保留抗辩权	Pay to A only（仅付 A）
		Pay to A not transferable（仅付 A，不得转让）
指示性抬头（Demonstrative Order）	用背书和交付方式转让	Pay to the order of A（支付给 A 的指定人）
		Pay to A or order（支付给 A 或其指定人）
		Pay to A（支付给 A）
持票人或来人抬头（Payable to Bearer）	无须由收款人或持票人背书，仅凭交付就可转让	Pay to bearer（支付来人）
		Pay to A or bearer（支付 A 或来人）

二、背书（Endorsement）

由汇票持有人在汇票背面签上自己的名字，或再加上受让人（即被背书人）的名字，并把汇票交给受让人的行为。

表 1.2.2 –1　背书的种类

分类	种类	含义及表述
转让背书	指示性背书（Demonstrative Endorsement）	“特别背书”或“记名背书”，指背书人除在票据背面签名外，还写明被背书人名称或其指定人。例： Pay to the order of B Co. For A Co. Signature 被背书人 B Co. 可以用背书和交付的方式继续转让票据，但应保持背书的连续性。前手对后手负有保证票据必然被承兑和/或付款的担保责任
	空白背书（Blank Endorsement）	“不记名背书”，即不记载被背书人名称，只有背书人签字。已作空白背书的汇票可转变为记名背书。此后也可回复为空白背书的汇票继续转让。我国票据法不允许空白背书

续表

分类	种类	含义及表述
非转让背书	限制性背书 （Restrictive Endorsement）	不可转让背书，禁止被背书人将汇票再行流通或转让 Pay to…Co. only Pay to…Bank，not transferable Pay to…Bank，not negotiable
	托收背书 （Endorsement for Collection ）	托收背书的票据并非所有权的转让，而只是要求被背书人按照委托为其代收票款的指示 在“Pay to the order of …Bank”的前面或后面写上“For Collection”（委托取款）字样
	质押背书 （Endorsement for Pledged）	持票人向银行或其他贷款人借款而在作抵押的汇票上背书的行为。在质押期内，背书人仍是该票据的所有权人；若背书人到期无力赎回，被背书人可以依法实现其质权成为正当持票人，并可以自身名义行使追索权

备注：实务中，票据背面注明背书位置，如“ENDORSE HERE”，则申请人应在规定位置背书；如没有规定收款人背书位置，应遵循将票据正面从右向左翻至票据背面，在背面右边贴近边缘处背书。其他背书人应按照取得票据的先后顺序在第一背书人背书位置下方逐一背书。

三、承兑（Acceptance）

付款人对远期票据表示承担到期付款责任的行为。承兑行为的完成包括记载“Accepted”（承兑）字样并签名和将已承兑票据进行交付两个动作。付款人在承兑票据后就变成承兑人，承担到期向持票人支付的主要责任。

表 1.2.3－1 **承兑的种类**

种类	含义		表述方式
普通承兑 （General Acceptance）	承兑人对出票人的指示不加限制地同意确认		ACCEPTED July 13th，2007 For C Co. signature
限制承兑 （Qualified Acceptance）	承兑时用明白的措辞改变汇票承兑后的效果	有条件的承兑	ACCEPTED July 13th，2007 Payable on delivery of Bills of Lading For ABC Bank Ltd.，London signature
		部分承兑	ACCEPTED July 13th，2007 Payable for amount of USD 800.00 only For ABC Bank Ltd.，London signature

续表

种类	含义		表述方式
限制承兑 (Qualified Acceptance)	承兑时用明白的措辞改变汇票承兑后的效果	限定地点承兑	ACCEPTED July 13th, 2007 Payable at the Hamburg Bank and there only For ABC Bank Ltd., London signature
		延长时间承兑	ACCEPTED July 13th, 2007 Payable at 6 months after the date of draft For ABC Bank Ltd., London signature

四、参加承兑（Acceptance for honor）

在票据因付款人拒绝或付款人死亡等其他原因无法获得承兑时，由第三者，即参加承兑人（Acceptor for Honor）对票据进行承兑以保全票据上有关债务人的信用。参加人只有在付款人到期拒绝付款时才给予付款，是从债务人，且只对被参加承兑人（The Person for Whose Honor Acceptance Has Been Given）及其后手承担义务。参加承兑是汇票特有的制度。参加承兑行为一般表示如下。

ACCEPTED FOR HONOR OF B COMPANY
JULY 25, 2007
FOR Z COMPANY
SIGNED

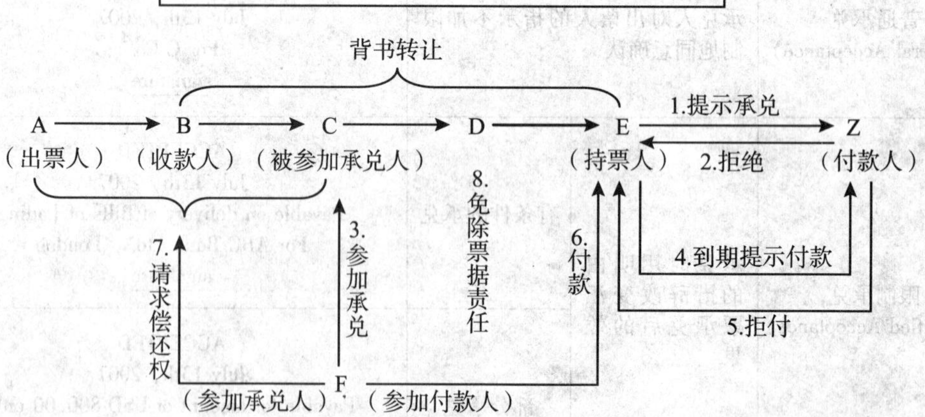

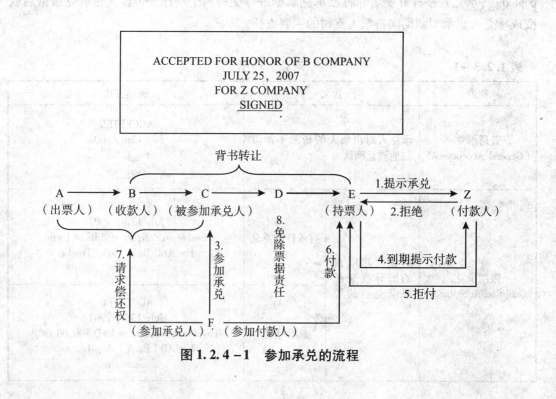

图 1.2.4－1　参加承兑的流程

五、保证（Guarantee 或 Aval）

保证是指非票据债务人凭自己的信用，对票据的有关债务人（如出票人、背书人、承兑人等）支付票款进行担保的附属票据行为。保证一经做出，保证人即与被保证人负有相同的责任。保证不得附有条件，如附有条件，并不影响保证人对票据的保证责任。常见的保证文句如下。

例（1）	例（2）	例（3）
GOOD AS AVAL for a/c of ________ signed by ________ dated on ________	PER AVAL given for ________ signed by ________ dated on ________	PAYMENT GUARANTEED signed by ________ dated on ________

六、提示（Presentation）

提示是指持票人将票据提交付款人要求承兑或付款的行为。提示可分为付款提示和承兑提示。承兑提示是对远期汇票而言的票据行为；付款提示则使用于即期汇票或已到期和已承兑的远期汇票，均应在法定期限内完成。

七、付款（Payment）

付款是指持票人在规定的时效内，在规定的地点向付款人做付款提示，付款人按票据的命令支付票款的行为。对即期汇票，在持票人提示汇票时，付款人即应付款；对远期汇票，付款人经承兑后，在汇票到期日付款。付款后，汇票上的一切债务即告终止。

八、参加付款（Payment for honor）

参加付款是指由票据付款人和担当付款人以外的第三人代为付款的行为。参加付款只有在票据被拒绝承兑或被拒绝付款并做成拒绝证书后发生。当票据付款人或担当付款人拒绝付款时，持票人本可依法在到期日前行使追索权，但若有参加付款，持票人便不得行使追索权。参加付款是为了保全特定票据债务人的信用，阻止持票人行使追索权。

九、拒付（Dishonor）

持票人提示票据要求承兑时，遭拒绝承兑（Dishonor By Non-acceptance），或持票人提示票据要求付款时，遭拒绝付款（Dishonor By Non-payment）均称拒付，也称退票。此外，付款人避而不见、死亡或宣告破产，以致付款事实上已不可能时，也称为拒付。为了使每一个前手都负责，持票人应在发生退票时，依次通知其前手，直至出票人。退票通知在实践中有两种做法：第一种是依次通知其前手；第二种是持票人通知全体前手。

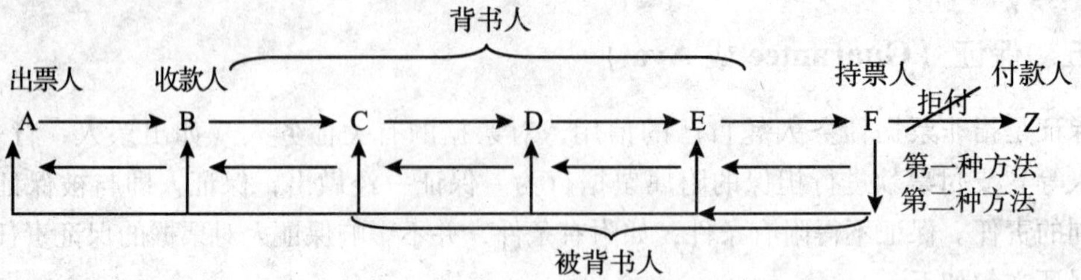

图 1.2.9－1　发出退票通知的办法

十、追索（Recourse）

如汇票在合理时间内提示，遭拒绝承兑，或在到期日提示，遭拒绝付款，持票人有权向背书人和出票人追索票款。持票人为行使追索权应及时做出拒绝证书。索偿分两种：

期前追索金额＝票据金额－未到期利息＋费用

期后追索金额＝票据金额＋利息＋费用

表 1.2.10－1　　不同法律对汇票票据行为的时效规定

内容	中华人民共和国票据法	英国票据法	日内瓦票据法
提示期限	即期汇票在出票日起 1 个月内提示付款 见票后定期付款的汇票自出票日起 1 个月内提示承兑 定日付款或出票日后定期付款的汇票在到期日前提示承兑，在到期日起 10 日内提示付款	即期汇票在合理时间内提示付款 未承兑的远期汇票在合理时间内提示承兑 已承兑的远期汇票在到期日提示付款	即期汇票在出票日起 1 年内提示付款 见票后定期付款的汇票在出票日起 1 年内提示承兑 已承兑的汇票在到期日或其后 2 个营业日内提示付款
拒绝证书做成期限	无规定	拒绝承兑或拒绝付款后 1 个营业日内	拒绝承兑证书应于提示承兑期限内作出
拒付通知	收到拒付证明或通知后 3 日内通知其前手	拒付后 1 个营业日内通知其前手，前手收到通知之日后 1 个营业日内通知其前手	拒绝证书作成之日后 4 个营业日内持票人应通知其前手 每一背书人应于收到通知后 2 个营业日内通知其前手
追索权的行使	持票人对出票人和承兑人：到期日起 2 年，即期汇票自出票日起 2 年 持票人对其前手：被拒绝承兑或拒绝付款之日起 6 个月 持票人对前手的再追索权：自其清偿之日或被提起诉讼之日起 3 个月	债权成立之日起 6 年内	持票人对承兑人：到期日起 3 年内 持票人对背书人及出票人：作成拒绝证书之日或到期日起 1 年内 背书人对其他背书人及出票人：自清偿之日起 6 个月内

第三节　汇　　票

汇票（Bill of Exchange），简称 Draft 或 Bill，是国际贸易结算中使用最为广泛的票据。

一、汇票的定义

（1）我国《票据法》对汇票的定义：汇票是由出票人签发的，委托付款人在见票时或者在指定日期无条件支付确定的金额给收款人或者持票人的票据。

（2）英国《票据法》对汇票的定义：

汇票是由一人（出票人）签发给另一人（受票人）的无条件书面命令，要求受票人见票时或于未来某一规定的或可以确定的时间，将一定金额的款项支付给某一特定的人或其指定的人，或来人（受款人）。

二、汇票的内容

汇票是一种要式证券，所以必须要式齐全。汇票的内容包括必要项目和任意记载项目。其中，必要项目包括绝对必要项目和相对必要项目。前者是必须在票据上记载的事项，否则票据不发生法律效力（但各国法律对此要求并非完全一致）；后者尽管重要，如无记载，不影响汇票的有效性。汇票的必要记载项目主要如下：

（1）注明“汇票”字样。

（2）无条件支付命令。

（3）确定的金额。

（4）付款人名称和地点。

（5）付款时间或付款期限。

①　③　⑧
Exchange for USD 10 000.00　New York，May 15，2006
⑤　②　⑥
At sight of the bill of exchange　pay to C Co. or order
③
the sum of United States Dollars One Hundred Thousand Only
④　⑦
To：B Bank,
Guangzhou
For A Company，New York
signature

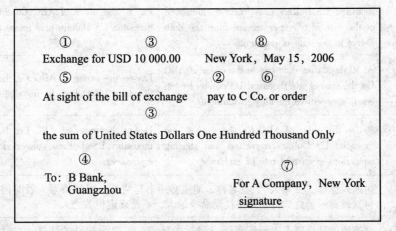

图 1. 3. 2 –1　汇票

（6）收款人名称。

（7）出票人签章。

（8）出票日期和地点。

表 1.3.2－1　　　　汇票的必要记载项目说明

<table>
<tr><th>必要记载项目</th><th colspan="3">内　容</th></tr>
<tr><td>注明“汇票”字样</td><td colspan="3">我国《票据法》和《日内瓦统一票据法》均明确规定汇票上必须写明“汇票”字样，否则汇票无效。英国《票据法》无此项要求，但为了防止与其他的支付工具混淆，一般都在汇票上加注“汇票”字样</td></tr>
<tr><td rowspan="5">无条件支付命令</td><td rowspan="3">有效表示</td><td>用英语祈使句，以动词开头，作为命令式语句</td><td>Pay to ABC Co. or order the sum of ten thousand US dollars.</td></tr>
<tr><td>支付命令连接着付款人可借记某账户的表示</td><td>Pay to ABC Bank or order the sum of ten thousand US dollars and charge/debit same to applicant's account maintained with you.</td></tr>
<tr><td>支付命令连接着发生汇票交易的陈述</td><td>Pay to ABC Bank or order the sum of ten thousand US dollars, Drawn under LC No. 12345 issued by XYZ Bank, New York dated on 15th August, 2005.</td></tr>
<tr><td rowspan="2">无效表示</td><td>附带条件的支付命令</td><td>Pay to ABC Co. providing the goods they supply are complied with contract the sum of one thousand US dollars.</td></tr>
<tr><td>使用一种特殊资金去支付的命令</td><td>Pay to ABC Co. out of the proceeds in our No. 1 account the sum of one thousand US dollars.</td></tr>
<tr><td rowspan="5">确定的金额</td><td colspan="3">任何人都可以计算出来或可以确定的金额，包括带有利息、分期付款、支付等值其他货币</td></tr>
<tr><td colspan="2">有效表示</td><td>无效表示</td></tr>
<tr><td colspan="2">Pay to the order of ABC Co. the sum of ten thousand US Dollars plus interest calculated at the rate of 6% per annum from the date hereof to the date of payment.</td><td>Pay to the order of ABC Co. the sum of ten thousand US Dollars plus interest.</td></tr>
<tr><td colspan="2">At 30 days after date pay to the order of ABC Co. the sum of one thousand US dollars by ten equal consecutive monthly installments.</td><td>Pay to the order of ABC Co. the sum of one thousand US Dollars by installments.</td></tr>
<tr><td colspan="2">Pay to the order of ABC Co. the sum of one thousand US Dollars converted into sterling equivalent at current rate of exchange.</td><td>Pay to the order of ABC Co. the sum of one thousand US Dollars converted into sterling equivalent.</td></tr>
<tr><td rowspan="2">付款人名称和付款地点</td><td colspan="3">付款人也称“受票人”，其名称、地点必须书写清楚，以便持票人及时向付款人提示付款或提示承兑。付款人是接受命令的人，不是确定付款之人</td></tr>
<tr><td colspan="3">付款地点是持票人提示汇票请求付款的地点。汇票到期日的计算、在付款地发生的“承兑”与“付款”等行为都要适用付款地法律</td></tr>
</table>

续表

必要记载项目	内容	
付款时间	见票即付（at sight or on demand）	提示汇票当天，即为付款到期日
	定日付款（at a fixed date）	on Nov. 15，2003（于×年×月×日付款）
	出票日后定期付款（at a determinable date after the date of drawing a draft）	at 30 days after the date of the draft
	见票日后定期付款（at a determinable date after sight）	at 30 days after sight
	延期付款（at a determinable after the date of bill of lading or other special date）	at 30 days after date of bill of lading
	定期付款的期限较多使用30、45、60或90天。计算到期日的方法：算尾不算头；假日顺延；月为日历月，以月为单位计算付款期限的，指日历上的月份；到期日无相同日期即为月末	
收款人名称	即汇票上记名的债权人，最初的权利人。汇票上收款人的记载，习称“抬头”	
出票人签章	凡在票据上签章的人都以负担票据债务为其意思表示内容。签章伪造或未经授权，视为无效。凡以个人名义代理或代表企业、银行、团体等单位作为出票人在汇票上签章时，应加注代理或代表字样。如For/On behalf of/Per pro ABC Co.，London	
出票日期和出票地点	记载出票日期的作用：决定票据的有效期限、决定付款到期日、判定出票人的行为能力	
	汇票是否成立是以出票地法律为依据。一般认为，汇票未注明出票地点也成立。我国《票据法》规定：“汇票未记载出票地的，出票人的营业场所、住所或者经常居住地为出票地。”	

汇票上除了记载必要项目外，有时还记载一些其他事项，这些就是任意记载事项。我国《票据法》规定，汇票上可以记载《票据法》规定以外的其他出票事项，但该事项不具有汇票的效力。如成套汇票、预备付款人、担当付款行、免做退票通知或放弃拒绝证书、无追索权等。

三、汇票的种类

表1.3.3-1　　汇票的种类

标准	分类	内容
按出票人不同	银行汇票（Banker's Draft）	出票人和付款人都是银行
	商业汇票（Commercial Draft）	出票人是工商企业或个人，付款人是工商企业、个人或银行

续表

标准	分　类	内　容
按付款时间不同	即期汇票（Sight Draft or Demand Draft）	付款人在见票或提示时立即付款的汇票
	远期汇票（Time Draft or Usance Draft）	在将来若干时日付款的汇票
按是否随附有货运单据	光票（Clean Draft）	净票或白票，不附带货运单据的汇票
	跟单汇票（Documentary Draft）	押汇汇票，附有货运单据的汇票
按承兑人不同	银行承兑汇票（Banker's acceptance Draft）	由银行承兑的远期汇票
	商业承兑汇票（Commercial acceptance Draft）	由工商企业或个人承兑的远期汇票
按当事人不同	国内汇票（Inland Draft）	出票人、付款人和收款人处在同一国的汇票
	涉外汇票（Foreign Draft）	出票人、付款人和收款人不在同一国的汇票

四、汇票的贴现和融资

（1）汇票的贴现（Discount）是指银行或贴现公司在远期汇票已承兑而未到期前，按汇票金额在扣除一定贴现息后，提前垫款给持票人的一种资金融通行为。贴现实际上是贴现申请人和银行之间的一种票据买卖关系。贴现利息的计算：

贴现息＝票面金额×贴现率×贴现天数÷360（或365）

（备注：美元通常按一年360天作为基础天数；英镑通常按365天作为基本天数。）

汇票贴现时，除要扣除贴现息外，持票人可能还需要承担承兑费、印花税。

（2）再贴现（Rediscount）是指贴现人贴现汇票后，如在汇票到期前急需资金，也可以提前将收款权利转让出去。再贴现通常由中央银行办理。

第四节　本　　票

一、本票的定义

（1）我国《票据法》对本票的定义是：本票是出票人签发的，承诺自己在见票时无条件支付确定的金额给收款人或者持票人的票据。

（2）《英国票据法》对本票的定义是：本票是一个人向另一个人签发的，保证即期或在可以确定的将来时间，保证对某人或其指定人或持票人支付一定金额的无条件的书面承诺。

二、本票的必要记载项目

（1）表明“本票”的字样。

（2）无条件支付承诺。

（3）出票的地点和日期。

（4）付款的期限。

（5）一定金额。

（6）收款人或其指定人。

（7）出票人名称和签字。

①　⑤　③
Promissory Note for USD500.00　　New York，Nov. 1，2006
④　②　⑥
At 30 days after date we promise to pay to B Co. or order
⑤
the sum of United States Dollars five hundred only
⑦
For A Bank，NewYork
signature

图 1.4.2－1　本票

三、本票的种类

表 1.4.3－1　　本票的种类

名　称	内　容
商业本票（Trade's Promissory Note）	由公司、企业或个人签发的本票
银行本票（Banker's Promissory Note）	由银行签发的本票，通常被用于代替现金支付
国际支付凭证（International Money Order）	一种多用途的以美元定值的支付凭证
存单（Certificate of Deposit）	可转让定期存单，一种大额、固定金额、固定期限的存款单证
国库券（Treasury Bill）	政府发行的短期公债，最高信用级别的短期有价证券
信用卡（Credit Card）	发行者和支付者都是同一家信誉卓著、资金雄厚的金融机构
旅行支票（Traveller's Cheque）	仅从付款人就是该票的签发人这点看，具有本票性质

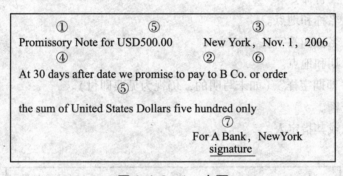

第五节　支　　票

一、支票的定义

（1）我国《票据法》对支票的定义是：支票是出票人签发的，委托办理支票存款业务的银行或者其他金融机构在见票时无条件支付确定金额给收款人或者持票人的票据。

（2）《英国票据法》将支票定义为：支票是以银行为付款人的即期汇票。

二、支票的必要记载项目

（1）写明“支票”的字样。
（2）无条件支付命令。
（3）付款人名称和地点。
（4）出票人名称和签字。
（5）出票日期和地点。
（6）写明“即期字样”（如未写明的，仍视为见票即付）。
（7）一定金额。
（8）收款人或其指定人。

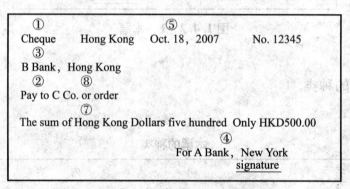

① Cheque　Hong Kong　⑤ Oct. 18，2007　No. 12345	
③ B Bank，Hong Kong	
② Pay to ⑧ C Co. or order	
⑦ The sum of Hong Kong Dollars five hundred　Only HKD500.00	
	④ For A Bank，New York signature

图 1.5.2－1　支票

三、支票的种类

表 1.5.3－1 支票的种类

<table>
<tr><th>分类标准</th><th>种类</th><th colspan="3">内 容</th></tr>
<tr><td rowspan="2">按收款人不同</td><td>记名支票</td><td colspan="3">收款人栏内记载收款人名称或其指定人，取款时必须由载明的收款人在背面签章后方可支取。可以背书转让</td></tr>
<tr><td>不记名支票</td><td colspan="3">来人支票或空白抬头支票，不记载收款人的具体名称，只写明“付交来人”(pay to bearer)。支款时无须收款人签章。持票人仅凭交付即可将支票权利转让</td></tr>
<tr><td rowspan="8">按支票是否划线</td><td>开放支票</td><td colspan="3">未划线支票，即可用于转账结算，也可用于支取现金</td></tr>
<tr><td rowspan="7">划线支票</td><td rowspan="7">在支票正面（一般左上角）划两道平行横线的支票。只能用于转账结算，不得用于支取现金</td><td rowspan="4">普通划线支票（前三种普通划线支票可以委托任何银行代收票款；后两种只能委托收款人的往来账户行入账）</td><td>（两道平行横线）</td></tr>
<tr><td>and Company</td></tr>
<tr><td>Not Negotiable</td></tr>
<tr><td>Account Payee 或 A/C Payee</td></tr>
<tr><td rowspan="3">特别划线支票（必须由横线内指定的银行代收票款）</td><td>Not Negotiable A/C Payee</td></tr>
<tr><td>ABC Bank Not Negotiable</td></tr>
<tr><td>ABC Bank A/C Payee
ABC Bank Not Negotiable</td></tr>
<tr><td rowspan="2">按支票是否保付</td><td>保付支票</td><td colspan="3">由付款银行批注“保付”(Certified to pay)字样并签字的支票。支票一经保付，签署保付的银行必须付款，保付银行成为主债务人</td></tr>
<tr><td>普通支票</td><td colspan="3">不保付支票，在付款上无特殊保障</td></tr>
<tr><td rowspan="3">按支票当事人不同</td><td>己付支票</td><td colspan="3">对己支票，出票人签发的以自己为付款人的支票</td></tr>
<tr><td>己受支票</td><td colspan="3">指己支票，出票人以自己为受款人而签发的支票</td></tr>
<tr><td>受付支票</td><td colspan="3">出票人签发的以付款人为收款人的支票，即付款人同时也是受款人</td></tr>
</table>

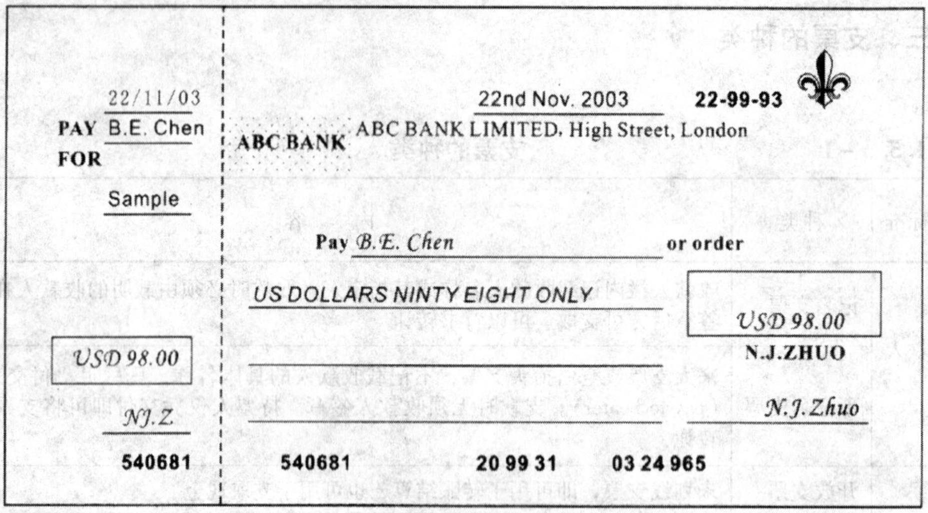

22/11/03
PAY B.E. Chen
FOR
Sample
USD 98.00
N.J.Z
540681

22nd Nov. 2003 22-99-93
ABC BANK ABC BANK LIMITED, High Street, London
Pay B.E. Chen or order
US DOLLARS NINTY EIGHT ONLY
USD 98.00
N.J.ZHUO
N.J.Zhuo
540681 20 99 31 03 24 965

图 1.5.3－1　开放支票

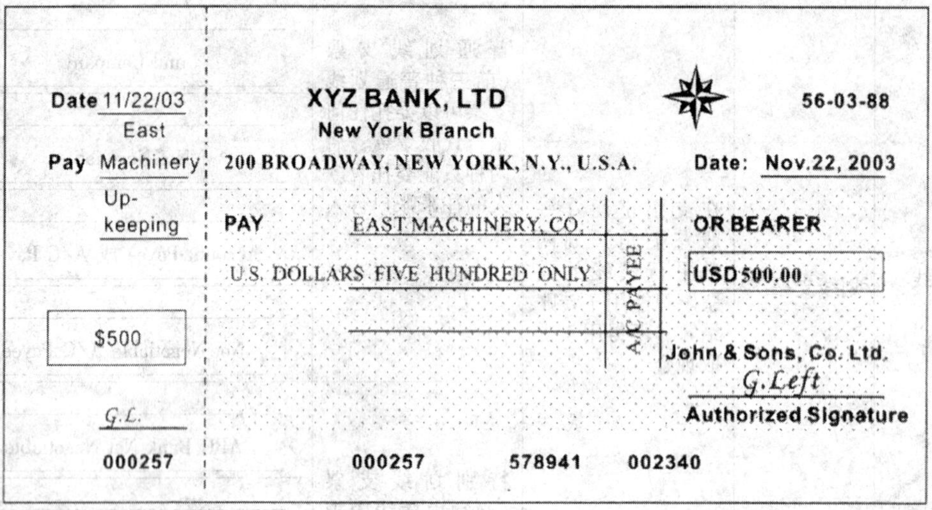

Date 11/22/03
Pay East Machinery Up-keeping
$500
G.L.
000257

XYZ BANK, LTD
New York Branch
200 BROADWAY, NEW YORK, N.Y., U.S.A.
56-03-88
Date: Nov.22, 2003
PAY EAST MACHINERY, CO. OR BEARER
U.S. DOLLARS FIVE HUNDRED ONLY
USD 500.00
A/C PAYEE
John & Sons, Co. Ltd.
G.Left
Authorized Signature
000257 578941 002340

图 1.5.3－2　划线支票

四、支票的拒付与止付

（1）支票的拒付是指付款银行对不符合付款条件的支票予以拒绝付款。拒付主要原因有：开出的支票不符合规定；存款余额不足；过期支票；支票已遭止付；出票人签字或签章不符等。

（2）支票的止付是指在支票解付之前予以撤销的行为。止付原因有：发生支票遗失或毁坏，出票人要求银行止付（如持票人要求止付，须取得出票人发出的书面通知方可办理）；出票人出票后发现收款人没有按合同履约，主动通知银行止付。

第六节　汇票、本票与支票的比较

表 1.6－1　　汇票、本票与支票的比较

比较内容		汇票	本票	支票
相同之处	都可以货币表示，金额一定			
	都必须是以无条件的书面形式做出			
	收款人可以是指定某人或来人			
	其他有关出票、背书、付款、追索权等票据行为的规定基本一致			
不同之处	①基本当事人	出票人、付款人、收款人	出票人、收款人	出票人、付款人、收款人
	②付款期限	即期或远期	即期或远期	即期
	③有无承兑行为	远期汇票须由持票人提示承兑	远期本票无须提示承兑	无远期支票，无须承兑
	④付款人	银行、企业或个人	银行、企业或个人	银行或其他金融机构
	⑤主债务人	承兑前是出票人，承兑后是承兑人	出票人	出票人
	⑥可开立的张数	一套（一式两份或数份汇票，但付一不付二）	一张	一张

第二章　汇款结算方式

第一节　国际汇兑概述

银行的主要业务有存款、贷款和汇兑。其中汇兑是指银行调拨资金的业务，俗称“拨头寸”。国际汇兑（International Exchange）是指银行借助一定的结算工具在不同国家的两地之间进行资金的划拨，以结清两国客户间的债权债务关系。汇出资金的银行称为汇出行；接受资金的银行称为汇入行。

国际汇兑按资金流向和结算工具的不同分为顺汇和逆汇两大类。

一、顺汇（Remittance）

又称汇付法（To remit），是指由债务人主动将款项交给本国银行，委托银行用某种结算工具支付一定金额给债权人的方式。其特点是款项和结算工具同时朝相同方向流动，即从债务人向债权人移动。

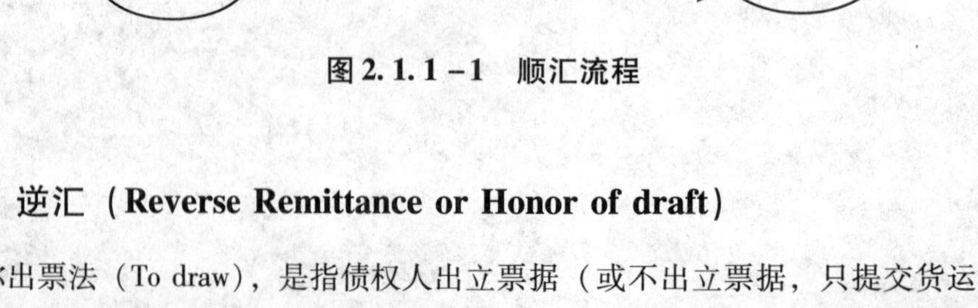

图 2.1.1－1　顺汇流程

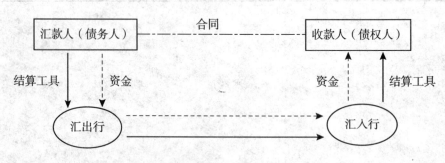

二、逆汇（Reverse Remittance or Honor of draft）

又称出票法（To draw），是指债权人出立票据（或不出立票据，只提交货运单据和/或收款清单），委托银行向国外债务人收取一定金额款项的方式。其特点是款项的流向和结算工具的传递相反，先有结算工具从债权人流向债务人，再有一定金额的款项从债务人流向债权人。

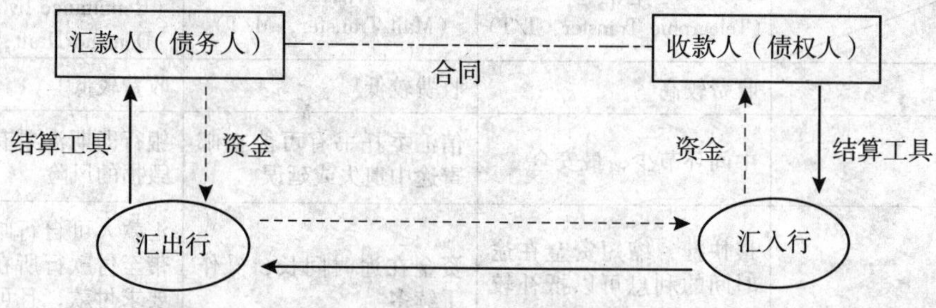

图 2.1.2－1　逆汇流程

第二节　汇　　款

一、汇款的定义及其当事人

（1）汇款（Remittance）或称汇付，是指付款人通过银行，主动把款项汇给收款人，以实现国际债权债务的清偿结算。汇款是顺汇方式，可单独使用，也可以与其他结算方式结合使用。既可适用于贸易结算，也适用于非贸易结算。

（2）汇款的当事人。

①汇款人（Remitter）：向银行交款，申请汇款的人。

②收款人（Payee or Beneficiary）：汇款人指定接受汇款的人。

对于贸易货款的支付而言，汇款人通常是贸易货物的买方；收款人通常是贸易货物的卖方。

③汇出行（Remitting Bank）：接受汇款人委托，办理汇出汇款业务的银行。

④汇入行（Paying Bank）：又称解付行，是接受汇出行委托，办理汇入汇款和解付汇款给收款人的银行。

二、汇款方式的种类

表 2.2.2－1　　汇款方式的比较

汇款方式 / 比较内容	电汇 (Telegrphic Transfer，T/T)	信汇 (Mail Transfer，M/T)	票汇 (Remittance by Banker's Demand Draft，D/D)
使用的汇付工具	电报、电传或 SWIFT，用密押证实	信汇委托书或支付委托书，用签字证实	银行即期汇票，用签字证实

续表

比较内容 \ 汇款方式	电汇 (Telegrphic Transfer，T/T)	信汇 (Mail Transfer，M/T)	票汇 (Remittance by Banker's Demand Draft，D/D)
费用	收费较高	收费较低	收费较低
安全性	中间环节少，最安全	信汇委托书有可能在邮寄途中遗失或延误	银行即期汇票有丢失或毁损的风险
汇款速度	最快捷，缩短资金在途时间的利息可以抵补较高的费用	资金在途时间长，操作手续多	汇款人可自行邮寄或携带至付款行所在地提示要求付款，且可以流通转让，比较灵活简便
适用范围	金额大，收款时间紧迫的汇款	现在很少采用	金额较小，收款时间不急的汇款

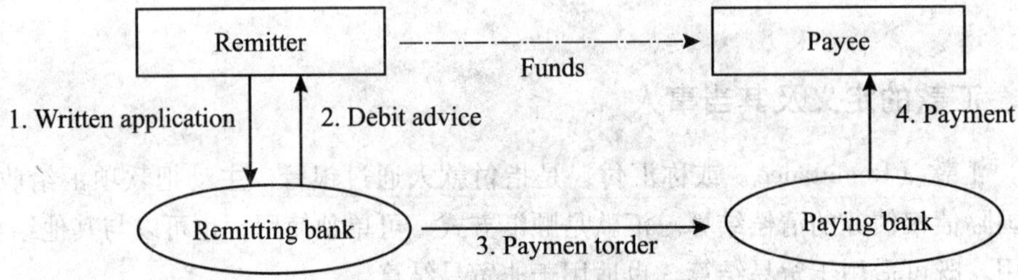

图 2.2.2－1　A Simplified Remittance Diagram

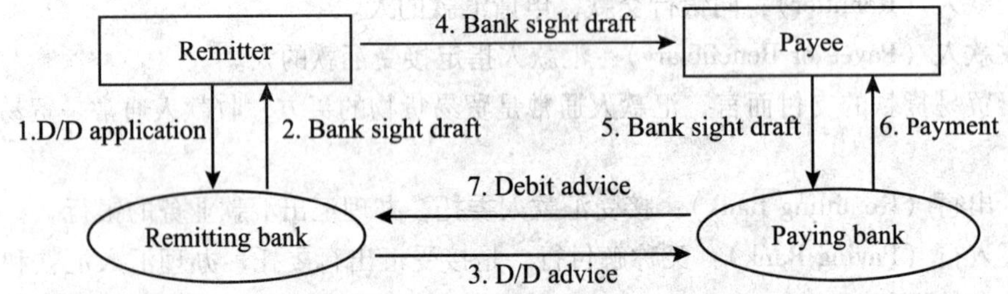

图 2.2.2－2　A Demand Draft Diagram

三、汇款的业务操作

汇款业务直接与结售汇和外汇资金收付相关，是国际结算的基础业务。合法、准确、高效是对汇款业务的基本要求。汇款业务按照资金流动的方向分为汇出汇款和汇入汇款。

(1) 汇出汇款 (Out ward Remittance)。

汇出汇款是银行根据汇款人的申请，将外汇款项通过代理行汇给指定收款人的业务。与汇出汇款相关的国际贸易融资产品主要有进口押汇等。

以中国银行办理汇出汇款和汇入汇款的图示为例（见图 2.2.3－1）。

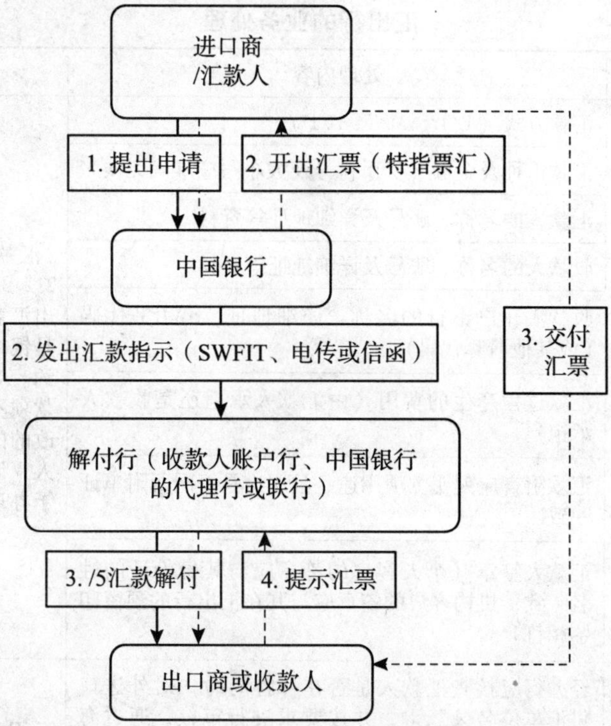

图 2. 2. 3 –1　中行汇出汇款业务操作流程（实线为电汇和信汇，虚线为票汇）

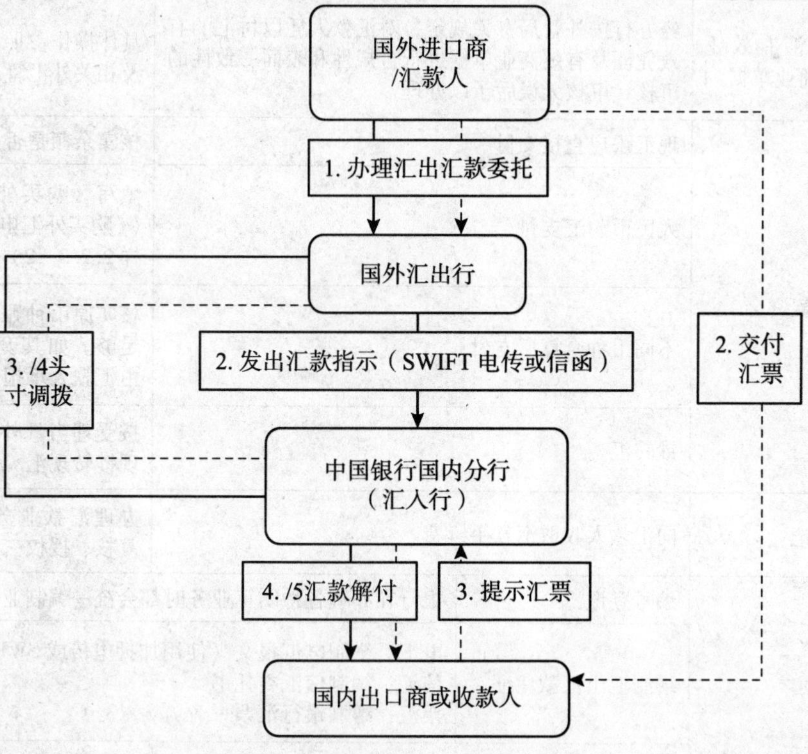

图 2. 2. 3 –2　中行汇入汇款业务操作流程（实线为电汇和信汇，虚线为票汇）

表 2.2.3－1　　　　汇出行的业务处理

流程	处理内容	备注
1. 审核汇款申请书	汇款方式（T/T 、M/T、D/D）	《汇款申请书》（见式样2.2.3－1）是银行办理汇出汇款业务的基本依据；是银行和汇款人的责任契约。对不符合国家规定的款项不予受理；对需要修改的内容应及时退还汇款人，请求修改、补充后再予办理
	汇款币种及金额（货币符号及大小写应准确无误）	
	汇款人的名称、账号及详细地址等资料	
	收款人的名称、账号及详细地址等资料	
	收款人开户银行的名称、详细地址、SWIFT 代码（或其他清算代码）	
	汇款过程产生的费用（由汇款人承担还是收款人承担）	
	汇款附言应列明款项用途、且用途是否同所附单证一致	
	汇款人签章（个人客户的签章应与其身份证的姓名一致；机构客户的签章应与其在汇出行的预留印鉴相符）	
2. 检查名录及报关单	经办行应核查汇款人是否在外管局的“对外进口付汇单位名录”上，并按要求进行审核；通过海关“中国电子口岸——进口付汇系统”逐笔核查进口货物报关单的真实性，核对无误后方可付汇	适用于机构客户
3. 审核付汇有效凭证及有效商业单据	经办行按外管局有关规定，对汇款人凭以付汇的有效凭证及有效商业单据进行合规性和表面一致性的审核，审核无误后予以办理	具体操作参照《结售付汇及相关外汇管理政策》
4. 落实汇款资金	现汇账户直接支付	核实余额是否足够
	人民币购汇支付	填写《购买外汇申请书》（《购买外汇申请书》见式样 2.2.3－2）
	不同币种套算后支付	核实原币种账户余额是否足够。如其套汇有损失，由汇款人承担
	钞转汇	按受理当日外汇牌价办理现钞转现汇
5. 收费登记	向汇款人收取汇款手续费	办理汇款业务时由经办、复核、授权三步完成
6. 款项汇出	编号登记	银行在办理各种结算业务时都会统一编制业务参考号
	缮制汇出汇款凭证	电汇：缮制电汇报文（使用加押电传或 SWIFT MT103） 信汇：缮制信汇委托书 票汇：缮制银行汇票
	资金清算	见表 2.2.4－1“汇款资金的拨付方式”

续表

<table>
<tr><th>流程</th><th colspan="2">处理内容</th><th>备注</th></tr>
<tr><td>7. 国际收支统计申报</td><td colspan="3">银行根据外汇管理局规定做好国际收支统计申报工作。(《贸易进口付汇核销单(代申报单)》见式样 2.2.3－3)</td></tr>
<tr><td>8. 汇出汇款的销账</td><td colspan="3">汇出行收到总行或国外账户行的借记报单后，应及时办理销账手续</td></tr>
<tr><td rowspan="3">9. 汇出汇款的修改</td><td rowspan="2">对已处理完毕的汇出汇款业务，汇款人又提出对汇款内容进行修改</td><td colspan="2">汇款人须提交汇款修改申请书，清楚列明修改原因及内容</td></tr>
<tr><td colspan="2">经办行核对签章及汇款修改申请书（见式样 2.2.3－4）无误后，向汇款人收取修改费用，对汇出汇款进行修改，要求汇入行按照修改后的汇款指示办理解付</td></tr>
<tr><td colspan="3">对已签发的汇票，银行不再受理汇款人修改申请</td></tr>
<tr><td>10. 汇出汇款的撤销</td><td colspan="3">款项汇出后，汇款人要求撤销汇款指示的，应首先审核撤销汇款（申请书见式样 2.2.3－5）的理由是否正当，审核无误的，应及时通知账户行或汇入行停止支付，并收取相关费用；如汇入行已解付，由汇款人和收款人协商解决，风险由汇款人承担</td></tr>
<tr><td>11. 汇出汇款的查询</td><td colspan="3">款项汇出后，如收款人未能及时收到款项，汇款人到汇出行办理查询。汇款行收到汇款人或汇入行的查询申请应及时向账户行查询</td></tr>
<tr><td>12. 汇出汇款的退汇</td><td colspan="3">对于汇入行不能解付而被退回的款项，汇出行应及时通知汇款人，并根据汇款人的指示和有关外汇管理规定，办理重新汇出、结汇或入账手续</td></tr>
<tr><td colspan="4">备注（汇出汇款常见风险提示）：
①审核汇款申请书不严，导致按照错误信息操作。
②未能严格按照汇款申请书缮制汇款指示。
③未能按照外汇管理局有关规定办理付汇和国际收支统计申报。
④汇款人账户透支。
⑤汇款路径选择不当，增加汇款环节。
⑥重复汇出一笔款项。
⑦起息日不当，正常情况下应以汇款人指示的日期为起息日。
⑧头寸行指示错误，造成延误。</td></tr>
</table>

附：电报或电传方式的汇款一般应具备的内容。

FM（汇出行名称）：
TO（汇入行名称）：
DATE（发电日期）：
TEST（密押）　　　　OUR REF NO.（汇款编号）
NO ANY CHARGES FOR US（我行不负担费用）
PAY（AMT）VALUE（DATE）（付款金额、起息日）TO（BENEFICIARY）（收款人）
MESSAGE（汇款附言）
ORDER（汇款人）
COVER（头寸拨付）

表 2.2.3-2　　　　汇款人办理汇款需提交给银行的资料

汇款内容	根据外汇管理局要求提交的资料
(1) 货到付款	报关单、合同、发票、运输单及/或备案表、许可证、特定产品等
(2) 预付货款	形式发票、合同、核销单（银行提供）及/或预付款保函
(3) 佣金	合同、发票，暗佣还需提供佣金协议
(4) 尾款	合同、验货合格证明
(5) 外商投资企业从外汇账户中提取员工境外差旅费汇出	提交已办妥前往国家和地区的有效入境签证的护照和港澳通行证、出国用汇预算表
(6) 外商投资企业人员的工资薪金汇出	提交企业的董事会决议、公司证明书、工资单、完税证明
(7) 红利、股息汇出	提交董事会利润分配决议书、《外商投资企业外汇登记证》、注册会计师事务所出具的验资报告以及相关年度利润或股息、红利情况的审计报告、税务凭证
(8) 国外专利许可费汇出	提交合同或协议、发票或支付通知、国家专利主管部门颁发的专利实施许可合同备案《回执》、外经贸主管部门颁发的《技术引进和设备进口合同注册生效证书》或《技术进口许可证》或《技术进口合同登记证》、《技术引进合同数据表》、税务凭证
(9) 国外专利权转让费汇出	提交合同或协议、发票或支付通知、国家专利主管部颁发的《专利权登记簿副本》或《专利广告证明》、外经贸主管部门颁发的《技术引进和设备进口合同注册生效证书》或《技术进口许可证》或《技术进口合同登记证》、《技术引进合同数据表》、税务凭证
(10) 不包含专利、专有技术许可或转让的商标许可费用的汇出	提交合同或协议、发票或支付通知、国家商标主管部门颁发的《商标使用许可合同备案通知书》、税务凭证
(11) 包含专利、专有技术许可或转让的商标许可费用的汇出	提交合同或协议、发票或支付通知、国家专利主管部门颁发的《专利权登记簿副本》或《专利广告证明》、外经贸主管部门颁发的《技术引进和设备进口合同注册生效证书》或《技术进口许可证》或《技术进口合同登记证》、《技术引进合同数据表》、税务凭证
(12) 不包含专利、专有技术许可或转让的商标转让费用的汇出	提交合同或协议、发票或支付通知、国家商标主管部门颁发的《核准转让注册商标证明》、税务凭证
(13) 包含专利、专有技术许可或转让的商标转让费用的汇出	提交合同或协议、发票或支付通知、国家专利主管部门颁发的《专利权登记簿副本》或《专利广告证明》、国家商标主管部门颁发的《核准转让注册商标证明》、外经贸主管部门颁发的《技术引进和设备进口合同注册生效证书》或《技术进口许可证》或《技术进口合同登记证》、《技术引进合同数据表》、税务凭证
(14) 取得境外授权，以图书形式翻译或重印境外作品（包括配合图书出版的音像制品）的费用汇出	提交合同或协议、发票或支付通知、盖有版权主管部门“著作权合同登记章”的著作权许可使用合同或合同登记的批复、税务凭证
(15) 音像制品著作权许可的费用汇出	提交合同或协议、发票或支付通知、盖有版权主管部门“著作权合同登记章”的著作权许可使用合同或合同登记的批复、音像制品主管部门颁发的核准件、税务凭证

续表

汇款内容	根据外汇管理局要求提交的资料
(16) 电子出版物著作权许可的费用汇出	提交合同或协议、发票或支付通知、盖有版权主管部门“著作权合同登记章”的著作权许可使用合同或合同登记的批复、税务凭证
(17) 计算机软件许可使用的费用汇出	提交合同或协议、发票或支付通知、盖有版权主管部门“著作权合同登记章”的著作权许可使用合同或合同登记的批复、外经贸主管部门颁发的《技术引进和设备进口合同注册生效证书》或《技术进口许可证》或《技术进口合同登记证》、《技术引进合同数据表》、税务凭证
(18) 专有技术的许可和转让的费用汇出	提交合同或协议、发票或支付通知、外经贸主管部门颁发的《技术引进和设备进口合同注册生效证书》或《技术进口许可证》或《技术进口合同登记证》、《技术引进合同数据表》、税务凭证
(19) 技术咨询、技术服务、合作设计、合作研究、合作开发、合作生产的费用汇出	提交合同或协议、发票或支付通知、外经贸主管部门颁发的《技术引进和设备进口合同注册生效证书》或《技术进口许可证》或《技术进口合同登记证》、《技术引进合同数据表》、税务凭证
(20) 货主购买国际海运运费汇出	提交进口或出口合同、国际运输业专用发票（购付汇联）
(21) 进口项下的海运运费汇出	提交与境外船运公司签订的运输合同或协议、境外船运公司的发票、提单正本（或副本）
(22) 出口项下海运运费的汇出	提交与境外船运公司签订的运输合同或协议、境外船运公司的发票、提单正本（或副本）、税务凭证
(23) 向境外汇出有关代理费用，如清关、关税预付、装卸、仓储、拼装拆箱等与海运运费相关的费用汇出	提交与境外代理机构签订的协议、境外代理机构出具的发票、税务凭证
(24) 国际通信基础设施服务业务，如地面国际通信网络宽带、光通信波长、电缆、光纤、光缆以及其他网络元素的出租、出售业务等费用的汇出	提交合同或协议、发票或支付通知、信息产业主管部门业务批准文件、税务凭证
(25) 国际电信业务，如国际长途电话业务、国际数据通信业务和国际图像通信业务等费用的汇出	提交合同或协议、发票或支付通知、信息产业主管部门业务批准文件、税务凭证
(26) 卫星转发器租用和卫星线路租用业务的费用汇出	提交合同或协议、发票或支付通知、信息产业主管部门业务批准文件、税务凭证
(27) 其他国际通信业务费用汇出	提交合同或协议、发票或支付通知、相关业务主管部门审核文件、税务凭证
(28) 远洋渔业中的入渔费汇出	提交与外方签订的合作协议或代理合同
(29) 远洋渔业中的油料费汇出	提交境外发票
(30) 远洋渔业中的运费汇出	提交运输发票

续表

汇款内容	根据外汇管理局要求提交的资料
(31) 远洋渔业中的渔船境外保险费汇出	提交保险单
(32) 远洋渔业中的外籍船员及观察员工资汇出	提交工资清单、劳务协议、税务凭证
(33) 远洋渔业中的购买饵料及渔需物资费用汇出	提交购买饵料及渔需物资合同、发票
(34) 远洋渔业中的渔船修理费汇出	提交渔船修理合同、发票、税务凭证
(35) 远洋渔业中的观察员费用汇出	提交派驻观察员协议
(36) 远洋渔业中的购回国外合作方渔货分成款项汇出	提交渔业主管部门的批准文件、能证明代理人合作方按比例分成渔货的合作合同
(37) 远洋渔业中的境外加工费或税收的汇出	提交有关主管部门批准采取这种方式的文件、能证明必须采取这种方式的所在国有关法规文件
(38) 远洋渔业中的国外罚款汇出	提交有关国外罚款的单据或证明
(39) 境外承包工程的垫款汇出	提交外经贸主管部门对该企业经营对外承包工程的批件、境外承包工程合同或协议、境外银行出具的承包工程履约保函或其他证明文件
(40) 境外承包工程款汇出	提交外经贸主管部门批准该企业经营劳务承包的批准文件、对外承包合同或协议、工程预算表、《外汇账户使用证》
(41) 境外劳务、承包工程项下中介费的汇出	提交外经贸主管部门批准该企业经营劳务承包的批准文件、对外承包合同或协议、中介合同、《外汇账户使用证》、税务凭证
(42) 境内旅行社代售国际机票款汇出	提交民航主管部门批准经营业务资格文件、与境外航空公司签订的代售国际机票的合同、境外航空公司提供的票款结算清单、与境外航空公司提供的结算清单相对应的机票存根联和发票、税务凭证
(43) 境外演员来华的商业性演出的费用汇出	提交文化主管部门关于同意境外演出团队来华演出的批复、演出承办单位和主办单位与境外演出团队签订的三方演出合同或协议（或主办单位与承办单位的合同或协议以及主办单位与境外演出团队的合同或协议）、税务凭证
(44) 赴境外拍报影视片费用的汇出	提交广播电视主管部门同意赴境外拍摄影视片的批复文件、由主管部门认可的费用预算书、出国任务批件
(45) 境外运动员转会费的汇出	提交企业营业执照、中外俱乐部签订的运动员转会协议、主管部门出具的批准文件或确认件、税务凭证
(46) 计算机软件服务（包括软件开发、存储、联网、数据处理，软件、软件安装、软件维护等）费用的汇出	提交合同或协议、发票或支付通知、税务凭证

续表

汇款内容	根据外汇管理局要求提交的资料
(47) 计算机硬件维护（硬件咨询，计算机硬件和各类外部设备的维护等）的费用汇出	提交合同或协议、发票或支付通知、外经贸主管部门颁发的《技术引进和设备进口合同注册生效证书》或《技术进口许可证》或《技术进口合同登记证》、《技术引进合同数据表》、税务凭证
(48) 计算机中的域名注册费用的汇出	提交合同或协议、发票或支付通知、公安部门颁发的计算机信息系统国际联网备案证、行业主管部门批件
(49) 计算机信息服务费的汇出	提交合同或协议、发票或支付通知、业务对口主管部门批件、税务凭证
(50) 贸易进口项下的信息服务费的汇出	提交进口合同、进口付汇核销单、进口报关单、发票或支付通知、税务凭证
(51) 国际赔偿项下（不含国际贸易项下的赔偿）款项汇出	提交法院判决书或仲裁机构出具的仲裁书或授权调解机构出具的调解书
(52) 咨询服务费（不含技术咨询）汇出	提交合同或协议、发票或支付通知、税务凭证
(53) 在境外设立代表处或办事机构的开办费和年度经费的汇出	主管部门批准设立该机构的批准文件、经费预算书
(54) 境外广告费汇出	提交合同或协议、发票或支付通知、税务凭证
(55) 境外举办展览费汇出	提交贸促会或外经贸主管部门的批件、因公出国任务批件、展览组委会的摊位确认书、境外支付通知或发票（如展览摊位是从地区代理商取得的，还需审核地区代理商的展览组委会授权书）、支付搭建费还需提供搭建协议
(56) 境外参展费（如摊位费、搭建费、展览道具租赁费、电费及水电安装费、宣传广告费、展品运费、杂费等）汇出	提交合同或协议、发票或支付通知、其他相关材料
(57) 境外质量认证费用汇出	提交合同或协议、发票或支付通知、税务凭证

（2）汇入汇款（Inward Remittance）。

汇入汇款是银行根据代理行的汇款指示将一定金额解付给指定收款人的业务。汇入行应检查“支付委托书”（P. O.）的真伪性，并严格执行“银行划拨报单”（Bank Transfer, B. T.）指示。与汇入汇款相关的国际贸易融资产品有出口信用保险项下融资、出口商票融资、国际保理等。

表 2.2.3－3　　汇入行业务的处理

<table>
<tr><th>流程</th><th colspan="2">处理内容</th></tr>
<tr><td rowspan="20">1. 汇入汇款的审核</td><td rowspan="7">电汇</td><td>收到电文后，根据账号、地址等要素审核收款人是否为本行客户</td></tr>
<tr><td>电文是否有“避免重复”字样，如有，应查看记录，防止重复解付</td></tr>
<tr><td>审核币种和金额</td></tr>
<tr><td>汇款日期和起息日</td></tr>
<tr><td>汇款附言（汇款用途）</td></tr>
<tr><td>汇款费用情况</td></tr>
<tr><td>对于币种、金额、收款人完全相同的汇入汇款，应注意核查，避免重复解付</td></tr>
<tr><td rowspan="7">信汇</td><td>审核《信汇委托书》是否有密押部门加盖的“印鉴相符”戳记</td></tr>
<tr><td>是否有明显的“付款委托书”字样</td></tr>
<tr><td>付款指示是否明确</td></tr>
<tr><td>币种是否正确，金额的大小是否一致</td></tr>
<tr><td>汇款头寸调拨方式是否正常</td></tr>
<tr><td>委托书上有无“电报证实书”或“副本”字样</td></tr>
<tr><td>委托书的发出日期与收到日期是否正常</td></tr>
<tr><td rowspan="6">票汇</td><td>汇票是否有密押人员核实印鉴并加盖“印鉴相符”戳记。如不符，须向出票行发出查询电文</td></tr>
<tr><td>汇票是否在有效期内</td></tr>
<tr><td>汇票上的付款行是否为本行</td></tr>
<tr><td>汇票的货币名称是否正确、金额大小是否一致</td></tr>
<tr><td>收款人背书是否与抬头人一致，背书是否连续、手续是否齐全</td></tr>
<tr><td>汇票的头寸是否已入汇入行账，是否有汇出行挂失止付汇票的电文</td></tr>
<tr><td rowspan="3">2. 汇入汇款的解付</td><td colspan="2">汇入行向收款人付款的行为。解付汇入汇款，必须区分机构客户和个人客户，严格按照外汇管理局的有关规定为客户办理相关手续</td></tr>
<tr><td colspan="2">对于机构客户：
①如申请原币入账，经办行打印出贷记通知书；
②如申请结汇，客户填写《卖出外汇申请书》，经办行结汇后打印出结汇通知书，将客户回单联交客户。（《卖出外汇申请书》见式样 2.2.3－6）
③对贸易项下的出口结汇，如收款人提供相应的核销单号码，经办行可向其出具加盖“出口收汇专用章”的出口收汇核销专用联</td></tr>
<tr><td colspan="2">对于个人客户：
①如收到的汇款指示显示外汇现汇账户，且与收款人名称及账户完全相符，则不论金额大小，直接以原币办理入现汇账户手续；
②如收到的汇款指示显示人民币账户，且与收款人名称及账户完全相符，则分别按照外汇管理局对居民和非居民个人结汇的规定结汇入账。
③如收到的汇款指示未显示外币/人民币账户，收款人前来取款时，经办行应仔细核定其身份证与汇款指示上的收款人是否相符，核对无误方可解付</td></tr>
</table>

续表

<table>
<tr><th>流程</th><th colspan="4">处理内容</th></tr>
<tr><td>3. 国际收支统计申报</td><td colspan="4">银行根据外汇局规定做好国际收支统计申报工作。（涉外收入申报单见式样 2.2.3－7）</td></tr>
<tr><td rowspan="3">4. 汇入汇款的修改/止付</td><td colspan="4">收到汇出行要求对汇款进行修改或止付的报文后，汇入行应核实汇出行发来电文的真实性，有关业务编号、币种、金额、收款人名称等要素是否与原汇款指示完全相符</td></tr>
<tr><td colspan="4">对尚未解付的汇入汇款，应停止按照原汇款指示解付，并按汇出行新的汇款指示办理解付或止付</td></tr>
<tr><td colspan="4">对已经解付的汇入汇款或其他原因已无法修改原汇款指示的，应及时通知汇出行，但对由此引起的任何后果不承担责任</td></tr>
<tr><td rowspan="10">5. 汇入汇款的退汇</td><td rowspan="7">电汇</td><td>收款人主动退汇</td><td colspan="2">收款人出具汇入汇款退汇申请书（见式样 2.2.3－8）</td></tr>
<tr><td rowspan="2">汇出行要求退汇</td><td>汇款未解付</td><td>立即停止该笔款项的解付，按照汇出行的退汇指示扣收汇入行费用后将款项退回</td></tr>
<tr><td>汇款已解付</td><td>必须征得收款人同意方可退汇</td></tr>
<tr><td rowspan="4">汇入行主动退汇</td><td colspan="2">汇入汇款来电指示中收款人名称、地址、账号不明或其他原因不能按时解付，查询后，一定工作日（15 个）无任何实质性答复，仍无法解付</td></tr>
<tr><td colspan="2">收款人非本行客户</td></tr>
<tr><td colspan="2">汇入汇款自收到款项并通知收款人之日起一段时间内（3 个月）无人领取</td></tr>
<tr><td colspan="2">收款人出具书面申请拒收</td></tr>
<tr><td rowspan="3">票汇</td><td>汇款人要求退汇</td><td colspan="2">汇款人将汇票正本交回出票行要求退汇，出票行向汇入行发出止付通知电文</td></tr>
<tr><td>汇款人向出票行申请挂失</td><td colspan="2">汇款人向出票行提出挂失汇票后，出票行向汇入行发出止付通知电文</td></tr>
<tr><td>收款人主动退汇</td><td colspan="2">收款人提示汇票正本同时申请退汇，应在汇票上背书并填写汇入汇款退汇申请书</td></tr>
<tr><td>6. 汇入汇款查询</td><td colspan="4">①收到无法解付的汇入汇款，应向账户行或汇出行发出查询电，并做暂收处理；待收到答复后，按原起息日贷记相应的收款行或客户账户。
②对于客户的查询，应要求其出示相关的汇款证明，方可代其查询</td></tr>
<tr><td colspan="5">备注（汇入汇款常见风险提示）：
①审核代理行付款指令不严，导致错误解付。
②漏解付，或重复解付。
③重复退汇。
④错收他行票据，错付收款人。
⑤未按外汇管理局有关规定办理汇入款的入账、结汇和解付。
⑥未按时办理国际收支统计申报。</td></tr>
</table>

四、汇款的偿付

汇款的偿付（Reimbursement of Remittance Cover），是指汇出行办理汇出业务时应及时将汇款金额拨交给解付汇款的汇入行的行为。

（1）银行境外汇款路径指引。

银行在为客户办理汇款时，必须根据汇款申请书的内容（即汇款指示）制作银行的支付授权书（Payment Order，简称 P. O.），将款项通过电汇、信汇或票汇方式，汇给国外收款人。为便于客户安全、快速收到汇入汇款，汇款路线能拉直的不迂回，必须迂回的须选择环节最少的路线。一般会建议汇款人选择收款人的账户行的境外汇款路径来办理汇款。

（2）汇款资金的拨付方式。

结合汇出行与汇入行开设账户的情况，汇款资金的拨付有以下方式。（见表 2. 4. 4 – 1）。

（3）银行的海外网络。

要实现跨国间的资金划拨，银行必须使用其海外的分支机构、代理行或账户行等银行。

表 2. 2. 4 – 1　　　　汇款资金的拨付方式

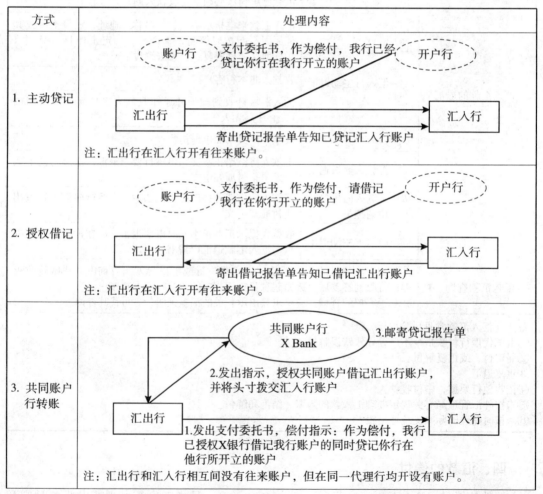

方式	处理内容
1. 主动贷记	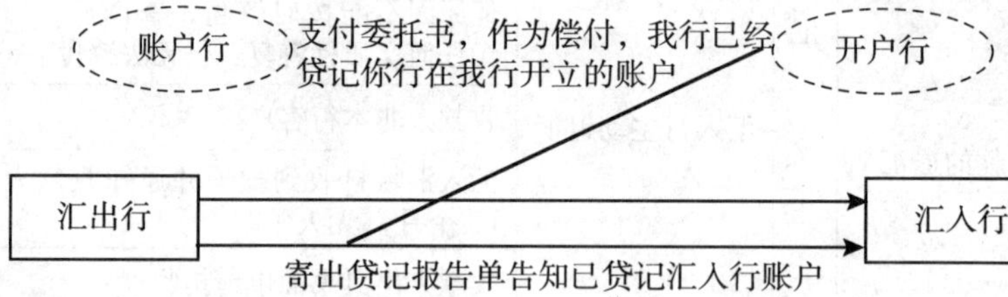 注：汇出行在汇入行开有往来账户。
2. 授权借记	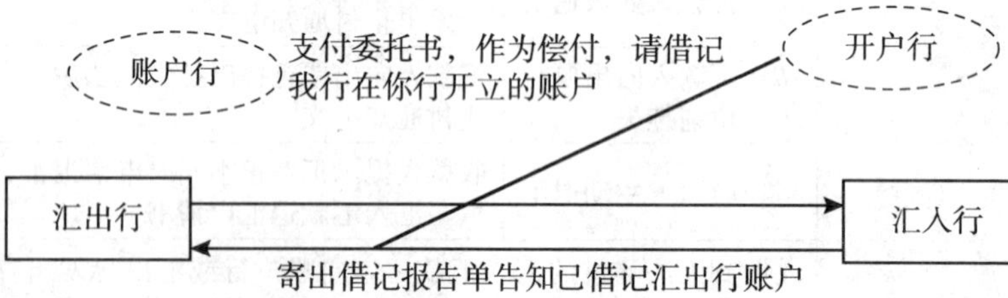 注：汇出行在汇入行开有往来账户。
3. 共同账户行转账	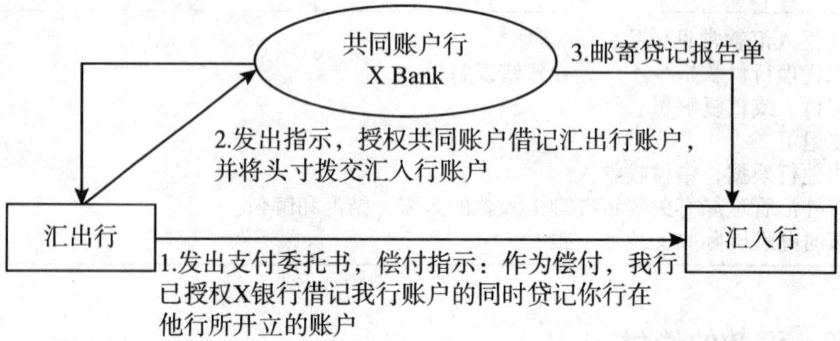 注：汇出行和汇入行相互间没有往来账户，但在同一代理行均开设有账户。

续表

<table>
<tr><th>方式</th><th>处理内容</th></tr>
<tr><td>4. 各自账户行转账</td><td>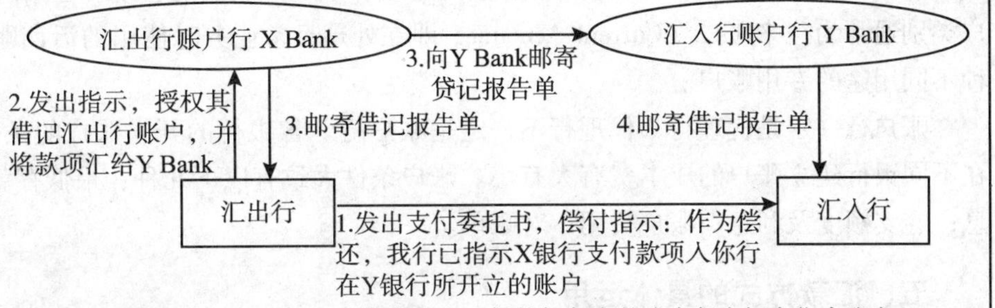

注：汇出行和汇入行相互间没有往来账户，但他们各自的账户行之间有往来账户。</td></tr>
</table>

①海外分支机构。

第一种：分行和支行（Branch & Sub-Branch）。分行和支行之间的关系称为“联行关系（Sister Bank）”。

第二种：代表处（Representative Office）。它是商业银行在国外设立的非营业性机构，为总行或其国外分行提供当地信息，为开办分行建立基础。

第三种：经理处（Agency）。它是商业银行在海外设立的能办理汇款及贷款业务的机构，但被限制经营当地存款业务，是总行的一个组成部分，介于代表处和分行之间，不具有法人资格。资金来源只能是总行或者从东道国银行同业市场拆入。

第四种：子银行（Subsidiary）。它是在东道国注册的独立金融机构，具有法人地位。

第五种：联营银行。

第六种：银团银行（Consortium Bank）。

②代理行（Correspondent Bank）。

银行为寻求外国银行的业务合作和支持，双方签订代理协议而建立业务合作关系的银行，通常也叫做往来行。代理行间的代理协议详细地规定双方间的款项划拨和清偿方法、融资便利的安排、相互代理业务的种类等。双方还应交换控制文件（Control Document），包括密押（Test Key）、授权签字样本（Booklet of Authorized Signature ）和费率表（Schedule of Terms and Conditions）。但代理行关系建立，不能解决银行间资金的划拨、转移。

③账户行（Depository Correspondent）。

账户行即开立账户的代理行。经营国际业务的银行都在国际货币的清算中心开立账户，否则会影响货币收付的正常进行。

例如：美元必须在美元的清算中心——纽约开立账户；日元必须在日元的清算中心——东京开立账户。

本国银行在国外代理行开立账户被称为存放国外同业（Nostro Account 或 Due from Account，我国亦称“往账”：Our Account）；往账通常开立的是境外货币的账户。例如：中国银行在纽约大通银行开立美元账户，在日本东京开立日元账户。外国银行在国内银行开立的账户被称为国外同业存款（Vostro Account 或 Due to Account，我国亦称“来账”：Your Account）；来账通常以本币开立，也可以用境外货币开立。例如，大通银行在北京开立人民币和美元账户。开立账户的形式包括：双方互开账户、单方开立账户。开立的账户类别通常为往来账户（Current Account，即在处理日常业务时使用的活期账户）和有各种不同用途的专用账户。

账户行一定是代理行，代理行不一定是账户行。各银行的开立账户的条件各不相同，在不同银行建立账户的成本费有大有小。账户条件大致有以下几种：最低存款额；存款利息；透支额度及利息；账户费用；对账单。

五、汇款方式的具体运用

表 2.2.5 -1　　汇款方式的具体运用

方　式	内　容		适用范围	对进出口商的风险
1. 预付货款（Payment in Advance）	全部预付	进口商在收到运输单据或货物前，将全部货款付给出口商的方式	通常被用于跨国公司之间的内部结算，或在出口商信誉较好，进口商又急需其货物时使用	对出口商百利而无一害；对进口商最为不利
	部分预付	进口商先预付部分货款，在进口商收到运输单据或货物后在付清全部货款的结算方式	通常被用于大型机械、成套设备或金额巨大的贸易	出口商采取的适当的自我保护措施；进口商可能面临“钱货两空”（保函）
2. 货到付款（Payment after Arrival of Goods）或赊账交易（Open Account Transaction，O/A）	售定（Be Sold Out）	又称“先出后结”。买卖双方签订合同，在合同中明确规定货物的售价及付款时间等条款，进口商按实收货物数量将货物汇交出口商的一种汇款结算方式	通常用于鲜活商品等快销商品的贸易结算	出口商承担的风险大
	寄售（Consignment）	双方约定先由出口商（委托人、寄售人）将货物运到国外的寄售地，委托国外的代销人（受托人）销售。待货物售出，由代销人从所得货款中扣除其佣金及有关费用后将余款通过银行汇交寄售人	通常用于新产品的国外试销等贸易结算、处理滞销品或一些不看实物难以成交的商品	出口商承担的风险进一步加重
3. 凭单付汇（Remittance Against Documents，CAD）	又称“付现交单”，是进口商将货款通过进口地的汇出行汇给出口地的汇入行，并指示汇入行凭出口商提供的指定单据向出口商付款的汇款方式		极少采用，只能用于现货商品交易，尤其是短程运输或空运交货的贸易	买卖双方承担的风险较均衡，但作为一种有条件的汇款，银行承担额外的审单责任，一般不愿接受
备注	在国际贸易实务中，汇款除用于货款结算外，还广泛用于运保费、佣金、样品费和索赔、理赔款项及退补款结算			

式样 2.2.3－1 境外汇款申请书

境外汇款申请书
APPLICATION FOR FUNDS TRANSFERS (OVERSEAS)

致：中国 XX 银行 TO:　　　　日期 Date

□ 电汇 T/T □ 票汇 D/D □ 信汇 M/T		发电等级 Priority	□ 普通 Normal □ 加急 Urgent
申报号码 BOP Reporting No.	□□□□□□ □□□□ □□ □□□□□□ □□□□		
20 银行业务编号 Bank Transac. Ref.No		收电行／付款行 Receiver/Drawn on	
32A 汇款币种及金额 Currency & Interbank Settlement Amount		金额大写 Amount in Words	
其中 现汇金额 Amount in FX		账号 Account No./Credit Card No.	
其中 购汇金额 Amount of Purchase		账号 Account No./Credit Card No.	
其中 其他金额 Amount of Others		账号 Account No./Credit Card No.	
50a 汇款人名称及地址 Remitter's Name & Address			
□ 对公 组织机构代码 Unit Code □□□□□□□□□－□		□ 对私	个人身份证件号码 Individual ID NO. □ 中国居民个人 Resident Individual □ 中国非居民个人 Non-Resident Individual
54/56a 收款银行之代理行名称及地址 Correspondent of Beneficiary's Bank Name & Address			
57a 收款人开户银行名称及地址 Beneficiary's Bank Name & Address	收款人开户银行在其代理行账号 Bene's Bank A/C No.		
59a 收款人名称及地址 Beneficiary's Name & Address	收款人账号 Bene's A/C No.		
70 汇款附言 Remittance Information	只限 140 个字位 Not Exceeding 140 Characters	71A 国内外费用承担 All Bank's Charges If Any Are To Be Borne By	□汇款人 OUR □收款人 BEN □共同 SHA
收款人常驻国家（地区）名称及代码 Resident Country/Region Name & Code			□□□
请选择：□ 预付货款 Advance Payment □ 货到付款 Payment Against Delivery □ 退款 Refund □ 其他 Others		最迟装运日期	
交易编码 BOP Transac. Code □□□□□□ □□□□□□	相应币种及金额 Currency & Amount	交易附言 Transac. Remark	
是否为进口核销项下付款 □ 是 □ 否	合同号	发票号	
外汇局批件／备案表号		报关单经营单位代码	□□□□□□□□□□
报关单号	报关单币种及总金额	本次核注金额	
报关单号	报关单币种及总金额	本次核注金额	

银行专用栏 For Bank Use Only		申请人签章 Applicant's Signature	银行签章 Bank's Signature
购汇汇率 Rate @		请按照贵行背页所列条款代办以上汇款并进行申报 Please Effect The Upwards Remittance、Subject To The Conditions Overleaf:	
等值人民币 RMB Equivalent			
手续费 Commission			
电报费 Cable Charges			
合计 Total Charges			
支付费用方式 In Payment of the Remittance	□ 现金 by Cash □ 支票 by Check □ 账户 from Account	申请人姓名 Name of Applicant 电话 Phone No.	核准人签字 Authorized Person 日期 Date
核印 Sig. Ver.		经办 Maker	复核 Checker

填写前请仔细阅读各联背面条款及填报说明
Please read the conditions and instructions overleaf before filling in this application.

条　款

1. 申请人应仔细审阅本申请书所列之各项条款内容，将收款人详细内容以英文正确填写在有关栏目内。如因填写错误或字迹不清或非英文填写而引起的迟付或错付款，中国××银行（以下简称“本行”）不承担责任。

2. 倘因下列情形而引起之任何损失，本行不承担责任。其中包括：款项交付或通知延误；书函、电报或其他文件在寄发或传送途中发生之错误、残缺、遗漏、中断或延误；代理行或同业之行为；战争、检查、封锁、政变或骚乱；本地或外国政府或其他行政机构所实施之一切法律、规令、条例、管制或其他难以控制之事故。

3. 对于委托解付汇款的代理行或同业银行之一切错误、疏忽或过失，本行不承担责任。

4. 对此汇款要求修改汇款内容或退汇，申请人须亲自携带有效证明或文件到本行办理。待本行接到有关同业银行证实汇款已取消后方能办理退汇手续。所有因此笔汇款引起之费用，概由申请人承担。

5. 请保存好客户收据以备日后查询。

CONDITIONS

1. All payments instructions should be checked carefully by the applicant in each case and fill in all the details of beneficiary's information in each proper blank space in English. ×××× （Hereafter called “the Bank”） shall not be liable for any delayed payment or incorrect payment caused by the wrong information given or unclear writing or filling in the details of beneficiary's information in other languages except of English.

2. The Bank shall not be liable for any loss or damage due to delay in payment or in given advice of payment, loss of items in transit or otherwise, mutilation, error, omission, interruption or delay in transmission of delivery of any item, letter, telegram or cable or the actions of our correspondents, sub－agents or other agencies, or declared or undeclared war, censorship; blockade, insurrection; civil commotion; or any law, decree, regulation, control, restriction or other act of a domestic or of foreign government or other group or groups exercising governmental powers, whether de jure or de facto, or any act or event beyond our control.

3. The Bank is not liable for errors, neglects, or defaults of any correspondents, sub－agents, or other agents.

4. Any request for amendment or cancellations has to be made by the applicant in person presentation of proper identity documents, and refund can only be made by the Bank upon receipt of its correspondent's effective confirmation of the cancellation and the Bank is entitled to reimburse from the applicant for the expenses of the Bank, its correspondents and agents.

5. Please retain the customer's receipt for future enquires.

国际收支交易编码表（支出）

编码	项目名称
	货物贸易
	一般货物
101010	一般贸易支出
101020	补偿贸易支出
101030	寄售代销贸易支出
101040	边境贸易支出
101070	免税商品进口
101080	水、电、煤气、天然气等进口
101090	购买运输工具、天然气石油井架、工作台和其他活动设备
101100	易货贸易支出
101130	外商投资企业作为投资进口设备、物品的支出
	用于加工的货物
102020	加工贸易进口的设备
102030	进料加工贸易项下的料件进口
102040	出料加工贸易进口
103010	在国外修理所需货物的支出
104010	运输工具在港口消费货物支出
105010	非货币黄金进口支出
109000	其他支出
	服务
	与运输有关的服务支出
	海运支出
201011	客运支出
201012	为货物出口支付的运输费用
201013	为货物进口支付的运输费用
201014	港口服务支出(如海运货物的装卸,运输工具的牵引,检修等)
201019	其他支出
	空运支出
201021	客运支出
201022	为货物出口支付的运输费用
201023	为货物进口支付的运输费用
201024	港口服务支出(如空运货物的装卸,运输工具的牵引,检修等)
201029	其他支出
	其他运输支出
201031	客运支出
201032	为货物出口支付的运输费用
201033	为货物进口支付的运输费用
201034	港口服务支出(如货物的装卸,运输工具的牵引,检修等)
201039	其他支出
201040	运输佣金、代理费支出
	旅　游
202010	旅游企业团费支出
202020	公务及商务差旅支出
202030	因私旅游支出
202040	医疗、保健支出
202050	教育、培训支出
	通信服务
203010	电信服务支出(如电话,电子邮件,卫星线路租用,网络专线服务等)
203020	邮政、邮递服务支出
	建筑、安装及劳务承包服务
204010	建筑、安装服务支出
204020	劳务承包支出
	保　险
	财产险支出
205011	责任险支出
205012	信用保证险支出
205013	进出口货运险支出
205019	其他财产险支出
205020	人身险支出
205030	再保险支出
205040	保险中介服务支出
205090	其他保险支出
206010	金融服务中介费、手续费、担保费、承诺费支出
	计算机和信息服务
207010	与计算机有关的服务支出
207020	书刊、杂志和电子出版物以及新闻、信息服务支出
	专有权利使用费和特许费
208010	专利特许权支出
208020	非专利发明或专有技术支出
208030	经营权、经销权支出
208040	商标、制作方法支出
208050	版权、著作权、稿费支出
	体育、文化和娱乐服务
209010	电影、音像服务支出
209090	体育、健身及其他文化、娱乐服务支出
	别处未提及的政府服务
210010	签证认证费支出
210020	使领馆经费支出
	其他商业服务
	转口贸易及贸易佣金
211011	转口贸易支出
211012	转口贸易价差支出
211013	进出口贸易佣金支出
211014	带料加工贸易加工费支出
211020	经营性租赁服务支出
	法律、会计、管理咨询和公共关系服务
211031	法律服务、仲裁支出
211032	会计服务支出
211033	管理咨询服务支出
211034	认证、公证服务支出
211039	其他支出
	广告、展览、市场调研
211041	广告、展览支出
211042	市场调研支出
	技术服务
211051	工业、技术研究与发展支出
211052	理论、科学研究与发展支出
211053	建筑、工程技术服务支出
211054	其他支出
211060	驻外办事处办公经费
211070	会费支出(如参加国际团体,国际会议的会员费,注册费,报名费等)
211090	其他支出
	收益
	职工报酬
301010	一年以下雇员汇款支出
	投资收益
	直接投资收益
302011	利润汇出
302012	建筑物租金支出
302013	归还母／分公司、附属或关联方借款利息支出
	证券投资收益
302021	股票投资收益支出

国际收支交易编码表（支出）

编码	项目名称
302022	债券投资收益支出
302031	**其他投资收益—借款及其他债务利息支出**
	经常转移
401000	**提供与固定资产无关的捐赠及无偿援助**
	对国外支付的赔偿
402010	保险赔偿支出
402020	其他赔偿支出
403000	**税收支出**(如所得税、财产税、社会福利、运输工具注册费等)
404000	**罚款、追缴款支出**(如行政执法部门的罚款、没收追缴的财产等)
405000	**政府缴纳的国际组织会费支出**
406000	**一年以上雇员汇款支出**
407000	**偶然性支出**(如遗产、中奖、评比及比赛中的奖励支出等)
408000	**其他支出**
	资本账户
	资本转移
501020	提供与固定资产有关的捐赠及无偿援助
501030	对国外支付的赔偿(如原油泄漏、爆炸、药物副作用的损失赔偿等)
501040	税收支出(如继承税、遗产税、赠与税及房地产契税等)
501050	移居国外的转移支出
501090	其他支出
	非生产、非金融资产的收买／放弃
502010	购买或租赁非居民的土地支出
502020	商标、专利的所有权受让支出
502030	其他无形资产的所有权受让支出
	直接投资
	我国对境外直接投资
	投资资本金
601011	境外投资企业投资资本金汇出
601012	筹备资金汇出
601013	直接投资者对境外投资企业增资
601014	购买境外投资企业外方股权
601015	购买境外投资企业中方股权
601018	非法人投资款支出
601019	其他投资资本金支出
	直接投资者与直接投资企业之间借贷及其他往来
601021	对直接投资企业、附属或关联方提供贷款
601022	偿还直接投资企业、附属或关联方的贷款
601023	与直接投资企业、附属或关联方的其他资金往来的支出
601040	**境内资产向境外划拨**
601080	**购买境外建筑物**
	外国来华直接投资
	投资资本金撤回、清算等
602011	外商投资企业清算、终止等撤资
602012	筹备资金撤出
602013	外商投资企业减资
602014	外方向中方转让股权
602016	外方先行收回投资(仅指中外合作企业)
602017	外商投资企业对其外国直接投资者的股本投资
602019	其他投资资本金撤回
	直接投资企业与直接投资者之间借贷及其他往来
602021	外国母公司、附属及关联方对国内外商投资企业贷款的收回
602022	对外国母公司、附属及关联方贷款
602023	外国母公司、附属或关联方与国内外商投资企业之间的其他资金往来
602050	**出售境内建筑物**

编码	项目名称
	证券投资
	对境外证券投资
	股本证券
701011	投资境外企业股票或其他形式股本证券
701012	投资境内机构在境外上市的股票或其他形式股本证券
	债务证券
701021	投资境外机构发行的（中）长期债券
701022	投资境内机构在境外发行的（中）长期债券
701023	投资境外货币市场工具
701024	投资境外投资基金
701025	投资境外金融衍生工具
	证券投资撤出
	股本证券
702011	境内在境外上市的公司从境外投资者手中回购股票资金汇出
702012	境外投资者卖出境内市场外币股票投资本金汇出
702014	境外投资者卖出境内市场本币股票投资本金汇出
	债务证券
702021	向境外投资者偿还在境外发行的（中）长期债券本金
702022	境外投资者交易中国境内发行的(中)长期债券投资本金汇出
702024	境外投资者交易中国境内货币市场工具投资本金汇出
702026	境外投资者交易中国境内发行的金融衍生工具投资汇出
702028	支付境内投资基金境外投资者的投资赎回资金汇出
	与证券买卖有关的资金跨境流动
703010	清算资金汇出
703020	证券经营机构清算备用金汇出
	其他投资
	资　产
	对外贷款
801021	向境外提供政府贷款
801022	向境外提供非政府贷款
801023	向境外提供国际金融租赁
801024	提供其他贷款
	货币和存款
801031	存放境外存款
801032	保证金存放境外（包括付款保证金、投标保证金等）
801040	**其他债权**
	向金融性国际组织认缴的份额
801051	向国际货币基金组织认缴的份额
801052	向其他金融性国际组织认缴的份额
	负　债
	偿还外国贷款
802021	偿还外国政府贷款本金
802022	偿还国际金融组织贷款本金
802023	偿还国外银行及其他金融机构贷款本金
802024	偿还买方信贷本金
802025	偿还国外企业及个人借款本金
802026	偿还国际金融租赁本金
802027	偿还其他贷款本金
	货币和存款
802031	境外存入款项调出
802032	境外存入保证金调出
	其他负债
802041	撤回非货币性国际组织股本金
802042	偿还其他债务

式样 2.2.3－2　购买外汇申请书

购买外汇申请书

××××银行＿＿＿＿＿＿分/支行：

我司现按国家外汇管理局有关规定向贵行提出购汇申请，并随附有关凭证，请审核并按当日牌价办理售汇。

<table>
<tr><td rowspan="2">单位
姓名</td><td colspan="2" rowspan="2"></td><td colspan="2">人民币账户</td><td colspan="2"></td></tr>
<tr><td colspan="2">外汇账户</td><td colspan="2"></td></tr>
<tr><td>购汇
金额
（大小写）</td><td colspan="2"></td><td>当日
汇率</td><td></td><td>折合
人民币
（大小写）</td><td></td></tr>
<tr><td>购汇
支付方式</td><td colspan="6">☐ 支票　☐ 银行汇票　☐ 银行本票
☐ 扣账　☐ 其他</td></tr>
<tr><td>购汇用途</td><td colspan="6">☐ 进口商品　☐ 从属费用　☐ 索赔退款　☐ 还贷　☐其他</td></tr>
<tr><td>对外结算方式</td><td colspan="6">☐ 信用证　☐ 代收　☐ 汇款　（☐ 货到付款　☐ 预付货款）</td></tr>
<tr><td rowspan="4">业务
参考</td><td>商品名称</td><td colspan="2"></td><td>数　量</td><td colspan="2"></td></tr>
<tr><td>合同号</td><td colspan="2"></td><td>发票号</td><td colspan="2"></td></tr>
<tr><td>合同金额</td><td colspan="2"></td><td>发票金额</td><td colspan="2"></td></tr>
<tr><td>核销单号</td><td colspan="2"></td><td>信用证号</td><td colspan="2"></td></tr>
<tr><td>进口商品
类型</td><td colspan="6">☐ 一般进口商品
☐ 控制，批文随附如下：
☐ 进口证明　☐ 许可证　☐ 登记证明　☐ 其他批文
批文号码：　批文有效期：</td></tr>
<tr><td colspan="3">申请人栏</td><td colspan="4">银行专用栏</td></tr>
<tr><td colspan="3">申请单位：
（盖章）

联系人：

电话：

年　月　日</td><td colspan="4">银行审批意见：

经办：

复核：

审批：

年　月　日</td></tr>
</table>

式样 2.2.3－3 贸易进口付汇核销单（代申报单）

贸易进口付汇核销单（代申报单）

印单局代码：44000　　核销单号码：No. 12345678

单位代码	单位名称	所在地外汇局名称

付款银行名称	收款人国别	交易编码□□□□
收款人是否在保税区：是□ 否□	交易附言	

对外付汇币种　　对外付汇总额

其中：购汇金额　　现汇金额　　其他方式金额

人民币账号　　外币账号

付汇性质

□ 正常付汇

□ 不在名录　□ 90 天以上信用证　□ 90 天以上托收　□ 异地付汇

□ 90 天以上到货　□ 转口贸易　□ 境外工程使用物资　□ 真实性审查

备案表编号

预计到货日期　/　/	进口批件号	合同/发票号

结算方式

信用证　90 天以内□　90 天以上□　承兑日期　/　/　付款日期　/　/　期限　天

托收　90 天以内□　90 天以上□　承兑日期　/　/　付款日期　/　/　期限　天

汇款：

预付货款□　货到付汇（凭报关单付汇）□　付款日期　/　/

报关单号　报关日期　/　/　报关单币种　金额

报关单号　报关日期　/　/　报关单币种　金额

报关单号　报关日期　/　/　报关单币种　金额

报关单号　报关日期　/　/　报关单币种　金额

报关单号　报关日期　/　/　报关单币种　金额

（若报关单填写不完，可另附页）

其他　□　付汇日期　/　/

以下由付汇银行填写

申报号码：□□□□□□ □□□□ □□ □□□□□□ □□□□

业务编号：　审核日期：　/　/　（付汇银行签章）

进口单位签章

式样 2. 2. 3 –4　汇出汇款修改申请书

汇出汇款修改申请书

致：中国××银行__________分/支行：

本公司/本人因____________________________的原因，兹向贵行申请按以下内容修改汇款申请时间为______年______月______日，汇款编号为____________，币种金额为__________，收款人为______________________________的汇出汇款。

修改内容：
本公司/本人承诺： 如果汇入行已将上述原汇出款解付给收款人或因其他原因无法修改原汇出汇款的，贵行不承担任何责任。 申请人签章： 年　月　日

本申请书一式三联，第一、二联银行留存，第三联申请人留存。

式样 2.2.3－5　汇出汇款撤销申请书

汇出汇款撤销申请书

致：中国××银行__________分/支行：

本公司/本人因____________________________的原因，兹向贵行申请撤销汇款时间为______年______月______日，汇款编号/汇票号码为_______________，币种金额为__________，收款人为____________________________的汇出汇款。

本公司/本人承诺，如果上述申请撤销的汇款已解付且收款人拒绝退回的，贵行不承担任何责任。

申请人签章：

年　月　日

本申请书一式三联，第一、二联银行留存，第三联申请人留存。

式样 2.2.3－6　卖出外汇申请书

卖出外汇申请书

××××银行＿＿＿＿＿＿分/支行：

我司现按国家外汇管理局有关规定向贵行提出卖汇申请，并随附有关凭证，请审核并按当日牌价办理结汇。

<table>
<tr><td rowspan="2">单位
姓名</td><td rowspan="2"></td><td colspan="2">人民币账户</td><td colspan="2"></td></tr>
<tr><td colspan="2">外汇账户</td><td colspan="2"></td></tr>
<tr><td>结汇
金额
（大小写）</td><td></td><td>当日
汇率</td><td></td><td>折合
人民币
（大小写）</td><td></td></tr>
<tr><td colspan="2">卖出外汇性质</td><td colspan="4">☐ 经常项目　　☐ 资本项目</td></tr>
<tr><td colspan="2">备注</td><td colspan="4"></td></tr>
<tr><td colspan="3">申请人栏</td><td colspan="3">银行专用栏</td></tr>
<tr><td colspan="3">申请单位：
（盖章）

联系人：

电话：

年　　月　　日</td><td colspan="3">银行审批意见：

经办：

复核：

审批：

年　　月　　日</td></tr>
</table>

式样 2.2.3 –7　涉外收入申报单

涉外收入申报单

REPORTING FORM FOR RECEIPTS FROM ABORD

根据《国际收支统计申报办法》(1995 年 8 月 30 日经国务院批准)，特制发本申报单。
This Reporting Form is Distributed According to The Regulations of Balance of Payments Statistics（Approved by The State Council on Aug. 30，1995）
国家外汇管理局和有关银行将为您的具体申报内容保密。
The State Administration of Foreign Exchange（The SAFE） and The Banks Concerned Would Keep What You Reported Condifidential.
请按填报说明（见第三联背面）填写。　　制表机关：国家外汇管理局
Please Report According to The Instructions Overleaf.　　Authority：The SAFE

<table>
<tr><td>申 报 号 码
Bop Reporting No.</td><td colspan="5">□□□□□□ □□□□ □□ □□□□□□·□□□□</td></tr>
<tr><td>收 款 人 名 称
Payee</td><td colspan="5"></td></tr>
<tr><td>□ 对公
Unit</td><td colspan="5">组织机构代码 Unit Code　□□□□□□□□ – □</td></tr>
<tr><td rowspan="2">□ 对私
Individual</td><td colspan="5">个人身份证件号码 ID Number</td></tr>
<tr><td colspan="5">□ 中国居民 Resident Individual　　□ 非中国居民 Non-resident Individual</td></tr>
<tr><td>结算方式
Payment Method</td><td colspan="5">□ 信用证 L/C　□ 托收 Collection　□ 保函 L/G　□ 电汇 T/T　□ 票汇 D/D　□ 信汇 M/T　□ 其他 Others</td></tr>
<tr><td>收 入 款 币 种 及 金 额
Currency & Amount of Receipts</td><td colspan="2"></td><td>结汇汇率
Exchange Rate</td><td colspan="2"></td></tr>
<tr><td rowspan="3">其中 of which</td><td>结汇金额
Amount of Sale</td><td></td><td>账号/银行卡号
Account No. /Credit Card No.</td><td colspan="2"></td></tr>
<tr><td>现汇金额
Amount in FX</td><td></td><td>账号/银行卡号
Account No. /Credit Card No.</td><td colspan="2"></td></tr>
<tr><td>其他金额
Amount of Others</td><td></td><td>账号/银行卡号
Account No. /Credit Card No.</td><td colspan="2"></td></tr>
<tr><td colspan="2">国内银行扣费币种及金额
Bank's Charges inside China</td><td></td><td>国外银行扣费币种及金额
Bank's Charges outside China</td><td colspan="2"></td></tr>
<tr><td>付款人名称
Payer</td><td colspan="5"></td></tr>
<tr><td colspan="3">付款人常驻国家（地区）名称及代码
Country/Region of Payer & Code　□□□</td><td>申报日期
Reporting Date</td><td colspan="2"></td></tr>
<tr><td colspan="3">如果本笔款项为预收货款或退款，请选择
If Advance Receipts/Refund，Please Choose</td><td colspan="2">□ 预收货款
Advance Receipts</td><td>□ 退款
Refund</td></tr>
<tr><td colspan="3">本笔款项是否为出口核销项下收汇</td><td colspan="2">□ 是</td><td>□ 否</td></tr>
<tr><td colspan="6">如果本笔款项为外债提款，请填写外债编号</td></tr>
<tr><td rowspan="2">交易编码
BOP Transac.
Code</td><td>□□□□□□</td><td rowspan="2">相应币种及金 额
Currency &
Amount</td><td></td><td rowspan="2">交易附言
Transac.
Remark</td><td></td></tr>
<tr><td>□□□□□□</td><td></td><td></td></tr>
<tr><td>填报人签章
Signature of Stamp of
Reporter</td><td colspan="2"></td><td>填报人电话
Phone No. of
Reporter</td><td colspan="2"></td></tr>
</table>

收款人章　　银行经办人签章　　银行业务编号
Stamp of Payee　　Signature of Bank Teller　　Bank Transaction Ref. No.

国际收支交易编码表（收入）

编码	项目名称
	货物贸易
	一般货物
101010	一般贸易收入
101020	补偿贸易收入
101030	寄售代销贸易收入
101040	边境贸易收入
101050	对外承包工程货物出口收入
101080	水、电、煤气、天然气等出口收入
101090	出售运输工具、天然气石油井架、工作台和其他活动设备
101100	易货贸易收入
101140	远洋渔业、石油、矿产销售收入
	用于加工的货物
102010	来料加工装配贸易出口
102030	进料加工贸易项下的成品出口
102040	出料加工贸易出口
103010	**为修理提供货物所得收入**
104010	**在港口为运输工具提供货物的收入**
105010	**非货币黄金出口收入**
109000	**其他收入**
	服务
	与运输有关的服务收入
	海运收入
201011	客运收入
201012	为货物出口提供运输的收入
201013	为货物进口提供运输的收入
201014	港口服务收入(如海运货物的装卸,运输工具的牵引,检修等)
201019	其他收入
	空运收入
201021	客运收入
201022	为货物出口提供运输的收入
201023	为货物进口提供运输的收入
201024	港口服务收入(如空运货物的装卸,运输工具的牵引,检修等)
201029	其他收入
	其他运输收入
201031	客运收入
201032	为货物出口提供运输的收入
201033	为货物进口提供运输的收入
201034	港口服务收入(如货物的装卸,运输工具的牵引,检修等)
201039	其他收入
201040	**运输佣金、代理费收入**
	旅游
202010	旅游企业团费收入
202020	公务及商务差旅收入
202030	因私旅游收入
202040	医疗、保健收入
202050	教育、培训收入
	通信服务
203010	电信服务收入(如电话、电子邮件、卫星线路租用、网络专线服务等)
203020	邮政、邮递服务收入
	建筑、安装及劳务承包服务
204010	建筑、安装服务收入
204020	劳务承包收入
	保险
	财产保险收入
205011	责任险收入
205012	信用保证险收入
205013	进出口货运险收入
205019	其他财产险收入
205020	**人身险收入**
205030	**再保险收入**
205040	**保险中介服务收入**
205090	**其他保险收入**
206010	**金融服务中介费、手续费、担保费、承诺费收入**
	计算机和信息服务
207010	与计算机有关的服务收入
207020	书刊、杂志和电子出版物以及新闻、信息服务收入
	专有权利使用费和特许费
208010	专利特许权收入
208020	非专利发明或专有技术收入
208030	经营权、经销权收入
208040	商标、制作方法收入
208050	版权、著作权、稿费收入
	体育、文化和娱乐服务
209010	电影、音像服务收入
209090	体育、健身及其他文化、娱乐服务收入
	别处未提及的政府服务
210010	签证认证费收入
210020	使领馆经费收入
	其他商业服务
	转口贸易及贸易佣金
211011	转口贸易收入
211012	转口贸易价差收入
211013	进出口贸易佣金收入
211014	带料加工贸易加工费收入
211020	**经营性租赁服务收入**
	法律、会计、管理咨询和公共关系服务
211031	法律服务、仲裁收入
211032	会计服务收入
211033	管理咨询服务收入
211034	认证、公证服务收入
211039	其他收入
	广告、展览、市场调研
211041	广告、展览收入
211042	市场调研收入
	技术服务
211051	工业、技术研究与发展收入
211052	理论、科学研究与发展收入
211053	建筑、工程技术服务收入
211054	其他收入
211060	**驻华机构办公经费**
211070	**会费收入**(如国际团体、国际会议的会员费、注册费、报名费等)
211090	**其他**
	收益
	职工报酬
301010	一年以下雇员汇款收入
	投资收益
	直接投资收益
302011	利润汇回
302012	建筑物租金收入
302013	对母／分公司、附属及关联方贷款利息收入

国际收支交易编码表（收入）

编码	项目名称
	证券投资收益
302021	股票投资收益收入
302022	债券投资收益收入
302031	**其他投资收益**—贷款及其他债权利息收入
	经 常 转 移
401000	**接受与固定资产无关的捐赠及无偿援助**
	国外支付的赔偿
402010	保险赔偿收入
402020	其他赔偿收入
403000	**税收收入**(如所得税、财产税；社会福利；运输工具注册费等)
404000	**罚款、追缴款收入**(如行政执法部门的罚款、没收追缴的财产等)
405000	**国际组织会费收入**
406000	**一年以上雇员汇款收入**
407000	**偶然性收入**(如遗产、中奖、评比及比赛中的奖励收入等)
408000	**其他收入**
	资 本 账 户
	资本转移
501020	接受与固定资产有关的捐赠及无偿援助
501030	国外支付的赔偿(如原油泄漏、爆炸、药物副作用的损失赔偿等)
501040	税收收入(如继承税、遗产税、赠与税及房地产契税等)
501050	移民的转移收入
501090	其他收入
	非生产、非金融资产的收买／放弃
502010	土地批租、租赁收入
502020	商标、专利的所有权转让收入
502030	其他无形资产的所有权转让收入
	直 接 投 资
	我国对境外直接投资
	投资资本金
601011	境外投资企业清算、终止等撤资
601012	筹备资金撤回
601013	直接投资者境外投资企业减资
601014	将境外投资企业中方股权转让给外方
601015	将境外投资企业中方股权转让给其他中方
601016	中方先行收回投资
601017	我国境外投资企业对境内直接投资者的股本投资收入
601019	其他投资资本金撤回
	直接投资者与直接投资企业之间借贷及其他往来
601021	对直接投资企业、附属或关联方收回贷款
601022	从直接投资企业、附属或关联方得到的贷款
601023	与直接投资企业、附属或关联方的其他资金往来的收入
601040	**境内资产变现收入**
601080	**出售境外建筑物**
	外国来华直接投资
	投资资本金汇入
602011	投资资本金汇入
602012	筹备资金汇入
602013	外商投资企业增资
602014	中方向外方转让股权
602015	红筹股项下资产减持对价收入
602018	非法人投资款收入
602019	其他投资资本金收入
	直接投资企业与直接投资者之间借贷及其他往来
602021	外国母公司、附属或关联方对国内外商投资企业贷款
602022	对外国母公司、附属及关联方贷款的收回
602023	外国母公司、附属或关联方与国内外商投资企业之间的其他资金往来
602050	**出售境内建筑物**
	证 券 投 资
	对境外证券投资撤回
	股本证券
701011	卖出境外企业股票或其他形式股本证券
701012	卖出境内机构在境外上市的股票或其他形式股本证券
	债务证券
701021	卖出境外机构发行的（中）长期债券
701022	卖出境内机构在境外发行的（中）长期债券
701023	卖出境外货币市场工具
701024	卖出境外投资基金
701025	卖出境外金融衍生工具
	证券筹资
	股本证券
702011	在境外市场向境外投资者发行股票及配股
702012	在境内市场向境外投资者发行外币股票及配股
702014	在境内市场向境外投资者发行本币股票及配股
	债务证券
702021	在境外向境外投资者发行（中）长期债券
702022	在境内向境外投资者发行（中）长期债券
702024	在境内向境外投资者发行货币市场工具
702026	在境内向境外投资者发行金融衍生工具
702028	境外投资者投资境内的投资基金
	与证券买卖有关的资金跨境流动
703010	清算资金汇入
703020	证券经营机构清算备用金撤回
	其 他 投 资
	资　产
	对外贷款收回
801021	政府贷款本金的收回
801022	对外非政府贷款本金的收回
801023	国际金融租赁融资本金的收回
801024	收回其他贷款
	货币和存款收回
801031	收回或调回存放境外存款本金
801032	保证金调回（包括付款保证金、投标保证金等）
801040	**其他债权收回**
	负　债
	获得外国贷款
802021	获得外国政府贷款本金
802022	获得国际金融组织贷款本金
802023	获得国外银行及其他金融机构贷款本金
802024	获得买方信贷本金
802025	获得国外企业及个人借款本金
802026	国际金融租赁融资
802027	获得其他贷款本金
	货币和存款
802031	境外存入款项
802032	境外存入保证金
	其他负债
802041	认缴非货币性国际组织股本金
802042	借入其他债务

式样 2.2.3－8　汇入汇款退汇申请书

汇入汇款退汇申请书

致：中国××银行____________分/支行：

本公司/本人于________年________月________日收到下述汇入汇款，现因____________________原因，特授权贵行将该笔款项退回原汇款人，本公司/本人承诺承担由此引起的一切责任。

申请人账户号码			
原汇款人			
原汇出行			
原账户行			
原汇款编号/汇票号码			
币种金额		原汇款用途	
申请人签章： 年　月　日			
银行审核意见： 经办：　复核：　审批：			

本申请书一式三联，第一、二联银行留存，第三联申请人留存。

第三章　托收结算方式

第一节　托收的定义和当事人

托收（Collection）是较为常用的结算方式之一，在托收业务中，由于结算工具（托收指示书和汇票）的传递方向与资金的流动方向相反，故属逆汇。

一、托收的定义

《托收统一规则》（国际商会第522号出版物，URC522）第二条规定：就本惯例条文而言，“托收”意指银行根据收到的指示，处理下述b款所限定的单据，其目的为：

（1）取得付款和/或承兑，或者。

（2）凭付款和/或承兑交付单据，或者。

（3）按其他条款和条件交单。

根据该定义，托收是银行（托收行）根据委托人（债权人）的指示向付款人（债务人）取得在付款和/或承兑，或者在取得付款和/或承兑（或其他条件）后交付单据的一种结算方式。自从国际贸易结算业务集中到银行办理以后，国际上的托收业务基本上都是通过银行进行。为区别于信用证业务，习惯上把托收称为无证托收，连同汇款业务统称为无证结算业务。

二、托收方式的当事人及法律关系

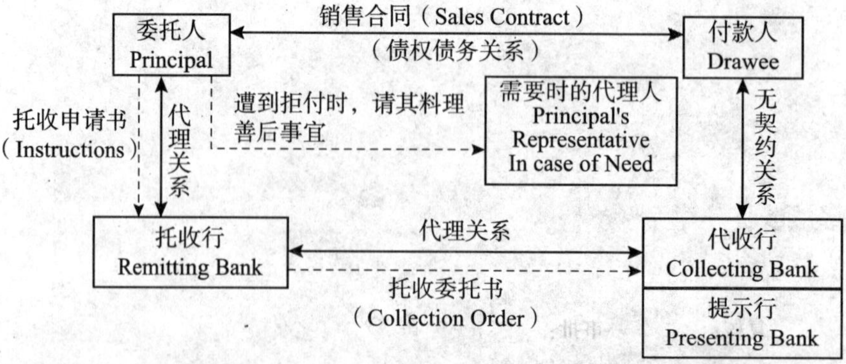

图3.1.2－1　托收的当事人及法律关系

第二节　托收方式的种类

表 3.2－1　　　　　　　　　　托收的种类

<table>
<tr><th>分类</th><th colspan="2">概念</th><th>适用范围</th></tr>
<tr><td>光票托收
（Clean Collection）</td><td colspan="2">不附有商业单据的金融单据的托收</td><td>多用于收取出口货款尾数、样品费、佣金、代垫费用、其他贸易从属费用或向对方索赔款项等。常见光票有汇票、本票、支票、旅行支票等</td></tr>
<tr><td rowspan="5">跟单托收
（Documentary Collection）</td><td colspan="2">附带商业单据的金融单据的托收和不附带金融单据的商业单据的托收</td><td>适用范围较广，主要用于国际贸易项下货款结算</td></tr>
<tr><td colspan="2">1. 付款交单
（Documents against Payment，D/P）</td><td>代收行必须在进口商付款后方能将单据交予进口商的方式</td></tr>
<tr><td rowspan="2">付款交单按付款时间不同，可分为：</td><td>即期付款交单
（D/P at sight）</td><td>代收行在收到托收行的单据和托收委托书后立即直接或通过提示行向进口商提示有关单据。如单据合格，进口商须马上付款，代收行收款后交单</td></tr>
<tr><td>远期付款交单
（D/P at … days after sight）</td><td>代收行收到单据后立即向进口商提示汇票和单据。如果单据合格，进口商应立即承兑汇票，并在付款到期日向代收行付款，代收行在收妥票款后向进口商交单</td></tr>
<tr><td colspan="2">2. 承兑交单
（Documents against Acceptance，D/A）</td><td>使用远期汇票收款时，当代收行或提示行向进口商提示汇票或单据时，若单据合格，进口商对汇票加以承兑时，银行即凭进口商的承兑向进口商交付单据。俟汇票到期，进口商再向代收行付款</td></tr>
</table>

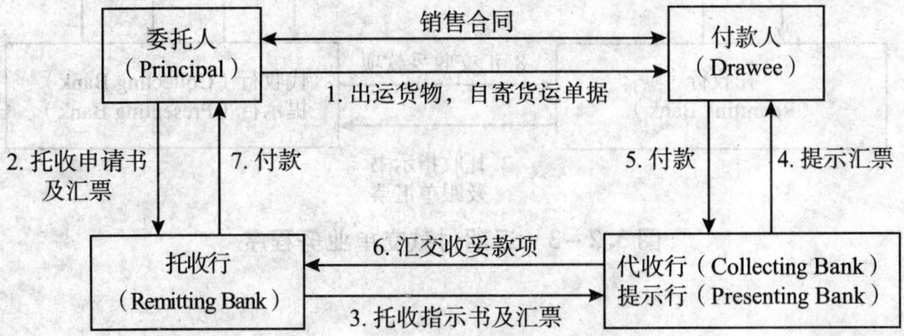

图 3.2－1　光票托收业务程序

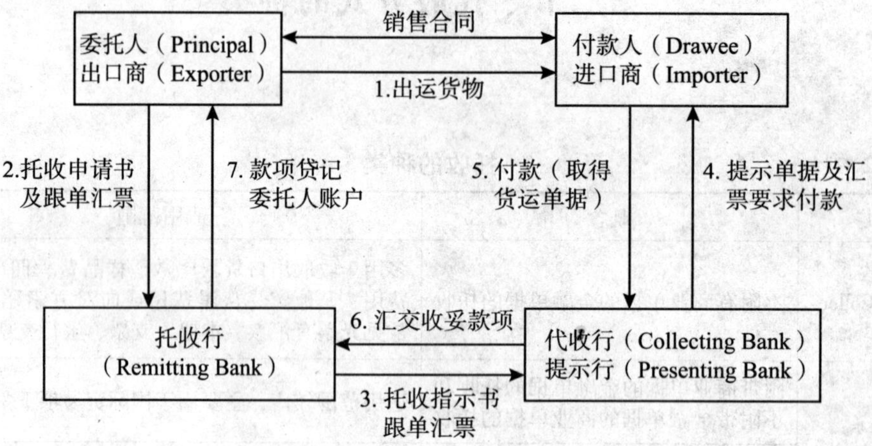

图 3.2－2　即期付款交单业务程序

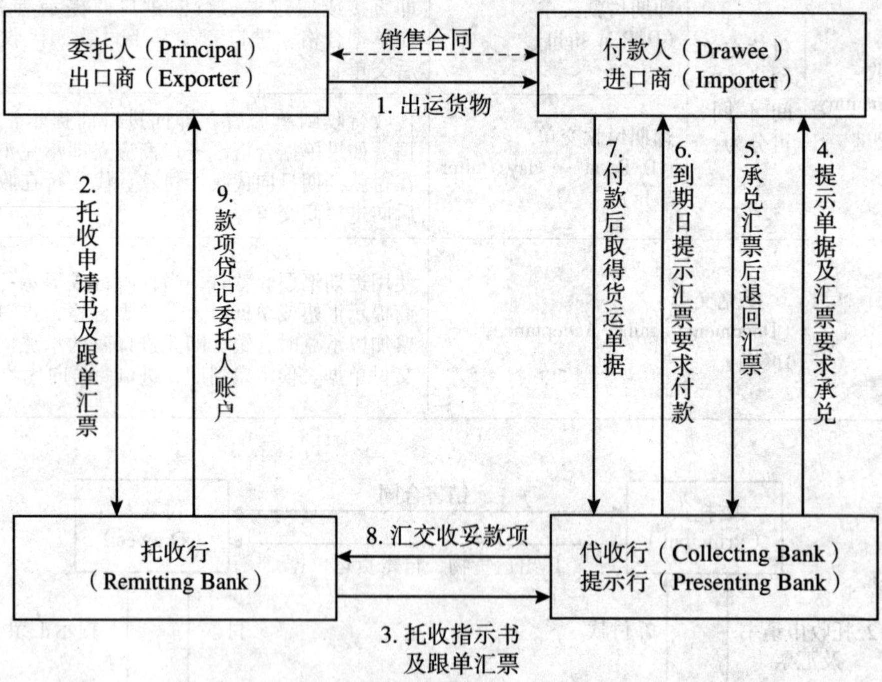

图 3.2－3　远期付款交单业务程序

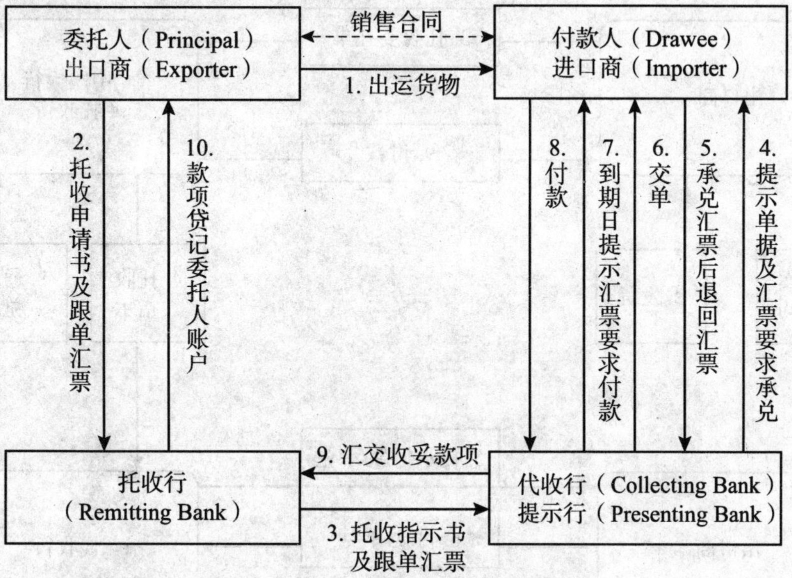

图 3.2-4　承兑交单业务程序

第三节　托收的业务流程

一、跟单托收

按照进出口业务来划分，跟单托收分为进口代收和出口托收。

以中国银行办理进口代收和出口托收的流程为例。

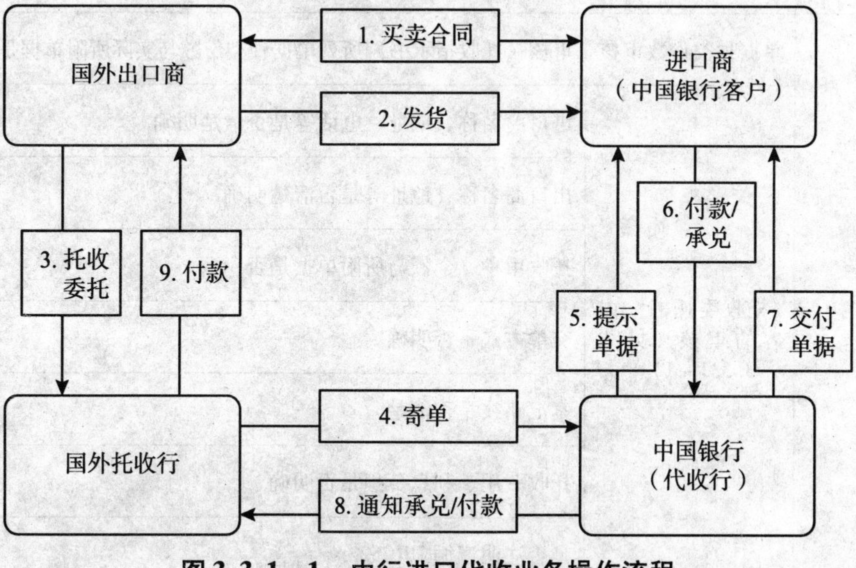

图 3.3.1-1　中行进口代收业务操作流程

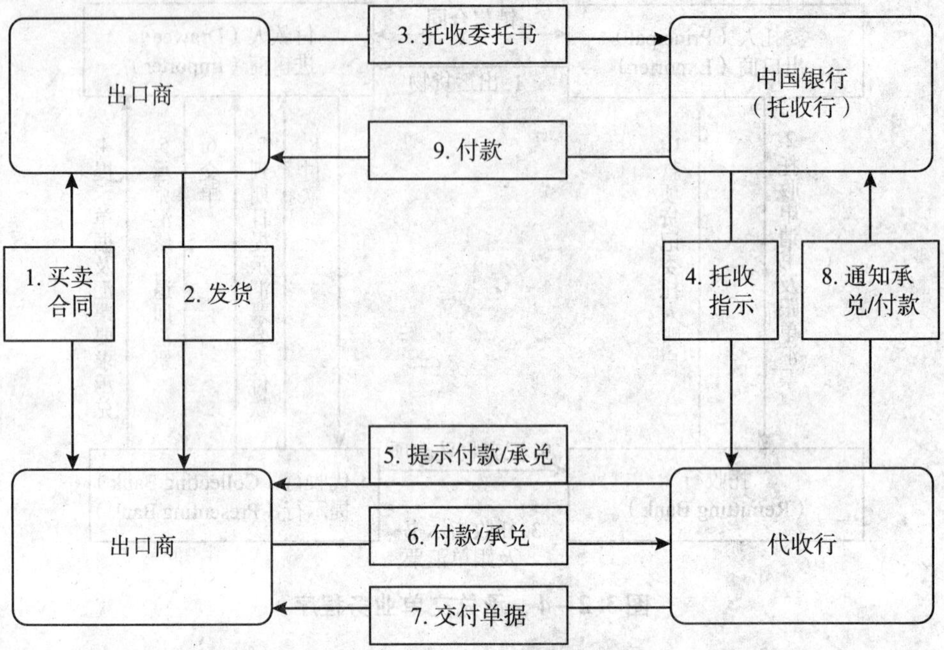

图 3.3.1－2　中行出口跟单托收业务操作流程

（1）进口代收（Inward Collection，简称 IC）。

进口代收是按照托收行的指示，代为向进口商提示单据并收取货款的结算方式。与进口代收相关的国际融资产品主要有进口押汇。

表 3.3.1－1　　　　银行办理进口代收业务的流程

流程	处理内容	
1. 收单审核	单据种类份数审核	审核《托收指示书》所列单据种类份数与实际所附单据是否一致
	《托收委托书》内容的审核（见式样 3.3.1－1）	进口商名称、地址、电话等是否清楚明确
		出口商名称、地址等是否清楚明确
		托收币种、金额与所附单据是否一致
		交单方式是否明确
		索汇路线是否清楚
		托收费用、利息负担是否明确
		是否注明遵循 URC522

续表

流程	处理内容	
2. 提示单据	缮制《对外付款/承兑通知书》。(见式样 3.3.1－2)	
	将来单及单据情况通知进口商，并要求其办理付款/承兑/拒付手续	
3. 付款/承兑	即期付款交单	进口商同意付款，在《对外付款/承兑通知书》上签章，确定进口商账户余额足够后进行扣款，将全套正本单据交进口商，扣除相关费用后按托收委托书上的付款指示，对外付款给指定银行
	远期付款交单	进口商同意付款，在《对外付款/承兑通知书》上签章，到期日确定进口商账户余额足够后进行扣款，将全套正本单据交进口商，扣除相关费用后按托收委托书上的付款指示，对外付款给指定银行
	承兑交单	①进口商同意承兑，在《对外付款/承兑通知书》上签署“同意承兑”并签章后，将全套正本单据交进口商
		②向托收行发承兑通知
		③于到期日前提示付款人付款，在付款人付款后扣除相关手续费后对外付款。如提示付款后，付款人拖延付款甚至不付款，代收行不承担责任，但应及时将情况通知托收行
	备注：跟单托收方式下的贸易进口，凭进口合同、进口付汇核销单、进口付汇通知书及该结算方式要求的有效商业单据办理售汇	
4. 拒付	发出拒付通知	付款人在《对外付款/承兑通知书》上明确表明拒绝付款/拒绝承兑，代收行应及时通知托收行
	拒付后处理	拒付后付款人同意付款/承兑，必须书面通知代收行并签章
		如付款人要求改变交单条件、降价、延长付款期限、无偿交单等，必须书面通知代收行并签章，代收行通知托收行，请其征得出口商同意，并等待托收行指示办理
	退单	如发出拒付通知60天内未接到指示，代收行可将全套单据退回托收行。也可随时按托收行指示或付款人指示退单

(2) 出口跟单托收（Outward Collection，简称 OC）。

出口跟单托收是指出口商装运货物后，将全套货运单据交其往来银行（托收行），委托其向进口商收取货款的结算方式。与出口跟单托收相关的国际贸易融资产品主要有：出口押汇、出口信用保险项下融资、出口商票融资、国际保理等。

表 3.3.1－2　　银行办理出口跟单托收业务的流程

流程	处理内容			
1. 接单审核	接单	委托人（出口商）填写《跟单托收申请书》（见式样 3.3.1－3）		
	审核	审核《跟单托收申请书》	交单联系人、电话及公司签章是否齐全	《跟单托收申请书》出口商与托收行之间的代理契约，是托收行办理跟单托收业务的基本依据
			《跟单托收申请书》所列单据种类、份数与所附单据是否一致	
			托收币别、金额与托收单据是否一致	
			交单方式是否明确、交单方式与付款期限是否一致	
			出口商的全称、地址等详细资料	
			进口商的全称、地址等详细资料	
			代收行的全称、地址等详细资料，与进口商所在地是否一致	
			明确托收费用、利息等的负担方	
			拒绝付款或拒绝承兑时的指示，是否要求拒绝证书	
		审核商业单据	汇票出票人、托收方式、期限与《跟单托收申请书》上相应内容是否一致	银行没有审核跟单托收业务项下单据的义务，仅根据《跟单托收申请书》对单据进行表面一致性审核
			发票签发人与出口商一致	
			海运提单、保险单应正确背书	
			主要单据之间是否矛盾	
2. 委托收款	选择代收行	出口商指定代收行	如指定的代收行是托收行代理行，则按其指示办理；如非托收行的代理行，应向出口商说明，经其同意并在《跟单托收申请书》上进行相应修改确认，选择托收行代理行作为代收行，其指定的银行可作为提示行。如委托人坚持不改，可按其指示办理，但应书面确认由此引起的延误或其他后果托收行不负责	
		委托人未指定代收行	选择进口商所在地托收行境外分行或代理行，按照代收行便于进口商付款和托收行收款的原则，选择资信好、服务优良或与托收行有较好业务往来关系的代理行作为代收行	

续表

<table>
<tr><th>流程</th><th colspan="3">处理内容</th></tr>
<tr><td rowspan="10">2.
委
托
收
款</td><td rowspan="10">缮制《跟单托收指示书》</td><td>托收行全称、详细地址、SWIFT 代码、传真、电话和业务参考号等</td><td rowspan="10">《跟单托收指示书》是托收行委托代收行按托收指示及规则行事的书面文件，其内容和指示应完整明确，必须同出口商提交的《跟单托收申请书》一致
代收行未按指示或国际惯例办理，导致款项迟付或不付，应根据国际惯例向其索取迟付利息及相关费用</td></tr>
<tr><td>出口商的全称、地址等详细资料</td></tr>
<tr><td>进口商的全称、地址、电话等详细资料</td></tr>
<tr><td>代收行的全称、地址、传真、电话等详细资料</td></tr>
<tr><td>发票/汇票号码、托收的币种、金额</td></tr>
<tr><td>单据的种类、份数</td></tr>
<tr><td>交单方式</td></tr>
<tr><td>索汇路线（即托收行账户行名称和账号等）</td></tr>
<tr><td>如遭拒付、拒绝承兑或其他指示不符时的处理指示</td></tr>
<tr><td>遵循托收统一规则 URC522</td></tr>
<tr><td rowspan="6">3.
结
汇
/
入
账</td><td>付款交单</td><td>款项收妥后按照出口商性质为其办理结汇/入账</td><td rowspan="5">款项收妥后，调出相应的跟单托收委托书（面函）留底，与收汇报文要素核对。如收汇内容与面函相符，应在扣除相关费用后，及时为出口商办理结汇/入账手续，并为其出具出口收汇核销专用联，在规定时间内办理国际收支申报</td></tr>
<tr><td rowspan="4">承兑交单</td><td>承兑交单项下收到国外代收行发来的承兑通知，应在跟单托收档案内批注承兑到期日，同时将承兑通知存档并及时通知出口商</td></tr>
<tr><td>承兑到期日未收到款项，须立即向代收行催询</td></tr>
<tr><td>如代收行通知进口商到期无力付款，应及时通知出口商洽进口商解决</td></tr>
<tr><td>承兑到期收妥款项，应及时为出口商办理结汇/入账手续</td></tr>
<tr><td colspan="3">备注：跟单托收方式下的出口收汇，凭合同及该结算方式要求的有效商业单据和出口单位提供的出口收汇核销单编号办理结汇或入账</td></tr>
<tr><td rowspan="6">4.
拒
付</td><td colspan="3">①收到代收行拒绝付款/承兑等函电，应及时通知出口商，请其出具处理单据的书面意见</td></tr>
<tr><td colspan="2" rowspan="2">②如代收行来电要求改变交单条件、降低索汇金额、延长付款期限等，应及时通知出口商</td><td>出口商接受/部分接受/提出新的处理意见的，应要求其出具有效书面文件，托收行凭此向代收行发出指示</td></tr>
<tr><td>出口商不接受，或口头接受未出具有效书面文件的，托收行不对外发电确认</td></tr>
<tr><td colspan="3">③如出口商要求改变交单条件、降低索汇金额、延长付款期限改为无偿交单等，应要求出口商出具有效的书面文件，托收行凭此向代收行发出指示</td></tr>
<tr><td colspan="3">④如出口商要求向第三方交单，应出具有效的书面文件，注明第三方的名称、详细地址、电话、币种、金额、付款期限、交单条件等，托收行凭此向代收行发出指示</td></tr>
<tr><td colspan="3">⑤如代收行表示不能办理代收业务，应及时通知出口商，并要求其提供其他代收行，并出具有效书面文件，托收行据以向代收行发出确认并要求其代为转寄，或要求其退单后重寄</td></tr>
</table>

续表

流程	处理内容
5. 退单	①如出口商要求退单，应要求出口商应出具有效的书面文件，托收行凭此指示代收行退单
	②收到代收行退回的单据，应核对单据的种类、份数与托收行记录是否一致，并在档案记录有关信息后，通知出口商前来取单
	③如代收行要求经办行（托收行）支付退单相关费用，按国际惯例须承担的，经办行应要求出口商支付相关费用后再退单给出口商
	④托收行要求退单而代收行不能退单的，应立即通知出口商，请其出具书面处理意见，托收行根据该指示办理

二、光票托收

（1）光票托收（Clean Collection）。

出口商（委托人）将不附带任何货运单据的金融票据交给银行，委托其向付款人或进口商收取款项的一种托收方式。在实务中，银行办理光票托收业务的受理范围为：凡不以受理行为付款行的外汇支票、本票、汇票（不跟单）、旅行支票等有价凭证的托收。

（2）光票托收的方式及注意事项。

对于光票托收业务，不仅要遵循《托收统一规则》，而且由于托收的对象是票据，它还必须遵守有关票据法的规定。光票托收一般有两种选择方式。

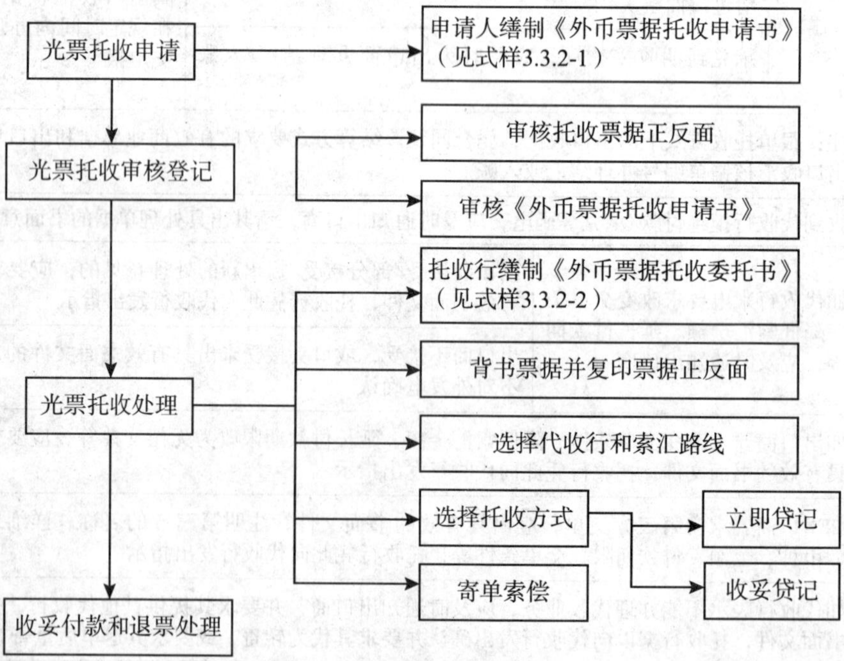

图 3.3.2－1　托收行处理光票托收业务流程

①立即贷记：国内托收行与国外代收行签订托收协议，约定代收行在收到托收票据的一两个工作日内，先行垫款，贷记托收行账户，然后向付款人收取款项。一旦付款人拒付，代收行对托收行使追索权。托收行收到代收行的款项后，也立即贷记委托人的账户，同时也对委托人保留追索权。此托收方式的特点是收款快、费用低，但存在被追索的风险，较适用于要素齐全、付款人信誉优良的合格票据。

②收妥贷记：是国外代收行收到付款人付款后方贷记托收行账，托收行据以贷记客户的账户。此方式的特点是收款时间长、费用较高，但款项为最终收妥，不存在被追索的风险。

第四节　托收方式下的索偿与支付

托收方式下的银行支付通常是指代收行在收妥款项后，按照托收行指示的路线进行付款的活动。托收行在委托代收行收款时，应当向代收行邮寄委托人提交的各种单据及托收指示书。托收索偿路线基本上与信用证方式下索偿行的索汇路线相同。

表 3.4－1　　托收方式的索偿

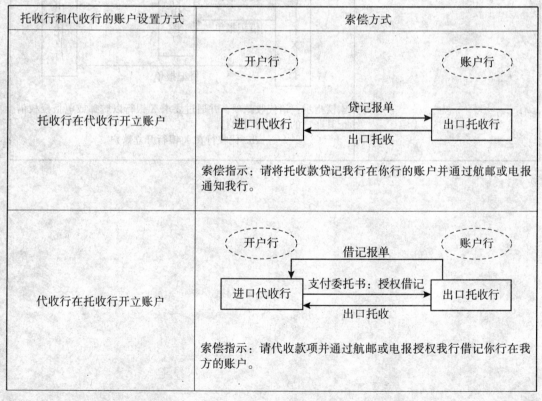

<table>
<tr><th>托收行和代收行的账户设置方式</th><th>索偿方式</th></tr>
<tr><td>托收行在代收行开立账户</td><td>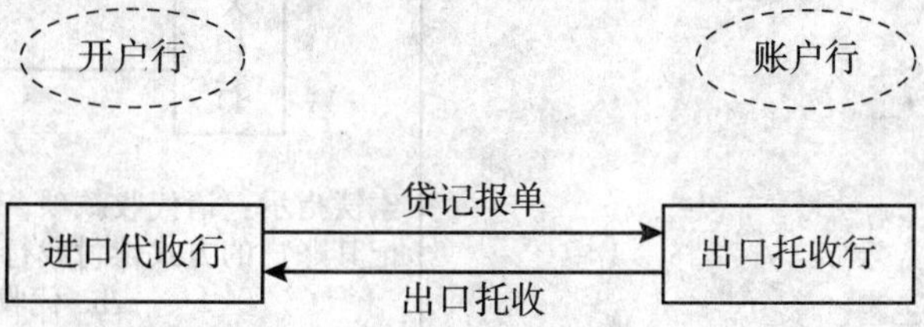

索偿指示：请将托收款贷记我行在你行的账户并通过航邮或电报通知我行。</td></tr>
<tr><td>代收行在托收行开立账户</td><td>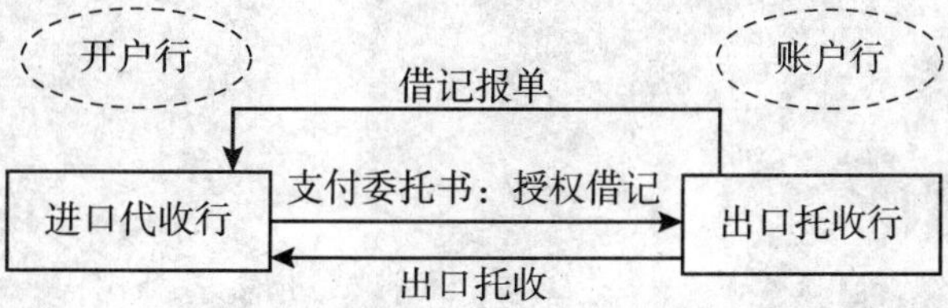

索偿指示：请代收款项并通过航邮或电报授权我行借记你行在我方的账户。</td></tr>
</table>

续表

<table>
<tr><th>托收行和代收行的账户设置方式</th><th>索偿方式</th></tr>
<tr><td rowspan="2">托收行与代收行之间没有账户往来</td><td>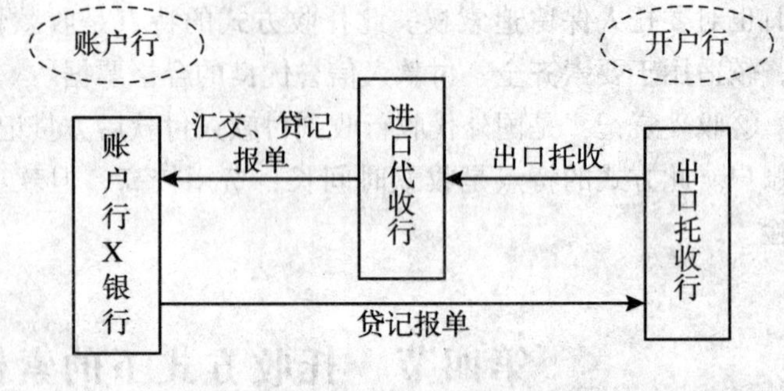

索偿指示：请将托收款通过航邮或电报寄往 X 银行，以贷记我行在他行的账户，并通过航邮或电报通知我行。
a. 托收行在 X 银行开立账户</td></tr>
<tr><td>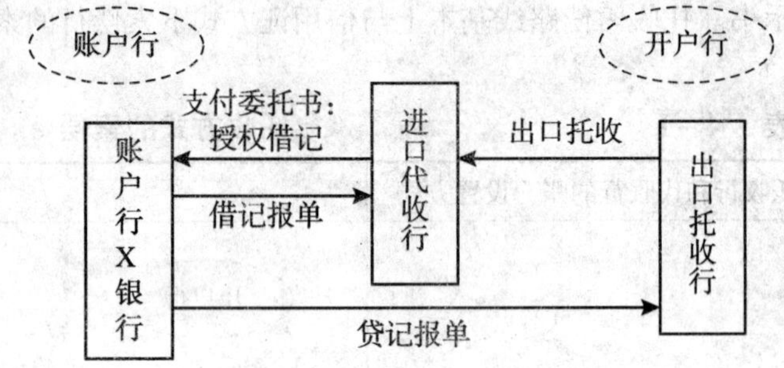

索偿指示：请代收款项，并通过要求 X 银行以航邮或电报授权借记其账户的方式偿付我行。
b. 代收行在 X 银行开立账户</td></tr>
</table>

式样 3.3.1－1 托收委托书

OFFCIE：
ADDRESS：
TELEX：

INSTRUCTION FOR DOCUMENTARY COLLECTION

SWIFT：

DATE ________

Dear Sirs：

PLEASE ALWAYS QUOTE OUR REF. NO. [ ]

We enclose the following draft/document (s) which please collect in accordance with the instructions indicated herein.

TO：Collecting Bank (Full name & Address)

Drawer			Drawee	
Draft/Inv. No.	Tenor/Due Date	Amount	Charges	Total Amount

The relative documents are disposed as follows：

	DRAFT	COM. INV.	PACKING LIST	B/L	N/N B/L	AWB.	ORIGIN CERT.	INS POL.	INSP. CERT.	CERT.	CABLE COPY	
1ST												
2ND												

PLEASE CREDIT/REMIT THE PROCEEDS BY TELEX/SWIFT TO OUR ACCOUNT WITH

QUOTING OUR REF. NO. UNDER YOUR TELEX/SWIFT ADVICE TO US .

Special Instructions (See box marked " × ")
☐ Please deliver documents against ☐payment ☐acceptance.
☐ Please acknowledge receipt of this Collection Instructions.
☐ All your charges are to be borne by the drawee.
☐ Please delivery documents against payment/acceptance only upon receipt of all your banking charges.
☐ In case of a time bill, please advise us of acceptance giving maturity date.
☐ In case of dishonor, please do not protest but advise us of non-payment/non-acceptance by telex/SWIFT giving reasons.
☐

This Collection is subject to Uniform Rules for Collections.
1995 Revision, ICC Publication No. 522.

FOR (Bank's Name)

AUTHORIZED SIGNATURE (S)

式样 3.3.1－2　对外付款/承兑通知书

对外付款/承兑通知书

银行业务编号　　　　　　　　　　　　　　　　　　　　　　　　日期______

结算方式	□信用证　□保函　□托收　□其他	信用证/保函编号	
来单币种及金额		开证日期	
索汇币种及金额		期限	到期日
来单行名称		来单行编号	
收款人名称			
收款行名称及地址			
付款人名称			
□对公组织机构代码 □□□□□□□□□－□		对私	个人身份证号码
扣费币种及金额			□中国居民个人　□中国非居民个人
合同号		发票号	
提运单号		合同金额	

单据	汇票	发票	海运提单	航空运单	货物收据	保险单	装箱单	重量单	产地证	品质证书	装船通知	

货物

不符点：

上述单据已到，现提示贵公司：

□ 请于　　年　　月　日之前来我行办理即期付款/承兑并到期付款/拒付。

□ 如拒付，请于上述日期前提交拒付理由书详述拒付理由，我行将根据国际惯例和贵公司在《开证申请人承诺书》中的承诺审核处理。（适用于信用证结算方式）

□ 如在上述日期之前，贵公司既不来我行办理即期付款/承兑并到期付款，也不提交拒付请求，我行将根据国际惯例和贵公司在《开证申请人承诺书》中的承诺办理即期付款/承兑并到期付款/拒付。（适用于信用证结算方式）

□ 如拒付，请于上述日期前提交拒付理由书详述拒付理由，我行将根据国际惯例审核处理。（适用于非信用证结算方式）

□ 如在上述日期之前，贵公司既不来我行办理即期付款/承兑并到期付款，也不提交拒付请求，我行将根据国际惯例办理即期付款/承兑并到期付款/拒付。（适用于非信用证结算方式）

申报号码	□□□□□□ □□□□ □□ □□□□□□ □□□□	实际付款币种及金额	
付款编号		如为购汇支出，则购汇汇率	
收款人常驻国家（地区）名称及代码	□□□	是否为进口核销项下付款	□是　□否
是否为预付款	□是　□否	最迟装运日期	外汇局批件/备案表号

付款币种及金额		金额大写	
其中 购汇金额		账号	
其中 现汇金额		账号	
其中 其他金额		账号	

交易编码	□□□□□□□ □□□□□□□	相应币种及金额	交易附言

□同意即期付款 □同意承兑并到期付款 □申请拒付 联系人及电话 申报日期	付款人印鉴（银行预留印鉴）	银行业务章 经办　　复核　　负责人

式样 3.3.1-3 跟单托收申请书

跟单托收申请书
APPLICATION FOR DOCUMENTARY COLLECTION

DATE ________

TO： 致：中国××银行 行 We enclose the following draft/document（s）as specified hereunder which please collect in accordance with the instructions indicated herein. 兹附上汇票和单据如下，谨请贵行依照本申请书的要求为我公司办理托收。 This Collection is subject to URC522. 此托收遵循国际商会第 522 号出版物《托收统一规则》。	TO：Collecting Bank（Full name & address） 致：代收行（全称和地址）
Drawer（Full name & address） 收款人（全称和地址）	Tenor（期限）
	Draft/Inv. No. 汇票/发票号码 ｜ Currency and Amount 币种及金额
Drawee（Full name & address） 付款人（全称和地址）	

DOCUMENTS 单据

DRAFT	COM. INV.	PACKING LIST	B/L	N/N B/L	AWB.	ORIGIN CERT.	INS POL.	INSP. CERT.	CERT.	CABLE COPY		

Special Instructions（See box marked“×”）特殊条款（用“×”在方框中标明）

☐ Please deliver documents against ☐payment ☐acceptance.
请办理☐付款交单☐承兑交单。

☐ All your charges are to be borne by the drawee.
你行所有费用由付款人承担。

☐ In case of a time bill，please advise us of acceptance giving maturity date.
如果托收包含远期汇票，请通知我公司承兑到期日。

☐ In case of dishonor，please do not protest but advise us of non-payment/non-acceptance giving reason.
如果发生拒付，无需拒绝证书但应通知我公司拒绝付款或拒绝承兑的原因。

☐ Please instruct the Collecting Bank to deliver documents only upon receipt of all their banking charges.
请指示代收行收妥全部银行费用后再提示单据。

☐

Disposal of proceeds upon collection（款项收妥后，请按照以下要求办理）

联系人： 电话：

申请人（盖章）

式样 3.3.2－1 外币票据托收申请书

外币票据托收申请书

APPLICATION FOR CLEAN COLLECTION

致：中国××银行　　　　　行　　　　　　　　　　　　　　日期
TO：　　　　　　　　　　　　　　　　　　　　　　　　DATE ________________

兹附下述票据委托贵行按照申请书所列条款代为收款，下述票款收妥后，请扣除有关费用，按注明“×”的指示办理。

Please collect the enclosed bill subject to the conditions as specified hereunder. After deducting banking charges if any，please follow the instruction marked with “×”.

票据号码 Bill No.		币种金额 Currency & Amount		
出票人 Drawer		付款人 Drawee		
□ 贷记本公司/本人在贵行的账户，账号：Credit our/my A/C No. with your bank. □ 通知本公司/本人 Contact us/me □		银行专用栏 For Bank's Use Only		
		手续费 Commission	邮电费 Courier Charge	合计 Total Charges
地址及电话 Address & Phone No.				
		业务参考号 Ref No.		备注 Remarks
身份证名称及号码 ID Card & No.		核印 Sig. Ver.		银行盖章 Bank's Stamp
		经办 Maker		
		复核 Checker		
申请人签章 Applicant's Stamp/Signature		收汇金额		
		收汇日期		
		经办		
		复核		

填写前请仔细阅读以下条款。Please read the conditions hereunder before filling in this application.

条　款

1. 申请人保证委托收款的票据已正确背书且背书（含前手背书，如有）真实有效。
2. 申请托收的票据在邮递途中发生破损、延迟、遗失，以及委托收款中代理行错误，疏忽或过失等造成的后果，本行不承担责任。
3. 对托收回来的票款，本行有权根据具体情况要求申请人在本行存足至少一个月方予使用。
4. 如发生退票，本行不承担责任。本行仅将代理行退汇的票据正本、票据影印件或票据替代品照转申请人，对代理行退票非票据正本的后果，本行不承担责任。
5. 因代理行退票或追索等导致本行遭受的包括票款、退票费等任何费用及损失，本行可直接从申请人收到的票款中直接扣收，也可在申请人其他汇款或任何账户中直接扣收，如申请人在本行无账户或账户余额不足，本行随时保留向申请人继续追索的权利。
6. 查询、取款或办理退票时，须携带客户留存联，个人客户还须出示身份证件。

CONDITIONS

1. The applicant promises that the item for collection has been endorsed properly and all the endorsements including the prior ones，if any，are genuine and legitimate。
2. The Bank shall not be liable for the consequences arising out of any mutilation，delay of loss of any item in transit；or errors，neglects，or defaults of any correspondent.
3. The Bank is entitled to require the applicant to deposit the proceeds collected for at least one month.
4. The Bank is not liable for any returned item for collection. In case of a returned item，The Bank only delivers the original one，its photocopy or any substitute one received from the correspondents and assumes no liability or responsibility for the consequences arising out of non-original item returned by the correspondents.
5. The Banks entitled to recover its costs and losses arising out of dishonor by the correspondents，including the proceeds collected，charges for dishonor etc，by directly charging back not only the proceeds credited of any other proceeds received by the applicant，but also the applicant's any account with the Bank. In case the applicant has opened no account with the Bank or the balance of the account is insufficient，the Bank reserves the right of recourse towards the applicant at any time.
6. In case of enquiries，withdrawal of funds or dishonor，the customer's receipt should be presented to the Bank and for the individual customer，the ID card is necessary.

式样 3.3.2-2　外币票据托收委托书

OFFCIE:　　　　　　　　　　　　　　　　　　　　　　　　DATE ________
ADDRESS:
TELEX:　　　　　　**CLEAN COLLECTION INSTRUCTION**
SWIFT:

Dear Sirs:　　　　PLEASE ALWAYS QUOTE OUR REF. NO. [　　　　]

We enclose the following items, which please collect in accordance with the instructions indicated herein.

TO: Collecting Bank (Full name & Address)

Item No.	Currency & Amount	Item No.	Currency & Amount	
				Total No. of Items
				Total Amount

Special Instructions (See box marked "×")

☐ Cash Letter　　☐ Please acknowledge receipt of this Collection Instructions.

☐ Standard Collection　　☐ In case of dishonor, please advise us by telex/SWIFT giving reason and delivery us the returned item (s) if possible.

☐　　☐

PLEASE CREDIT/REMIT THE PROCEEDS BY TELEX/SWIFT TO OUR ACCOUNT WITH

QUOTING OUR REF. NO. UNDER YOUR TELEX/SWIFT ADVICE TO US.

FOR　　　　　　(Bank's Name)

____

AUTHORIZED SIGNATURE (S)

第四章　信用证结算方式

第一节　信用证的定义、格式、内容和特点

一、信用证的定义和基本特点

信用证（Letter of Credit，L/C），又称信用状，在2007年的修订本（国际商会第600号出版物）第二条对信用证的定义是：Credit means any arrangement，however named or described，that is irrevocable and thereby constitutes a definite undertaking of the issuing bank to honour a complying presentation.（信用证意指一项不可撤销的安排，无论其名称或描述如何，该安排构成开证行对相符交单予以兑付的确定承诺。）信用证方式的基本特点是：

（1）开证行负首要付款责任（Primary Liabilities for Payment）。

（2）信用证是一项自足文件（Self-sufficient Instrument）。

（3）信用证方式是纯粹单据业务（Deal with Documents Only）。

二、信用证的格式

由于国际商会关于信用证的惯例不断修改，因此信用证的格式也随之不断变化。国际商会曾于1951年、1962年、1978年、1986年和1994年对信用证的“标准格式”进行制定，目前最新格式是1994年国际商会制定的“最新国际商会标准跟单信用证格式”，简称“516格式”（见式样4.1.2-1、式样4.1.2-2、式样4.1.2-3）。实务中，不少银行在开立信用证时采用了国际商会这个“标准格式”，但仍有许多银行采用其习惯使用的自行设计的格式，因而，迄今为止，信用证的格式未能统一。

三、信用证的内容

表4.1.3-1　　信用证的项目及内容

项目	具体内容
总的说明	信用证的编号、开证日期和开证地点、到期日和到期地点、交单期限等
信用证的种类	可否撤销、可否转让、是否经另一银行保兑等

续表

项目	具体内容
信用证的当事人	开证申请人、开证行、受益人、通知行，有时还有开证行指定的付款行、议付行、偿付行
汇票条款	凡使用汇票的信用证，通常规定汇票的出票人、受票人、付款期限、出票条款及出票日期；凡不需要汇票的信用证无此项内容
兑付方式	信用证中应明确列明是即期付款、延期付款、承兑还是议付
货物描述	包括品名、规格、数量、包装等，通常该栏还包括货物的单价、总价和贸易术语等
货币和信用证总金额	包括币别和总额。信用证金额是开证行所承担的付款责任的最高数额，有的信用证视交易需要会规定有一定比例的上下浮动幅度
装运条款	规定装运港或启运地、卸货港或目的地、装运期限、是否分批装运、可否转运等
保险条款	买方或卖方投保、投保的比例或金额、险种、使用的保险条款、赔付地点、赔付使用的货币种类等
单据条款	通常要求提交商业发票、运输单据、保险单据，此外还有包装单据、产地证、检验证书等
特殊条款	视具体交易需要而定，常见的有：限制由某银行议付；限制某船或不许装某船；不准在某港停靠或不准在某条航线行驶；俟具备某条件信用证方始生效等
偿付方式和寄单条款	是"单到付款"，还是至指定偿付行付款，或指定付款行付款；议付行等寄单是一次还是二次寄单，邮寄方式是快邮还是普通邮递，并列明开证行收单地址

第二节　信用证的当事人

表 4.2－1　　信用证当事人的权利和责任

当事人	权利和责任
开证申请人（Applicant，Opener）	要求开立信用证的一方，为信用证业务的发起人，通常是国际贸易中的买方。开证申请人必须依据买卖合同的规定向其往来银行申请开立信用证，并承担开证行为执行其指示所产生的一切费用和凭与信用证条款相符合的单据进行付款的义务
开证行（Opening Bank，Issuing Bank）	应申请人要求或者代表自己开出信用证的银行，一般是进口地银行，为信用证的签发者，在信用证业务各当事人中起着"中枢"作用。开证行负有第一性付款责任

续表

当事人	权利和责任
受益人（Beneficiary）	接受信用证并享受其利益的一方，一般为买卖合同的卖方。只要履行了按信用证条款发货制单的义务，就有向信用证指定的付款银行提交单据收取价款的权利
通知行（Advising Bank，Notifying Bank）	应开证行的要求通知信用证的银行，一般是开证行在出口商所在地的代理行。通知行除应合理审慎地鉴别所通知信用证及其修改书表面真实性并及时、准确地将信用证及其修改书通知受益人以外，无须承担其他义务
议付行（Negotiating Bank）	议付是指指定银行在相符交单下，在其应获偿付的银行工作日当天或之前向受益人预付或同意预付款项，从而购买汇票及/或单据的行为。议付行又称押汇银行、购票银行或贴现银行，是根据开证行的授权买入或贴现受益人开立和提交的符合信用证条款规定的汇票及/或单据的银行。议付行是票据的买入者和后手，如果因单据有问题，遭开证行拒付，其有权向受益人追索票款。这是议付行与付款行的本质区别
付款行（Paying Bank）	开证行自身或开证行指定的担任信用证项下付款或充当汇票付款人的银行，是承担信用证最终付款责任的银行。由于付款行通常是信用证业务中汇票的受票人，故也称受票银行（Drawee Bank）。指定的付款行可以是保兑行、出口地或第三国的其他银行，除保兑行以外的所有被指定的付款行并不因为开证行的指定而负有必须付款的义务，指定银行完全有权在受益人交单时拒绝代付，此时，开证行仍应负责付款。但付款行一经验单付款，即使事后发现单据不符，对汇票的收款人、出票人和议付行均无追索权
保兑行（Confirming Bank）	根据开证行的授权或要求对信用证加具保兑，即在开证行承诺之外作出承付或议付相符交单的确定承诺的银行。保兑行具有与开证行相同的责任和地位
偿付行（Reimbursement Bank）	受开证行的委托或授权，对有关指定银行（索偿行）清偿垫款的银行，也称为信用证清算银行（Clearing Bank）。偿付行是开证行的偿付代理人，有开证行的存款账户，凭指定银行的索偿指示进行偿付，但不审核单据，不负单据不符之责，其偿付不视作开证行的终局性付款
转让行（Transferring Bank）	在可转让信用证中，按照第一受益人的申请，办理信用证转让的指定银行
承兑行（Accepting Bank）	在受益人签发的远期汇票正面签字承兑并到期付款的银行。实务中，承兑行收到受益人提交的远期汇票和单据后，应先审核各项单据是否和信用证条款的规定相符。如确认相符，即在汇票正面签字并承诺到期付款
交单行（Presenting Bank）	接受受益人的委托，仅将单据交给信用证指定的银行进行议付或付款，自己既不承担议付，也不承担付款责任的银行。仅在受益人与信用证指定的议付行或付款行之间起“桥梁”作用，也称“局外议付行”或“再议付行”或“再押汇行”（Re-negotiation Bank）

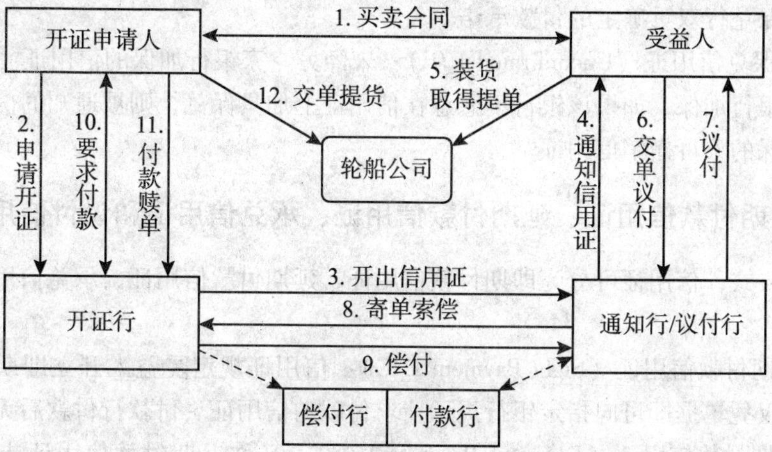

图 4.2-1　信用证的有关当事人及业务流程

第三节　信用证的种类

一、跟单信用证和光票信用证

按依据何种凭证付款，信用证可分为跟单信用证和光票信用证。

（1）跟单信用证（Documentary Credit）：指凭汇票和规定的单据或仅凭单据付款、承兑或议付的信用证。

（2）光票信用证（Clean Credit）：指开证行付款仅凭受益人开具的汇票或简单收据而无须附带货运单据的信用证。

二、可撤销与不可撤销信用证

按开证行的保证性质，信用证可分为可撤销与不可撤销信用证。

（1）可撤销信用证（Revocable L/C）：信用证在被使用以前，不必经过受益人同意，也不必事先通知受益人，开证行有权随时修改或取消的信用证。

（2）不可撤销信用证（Irrevocable L/C）：信用证一经开出并经通知行通知或转递给受益人之后，便构成开证行的一项确定的承诺，在信用证有效期内，除非得到受益人和有关当事人的同意，开证行无权取消或修改信用证。这种信用证对于受益人来说是比较可靠的。

三、保兑的和不保兑的信用证

按是否有另一家银行对之加以保兑，不可撤销信用证可分为保兑的和不保兑的信用证。

（1）保兑信用证（Confirmed L/C）：除了开证行以外，还有另一家银行参加负责、保证兑付。保兑行对信用证所负担的责任与信用证开证行所负担的责任相当。保兑的信用证有开证行和保兑行双重确定的付款承诺。

（2）不保兑信用证（Unconfirmed L/C）：未经另一家银行加保的信用证。即便开证行要求另一家银行加保，如果该银行不愿意在信用证上加具保兑，则被通知的信用证仍然只是一份未加保的不可撤销信用证。

四、即期付款信用证、延期付款信用证、承兑信用证和议付信用证

按兑付方式，信用证可分为即期付款信用证、延期付款信用证、承兑信用证和议付信用证。

（1）即期付款信用证（Sight Payment L/C）：信用证规定受益人开立即期汇票，或不需即期汇票仅凭单据即可向指定银行提示请求付款的信用证。付款行付款后无追索权。

（2）延期付款信用证（Deferred Payment L/C）：又称迟期付款信用证或无承兑信用证，指不需汇票，仅凭受益人交来单据，审核相符确定银行承担延期付款责任起，延长一段时间，及至到期日付款的信用证。

（3）承兑信用证（Acceptance L/C）：信用证规定开证行对于受益人开立以开证行自己为付款人或以其他银行为付款人的远期汇票，在审单无误后，应承担承兑汇票并于到期日承担付款责任的信用证。银行付款后无追索权。

（4）议付信用证（Negotiation L/C）：开证行在信用证中邀请其他银行买入汇票及/或单据，即允许受益人向某一指定银行或任何银行交单议付的信用证。按信用证议付的范围不同，议付信用证又可分为限制议付信用证和自由议付信用证。

表 4.3.4-1　即期付款信用证、延期付款信用证、承兑信用证和议付信用证的比较

种类 条件	即期付款信用证	延期付款信用证	承兑信用证	议付信用证
汇票	需要或不需要	不需要	需要	需要或不需要
汇票期限	即期	—	远期	即期或远期
付款人给受益人的时间	即期付款	延期付款	远期付款	即期付款扣减利息
可否融资付款	不可以	不可以（除承担延期付款责任的银行）	不可以（除承兑行）	可以
起算日	—	交单日、提单日	承兑日	—
对受益人有无追索权	无	无	无	有（无过错）

五、即期信用证、远期信用证、假远期信用证、预支信用证

按付款期限，可分为即期信用证、远期信用证、假远期信用证、预支信用证。

（1）即期信用证（Sight Credit）：开证行或付款行收到受益人提交的、符合信用证规

定的单据后，要立即对单据付款。付款方式：单到付款或议付和电报索偿。

（2）远期信用证（Usance L/C）：开证行或付款行在收到受益人提交的、符合信用证规定的单据时，并不立即付款，而是在信用证规定的付款期限到来时才进行付款。采用该种方式结算，出口商交单在先，进口商付款在后，实际上是便于进口商资金融通。承兑信用证、远期兑现的议付信用证和延期付款信用证都是远期信用证。

（3）假远期信用证（Usance Credit Payable at Sight）：买卖双方达成即期交易，但进口商出于某种目的和需要，在信用证中要求受益人以即期交易价格报价，开立远期汇票，由进口商负担贴现息及有关费用，而受益人按规定即期收汇。

表 4.3.5－1　　假远期信用证与即期信用证的比较

项目	假远期信用证	即期信用证
相同点	对卖方即期支付票面金额	
不同点	开出远期汇票	开出即期汇票
	须办理提示要求承兑和贴现的手续	需办理提示要求付款的手续，但不需要办理承兑和贴现手续
	贴现后，支付给卖方的款项＝票面金额＝净款＋买方支付的贴现利息	受票行即期支付票面金额给卖方
	贴现人为正当持票人、对卖方已付款有追索权	受票行对卖方已付款无追索权
	买方在远期汇票到期日付款	买方付款赎单

表 4.3.5－2　　假远期信用证与一般远期信用证的比较

项目		买方远期信用证（假远期信用证）	卖方远期信用证（真远期信用证）
不同点	开证基础不同	以即期付款的买卖合同为基础，即其价格稍低些	以远期付款的买卖合同为基础，即其价格稍高些
	信用证条款不同	信用证规定有买方远期条款（即“远期信用证可即期议付”），出口商签发远期汇票，由开证行承兑并贴现	信用证只有利息由谁负担条款，出口商签发远期汇票，获得银行承兑之后自行办理贴现
	利息负担者不同	进口商承担银行的贴现利息和费用	出口商承担银行的贴现利息和费用
	收款时间不同	由开证行或付款行负责贴现，受益人可即期十足收汇	受益人可能不办理贴现，俟汇票到期才向开证行或付款行提示付款
	即期收款保障不同	有合同保障	无合同保障
相同点	受益人面临的风险	若开证行或付款行（尽管已承兑汇票）于远期汇票到期前破产，任何汇票的合法持有人均可向作为汇票出票人的受益人行使追索权	

（4）预支信用证（Anticipatory L/C，Prepaid L/C）：受益人可在装运货物前先行开具汇票向指定的银行收款，又称打包放款（Packing L/C）。该证是进口商付款在先，出口商

交单在后，实质是进口商对出口商的装船前融资。

预支信用证有全部预支（Clean Payment in Advance）和部分预支（Partial Payment in Advance Credit）。前者仅凭受益人的光票付款，是一种光票信用证，性质上等于一般的预付货款；后者又称红条款信用证（Red Clause Credit），由开证行授权通知行或保兑行凭受益人开立的光票和以后补交单据的声明书预支全部或部分货款，然后于货物装运后将货运单据提交预支的银行，如系部分预支则凭以获得余下的部分货款，预支的银行同时将预支部分的利息扣除。

六、可转让信用证、对背信用证、对开信用证和循环信用证

按不同用途和运用方式，可分为可转让信用证、对背信用证、对开信用证和循环信用证。

（1）可转让信用证（Transferable Credit）：是指信用证的受益人（第一受益人）可以要求授权付款、承担延期付款责任、承兑或议付的银行（统称"转让银行"），或当信用证是自由议付时，可以要求信用证中特别授权的转让的银行，将该信用证全部或部分转让给一个或数个受益人（第二受益人）使用的信用证。

（2）对背信用证（Back to Back L/C）：又称背对背信用证、转开信用证、桥式信用证（Bridge L/C）、从属信用证（Subsidiary L/C，Ancillary L/C，Secondary L/C）、补偿信用证（Compensation L/C）或抵押信用证（Counter L/C），

其是指中间商收到进口商开立的信用证后，要求原通知行或其他银行以原证为基础，另外开立一张内容相似的新信用证给另一受益人。其中的原始信用证又称为主要信用证，而背对背信用证是第二信用证。

表 4.3.6－1　　对背信用证与可转让信用证的比较

对背信用证	可转让信用证
1. 对背信用证的开立，并非原证申请人和开证行的意旨，而是原证受益人的意旨，原证申请人和开证行与对背信用证无关	1. 可转让信用证的开立是按原证申请人的意旨并获开证行的同意，在信用证性质前加列"TRANSFERABLE"字样，才可开出可转让信用证
2. 凭原证开立对背信用证，但原证和对背信用证是两个完整、独立的信用证，两证同时存在，连同两个完全独立的开证行付款承诺	2. 可转让信用证是根据原证转开，新旧证有直接关系。可转让信用证的全部或部分权利转让出去，该证就失去那部分金额
3. 对背信用证中，中间商在新旧证的地位有根本性的改变，并且要向开证行提供开证担保、交纳保证金或占用授信额度	3. 可转让信用证中，中间商的受益人身份几乎没有改变，其权利被稍稍扩大了，并且可免去开证程序，节省开证费用及保证金
4. 对背信用证的内容一般均采用开立新证的方法，可与原证脱离很多，例如，原证为 CIF 条款，对背信用证可改为 EX	4. 可转让信用证采用修改原证的方法办理新证，允许某些条款与原证不同，例如单价、金额减少，装运期、交单期和有效期缩短，保险金额增加
5. 即使原证禁止转让，中间商也可以开立数份对背信用证给数个供货商，只要原证受益人能控制供货商的交货期	5. 如果原证禁止分批装运，则只能全部转让给一个最终供货商

续表

对背信用证	可转让信用证
6. 中间商要承担一个独立开证人的付款责任，和一个独立受益人可能面对的开证行拒付的风险。对供货商而言，接受对背信用证比可转让信用证更有利，收款更有保障	6. 中间商在转让证中通常加列待开证行付款后方向第二受益人付款的条件，这样，将开证行拒付的风险、甚至因中间商换单造成不符点引起的拒付风险转嫁给最终供货商
7. 开立对背信用证的银行就是该证的开证行	7. 转让行按照第一受益人的指示开立变更条款的转让信用证，通知第二受益人，该转让行地位不变，仍是转让行

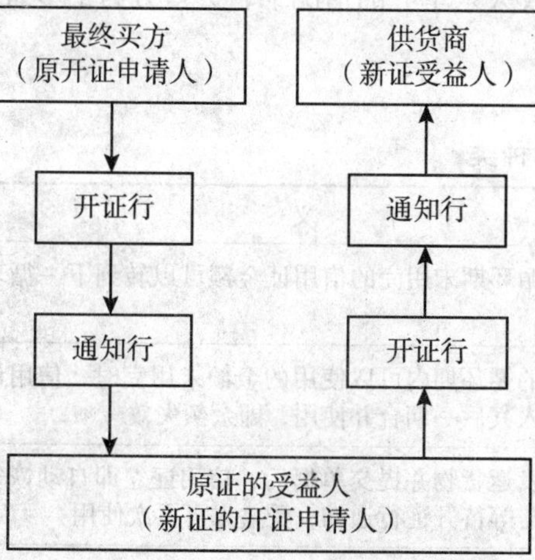

图 4. 3. 6 –1　对背信用证流程

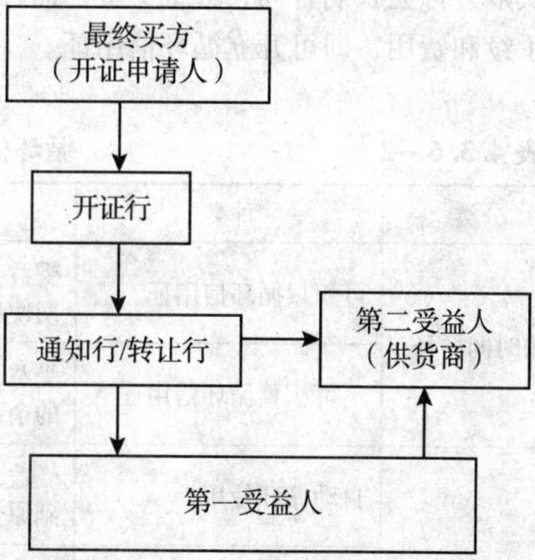

图 4. 3. 6 –2　可转让信用证流程

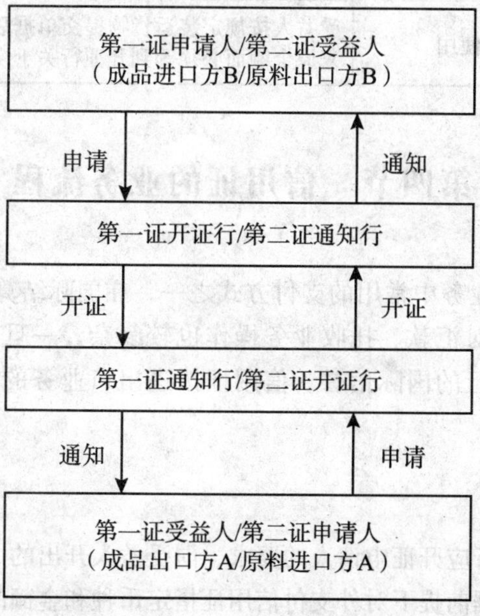

图 4. 3. 6 –3　对开信用证流程

（3）对开信用证（Reciprocal L/C）：对开信用证是以交易双方互为开证申请人和受益人、金额大致相等的信用证。对开信用证中，第一份信用证的开证申请人就是第二份信用证的受益人；反之，第二份信用证的开证申请人就是第一份信用证的受益人。第二份信用证也被称做回头证。第一份信用证的通知行一般就是第二份信用证的开证行。生效方法有两种：两份信用证同时生效；两份信用证分别生效。对开信用证广泛用于易货贸易、来料加工贸易、补偿贸易等。

（4）循环信用证（Revolving L/C）：信用证被全部使用后，仍可恢复原金额，再行使用的信用证。它与一般信用证的根本区别在于后者在全部使用后即告失效，而循环信用证则可多次循环使用，直到规定的循环次数届满或规定的总金额用完为止。通常，在进出口买卖双方订立长期合同，分批交货，而且货物比较大宗单一的情况下，进口方为了节省开证手续和费用，即可开立循环信用证。

表 4.3.6－2　　　　循环信用证的种类

分类	种类	含　义
按时间循环	可积累循环信用证	受益人在上一循环期未用完的信用证金额可以转到下一循环期使用
	不可积累循环信用证	受益人在规定的循环期内可以使用的金额未用完时，信用证的余额不能转入其后一期合并使用，即余额失效
按金额循环	自动循环使用	受益人按规定发运货物并提交单据后，信用证立即自动恢复到原金额，不需等待开证行通知，受益人可再次使用
	半自动循环使用	受益人装运货物提交单据后，若在一定期间内没有收到开证行停止循环的通知，则信用证金额自动恢复，可再次使用
	非自动循环使用	受益人按规定装运货物提交单据后，信用证并不能自动地恢复原金额而必须等到开证行关于恢复金额的通知

第四节　信用证的业务流程

信用证是国际结算业务中常用的支付方式之一，在国际结算业务中占重要地位。信用证业务环节较多，相对汇款、托收业务操作也较复杂，一旦出现失误，将直接威胁银行自身安全，影响银行的国际信誉。信用证按进出口业务的方向，分为进口信用证和出口信用证。

一、进口信用证

进口信用证是指银行应开证申请人的要求，向受益人开出的、保证在规定的时间内收到满足信用证要求的单据前提下对外支付信用证指定币种和金额的结算方式。进口信用证业务处理流程包括：信用证开立、信用证修改、来单处理、付汇/承兑/拒付、信用证注销和撤销、档案管理等。与进口信用证业务相关的国际融资产品有：减免保证金开证、提货担保、假远期信用证、进口押汇等。

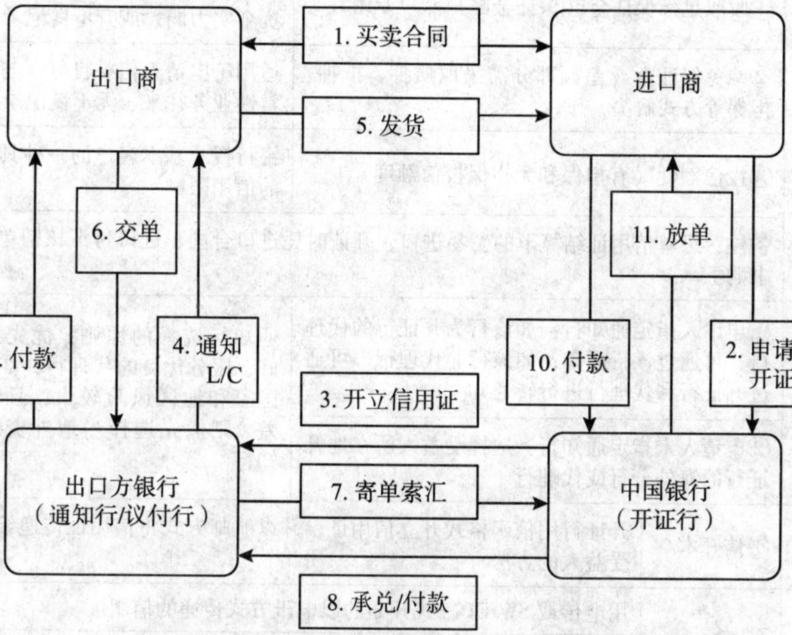

图 4.4.1－1　进口信用证业务操作流程

（1）信用证的开立。

表 4.4.1－1　银行开立信用证的业务流程

流程	处理内容		
1. 开证前的审核	开证申请人情况审查	①资格审查：是否经国家工商行政管理机关核准登记、在境内注册且具有进出口经营权的生产企业、外贸企业	
		②资信状况：开证申请人的财务状况、履约能力、偿债能力、开证企业的经验素质等	
		③贸易背景审查：必须以真实贸易背景为基础，还需重点了解进口货物国内外市场情况	
	开证材料的审核	①《开证申请书》（重点审核单据条款）	《开证申请书》（见式样 4.4.1－1）是开证行与开证申请人直接明确相互权利义务的要式合同，也是银行对外开证的依据
		②附属证明文件（进口合同、进口付汇备案表、进口许可证等）	
	开证权限的审核	①金额审核	
		②期限审核	

续表

<table>
<tr><th>流程</th><th colspan="2">处理内容</th></tr>
<tr><td rowspan="4">2. 付款保证的落实</td><td>①收取足额保证金（保证金账户专户专用）</td><td>适用于申请人与开证行业务往来少、或资金实力弱、或有不良记录</td></tr>
<tr><td>②减免保证金（差额部分需采取质押、抵押、担保等方式解决）</td><td>适用于申请人信誉良好、与开证行有经常性业务往来、无不良记录</td></tr>
<tr><td>③授信额度（有担保和无担保授信额度）</td><td>银行授予基本客户的一种具有一定金额的信用限额</td></tr>
<tr><td colspan="2">备注：跟单信用证结算下的贸易进口，开证时凭进口合同、进口付汇核销单、开证申请书购汇</td></tr>
<tr><td rowspan="2">3. 通知行的选择</td><td>①申请人指定通知行：如该行为开证行的代理行，可通过该行通知；如该行非代理行，可通过开证行和代理行进行转通知</td><td rowspan="2">通知行选择的原则：优先选择资信较好、服务优良的代理行；如受益人所在国家和地区风险较大，且银行信誉较差，则优先选择当地外资银行作为通知行</td></tr>
<tr><td>②申请人未指定通知行：选择受益人所在地开证行的海外分行或代理行</td></tr>
<tr><td rowspan="4">4. 缮制信用证</td><td>①信开本</td><td>开证行用信函格式开立信用证，并以航邮方式将信用证传递给通知行通知受益人的方法</td></tr>
<tr><td rowspan="2">②电开本</td><td>用电传或 SWIFT 格式开立的以电讯方式传递的信用证</td></tr>
<tr><td>注意：简电开证电文内容只包含信用证主要内容，一般作预通知用，不是有效的信用证文本</td></tr>
<tr><td colspan="2">缮制信用证时还应注意以下条款的表达：
a. 寄单指示。应明确寄单地址、寄单次数和寄单方式（快递寄单）。通常，大额开证分两次寄单。
b. 开证行偿付承诺条款。
即期：Upon receipt of full set of documents in compliance with the terms and conditions of the L/C, we will effect payment as per your instructions.
远期：Upon receipt of full set of documents in compliance with the terms and conditions of the L/C, we will accept drafts/documents and effect payment at maturity as per your instructions.</td></tr>
</table>

（2）信用证的修改。

表 4.4.1－2　　银行修改信用证的业务流程

<table>
<tr><th>流程</th><th>处理内容</th></tr>
<tr><td>1. 修改申请书审核</td><td>修改涉及金额增加、期限延长或其他重要内容的，按开证手续审批</td></tr>
<tr><td rowspan="3">2. 修改信用证</td><td>修改书应注明本次修改的次数。（修改申请书见式样 4.4.1－2）</td></tr>
<tr><td>修改书的通知行必须是原信用证的通知行</td></tr>
<tr><td>如收到通知行发来的受益人拒绝接受修改的通知，应及时通知申请人</td></tr>
</table>

（3）信用证项下单据的处理。

表 4.4.1－3　　银行处理信用证项下来单的业务流程

流程	处理内容	
1. 来单处理	①来单登记	来单日期、寄单行及其参考号、开证行信用证号、申请人名称、索汇金额等
	②审核面函	议付/交单日期是否在信用证有效期和交单期内
		面函上显示的单据种类、份数与实际所附单据是否相符
		单据种类、名称和份数是否与信用证要求相符
		面函金额是否和汇票或发票金额相符
		寄单行的付款指示、索汇路线是否明确
		寄单行在面函上是否标明不符点并明确其处理意见
2. 审核单据	原则	单证一致、单单一致
	依据	UCP600、ISBP681 等
3. 背批	在信用证背面或信用证档案上批注来单日期、索汇金额、信用证余额等内容	
4. 提示单据	①单据无不符点	通知开证申请人付款/承兑
	②单据有不符点	在通知书上列明不符点，要求开证申请人在规定时间内做出接受或拒绝接受不符点的意见

（4）付款/承兑/拒付。

表 4.4.1－4　　银行办理信用证付款/承兑/拒付的业务流程

流程	处理内容	
1. 付款	①即期信用证项下	收到单据后 5 个工作日内，根据寄单行索汇面函上的付款指示，在扣除相关费用后对外付汇
	②远期信用证项下	在到期日对外付款。如远期信用证项下承兑汇票的权利已被转让，应要求前手向开证行确认后，方可在到期日对索汇方付款 远期信用证项下，如不符点是实质性的并有可能影响到商品的质量，且开证申请人接受不符点的，应要求申请人出具具有法律效力的书面承诺，或要求申请人交存 100% 保证金后方可对外承兑
	注意：信用证方式贸易进口对外付汇时如须购汇，还应提供该结算方式要求的有效商业单据	

续表

<table>
<tr><th>流程</th><th colspan="3">处理内容</th></tr>
<tr><td rowspan="2">2. 承兑</td><td>①寄单行要求在汇票上承兑并寄回汇票</td><td>开证行在汇票有效部位承兑。内容：承兑字样、承兑日期、到期日、对外有权签字人签字等。承兑函/电不应再出现“承兑”字样，应通知寄单行开证行已按其要求将承兑汇票寄回，承兑到期日，凭寄单行或善意持票人提示的已承兑汇票对外付款</td><td>注意事项：承兑汇票只能承兑一张；如寄单行要求寄回汇票，不应再发承兑通知，只要告知已按其要求将承兑汇票寄回即可；对外拒付后再承兑，以见票日或见单日计算付款日期</td></tr>
<tr><td>②寄单行不要求寄回汇票</td><td colspan="2">一般应使用 SWIFT MT754、MT799 或加押电传对外承兑，承兑函/电注明开证行信用证号、寄单行参考号、承兑金额、承兑日、承兑到期日、银行费用等</td></tr>
<tr><td rowspan="5">3. 拒付</td><td rowspan="2">拒付通知</td><td>如单据存在不符点且开证申请人拒绝接受不符点，开证行应在收到单据后的 5 个工作日对外拒付。如开证申请人未在规定时间内明确表示接受或拒绝接受单据，开证行可先对外拒付</td><td>开证行可自行决定联系申请人放弃不符点，或对外拒绝承付或议付</td></tr>
<tr><td>合格拒付的条件</td><td>拒付时间（5-days rule）
一次性的（single notice）
通知交单人（to the presenter）
拒付的意思表示
列举（each）不符点，且不符点应具体明确，易于辨认
单据的处置（4 options）</td></tr>
<tr><td rowspan="3">拒付后的处理</td><td>①拒付后开证申请人同意接受单据</td><td>书面确认后，开证行及时通知寄单行请其授权放单，在得到授权后将全套正本单据交开证申请人，同时对外付款/承兑</td></tr>
<tr><td>②进出口双方达成降价协议</td><td>开证行征得寄单行同意并以加押电文方式授权放单后，才凭申请人的付款/承兑通知放单</td></tr>
<tr><td>③开证申请人坚持拒绝接受不符点并要求退单或出口方指示退单</td><td>开证行应及时将全套正本单据退还寄单行</td></tr>
</table>

（5）信用证注销和撤销。

表 4.4.1－5　　银行注销和撤销信用证的业务流程

流程	处理内容
1. 注销	除已承兑尚未到期的信用证外，信用证项下无论是否发生过对外支付，逾期 3 个月可注销，恢复相应额度，如有保证金，应退还
2. 撤销	如信用证仍在有效期内，经信用证各有关当事人同意，可撤销此信用证

（6）档案管理。

表 4.4.1－6　　银行档案管理的业务流程

流程	处理内容
1. 建立档案	进口信用证档案采用一证一档的方式，与同一信用证有关的所有业务材料和往来函电都存入该信用证档案内。注意包括如下材料： ①减免保证金开证呈批表、进口合同复印件、进口批件复印件（如需）、进口付汇备案表（如需）、代理协议（如需）等。 ②进口开证申请书、信用证副本；如有修改，还需保留修改审批表、修改申请书和修改副本。 ③到单后，应保留到单面函和注意单据复印件、对外付款/承兑通知书、承兑/付款/拒付电文；付汇后保留进口付汇核销单银行留存联；以及与信用证业务相关的各类业务往来函电。
2. 档案整理和管理	进口开证登记簿（含经办行、信用证号、申请人名称、开证日期、币种、金额、期限、到期日、付款金额和日期、通知行等内容）

二、出口信用证

出口信用证是指出口商银行根据进口商银行开来的信用证，通知/转通知/转让/保兑进口商银行开来的信用证，或根据信用证所规定的条款审核出口商交来的单据，为出口商办理审单、寄单和收汇的一种结算业务。出口信用证的业务处理流程包括：信用证通知或转通知、信用证转让、信用证保兑、交单议付、寄单索汇、收汇考核、档案管理等。与出口信用证业务相关的国际贸易融资产品主要有打包放款、出口押汇、出口票据贴现、福费廷等。

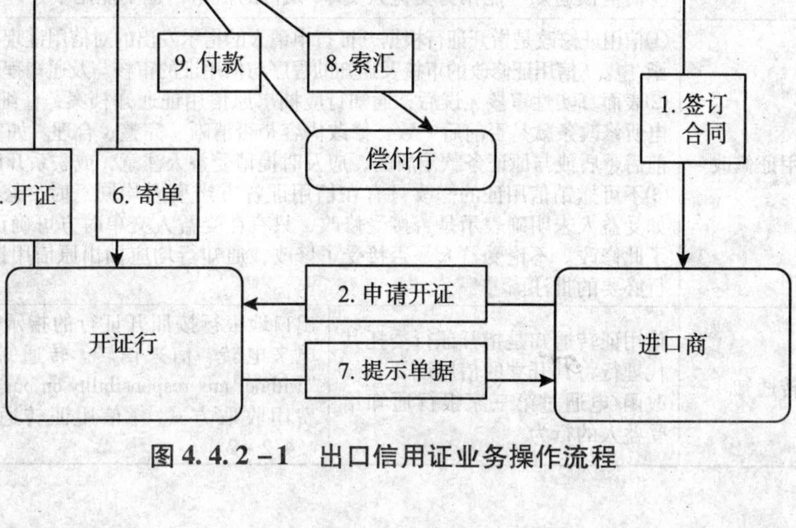

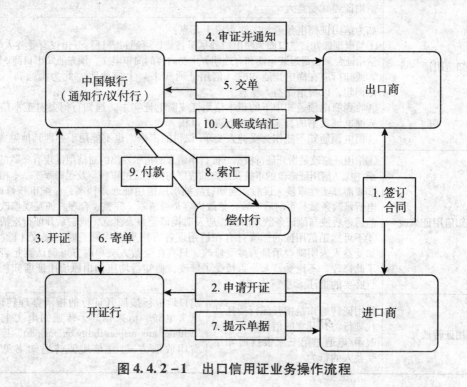

图 4.4.2－1　出口信用证业务操作流程

（1）信用证通知。

表 4.4.2－1　　　　　　银行通知信用证的业务流程

<table>
<tr><th>流程</th><th colspan="2">处理内容</th></tr>
<tr><td rowspan="18">1. 审核信用证</td><td colspan="2">①信用证表面真实性审核</td></tr>
<tr><td colspan="2">②开证国家或地区风险的审核</td></tr>
<tr><td colspan="2">③开证行资信的审核</td></tr>
<tr><td rowspan="4">④信用证性质的审核</td><td>信用证应明确注明是可撤销或是不可撤销</td></tr>
<tr><td>是否为保兑信用证</td></tr>
<tr><td>是否为可转让信用证</td></tr>
<tr><td>是否为循环信用证</td></tr>
<tr><td rowspan="11">⑤信用证条款的审核</td><td>信用证应注明开证日期和开证行</td></tr>
<tr><td>信用证的有效期和有效地点</td></tr>
<tr><td>信用证的装效期和交单期</td></tr>
<tr><td>信用证的申请人和受益人</td></tr>
<tr><td>信用证号码</td></tr>
<tr><td>信用证的币种和金额</td></tr>
<tr><td>汇票的付款人</td></tr>
<tr><td>信用证文本中是否有错漏字符，会否影响对条款的理解</td></tr>
<tr><td>信用证中条款之间会否相互矛盾</td></tr>
<tr><td>信用证中有无软条款或对受益人安全收汇不良的条款</td></tr>
<tr><td>信用证中的寄单指示、偿付条款应明确清晰</td></tr>
<tr><td rowspan="2">2. 通知信用证</td><td colspan="2">登记和编号信用证相关内容，缮制信用证通知书（见式样 4.4.2－1），将正本信用证通知受益人</td></tr>
<tr><td colspan="2">如为信用证简电预通知需注意以下几点：
①简电预通知：进口商为使出口商尽早备货，可通过开证行开出仅有受益人名称、信用证金额、最迟装运期和有效期等主要内容的简单电文，预先通知出口商。
②通知行应在简电预通知的《信用证通知书》上应注明“此为预通知”等类似词句，以提请受益人注意。
③收到简电预通知项下的正本信用证或简电证实书，通知行仍要对正本信用证或简电证实书的真实性和条款进行审核。
④简电预通知不能作为受益人交单/议付的依据，也不能用于办理其他融资。</td></tr>
<tr><td>3. 通知信用证修改</td><td colspan="2">①信用证修改是指开证行根据开证行申请人的指示发出的对信用证现有条款的修改函/电。（信用证修改的审核及通知的程序与信用证的审核与及通知程序基本相同）
②表面真实性审核无误后，通知行应抽出原信用证通知档案，仔细审核修改函/电所修改条款是否前后一致，修改内容是否清晰、完整、合理。如发现修改内容前后矛盾或与原证条款矛盾的，应及时提请受益人注意，或联系开证行澄清。
③不可撤销信用证的修改只有在信用证各方当事人均同意时，修改才能生效。如受益人未明确表示是否接受修改，只有在受益人交单时方可确认其是否接受了此修改。不论受益人是否接受了修改，通知行均应抽出原信用证通知档案进行必要的批注。</td></tr>
<tr><td>4. 信用证转通知</td><td>信用证转通知是指开证行委托其代理行将其开立的信用证及其修改函/电通过第三家银行通知给受益人的行为</td><td>出口地银行按照开证行的指示办理转通知，电来电转、信来信转。转通知电文上加注“without any responsibility on our part”字样及费用收取方式。（信用证转通知书见式样 4.4.2－2）</td></tr>
</table>

（2）转让信用证。

表 4.4.2 –2　　　　　　银行办理信用证转让的业务流程

概念	处理内容		
信用证的转让是指信用证的受益人（第一受益人）将信用证全部或部分转让给另一个或多个出口商（第二受益人）的行为	1. 申请信用证转让	受益人填写《信用证转让申请书》（见式样 4.4.2 –3），连同信用证正本、《信用证通知书》一起交通知行	
	2. 审核《信用证转让申请书》： ①所填写的开证行名称和信用证号是否与原证一致； ②转让的货物名称、数量是否在原证之内； ③转让金额和单价是否在原证规定的金额和单价之内； ④转让申请人是否为原证受益人； ⑤有效期和最迟装运期是否在原证之内或相同； ⑥交单期是否在原证规定之内或相同； ⑦投保比例是否大于或等于原证； ⑧是否明确保留拒绝将以后的修改函/电通知第二受益人的权利； ⑨转让行的费用是否由第一受益人承担； ⑩转让委托书上的其他指示是否明确。		
	3. 缮制转让信用证（函转或电转）	全部转让	《信用证转让指示书》（见式样 4.4.2 –4） 《信用证转让通知书》（见式样 4.4.2 –5）
		部分转让	
		修改转让	
备注：在转让行已向第一受益人提供融资的情况下，如第二受益人将单据直接寄交开证行，向开证行索偿，从而使第一受益人无法替换发票，取得差价，或第二受益人提交的无需替换的单据与信用证不符，导致开证行拒付，转让行的融资款将出现风险			

（3）保兑信用证。

表 4.4.2 –3　　　　　　银行办理保兑信用证的业务流程

概念	处理内容		
信用证保兑是指按照开证行的授权或要求，银行对信用证加具保兑，承担同开证行相同的责任。保兑行的付款是无追索权的、终局性的。保兑行可以是信用证的通知行，也可以是通知行以外的第三家银行	1. 保兑的条件	①开证行的资信	开证行是出口地银行的代理行、资信良好
			开证行所在国家或地区政治、经济、金融稳定
			开证行与出口地银行有良好的单证往来记录
		②受益人的资信	受益人是出口地银行长期客户，无不良结算、收汇记录
			被保兑的信用证必须具有真实的贸易背景
		③信用证条款	开证行在信用证中有明确的保兑指示
			信用证允许向开证行电索或直接向偿付行索汇
			信用证为不可转让信用证，且无不利于出口地银行安全收汇的条款

续表

<table>
<tr><th>概念</th><th colspan="2">处理内容</th></tr>
<tr><td rowspan="9">信用证保兑是指按照开证行的授权或要求，银行对信用证加具保兑，承担同开证行相同的责任。保兑行的付款是无追索权的、终局性的。保兑行可以是信用证的通知行，也可以是通知行以外的第三家银行</td><td rowspan="3">2. 办理保兑</td><td>①符合保兑条件且出口地银行同意加具保兑的信用证，出口地银行应在正本信用证上加盖“我行已保兑”印章或类似文句。在缮制《信用证通知书》时，选择“上述信用证已由我行加具保兑，并限向我行交单”一栏</td></tr>
<tr><td>②加保后，应及时向开证行发出保兑通知，通知其“我行已根据其授权或指示将信用证通知受益人并加具保兑”</td></tr>
<tr><td>③受益人将信用证规定的单据交保兑行。对于不符点单据，在受益人确认无法改单的情况下，保兑行将免除保兑责任，同时通知受益人保兑责任免除；对于单证相符的单据，即期信用证立即对受益人付款，迟期信用证则在付款到期日对受益人付款</td></tr>
<tr><td>3. 拒绝保兑</td><td>如果信用证明确指定出口地银行为保兑行，而该行不准备对信用证加保兑时，应毫不延误地通知开证行，按信用证通知流程将信用证通知给受益人，在正本信用证和《信用证通知书》上注明“我行未加保兑”等字样。给开证行的拒绝保兑通知参考格式为“Today we have advised your Documentary Credit No. xxx to the beneficiary without adding our confirmation”</td></tr>
<tr><td rowspan="3">4. 保兑信用证的修改</td><td>①如出口地银行已对信用证加具保兑，收到对保兑信用证的修改后，应认真审核信用证修改的内容</td></tr>
<tr><td>②如信用证修改的内容对自身安全收汇不利，出口地银行可不将保兑扩展到该修改。在将信用证修改通知受益人时，在信用证修改正本和信用证修改通知书（同《信用证通知书》）上注明“我行未加保兑”，并同时通知开证行。给开证行的拒绝保兑通知参考格式为“Today we have advised the amendment to your Documentary Credit No. xxx to the beneficiary without adding our confirmation”</td></tr>
<tr><td>③如出口地银行决定将保兑扩展到该修改，则直接按照信用证修改通知的流程将信用证修改通知受益人，并及时向开证行发出信用证修改保兑通知。参考格式为“Today we have advised the amendment to your Documentary Credit No. xxx to the beneficiary adding our confirmation as instructed”</td></tr>
<tr><td colspan="3">备注：
①信用证保兑占用代理行单证额度和国家风险额度。
②迟期付款信用证项下，在付款到期日前受益人要求融资，应按保兑行贸易融资管理规定执行，融资款项占用客户授信额度。</td></tr>
</table>

（4）审单议付。

表 4.4.2－4　银行办理信用证审单议付的业务流程

<table>
<tr><th>流程</th><th colspan="3">处理内容</th></tr>
<tr><td>1. 接单</td><td colspan="3">受益人交单时，应填写《客户交单联系单》（见式样 4.4.2－6），连同正本信用证及修改（如有）和单据一并交议付行</td></tr>
<tr><td>2. 审核《客户交单联系单》并签收、编号和登记</td><td colspan="3">收单行应审核受益人提交的单据种类和份数同《客户交单联系单》上内容及实际所交单据是否一致；所附正本信用证及修改是否齐全和完整；《客户交单联系单》上的要素是否齐全、填写是否规范等</td></tr>
<tr><td rowspan="3">3. 审核单据</td><td>审单依据</td><td colspan="2">UCP600、ISBP681</td></tr>
<tr><td>基本原则</td><td colspan="2">单证一致、单单一致</td></tr>
<tr><td>审单顺序</td><td colspan="2">先纵审后横审</td></tr>
<tr><td rowspan="9">4. 议付</td><td rowspan="4">议付办理的条件</td><td colspan="2">开证行的资信（类似保兑信用证的条件）</td></tr>
<tr><td colspan="2">受益人的资信（类似保兑信用证的条件）</td></tr>
<tr><td rowspan="2">信用证条款</td><td>①信用证为不可撤销的议付信用证，明确指定出口地银行为议付行或为自由议付</td></tr>
<tr><td>②信用证中没有不利于出口地银行安全收汇的条款</td></tr>
<tr><td rowspan="5">办理议付</td><td colspan="2">①如为可转让信用证，提交单据的受益人为信用证的第二受益人，出口地银行不做议付</td></tr>
<tr><td colspan="2">②对于有不符点的单据，不做议付</td></tr>
<tr><td colspan="2">③对于已做议付的单据，在出口索汇面函上应注明“We have negotiated the documents as per your instructions”字句</td></tr>
<tr><td colspan="2">④办理议付的信用证付款期限一般最长不超过 180 天</td></tr>
<tr><td colspan="2">⑤办理议付占用代理行单证额度和国家风险额度</td></tr>
</table>

（5）寄单索偿。

表 4.4.2－5　银行寄单索偿的业务流程

<table>
<tr><th>流程</th><th colspan="2">处理内容</th></tr>
<tr><td rowspan="2">1. 不符点单据的处理</td><td>①更改单据</td><td>如不符点是可以更改的，且有足够的更改时间，洽受益人更改。</td></tr>
<tr><td>②担保出单</td><td>对非实质性不符点，如无法更改或受益人不愿更改，在征得开证申请人同意的前提下，由受益人向银行出具担保函，说明不符点内容，并保证由此引起的一切后果，均由出口商自己负责。银行可以在保留追索权的情况下议付单据，有的银行会在寄往开证行的面函通知书中注明：Due to ……（不符点内容），we have negotiated documents under reserve.</td></tr>
</table>

续表

流程	处理内容		
1. 不符点单据的处理	③表提不符点	在征得受益人同意的情况下，银行在寄往开证行的面函通知书中注明不符点内容，并要求开证行征求开证人意见是否接受单据。一般注明： Discrepancies： ………… Please contact your customers for their acceptance.	
	④电提不符点	在征得受益人同意的情况下，银行电告开证行单据中不符点，征得开证行同意接受不符点后议付，然后对外寄单索偿。同时在寄单索偿面函上注明系根据开证行接受不符点的电文寄单。银行向开证行发电应注明：Your L/C No. xxx documents presented today for USDxxx complying terms except……（不符点内容）. Pls tell us whether acceptable. 如开证行电复不同意接受不符点或经过两次催收后仍无答复的，银行可将全套单据退受益人自行处理。(《拒付通知书》见式样 4. 4. 2 – 7)	
2. 缮制出口索汇面函	选择索汇方式	①向开证行索汇	索汇面函（见式样 4. 4. 2 – 8）的抬头人应是开证行，寄单地址应为信用证规定的寄单地址
			索汇面函日期应在信用证规定的有效期之内
			索汇面函的金额应与汇票/发票的金额以及信用证规定相符
			索汇面函上应明确注明信用证号、单据份数应与实际提交单据份数以及信用证规定一致
		②向偿付行索汇	在向开证行寄单同时，根据信用证要求向偿付行索汇（索偿面函见式样 4. 4. 2 – 9、4. 4. 2 – 10）
	选择索汇路线	根据索汇币种及议付行境外账户行分布情况，尽量拉直索汇路线，以缩短收汇时间，提高收汇速度。(常见的索偿指示见表 4. 5 – 1)	
	单据处理情况	①单证相符	We hereby certify that all terms and conditions of the credit have been fully complied with.
		②如电提不符点且开证行已接受	We send the documents as per your instructions dated …
		③如需表提不符点	The documents have been found the following discrepancy (ies)：…
	备注： ①单据有实质性不符点时，一般不直接向偿付行索偿，而是向开证行寄单索偿。如受益人以往收汇情况良好，也可视情况向偿付行索偿。 ②远期信用证有偿付行条款时，索汇面函或索汇电文不能过早发出。一般索汇面函在到期日前 5 天内通过快件寄出，索汇电文在到期日前 3 天内发出。 ③寄单行将主要出口单据复印留底，并进行背批。即在信用证背面批注交单日期、BP 号、交单金额、信用证余额等内容。		

续表

流程	处理内容
3. 寄单	按信用证规定的寄单地址制作信封，经复核单据、面函 、信封地址后，有权签字人在索汇面函上签章或签字，按信用证要求将单据一次或分两次寄出
4. 催收	单据寄出后，分别按邮程和开证行合理工作时间逐单估算正常的收汇时间。超过估算时间未收汇的，议付行要逐笔致电催收。具体查询催收方式须根据不同的索汇路线而不同： ①没有偿付行的情况下，应向开证行查询。 ②如向偿付行索汇的，应向偿付行查询。 ③如信用证是由第三家银行加具了保兑并向保兑行寄单，应向保兑行查询。 在下列情况下，可向开证行/保兑行追索迟付利息： ①迟期付款信用证已过付款到期日，或承兑信用证已过承兑到期日，利息计算从到期日起到实际付款日止。 ②议付信用证，开证行未在合理时间（最长不超过收到单据后5个工作日）内付款，利息计算从其收到单据后第6个工作日到实际付款日止。 ③付款/议付信用证，偿付行未在合理时间（收到索偿指示后3个工作日）内付款，利息计算从其收到索偿指示后第4个工作日其到实际付款日止。
5. 拒付处理	寄单索汇后，如果付款行/承兑行/保兑行或开证行拒绝付款/承兑，议付行应根据信用证条款及UCP600的有关规定，对上述有关银行提出的不符点进行严格审核。 ①如认为“不符点”不成立，应立即电洽相关银行，申明本行对“不符点”的态度，并要求其按照国际惯例立即付款或承兑。如相关银行坚持不接受单据，可征询有关部门和专家意见进行协商，或通过法律程序解决。 ②如认为“不符点”确实成立，在信用证有效期内，立即通知受益人提交正确单据进行替换，同时电洽相关银行，要求其代为保管单据；如已超过有效期，立即电洽相关银行，请其尽可能劝说申请人接受不符点，并代为保管单据，同时将“不符点”情况通知受益人，请其洽申请人接受不符点，以促成相关银行付款/承兑。
6. 承兑处理	收到付款行/承兑行/保兑行的保兑电文后，在核实真实性的基础上，将承兑电文与索汇面函留底一起保管，做相应登记，并通知受益人

（6）收汇处理和档案管理。

表4.4.2-6　　信用证的收汇处理和档案管理

流程	处理内容
1. 收汇入账	款项收妥后，调出相应的索汇面函留底，与收汇报文要素核对，如相符，及时为受益人办理入账/收汇手续，为受益人出具出口收汇核销专用联，在规定的时间内办理国家收支申报（具体操作参见《结售付汇及相关外汇管理政策》）
2. 收汇考核	收汇考核是出口信用证结算业务的重要环节之一，主要是对开证行或偿付行偿付情况进行考核。包括：收汇时间，拒付单据的次数、理由，造成迟收汇的次数、时间、理由，造成短收汇的次数、金额、理由，迟付利息的支付情况等
3. 档案管理	信用证通知档案管理
	信用证转让档案管理
	寄单索汇档案管理
	结案档案管理

第五节　信用证方式下的索偿与支付

信用证开证银行在开立信用证之前，必须与有关当事人或关系人协商并决定信用证项下的偿付是采取直接偿付或简单偿付还是银行间偿付。在信用证方式下，索偿对象可能是偿付行（Reimbursing Bank）也可能是开证行，主要决定的依据是指定银行的情况。如果决定采取银行间偿付，被索偿的银行是偿付行。如果信用证中未指定偿付行，则一般由开证行自行向索偿行进行偿付。当信用证业务需要第三家银行偿付时，使用偿付行的过程被称为信用证项下银行间的偿付。国际商会为此专门指定了《跟单信用证项下银行间偿付统一规则》（《Uniform Rules for Bank-to Bank Reimbursements under Documentary》，URR725）。

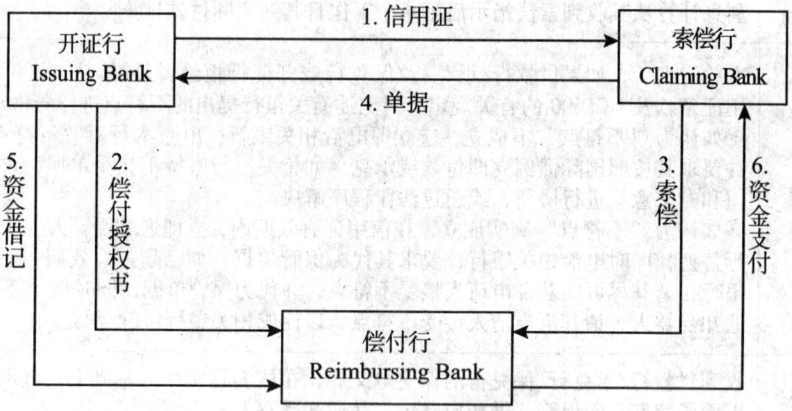

图 4.5－1　银行间偿付业务的流程

偿付授权书是开证行向偿付行开出，并独立于信用证之外的一种要求偿付行向索偿行支付款项或承兑与支付索偿行开立的以其为付款人的远期汇票的文件。在实务中，偿付授权书以 SWIFT MT740 的格式开立。

偿付承诺书是偿付行接受开证行授权，向索偿行（Claiming Bank）开立的用于支付其索偿款或承兑远期汇票的一种承诺文件，内容与偿付授权书类似。

索偿的方式可以是电索和信索。无论索偿的对象是哪一家银行，索偿行都应将信用证项下的相符单据寄至开证行。银行进行支付的方式一般是电汇或信汇。不论是电汇还是信汇，索偿行都应当向对方银行发出索偿指示。在实务中，索偿行通常采用 SWIFT MT742 格式。

表 4.5 – 1 常见的索偿指示

索偿方式		索偿条款
向偿付行 T/T 索偿	即期信用证索偿	1. Please claim reimbursement from…Reimbursing Bank…by cable. 2. The Negotiating Bank is authorized to claim their reimbursement by cable on… (Reimbursing Bank). 3. Kindly reimburse yourselves for payment under this credit on… (Reimbursing Bank) …by cable.
	远期信用证索汇	Payable at…days from date of bill of lading…for your payments. At maturity, please reimburse yourselves by drawing on our a/c with … (Reimbursing Bank) …
向偿付行航邮索汇		In reimbursement of your negotiations under this credit, please draw on our account with the following correspondent… (Reimbursing Bank) …remitting to them your certificate to the effect that all terms and conditions of the credit have been strictly complied with.
授权借记、贷记有关账户	当索偿行或其总行在对方银行设有账户	Please credit our a/c or our H. O. a/c with you under your advice to us.
	当对方银行在索偿行或其总行设有账户	Please authorize us to debit your a/c or our H. O. a/c with you.
	当索偿行或其总行与对方银行没有直接的账户关系	Please authorize xx bank to debit your a/c and credit our a/c with them under their advice to us.

式样 4.1.2－1　不可撤销跟单信用证标准格式——致受益人

GUIDANCE NOTES AND STANDARD FORMS FOR BANKS

Noted Irrevocable Documentary Credit Form（Advice for the Beneficiary）

Name of Issuing Bank： （开证行名称）	Irrevocable Documentary （不可撤销跟单信用证） Number 号码
Place and Date of Issue： （开证地点和日期）	Expiry Date and Place for Presentation Documents： （提交单据的有效期和地点）
Applicant： （开证申请人）	Expiry Date： （有效期）
Advising Bank（通知行）： Reference No（参考号）：	Place for Presentation： （交单地点）
Partial Shipments　☐allowed　☐not allowed （分批装运）　（允许）　（不允许）	Beneficiary： （受益人）
Transshipment　☐allowed　☐not allowed （转运）　（允许）　（不允许）	Amount： （金额）
☐ Insurance covered by buyers （由买方保险）	Credit available with Nominated Bank ☐by sight payment　即期付款 ☐by deferred payment　迟期付款 ☐by acceptance of draft at　汇票承兑 ☐by negotiation　议付 Against the documents detailed herein： 连同下列单据 ☐And beneficiary's draft（s）drawn on： （及受益人的汇票）
Shipment as defined in UCP600 （运输根据跟单信用证统一惯例 600） From（从……起运）： For transportation to（到……目的港）： Not latter than（不迟于……日期）：	

Documents to be presented with ☐ days after the date of shipment but within the validity of the Credit.
（单据必须在装运后××天提交，但提交日期不得超过信用证有效期）

We hereby issue the Irrevocable Documentary Credit in your favor. It is subject to Uniform Customs and Practice for Documentary Credit（2007 Revision，International Chamber of Commerce，pairs，France，Publication No. 600）and engages us in accordance with the terms thereof. The number and the date of the Credit and the name of our bank must be quoted on all drafts required. If the credit is available by negotiation，each presentation must be noted on the reverse side of this advice by the bank where the Credit is available.
［兹开立以你方为受益人的不可撤销信用证，本证根据《跟单信用证统一惯例》（2007 年修订本，国际商会在法国巴黎的第 600 号出版物）开立，并保证按此规定办理，请在所有汇票上注明本信用证号和开证日期及我行名称，若是议付信用证，请每次交单时在本信用证背面作出批注。］

The documents consists of ☐ signed page（s）

（本信用证共××页）

Name and signature of the Issuing Bank
（开证行的名称和签字）

式样 4.1.2－2 不可撤销跟单信用证标准格式——致通知行

GUIDANCE NOTES AND STANDARD FORMS FOR BANKS

Noted Irrevocable Documentary Credit Form（Advice for Advising Bank）

Name of Issuing Bank： （开证行名称）	Irrevocable Documentary （不可撤销跟单信用证） Number 号码
Place and Date of Issue： （开证地点和日期）	Expiry Date and Place for Presentation Documents： （提交单据的有效期和地点）
Applicant： （开证申请人）	Expiry Date： （有效期）
Advising Bank（通知行）： Reference No（参考号）：	Place for Presentation： （交单地点）
Partial Shipments □allowed □not allowed （分批装运） （允许） （不允许）	Beneficiary： （受益人）
Transshipment □allowed □not allowed （转运） （允许） （不允许）	Amount： （金额）
□ Insurance covered by buyers （由买方保险） Shipment as defined in UCP600 （运输根据跟单信用证统一惯例 600） From（从……起运）： For transportation to（到……目的港）： Not latter than（不迟于……日期）：	Credit available with Nominated Bank □by sight payment 即期付款 □by deferred payment 迟期付款 □by acceptance of draft at 汇票承兑 □by negotiation 议付 Against the documents detailed herein： 连同下列单据 □And beneficiary's draft（s） drawn on： （及受益人的汇票）

Documents to be presented with □ days after the date of shipment but within the validity of the Credit.
（单据必须在装运后××天提交，但提交日期不得超过信用证有效期）

We hereby issue the Irrevocable Documentary Credit in your favor. It is subject to Uniform Customs and Practice for Documentary Credit（2007 Revision，International Chamber of Commerce，pairs，France，Publication No. 600）and engages us in accordance with the terms thereof. The number and the date of the Credit and the name of our bank must be quoted on all drafts required. If the credit is available by negotiation，each presentation must be noted on the reverse side of this advice by the bank where the Credit is available.
［兹开立以你方为受益人的不可撤销信用证，本证根据《跟单信用证统一惯例》（2007 年修订本，国际商会在法国巴黎的第 600 号出版物）开立，并保证按此规定办理，请在所有汇票上注明本信用证号和开证日期及我行名称，若是议付信用证，请每次交单时在本信用证背面作出批注。］

The documents consists of □ signed page（s）

（本信用证共××页）

Name and signature of the Issuing Bank
（开证行的名称和签字）

式样 4.1.2-3　不可撤销跟单信用证修改标准格式

GUIDANCE NOTES AND STANDARD FORMS FOR BANKS

Noted Irrevocable Documentary Credit Amendment Form

Name of Issuing Bank: (开证行名称)	Amendment To Documentary Credit (不可撤销跟单信用证) Number 号码
Date of Amendment: (修改日期)	Place and date of issue: (开证地点和日期)
Applicant: (开证申请人)	Beneficiary: (受益人)
Advising Bank (通知行): Reference No. (参考号):	
Shipment as defined in UCP600 (运输根据跟单信用证统一惯例 600) From (从……起运): For transportation to (到……目的港): Not latter than (不迟于……日期):	This amendment is to be considered as part of the above-mentioned Credit and must be attached thereto. (本修改是上述信用证的一部分)
The above-mentioned Credit is amended as follows: (上述信用证修改如下:) All other terms and conditions remain unchanged. (所有其他条款不变。) The above - mentioned Credit is subject to Uniform Customs and Practice for Documentary Credit (2007 Revision, International Chamber of Commerce, pairs, France, Publication No. 600). [上述信用证根据《跟单信用证统一惯例》(2007 年修订本, 国际商会在法国巴黎的第 600 号出版物) 开立。]	
Please advise the Beneficiary (请通知受益人)	Advising Bank's notification (通知行的告示)
Name and signature of the Issuing Bank (开证行的名称和签字)	Place, Date, Name and signature of the Advising Bank (通知行的地点、日期、名称和签字)

式样 4.4.1-1 开立不可撤销跟单信用证申请书

APPLICATION FOR IRREVOCABLE DOCUMENTARY CREDIT

开立不可撤销跟单信用证申请书 Date 日期______

To: 致：中国××银行________分/支行	Credit No. 信用证号码
☐ Issued by mail 信开 ☐ With brief advice by teletransmission 简电开 ☐ Issued by teletransmission（which shall be the operative instrument）电开	Expiry Date and Place 有效期及地点 ☐in the country of Beneficiary 在受益人所在国家 ☐at Issuing Bank's counter 在开证行柜台
Applicant 申请人 Beneficiary（with full name and address）受益人（全称和详细地址）	
Advising Bank（if blank，at your option）通知行	Currency and Amount（in figures & words）币种及金额（大、小写）
Partial shipments 分批装运 ☐ allowed 允许 ☐ not allowed 不允许 Transhipment 转运 ☐ allowed 允许 ☐ not allowed 不允许	Credit available with 此证可由________ bank 银行 By 凭 ☐sight payment 即期付款 ☐acceptance 承兑 ☐negotiation 议付 ☐deferred payment 迟期付款 against the documents detailed herein 连同下列单据 ☐and beneficiary's draft（s）at day（s）sight drawn on for % of invoice value 受益人按发票金额 %，作成以 为付款人，期限为 天的汇票。
Shipment from 装运从 For transportation to 运至 Not later than 不得迟于	
Terms 价格条款 ☐ FOB ☐ CFR ☐ CIF ☐ FCA ☐ CPT ☐ CIP ________ ☐ or other terms 其他价格条款________	

Documents required:（marked with“×”）所需单据（用“×”标明）：

☐Signed Commercial Invoice in ________ original（s）and in ________ copy（copies）indicating L/C No. and Contract No. ________.
经签字的商业发票正本________份，副本________份，标明信用证号和合同号________。

☐Full set of clean on board Ocean Bill of Lading made out to order and blank endorsed，marked“freight〔 〕prepaid/〔 〕to collect”，〔 〕showing freight amount and notifying ________.
全套清洁已装船海运提单做成空白抬头、空白背书，注明“运费〔 〕已付/〔 〕待付”，〔 〕标明运费金额，并通知________。

☐Clean Air Waybill consigned to ________ marked“freight〔 〕prepaid/〔 〕to collect”notifying ________.
清洁空运提单收货人为________，注明“运费〔 〕已付/〔 〕待付”，并通知________。

☐Insurance Policy/Certificate in full set for ________% of the invoice value，blank endorsed，showing claims payable at ________，in the currency of the draft，covering All risks，War risk and ________.
全套保险单/保险凭证，按发票金额的________%投保，空白背书，注明赔付地在________，以汇票同种货币支付，投保一切险，战争险和________。

☐Packing List/Weight Memo in ________ original（s）and in ________ copy（copies）indicating quantity，gross and net weight of each package.
装运单/重量证明正本________份，副本________份，注明每一包装的数量、毛重和净重。

☐Certificate of Quantity/Weight in ________ original（s）and in ________ copy（copies）issued by ________.
数量/重量证明正本________份，副本________份，由________出具。

☐Certificate of Quality in ________ original（s）and in ________ copy（copies）issued by ________.
品质证正本________份，副本________份，由________出具。

☐Certificate of Origin in ________ original（s）and in ________ copy（copies）issued by ________.
产地证正本________份，副本________份，由________出具。

☐Beneficiary's Certified copy of fax/telex dispatched to the applicant within ________ day（s）after shipment advising L/C No.，name of vessel，date of shipment，name of goods，quantity，weight and value of goods.
受益人传真/电传方式通知申请人装船证明副本。该证明须在装船后________天内发出，并注明该信用证号、船名、装运日以及货物的名称，货物的数量、重量和金额。

☐Other documents，if any 其他单据

Description of goods 货物描述

Additional instructions（marked with “×”）：附加条款（用“×”标明）：

□All banking charges outside the Issuing Bank including reimbursing charges are for account of Beneficiary.
开证行以外的所有银行费用（包括可能产生的偿付费用）由受益人承担。

□Documents must be presented within ________ days after date of issuance of the transport document but within the validity of the Credit.
所需单据须在运输单据签发日后________天内提交，但不得超过信用证有效期。

□Both quantity and Credit amount ________% more or less are allowed.
数量及信用证金额允许有________%的增减。

□This is a usance L/C payable at sight basis by the Issuing Bank or the Paying Bank nominated by the Issuing Bank. Discount interest and other banking fees are for account of us.
本信用证为假远期信用证，由贵行或贵行指定的付款行即期对外付款，利息和其他银行费用由我公司承担。

□Other terms and conditions，if any 其他条款

本信用证为履行第________号进口合同开立，开证前实存开证保证金为开证金额的________%，即（币种及金额大写）____________________，其余信用证金额申请减免保证金。本笔开证业务受编号为____________________的《减免保证金开证额度合同》的约束。

声明：我公司已对本申请书及其背面承诺书各印就条款进行审慎研阅，对各条款含义与贵行理解一致。我公司在此签章表示对本申请书及背面承诺书印就条款的接受，愿受其约束。

申请人的外币及人民币账户：　　　　　　　　申请人（签章）
开户行：____________________
外币账号：____________________　　　　　　法定代表人
人民币账号：____________________　　　　　或授权代理人　　年　　月　　日

同意受理。本信用证为假远期信用证的，融资利率为对外付款日当天的________（大写）个月 LIBOR 加________点差。
银行（签章）
负责人或授权代理人　　　　　　　　　　　　　　　　年　　月　　日

开证申请人承诺书

致：中国××银行

我公司已依法办妥一切必要的进口手续，兹谨请贵行直接或通过贵行上级行为我公司依照本申请书所列条款开立第____________号国际货物买卖合同项下不可撤销跟单信用证，并承诺如下：

一、同意贵行依照国际商会第600号出版物《跟单信用证统一惯例》办理该信用证项下的一切事宜，并同意承担由此产生的一切责任。

二、及时提供贵行要求我公司提供的真实、有效的文件及资料，接受贵行的审查监督。

三、在贵行规定期限内支付该信用证项下的各种款项，包括货款及贵行和有关银行的各项手续费、杂费、利息以及国外受益人拒绝承担的有关银行费用等。

四、在贵行到单通知书规定的期限内，书面通知贵行办理对外付款/承兑/确认迟期付款/拒付手续。否则，贵行有权自行确定对外付款/承兑/确认迟期付款/拒付，并由我公司承担全部责任。

五、我公司因单证有不符之处而拟拒绝付款/承兑/确认迟期付款时，将在贵行到单通知书规定期限内向贵行提出拒付请求，并附拒付理由书一式两份，一次列明所有不符点。对单据存在的不符点，贵行有独立的终结认定权和处理权。经贵行根据国际惯例审核认为不属可据以拒付的不符点的，贵行有权主动对外付款/承兑/确认迟期付款。我公司对此放弃抗辩权。

六、该信用证如需修改，由我公司向贵行提出书面申请，贵行可根据具体情况确定能否办理修改。我公司确认所有修改当受益人接受时才能生效。

七、经贵行承兑的远期汇票或确认的迟期付款，我公司无权以任何理由要求贵行止付。

八、按上述承诺，贵行在对外付款时，有权主动借记我公司在贵行的账户款项。若发生任何形式的垫付，我公司将无条件承担由此而产生的债务、利息和费用等，并按规定要求及时清偿。

九、在收到贵行开出信用证、修改书的副本之后，及时核对，如有不符之处，将在收到副本后的两个工作日内书面通知贵行。否则，视为正确无误。

十、该信用证如因邮寄、电讯传递发生遗失、延误、错漏，贵行概不负责。

十一、本申请书一律用英文填写。如用中文填写而引发的歧义，贵行概不负责。

十二、因信用证申请书字迹不清或词意含混而引起的一切后果均由我公司负责。

十三、如发生争议需要诉讼的，同意由贵行住所地法院管辖。

十四、我公司已对开证申请书及承诺书各印就条款进行审慎研阅，对各条款含义与贵行理解一致。

申请人（盖章）

法定代表人

或授权代理人

年　月　日

同意受理

银行（盖章）

负责人

或授权代理人

年　月　日

式样 4.4.1 - 2 信用证修改申请书

APPLICATION FOR AMENDMENT TO DOCUMENTARY CREDIT

信用证修改申请书

编号：

To：

致：中国××银行________分/支行　　　　Date 日期________

Credit No. 信用证号码	No. of Amendment 修改次数
Applicant 申请人	Advising Bank 通知行
Beneficiary (before this Amendment) 受益人（在本次修改前）	Currency and Amount (in figures & words) 币种及金额（大、小写）

The above-mentioned Credit is amended as follows:
上述信用证修改如下：

☐ The latest shipment date extended to ________/________/________
最迟装运日期延长至

☐ Expiry date extended to ________/________/________
有效期延长至

☐ Amount increased/decreased by ________ to ________
金额增/减　　　　至

☐ Other terms：其他

☐ Banking charges：
银行费用

All other terms and conditions remain unchanged.
所有其他条款不变。

☐ 本次修改增加金额部分实存保证金为增加金额的________%，即（币种及金额大写）________________，其余增加金额申请减免保证金。

☐ 本笔信用证修改受编号为________________的《减免保证金开证合同》/《减免保证金开证额度合同》约束。

声明：我公司已对本申请书及其背面承诺书各印就条款进行审慎研阅，对各条款含义与贵行理解一致。我公司在此签章表示对本申请书及背面承诺书印就条款的接受，愿受其约束。

需担保人表示同意继续担保的 担保人（签章） 法定代表人 或授权代理人 年　月　日	申请人（签章） 法定代表人 或授权代理人 年　月　日

同意受理

银行（签章）
负责人
或授权代理人
年　月　日

式样 4.4.2－1　信用证通知书

OFFICE：

信用证通知书

ADDRESS：　NOTIFICATION OF DOCUMENTARY CREDIT

Date 日期________

TO：致	Our Ref NO. 我行编号 Currency and Amount 币种及金额
Issuing Bank 开证行	Advised through 转通知行 Transferred from 转让行
L/C NO. 信用证号 Transferring Bank's Ref NO. 转让行编号	Issuing Date 开证日期 Transferring Date 转让日期

Dear Sirs，敬启者：

We have pleasure in advising you that we have received from the A/M bank a（n）

兹通知贵公司，我行收自上述银行

☐ issued by SWIFT　SWIFT 开立　☐ ineffective　未生效

☐ issued by mail　信开

☐ pre-advising of　预先通知　☐ mail confirmation of　证实书

☐ original　正本　☐ copy　副本

Letter of Credit，contents of which are as per attached sheet（s）.

This advice and the attached sheet（s）must accompany the relative documents when presented.

信用证一份，现随附通知。贵公司交单时，请将本通知书及信用证一并提示。

☐ Please note that this advice does not constitute our confirmation of the above L/C nor does it convey any engagement or obligation on our part.

本通知书不构成我行对该信用证之保兑及其他任何责任。

☐ Please note that we have added our confirmation to the above L/C，which is available with ourselves only.

上述信用证已由我行加具保兑，并限向我行交单。

Remarks 备注：

This L/C consists of　　　sheet（s），including the covering letter and attachment（s）.

该信用证连同本面函及附件共　　页。

If you find any terms and conditions in the L/C which you are unable to comply with and/or any error（s），it is suggested that you contact applicant directly for necessary amendment（s）so as to avoid any difficulties which may arise when documents are presented.

如该信用证有无法办到的条款及/或错误，请迳与开证申请人联系进行必要的修改，以排除交单时可能发生的问题。

Please credit ________________ as advising fee to our A/C　　Yours Faithfully

No. ________________ with ________________.

本通知费____________请划入我行____________账户，　　中国××银行

账号________________。　　____________

式样 4.4.2－2　信用证转通知书

CREDIT ADVISING COVER LETTER

DATE ________

TO（SECOND ADVISING BANK）:

OUR REF. NO.:
L/C NO.:
ISSUING BANK:
BENEFICIARY:
L/C AMOUNT:
EXPIRY DATE:

DEAR SIRS,

PLEASE ADVISE THE ENCLOSED CREDIT/AMENDMENT TO THE BENEFICIARY. THIS IS SOLELY AN ADVICE OF CREDIT/AMENDMENT AND CONVEYS NO ENGAGEMENT BY US.

PLEASE COLLECT OUR ADVISING COMMISSION OF ____________

BEFORE RELEASING THIS CREDIT/AMENDMENT TO THE BENEFICIARY, AND PAY THE PROCEEDS TO OUR ACCOUNT NO. ____________ WITH ____________ ____________ QUOTING OUR REFERENCE.

THIS ADVICE IS SUBJECT TO THE UNIFORM CUSTOMS AND PRACTICE FOR DOCUMENTARY CREDITS（2007 REVISION）, ICC PUBLICATION NO. 600.

For

____

AUTHORIZED SIGNATURE（S）

式样 4.4.2－3　信用证转让申请书

信用证转让申请书
APPLICATION FOR TRANSFER OF CREDIT

TO:　　　　　　　　　　　　　　　　　　DATE

致：中国银行　　　　行　　　　　　　　　日期：

TRANSFERRED CREDIT NO. 已转让信用证号________

PLEASE TRANSFER THE L/C BELOW FOR US (FIRST BENEFICIARY) □BY SWIFT/□BY MAIL, DETAILS AS FOLLOWS:

请通过□SWIFT/□信函方式为我司办理信用证转让，明细如下：

TRANSFERABLE CREDIT NO. 可转让信用证号
ISSUING BANK OF TRANFERABLE CREDIT 可转让信用证开证行
ADVISING BANK OF TRANSFERRED CREDIT 已转让信用证的通知行
SECOND BENEFICIARY (FULL NAME&ADDRESS) 第二受益人（全称和地址）
AMOUNT TRANSFERRED 转让金额

□TRANSFER IN WHOLE AS THE SAME TERMS AND CONDITIONS AS THE TRANSFERABLE CREDIT.

按可转让信用证条款全部转让。

□TRANSFER AS THE SAME TERMS AND CONDITIONS AS THE TRANSFERABLE CREDIT EXCEPT THE FOLLOWING (S):

除了下列条款外，按可转让信用证条款转让：

AMOUNT 金额	PRESENTATION PERIOD 交单期
LATEST SHIPMENT DATE 最迟装运日	EXPIRY DATE 有效期
UNIT PRICE 单价	QUANTITY 数量
INSURANCE AMOUNT/PERCENTAGE 保险金额/比例	OTHERS 其他

1. PLEASE FOLLOW THE INSTRUCTIONS MARKED WITH "×" 请按注明"×"的指示操作。

(1) OUR NAME IS□TO BE/□NOT TO BE SUBSTITUED FOR THAT OF THE APPLICANT IN THE TRANSFERABLE CREDIT.

□以/□不以我司名称代替可转让信用证开证申请人的名称。

(2) WE□INTEND/□DO NOT INTEND TO SUBSTITUTE OUR OWN INVOICES AND DRAFTS FOR THOSE OF THE SECOND BENEFICIARY.

我司□准备/□不准备替换第二受益人的发票和汇票。

(3) ANY AMENDMENTS UNDER THE TRANSFERABLE CREDIT ARE TO BE ADVISED TO THE SECOND BENEFICIARY□WITH/□WITHOUT OBTAINING OUR APPROVAL. OTHER CONDITION (SPECIFY, IF ANY):

可转让信用证的任何修改/□必须征得我司同意后通知第二受益人/□无须征得我司同意即通知第二受益人；其他条件（如有，请注明）：

(4) PRESENTATION OF DOCUMENTS BY OR ON BEHALF OF THE SECOND BENEFICIARY MUST BE MADE TO

□TRANSFERRING BANK/□ISSUING BANK. 第二受益人的单据必须提交给□转让行/□开证行

2. ATTACHED IS THE TRANSFERABLE CREDIT (ORIGINAL AND AMENDMENT), CONSISTS OF ________ SHEET (S).

附可转让信用证（原证与修改）共________页。

3. ALL BANKING CHARGES DUE TO YOU AS A RESULT OF THIS TRANSFER□EXCLUDING/□INCLUDING TRANSFERRING CHARGES, AND CHARGES DEDUCTED BY ISSUING BANK/PAYING BANK/OTHER RELATED BANKS ARE FOR ACCOUNT OF THE SECOND BENEFICIARY.

本转让项下所有贵行费用（□除了/□包括转让费），以及开证行/付款行/其他相关行的费用都由第二受益人承担。

4. PLEASE EFFECT PAYMENT UNDER THIS TRANSFERRED CREDIT ONLY UPON YOUR RECEIPT OF FUNDS FROM THE ISSUING BANK OF TRANSFERABLE CREDIT. 请贵行收到可转让信用证开证行的付款后，方支付已转让信用证的款项。

5. THIS TRANSFER IS SUBJECT TO THE UNIFORM CUSTOMS AND PRACTICE FOR DOCUMENTARY CREDITS (2007 REVISION) INTERNATIONAL CHAMBER OF COMMERCE PUBLICATION NO. 600.

根据《跟单信用证统一惯例》(2007 年修订版)，国际商会第 600 号出版物进行转让。

6. OTHERS：其他

公司联系人：　　　　联系电话：　　　　公司公章：　　　　年　月　日

经办行审批意见：
经办：　　　　复核：　　　　经办行盖章：　　　　年　月　日

式样 4.4.2 -4　信用证转让指示书

INSTRUCTIONS FOR TRANSFER OF CREDIT

TO：

OUR TRANSFER NO. ____________ DATE ____________

RE L/C NO.　　　　　　　　　L/C AMOUNT：

ISSUING BANK：

FIRST BENEFICIARY：

AT THE REQUEST OF THE FIRST BENEFICIARY, WE HEREBY TRANSFER THE ABOVE L/C TO THE TRANSFEREE AS FOLLOWS：

TRANSFEREEE（NAME & ADDRESS）

1. PLEASE FOLLOW THE INSTRUCTIONS MARKED WITH "×"：

□ TRANSFER IN WHOLE AS THE SAME TERMS AND CONDITIONS AS THE ORIGINAL L/C.

□ TRANSFER AS THE SAME TERMS AND CONDITIONS AS THE ORIGINAL L/C EXCEPT THE FOLLOWINGS：

AMOUNT TRANSFERRED	PRESENTATION PERIOD
LASTEST SHIPMENT DATE	EXPIRY DATE
UNIT PRICE	QUANTITY
INSURANCE	OTHERS

ATTACHED IS THE □TRANSFERRED L/C □AMENDMENT（S）CONSISTS OF SHEET（S）.

2. PAYMENT UNDER THIS TRANSFERRED L/C IS SUBJECT TO THE FINAL PAYMENT FROM THE ISSUING BANK OF THE ORIGINAL L/C.

3. ALL BANKING CHARGES AS A RESULT OF THIS TRANSFER（EXCLUDING TRANSFERRING CHARGES）AND CHARGES DEDUCTED BY ISSUING BANK/PAYING BANK/OTHER RELATED BANKS ARE FOR ACCOUNT OF ________.

4. THIS TRANSFER IS SUBJECT TO THE UNIFORM CUSTOMS AND PRACTICE FOR DOCUMENTARY CREDITS（2007 REVISION）INTERNATIONAL CHAMBER OF COMMERCE PUBLICATION NO. 600.

FOR

____

AUTHORIZED SIGNATURE（S）

式样 4.4.2－5　信用证转让通知书

ADVICE OF CREDIT TRANSFER

OUR TRANSFERRED CREDIT NO. ______________ DATE: ______________

TO:

PLEASE BE INFORMED THAT WE HAVE TRANSFERRED THE FOLLOWING TRANSFERABLE CREDIT TO YOU AT THE REQUEST OF THE FIRST BENEFICIARY. PLEASE ADVISE THE TRANSFERRED CREDIT TO THE SECOND BENEFICIARY ACCORDINGLY.

TRANSFERABLE CREDIT
NO. ISSUING BANK: FIRST BENEFICIARY:

TRANSFERRED CREDIT
NO. TRANSFERRING BANK: SECOND BENEFICIARY: PRESENTATION OF DOCUMENTS BY OR ON BEHALF OF THE SECOND BENEFICIARY MUST BE MADE TO□US/□ISSUING BANK

ATTACHED IS THE □TRANSFERRED CREDIT □AMENDMENT (S) CONSISTS OF ________ SHEET (S).

PAYMENT UNDER THIS TRANSFERRED CREDIT WILL BE EFFECTED ONLY UPON OUR RECEIPT OF FUNDS FROM THE ISSUING BANK OF THE TRANSFERABLE CREDIT.

THIS TRANSFER IS SUBJECT TO THE UNIFORM CUSTOMS AND PRACTICE FOR DOCUMENTARY CREDITS (2007 REVISION) INTERNATIONAL CHAMBER OF COMMERCE PUBLICATION NO. 600.

For

____

AUTHORIZED SIGNATURE (S)

式样 4.4.2－6　客户交单联系单

客户交单联系单

致：中国××银行

<table>
<tr><td colspan="15">兹随附下列出口单据一套，信用证业务请按国际商会现行《跟单信用证统一惯例》办理，跟单托收业务请按国际商会现行《托收统一规则》办理。</td></tr>
<tr><td rowspan="2">信用证</td><td colspan="7">开证行</td><td colspan="7">信用证号：</td></tr>
<tr><td colspan="4">通知行号：</td><td colspan="3">提单日期：</td><td colspan="4">有效期：</td><td colspan="3">交单期限　　天</td></tr>
<tr><td rowspan="3">无证托收</td><td colspan="14">付款人全名和详址：</td></tr>
<tr><td colspan="14">代收行外文名称及详址（供参考）：</td></tr>
<tr><td colspan="7">交单方式：□D/P　　□D/A</td><td colspan="7">付款期限：</td></tr>
<tr><td colspan="8">发票编号：</td><td colspan="4">核销单编号：</td><td colspan="3">金额：</td></tr>
<tr><td rowspan="2">单据</td><td>汇票</td><td>发票</td><td>海关发票</td><td>装箱/重量单</td><td>产地证</td><td>GSP FORM A</td><td>数量/质量/重量证</td><td>检验分析证</td><td>出口许可证</td><td>保险单</td><td>运输单据</td><td>受益人证明</td><td>船公司证明</td><td>其他</td></tr>
<tr><td></td><td></td><td></td><td></td><td></td><td></td><td></td><td></td><td></td><td></td><td></td><td></td><td></td><td></td></tr>
<tr><td colspan="15">委办事项：（打“×”者）
（　）上述单据请按我司与贵行签订之总质押书办理押汇。
（　）上述单据系代理出口项下业务，收妥后请原币划＿＿＿＿＿＿＿＿＿＿＿＿。
（　）开户行：＿＿＿＿＿＿＿＿，账号：＿＿＿＿＿＿＿＿。
（　）如付款人拒绝付款/承兑，不必作成拒绝证书，但须以电传通知我司。
（　）附信用证寄修改书共＿＿＿＿页。
（　）单据中有下列不符点：（　）请向开证行寄单，我司承担一切责任。
（　）请电询开证行同意后再寄单。
（　）＿＿＿＿＿＿＿＿＿＿＿＿＿＿＿＿
（　）＿＿＿＿＿＿＿＿＿＿＿＿＿＿＿＿
（　）＿＿＿＿＿＿＿＿＿＿＿＿＿＿＿＿
公司联系人：　　　　　联系电话：　　　　　公司盖章：</td></tr>
<tr><td colspan="8" rowspan="10">银行审单记录：</td><td colspan="7">银行接单日期：</td></tr>
<tr><td colspan="4">索汇金额：</td><td colspan="3">BP NO.</td></tr>
<tr><td colspan="4">寄单日期</td><td colspan="3">OC NO.</td></tr>
<tr><td rowspan="6">银行费用</td><td colspan="3">通知/保兑：</td><td colspan="3" rowspan="3">索汇方式：</td></tr>
<tr><td colspan="3">议/承/付：</td></tr>
<tr><td colspan="3">邮费：</td></tr>
<tr><td colspan="3">电传：</td><td colspan="3" rowspan="4">寄单方式：</td></tr>
<tr><td colspan="3"></td></tr>
<tr><td colspan="3">小计：</td></tr>
<tr><td colspan="4">费用由　　　　承担。</td></tr>
<tr><td colspan="8">退单记录：</td><td colspan="4">银行经办：</td><td colspan="3">银行复核：</td></tr>
</table>

式样 4.4.2－7　拒付通知书

拒付通知书
NOTICE OF REFUSAL

致：

DEAR SIRS,

兹通知贵司，由于贵司________年________月________日向我行提交的《客户交单联系单》项下单据（交单编号：________________，信用证号码：________________）存在下列不符点，我行□拒绝承付/□拒绝议付：

PLEASE BE NOTIFIED THAT DUE TO THE FOLLOWING DISCREPANCY（IES）IN YOUR PRESENTATION（OUR BP NO. ________________）MADE ON ________________（DATE）UNDER THE LETTER OF CREDIT（NO. ________________），WE□REFUSE TO HONOUR/□REFUSE TO NEGOTIATE：

不符点 DISCREPANCY（IES）：

1.

2.

3.

单据处理方式 DISPOSAL OF THE DOCUMENTS：

□ 我行向贵司退单。WE ARE RETURNING THE DOCUMENTS TO YOU.

□ 我行持单，等候贵司进一步指示。WE ARE HOLDING THE DOCUMENTS PENDING YOUR FURTHER INSTRUCTIONS.

□ 按照贵司先前指示，我行将单据转交开证行。WE ARE FORWARDING THE DOCUMENTS TO THE ISSUING BANK ACCORDING TO YOUR PREVIOUS INSTRUCTIONS.

□

本通知遵循《跟单信用证统一惯例》（2007 年修订版），国际商会第 600 号出版物。THIS NOTICE IS SUBJECT TO THE UNIFORM CUSTOMS AND PRACTICE FOR DOCUMENTARY CREDITS（2007 REVISION），INTERNATIONAL CHAMBER OF COMMERCE PUBLICATION NO. 600.

中国××银行____________分/支行

年　　月　　日（DATE）

式样 4.4.2－8　寄单索偿面函（向开证行索汇）

DOCUMENTARY REMITTANCE

OFFICE：
ADDRESS：
SWIFT：　　　　　　　　　　　　DATE：

MAIL TO：	PLEASE ALWAYS QUOTE OUR BP. NO.
ISSUING BANK	L/C NO.

DRAFT/INV. NO.	TENOR	AMOUNT	OUR CHARGES	TOTAL AMOUNT CLAIMED

DEAR SIRS,

WE PRESENT THE BELOW LISTED DOCUMENTS FOR YOUR ACCEPTANCE/PAYMENT/REIMBURSEMENT AND CERTIFY THAT WE HAVE DULY ENDORSED THE DRAWING AMOUNT ON THE ORIGINAL CREDIT.

	DRAFT	COM. INV.	PACKING LIST	B/L	N/N B/L	AWB.	ORIGIN CERT.	INS POL.	INSP. CERT.	CERT.	CABLE COPY		
1ST													
2ND													

SPECIAL INSTRUCTIONS：

1. THIS REMITTANCE IS SUBJECT TO THE UNIFORM CUSTOMS AND PRACTICE FOR DOCUMENTARY CREDITS（2007 REVISION），ICC PUBLICATION NO. 600.
2. IN CASE OF A TIME DRAFT/DEFERRED PAYMENT，PLEASE ADVISE US BY AUTHENTICATED SWIFT OF THE DATE OF ACCEPTANCE/UNDERTAKING，MATURITY，ON WHICH DATE WE SHALL CLAIM REIMBURSEMENT AS PER L/C INSTRUCITIONS.
3. PLEASE BE INFORMED THAT WE HAVE ACTED IN THE NOMINATION MARKED "×" BELOW AGAINST THE COMPLYING PRESENTATION UNDER THE ABOVE MENTIONED L/C：

☐ WE HAVE EFFECTED SIGHT PAYMENT.
☐ WE HAVE INCURRED DEFERRED PAYMENT UNDERTAKING AND THE MATURITY DATE IS ________.
☐ WE HAVE ACCEPTED THE DRAFT AND THE MATURITY DATE IS ____________.
☐ WE HAVE NEGOTIATED THE DRAFT AND/OR DOCUMENTS.

4. OTHERS：

For

____

AUTHORIZED SIGNATURE（S）

式样4.4.2-9　寄单索偿面函（向偿付行索汇）

DOCUMENTARY REMITTANCE

OFFICE:
ADDRESS:
SWIFT:　　　　　　　　　　　　　　　　DATE:

MAIL TO:	PLEASE ALWAYS QUOTE OUR BP. NO.
ISSUING BANK	L/C NO.

DRAFT/INV. NO.	TENOR	AMOUNT	OUR CHARGES	TOTAL AMOUNT CLAIMED

DEAR SIRS,

WE PRESENT THE BELOW LISTED DOCUMENTS TO YOU AND CERTIFY THAT WE HAVE DULY ENDORSED THE DRAWING AMOUNT ON THE ORIGINAL CREDIT AND THAT WE HAVE CLAIMED THE REIMBURSEMENT ON □ YOU/□ THE REIMBUSING BANK AS PER L/C INSTRUCTIONS.

	DRAFT	COM. INV.	PACKING LIST	B/L	N/N B/L	AWB.	ORIGIN CERT.	INS POL.	INSP. CERT.	CERT.	CABLE COPY		
1ST													
2ND													

SPECIAL INSTRUCTIONS:

1. THIS REMITTANCE IS SUBJECT TO THE UNIFORM CUSTOMS AND PRACTICE FOR DOCUMENTARY CREDITS (2007 REVISION), ICC PUBLICATION NO. 600.
2. IN CASE OF A TIME DRAFT/DEFERRED PAYMENT, PLEASE ADVISE US BY AUTHENTICATED SWIFT OF THE DATE OF ACCEPTANCE/UNDERTAKING, MATURITY, ON WHICH DATE WE SHALL CLAIM REIMBURSEMENT AS PER L/C INSTRUCITIONS.
3. PLEASE BE INFORMED THAT WE HAVE ACTED IN THE NOMINATION MARKED "×" BELOW AGAINST THE COMPLYING PRESENTATION UNDER THE ABOVE MENTIONED L/C:

□ WE HAVE EFFECTED SIGHT PAYMENT.
□ WE HAVE INCURRED DEFERRED PAYMENT UNDERTAKING AND THE MATURITY DATE IS ____________.
□ WE HAVE ACCEPTED THE DRAFT AND THE MATURITY DATE IS ____________.
□ WE HAVE NEGOTIATED THE DRAFT AND/OR DOCUMENTS.

4. OTHERS:

For

____
AUTHORIZED SIGNATURE (S)

注：此联为寄开证行的寄单面函。

式样 4.4.2-10 寄单索偿面函（向偿付行索汇）

REIMBURSEMENT CLAIM

OFFICE:
ADDRESS:
SWIFT:　　　　　　　　　　　　　　　　　　　　DATE:

MAIL TO REIMBURSING BANK:	PLEASE ALWAYS QUOTE OUR BP. NO.
ISSUING BANK	L/C NO.

DRAFT/INV. NO.	TENOR	AMOUNT	OUR CHARGES	TOTAL AMOUNT CLAIMED

DEAR SIRS,
WE HEREBY CLAIM YOUR REIMBURSEMENT AS PER L/C INSTRUCTIONS.

PLEASE CREDIT/REMIT THE PROCEEDS BY TELEX/SWIFT TO OUR ACCOUNT WITH QUOTING OUR REF. NO. UNDER YOUR TELEX/SWIFT ADVICE TO US.

SPECIAL INSTRUCTIONS:

1. IN CASE OF A TIME DRAFT ENCLOSED DRAWN ON YOU AS REQURED BY THE L/C, PLEASE INFORM US BY AUTHENTICATED SWIFT OF THE DATE OF ACCEPTANCE AND MATURITY.

2. OTHERS:

For

____
AUTHORIZED SIGNATURE (S)

注：此联为信索情况下，寄偿付行的信索面函。

第五章　国际结算中的担保业务

银行保函和备用信用证是适应国际经贸和国际结算发展的需要而产生和发展起来的银行担保业务（备用信用证在实际业务中起着类似银行保函的作用）。它们不仅被广泛地运用于货物买卖，而且在银行外汇担保业务中也具有重要地位。银行开立担保凭证，虽然不占用资金，但一经开出就产生了一笔或有负债（Contingent Liability），当申请人未及时完成履行其应尽义务时，银行作为担保人必须按担保凭证无条件地承担其付款和/或赔偿责任。银行保函和备用信用证的用途、作用看似相同，但仍有一定的区别。

第一节　保　　函

一、保函的含义

保函（Letter of Guarantee，简称 L/G）又称保证书，凡由银行开来的保函称为银行保函，或称银行保证书，属于银行信用。因此，银行保函是银行应申请人（委托人）的请求向受益人开立的保证文件，由银行或其他金融机构作为担保人并以第三者的身份向受益人保证，如申请人未对受益人履行某项义务，担保银行将承担保函规定的付款或赔偿责任。申请人通常需要在银行有一定授信或抵押物方可申请。

二、银行保函的当事人

表 5.1.2－1　　银行保函的当事人

当事人		含　义
基本当事人	申请人（Applicant）	即委托人（Principal），是向银行提出申请，要求银行开立保函的一方
	受益人（Beneficiary）	基础合同的债权人，接受保函并有权按保函规定向担保银行提出索赔的一方
	担保人（Guarantor）	又称保证人，即开立保函的银行

续表

当事人		含义
相关当事人	通知行（Advising Bank）	又称转递行（Transmitting Bank），根据开立保函银行的要求和委托，将保函通知给受益人的银行。通常为受益人所在地银行。其主要职责是负责审核保函的真伪，不负任何经济责任
	保兑行（Confirming Bank）	又称第二担保人，根据担保人的要求在保函上加具保兑的银行
	转开行（Reissuing Bank）	指接受担保银行的请求，凭担保人的反担保向受益人开出保函的银行。保函一经开出，转开行即变成担保人
	反担保人（Counter Guarantor）	或称指示方（Instructing Party），指接受申请人的委托，向受益人所在地银行发出开立保函的委托指示，并同时保证在受托行（保函的担保人，也称"转开行"）遭到索赔时立即予以偿付的银行或其他金融机构

三、银行保函的基本内容

表 5.1.3－1　　银行保函的基本内容

项目	含义
基本栏目	保函的编号；开立日期；各当事人的名称、地址；有关交易或项目的名称；有关合同或标书的标号和订约或签发日期等
责任条款	开立保函的银行或其他金融机构在保函中承诺的责任条款。该部分构成银行保函的主体
保证金额	开立保函的银行或其他金融机构所承担的责任的最高金额，可以是一个具体金额，也可以是合同或有关文件金额的某个百分率。如果担保人可以按委托人履行合同的程度减免责任，则必须作出具体说明（担保金额递减条款）
有效期	最迟的索赔期限，或称到期日（expiry date），既可以是一个具体的日期，也可以是在某一行为或某一事件发生后的一个时期到期。超过有效期，保函即失去效力
索偿方式	即索偿条件，指受益人在何种情况下可向开立保函的银行提出索赔。国际上有两种不同的处理方法：一种是无条件的，或称"见索即偿"保函（First Demand Guarantee）；另一种是有条件的保函（Accessary Guarantee）。前者对受益人有利，后者对申请人有利。但事实上完全无条件的保函是没有的，只是条件的多少、严宽的程度不同而已。按照国际商会《合同保证统一规则》，即使是见索即偿保函的受益人，在索偿时也要递交一份声明书

四、银行保函的种类

表 5.1.4-1 根据保函应用范围的分类

分类		内容
出口类保函	投标保函	Tender Guarantee or Bid Bond，工程项目投标时，银行应投标人（申请人）的请求向招标人开立的书面担保凭证，保证投标人在开标前不中途撤标或片面更改投保条件、中标后不拒绝签约不拒绝交付履约金。否则，银行负责赔偿招标人的损失或在保函范围内向其支付规定的金额。投标保函金额一般为投标报价金额的2%～5%（见式样5.1.4-1）
	履约保函	Performance Guarantee or Performance Bond，担保行应委托人的请求而向受益人开立的一种保证文件，保证委托人忠实地履行商品或劳务合同，按时、按质、按量地交运货物或完成所承包的工程。履约保函金额一般为合同金额的5%～10%，具体比例可由招标人决定（见式样5.1.4-2）
	预付款保函	Advanced Payment Guarantee，担保人应申请人的请求而开给受益人的书面担保凭证，其中规定，如劳务或货物提供方未能按有关合同提供劳务或交付货物，担保银行将负责偿还受益人已付或预付给申请人的金额。预付款保函的金额就是进口方或承包商的业主预付款项的金额（见式样5.1.4-3）
	质量保函和维修保函	Quality and Maintenance Guarantee，大型工程机械设备等资本物资的进出口贸易或劳务承包交易项下的委托人申请开立的以买方或业主为受益人的期限一般为一年（自交货或施工完毕之日起），担保货物或工程质量符合合同要求的保函
进口类保函	付款保函	Payment Guarantee，大型资本货物交易或工程承包业务，作为担保人的银行根据申请人（买方或业主）的要求，向受益人（卖方或承包方）出具的一种保证支付货款或支付承包工程进度款的书面承诺（见式样5.1.4-4）
	留置金保函	Retention Money Guarantee，业主或买方以现金滞留的形式对承包方或供货方在项目和合同维修期间应负的维修责任所采取的一种制约手段
	提货保函	Shipping Guarantee，进口商向银行申请开立以船公司为受益人，要求船公司允许进口商不凭正本提单提货的保函。船公司由此产生的一切费用、责任、风险，银行保证进行赔偿，而且担保行保证一旦收到卖方寄来的正本提单或遗失的提单后，将及时把它交给船公司从而换回提货保函而注销（见式样5.1.4-5）
	费用保付保函	Payment Guarantee for Commission or Other Charges，主要针对一些特殊的合同和协议项下的价款支付，如中间商佣金的保付、寄售项下货款的保付、机场起降费的保付等
对销贸易类保函	补偿贸易保函	Compensation Guarantee，补偿贸易项下，银行应进口商的要求向国外设备或技术的提供方（受益人）开立的，保证进口商在收到与合同规定相符的设备、技术后，如未能按合同规定将产品交给设备、技术提供方或由其指定的第三者，又不能以现汇偿还价款，则由银行按保函金额加利息代为赔偿
	来料加工、来样加工、来件装配保函	在加工和装配业务中，银行根据进口商的要求向国外供料、供样、供件方开立的保函，保证进料、进样、进件方收到与合同相符的原料、样品和元器件后，如未能按合同规定将成品交付给供料、供样、供件方或由其指定的第三者，又不能以现汇偿付来料、来样、来件的价款时，则由银行按保函金额加计利息赔付

续表

分类		内　容
其他类保函	借款保函	Loan Guarantee or Security for a Credit Line，国际借贷中，贷款人在放款前为了确保贷款能按时被偿还，要求借款人提供由银行出具的偿还贷款的保证
	租赁保函	Leasing Guarantee，租赁业务中，为保证租金按时偿还，承租人通常根据租赁协议规定，请求银行向出租人开立保证承租人按期向出租人支付租金的书面付款承诺
	保释金保函	Bail Guarantee or Bail Bond，银行应本国船公司或其他运输公司的申请为其保释因海上事故或其他原因而被扣留的船只或其他运输工具而向当地法院出具的保证文件
	海关保函	Customs Guarantee，银行应承包商的请求向工程所在国海关出具的保证前者在工程完工后一定将施工机械撤离该国的保证文件

表 5.1.4－2　　根据保函是否独立于基础交易的分类

分类	内　容
独立性保函	担保人凭在保函有效期内提交的符合保函条件的要求书（通常是书面形式）及保函规定的任何其他单据，支付某一规定的或某一最大限额的付款承诺，即见索即付保函。该保函担保人的偿付责任独立于委托人在基础合同项下的责任和义务，只要保函规定的偿付条件已经具备，担保人就应偿付受益人的索偿
从属性保函	该保函是基础合同的一个附属性契约，其法律效力随基础合同的存在、变化、灭失而存在、变化、灭失。只有当保函申请人违约，并且不承担违约责任时，担保人才承担保函项下的赔偿责任。担保人的责任属于第二性付款责任

五、办理保函的业务程序

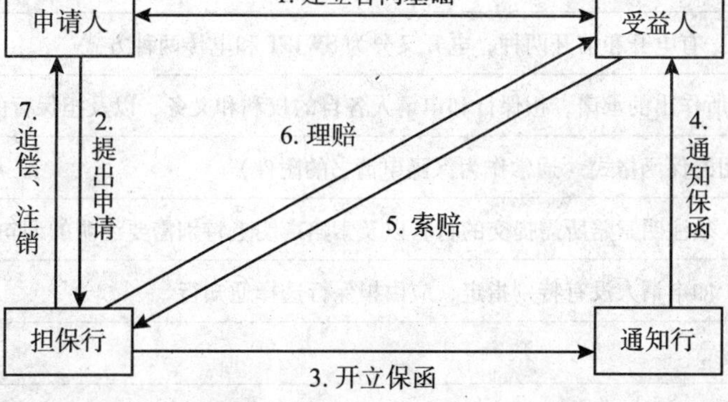

图 5.1.5－1　保函的一般业务流程图（以直接保函为例）

（1）对外开出保函。

①提出申请。

表 5.1.5－1　　申请人向担保银行申请开立保函应提交的材料

1. 申请人的基本材料	营业执照、贷款卡、税务登记证、企业代码证、法人及授权人的签章等
2. 填写并提交保函申请书或与担保行签订委托担保协议书	银行出具保函前，一般均要求申请人填制格式化的保函申请书，或与申请人签订委托担保协议书，用以明确担保行与申请人各自所应承担的责任、义务及享有的权利（《保函申请书》见式样 5.1.5－1）
3. 提交有关的业务参考文件	标书、合同、有关契约和协议等
4. 落实付款保证情况	交纳一定的保证金或提供第三方担保

②银行签发保函。

表 5.1.5－2　　担保行对申请人保函申请书审核的主要内容

1. 保函申请人名称、地址、电话及业务联系人
2. 保函受益人名称、地址
3. 有关合同、协议、标书的编号、工程项目名称、日期等
4. 合同总金额
5. 保函金额及使用的货币种类
6. 保函的种类
7. 保函的有效期：一般自开出日起生效，但预付款保函应明确收到预付款之日起生效，借款保函自对方划拨款项日起生效；保函的失效日期及/或失效条件和失效地点一般应在担保行
8. 保函的开立方式：有电开和信开两种，电开又分为 SWIFT 和电传两种方式
9. 申请人对担保人所作出的承诺，担保行和申请人各自的权利和义务，以及担保行的免责条款
10. 申请人建议使用的保函格式（通常作为保函申请书的附件）
11. 保函索赔条件。须注明索赔所需提交的材料以及索赔声明上特别需要注明的词句
12. 保函的通知行。如申请人没有特别指定，应由担保行选择通知行
13. 申请人的有效签章
14. 保函的适用法律和惯例。除非在保函中特别注明，适用法律应是担保人营业所在地的法律

③保函的通知或转开和修改。

表 5.1.5 - 3　　　　银行出具保函的方式

分类	含　义
直接保函	又称直开，担保人应委托人申请，径向受益人开立保函，并凭此直接向受益人承担责任的一种方式。按保函开立后是否通过通知行转交，分为直交或转交
间接保函	又称转开，委托人所在地银行应其客户请求，根据标书或合同的有关规定以及受益人所在国的惯常做法及法律要求，以提供反担保的形式来委托另一家银行（通常为受益人所在地银行，即担保行）代其出具保函，并由后者向受益人承担付款责任的一种方式

银行保函可以在有效期内进行修改。保函的修改必须经过当事人各方一致同意后方可进行，任何一方单独对保函条款进行修改都视作无效。在当事人与受益人就保函修改取得一致后，由申请人向担保行提出书面申请并加盖公章，注明原保函的编号、开立日期、金额等内容以及要求修改的详细条款和由此产生的责任条款，同时应出具受益人要求或同意修改的意思表示供担保行参考。担保行在审查申请并同意修改后，向受益人发出修改函电，由主管负责人签字后发出。

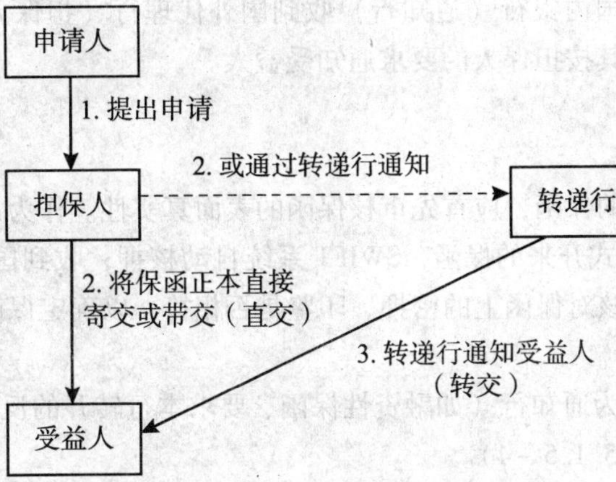

图 5.1.5 - 2　“直开”保函流程示意

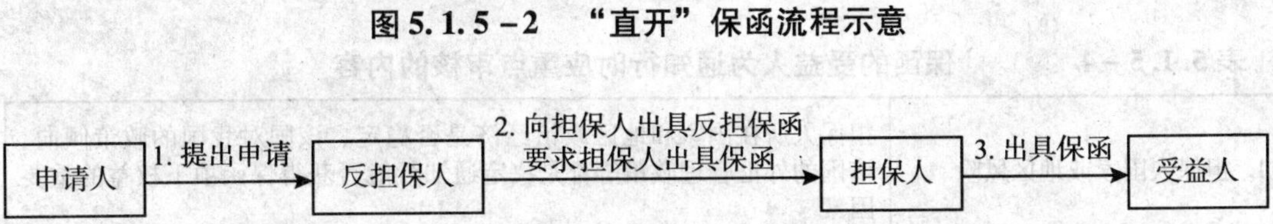

图 5.1.5 - 3　“转开”保函流程示意

④保函的索赔和理赔。

按照 URDG（《见索即付保函统一规则》）的规定，担保行独立承担第一性的偿付责任。根据受益人提交的符合保函规定的索赔文件，向受益人作出不超过保函金额的赔偿。

保函项下的索赔有三种形式：受益人凭保函进行索赔；担保人根据反担保协议向反担保人索赔；反担保人向委托人索赔。担保行作出赔付后，取得代为求偿权（Subrogation），即可取代债权人向委托人或其提供的反担保人索赔。

⑤担保行对申请人的追索。

保函是担保行应申请人的要求而做出的付款保证，因此，凭借申请人在开立保函前所提交的申请书或所签订的担保委托协议，担保行在向受益人做出支付后即有权向申请人追偿所付款项，或要求反担保人兑付反担保，或要求申请人筹措资金予以偿付，或扣划申请人在担保行的保证金、往来账户的存款，或变卖、变现申请人事先抵押的财物、票据等有价证券，或采取其他法律手段，完成对申请人的追索。

⑥保函的撤销。

保函在下列情况下予以撤销：因到期而失效；合同完结，受益人退回保函正本；受益人签署文件，明确放弃保函项下的一切权利而撤销；保函项下担保余额的全部支付。URDG 规定，只要保函未到期，担保将继续存在。随着以上四种情况的撤销，担保行的担保职责即告解除，保函业务随之宣告结束。但要注意，一些国家如约旦、巴基斯坦、泰国等国法律规定，保函到期后的规定时间内（如 3 年、5 年、10 年不等），只要受益人提出赔偿，担保人仍有义务受益并付款。

（2）收到国外开来保函。

收到保函是指我国国内银行（通知行）收到国外代理行（担保人）开来的保函，核实其表面真实性后，将其按担保人的要求通知受益人。

①保函通知。

A. 表面真实性审核。

收到国外银行开来的保函，应首先审核保函的表面真实性。作为保函的通知行，收到国外银行加押 SWIFT 方式开来的保函，SWIFT 系统自动核押；收到国外银行非 SWIFT 方式开来的保函，首先应核对保函上的密押、印鉴是否相符，以确定保函的表面真实性。

B. 审核保函。

（a）保函的受益人为通知行（如融资性保函、要求本行转开的反担保类保函），应重点审核以下内容（见表 5.1.5 -4）。

表 5.1.5 -4　　保函的受益人为通知行时应重点审核的内容

1. 担保人国家或地区风险	担保人所在国家和地区政治经济是否稳定、该国对我国的政策倾向、该国的外汇管理政策等都是决定通知行能否获得保函项下权益的重要因素
2. 担保人资信	担保人是否为通知行的代理行，有否代理行保函额度。如担保人与通知行无代理行关系或资信较差，应要求资信好的代理行加保兑或不接受此类保函
3. 保函种类	根据保函的内容确定其所属种类。通知行一般只接受见索即付（DEMAND GUARANTEE）保函

续表

4. 保函的适用法律和惯例	多数保函为见索即付型的，除非保函中另有规定，一般适用开出地法律或URDG458。应根据保函适用地国际惯例对其内容进行审核
5. 保函担保的币种、金额及相关金额增减的规定	保函的最高担保金额应确定，融资性保函还应包括可能产生的利息和费用，对涉及利息的，应明确所执行的利率
6. 保函担保责任和索赔条款	必须明确、合理，所要求提交的索赔声明及相关单据应明确、可行
7. 保函的开立日期、失效日期、失效地点及其他失效条款和延期规定等是否明确	
8. 保函的担保币种应为主要自由兑换货币，并明确相应的汇率补偿条款，以规避可能的汇率风险	
9. 保函的索偿方式一般应为电索，如为信索，保函的失效地点应在通知行	
10. 由于较难确定保函的真实性，我国国内银行一般不接受信开保函	

（b）保函的受益人为通知行客户，在核实表面真实性后，可视情况，按受益人为通知行的第1－8的审核内容审核保函，并就审核中发现的可能对受益人不利的条款提请受益人注意。银行没有义务为受益人翻译保函的内容。

C. 通知保函。

（a）以国内通知行为受益人的保函有关内容审核后，根据制单难易程度、寄单方式和失效地点，提醒客户部门和信贷管理部门在办理保函项下融资时，应在贷款到期前做好相应的索赔手续。

（b）以通知行客户为受益人的保函有关内容审核后，缮制《对外保函通知书》，并在保函正本上加盖保函通知专用章，将保函通知受益人。不论以何种方式通知受益人，均应由收件人签收，有关凭证存档备查。

②保函索赔。

A. 索赔申请。

（a）保函项下的受益人为国内通知行，应由提供融资的经办行提出书面索赔申请。索赔申请中应注明保函通知业务参考号，客户违约事实等。

（b）保函项下受益人为通知行客户，受益人委托通知行办理索赔。

B. 办理索赔。

国内通知行按照保函的索赔要求和方式代其向担保人索赔，并应在正本保函背面批注代客户索赔的相关内容，主要包括：索赔日期、索赔金额、保函金额等，由经办人员签章并加盖本行业务专用章。

C. 赔付和拒付。

（a）如保函项下的受益人为国内通知行，担保人履行赔付责任后，经办行应督促借款人凭担保人的有关偿债凭证，到当地外汇管理局办理登记手续。如果担保人提出拒付，一级分行国际业务部应及时通知经办行及相关客户部门和信贷管理部门。

（b）如保函项下受益人为国内通知行客户，该行应及时通知受益人。如果担保人无理拒付，应据理力争，按照国内银行国际结算纠纷处理的有关规定办理，并及时向上级行报告。

第二节　备用信用证

一、备用信用证的定义

备用信用证（Standby L/C），又称担保信用证或保证信用证，是开证行对受益人承担一项义务的凭证。在此凭证中，开证行保证在开证申请人未能履行其应尽的义务时，受益人可按备用信用证的规定凭开证申请人未履行义务的声明或证明文件要求开证行偿付。它是银行信用，对受益人来说是备用于开证申请人违约时，取得补偿的一种方式。一般用于投标、履约、还款、预付、赊销等业务。

二、备用信用证的种类

表 5.2.2－1　　备用信用证的种类

种类	含　义
①履约备用证	开证行对某些履约义务（非款项支付）而进行的担保，包括对由于申请人在基础交易中不履约所致损失的赔偿义务（见式样 5.2.2－1）
②预付款备用证	对申请人收到受益人预付款后应尽义务而进行的担保
③投标备用证	对申请人中标后执行合同义务而进行的担保
④反担保备用证	对反担保备用证受益人所开立的另外的备用证或其他承诺而进行的担保
⑤融资备用证	开证行保证付款义务，包括保证对借款的偿还义务的任何证明文件（见式样 5.2.2－2）
⑥直接付款备用证	保证一项基础付款义务，特别是与融资备用证有关的基础付款义务的到期付款，而不论是否涉及违约
⑦保险备用证	对申请人的保险或再保险义务进行的担保
⑧商业备用证	在申请人未以其他方式对货物或服务作出支付时，保证申请人的付款义务（见式样 5.2.2－3）

三、备用信用证的业务程序

表 5.2.3－1　　备用信用证的业务程序

1. 开证申请人（基础交易合同的债务人）向开证行申请开出备用信用证
2. 开证行严格审核开证申请人的资信能力、财务状况、交易项目的可行性与效益等重要事项。如同意受理，即开出备用信用证，并通过通知行将该备用信用证通知受益人（基础交易合同的债权人）
3. 如开证申请人按基础交易合同约定履行了义务，开证行就不必履行付款义务，其担保责任于有效期满而解除；如开证申请人未能履约，受益人可按备用信用证的规定提交汇票、申请人违约证明和索赔文件等，向开证行索赔。开证行审核并确定相关索赔文件符合备用信用证规定后，必须无条件地向受益人付款，履行其担保义务
4. 开证行对外付款后，向开证申请人索偿垫付的款项后，后者有义务予以偿还

第三节 银行保函、备用信用证和跟单信用证的比较

表 5.3－1 银行保函与备用信用证的比较

项目	银行保函	备用信用证
相同点	从定义上看法律当事人基本相同	
	从应用上看都具有备用性质，可以提供担保	
	从性质上都具有第一性、独立性、单据化等特点	
不同点	保函有从属性保函与独立性保函之分，传统保函是从属性的，属于第二性的付款责任，而独立性保函属于第一性的付款责任，属单据化业务，与基础合约无关	独立性、自足性、单据化，与基础合约无关
	各国对保函的法律规范各不相同，没有统一的保函国际惯例，现有关保函的国际惯例有《合同保函统一规则》（URCC325）和《见索即偿保函统一规则》（URDG458），但影响较小，较难执行	有关备用证的国际惯例有《跟单信用证统一惯例》（UCP600）和《国际备用信用证惯例 1998》（ISP98），影响较深远，当事人在执行过程中受国际惯例的制约

表 5.3－2 银行保函与跟单信用证的比较

项目	银行保函	跟单信用证
相同点	均是开证行以自己的信用对受益人做出的付款保证	
	均是以合同为依据而开立，但一经开出，就独立于合同而存在	
	均为单据化业务，银行对单据的审核仅限于表面相符	
	都有固定的有效期及使用的最高金额	
	索款须与保函或信用证条款一致	
	均是以银行信用代替商业信用，具有保证和融通资金的作用	
不同点	适用于 URCC325 和 URDG458 等国际惯例	适用于 UCP600 和 ISBP681
	保函的主要作用是担保，其项下担保银行承担的是一种或有付款责任	跟单信用证主要用于货款或劳务费的结算，一经开立，其付款责任必然存在
	保函项下需要提交申请人违约的证明文件	跟单信用证主要采用商业单据

表 5.3－3　　备用信用证与跟单信用证的比较

项目	备用信用证	跟单信用证
相同点	独立性文件，一经开出，就不再受基础合同的约束	
	开证行的担保或付款责任都是第一性的	
	业务处理以单据为准，凭规定的单据符合信用证条款而付款	
不同点	不仅用于进出口贸易货款的结算中，还广泛应用于国际工程承包、国际租赁、加工贸易和技术贸易等方面。既可作为合同价款支付工具，还可对当事人进行担保，以防止供货人或合约另一方不履约或不完全履约	主要用于进出口贸易货款结算中，其目的是为解决买卖双方互不信任的矛盾，将商业信用转为银行信用，为买卖双方提供资金融通的便利
	备用信用证可备而不用，在申请人未能履约时才由开证行赔款；如果当事人履约，开证行就不必履行赔偿义务	跟单信用证必不可少，受益人履行交单义务后银行付款
	备用信用证要凭受益人证明申请人违约的声明书或单据付款	跟单信用证一般都要凭符合信用证规定的代表物权的单据付款

式样 5.1.4－1 投标保函

TENDER GUARANTEE OR FORM FOR BID SECURITY

TO：_______________（BENEFICIARY） ISSUING DATE：__________

BIDDING SECURITY FOR BID NO. _____

FOR SUPPLY OF ____________

THIS GUARANTEE IS HEREBY TO SERVE AS A BID SECURITY OF _______（NAME OF BIDDER）（HEREINAFTER CALLED THE "BIDDER"）FOR INVITATION FOR BID（BID NO. ______）FOR SUPPLY OF _______（DESCRIPTION OF GOODS）TO _______（NAME OF BUYER）.

_______（NAME OF ISSUING BANK）HEREBY UNCONDITIONALLY AND IRREVOCABLY GUARANTEES AND BINDS ITSELF, ITS SUCCESSORS AND ASSIGNEES TO PAY YOU IMMEDIATELY WITHOUT RECOURSE, THE SUM OF _______（AMOUNT IN WORD）UPON RECEIPT OF YOUR WRITTEN NOTIFICATION STATING ANY OF THE FOLLOWING：

（A）THE BIDDER HAS WITHDRAW HIS BID AFTER THE TIME AND DATE OF THE BID AND BEFORE THE EXPIRATION OF ITS VALIDITY PERIOD；OR

（B）THE BIDDER HAS FAILED TO ENTER INTO CONTRACT WITH YOU WITHIN THIRTY（30）CALENDAR DAYS AFTER THE NOTIFICATION OF CONTRACT AWARD；OR

（C）THE BIDDER HAS FAILED TO ESTABLISH ACCEPTABLE PERFORMANCE SECURITY WITHIN THIRTY（30）CALENDAR DAYS AFTER THE NOTIFICATION OF CONTRACT AWARD.

IT IS FULLY UNDERSTOOD THAT THIS GUARANTEE TAKES AFFECT FROM THE DATE OF THE BID OPENING AND SHALL REMAIN VALID FOR A PERIOD OF __________ CALENDAR DAYS THEREAFTER, AND DURING THE PERIOD OF ANY EXTENSION THEREOF THAT MAY BE AGREED UPON BETWEEN YOU AND THE BIDDER WITH NOTICE TO US, UNLESS SOONER TERMINATED AND OR RELEASED BY YOU.

ISSUING BANK：__________

SIGNED BY：____________

（PRINTED NAME AND DESIGNATION OF OFFCIAL AUTHORIZED TO SIGN ON BEHALF OF ISSUING BANK）

OFFICIAL SEAL：____________

式样 5.1.4 – 2　履约保函

PERFORMANCE GURANTEE OR FORM OF PERFORMANCE BOND FOR SUPPLY OF ________

TO: ________ (BENEFICIARY)　　ISSUING DATE: ________

PERFORMANCE BOND NO. ________

DEAR SIR:

THIS BOND IS HEREBY ISSUED AS THE PERFORMANCE BOND OF ________ (APPLICANT) (HEREINAFTER CALLED THE "SUPPLIER") FOR SUPPLY OF ________ (DESCRIPTION OF GOODS) UNDER CONTRACT NO. ________ TO ________ (NAME OF THE BENEFICIARY).

THE ________ (NAME OF THE GUARANTOR) HEREBY IRREVOCABLY GUARANTEES ITSELF, ITS SUCCESSORS AND ASSIGNEES TO PAY YOU UP TO THE AMOUNT OF ________ (AMOUNT OF THE GUARNATEED VALUE) REPRESENTING ________ PERCENT OF THE CONTRACT PRICE AND ACCORDINGLY COVENANTS AND AGREES AS FOLLOWS:

(A) ON THE SUPPLIER'S FAILURE OF FAITHFUL PERFORMANCE OF THE CONTRACT (HEREINAFTER CALLED THE FAILURE OF PERFORMANCE), WE SHALL IMMEDIATELY, ON YOUR DEMAND IN A WRITTEN NOTIFICATIONS STATIING THE EFFECT OF THE FAILURE OF PERFORMANCE BY THE SUPPLIER, PAY YOU SUCH AMOUNT OR AMOUNTS AS REQUIRED BY YOU NOT EXCEEDING ________ (THE GUARANTEED AMOUNT) IN THE MANNER SPECIFIED IN THE SAID STATEMENT.

(B) THE COVENANTS HEREIN CONTAINER CONSTITUTE IRREVOCABLE AND DIRECT OBLIGATION OF THE GUARANTOR, NO ALTERNATION IN THE TERMS OF THE CONTRACT TO BE PERFORMED THEREUNDER AND NO ALLOWANCE OF TIME BY YOU OR ANY OTHER ACT OR OMISSION BY YOU, WHICH BUT FOR THIS PROVISION MIGHT EXONERATE OF DISCHARGES THE BANK SHALL IN ANY WAY RELEASE THE GUARANTOR FROM ANY LIABILITY HEREUNDER.

(C) THIS PERFORMANCE BOND SHALL BECOME EFFECTIVE FROM ISSUING DATE AND SHALL REMAIN VALID UNTIL ________ (THE DAY OF EXPIRY). UOPN EXPIRY, PLEASE RETURN THIS BOND TO US FOR CANCELLATION.

FOR ________

SIGNATURE ________

式样 5. 1. 4 –3 预付款保函

FORM OF ADVANCE PAYMENT GUARANTEE
FOR SUPPLY OF ______

TO: ______ (BENEFICIARY) ISSUING DATE: ______

GUARANTEE NO. ______

DEAR SIRS:

THIS GUARANTEE IS HEREBY ISSUED AS THE ADVANCE PAYMENT GUARANTEE OF ______ (APPLICANT) (HEREINAFTER CALLED THE "SUPPLIER") FOR ______ (THE NAME IF THE CONTRACT AND ITS NUMBER) TO ______ (NAME OF THE BENEFICIARY) (HEREINAFTER CALLED THE "BUYER").

WHEREAS THE BUYER HAS AGREED TO ADVANCE TO THE SUPPLIER AN AMOUNT OF ______ (SAY ______ ONLY), WHEREAS THE BUYER HAS REQUIRED THE SUPPLIER TO FURNISH A GUARANTEE WITH AN AMOUNT EQUAL TO THE ABOVE SAID ADVANCE PAYMENT FOR PERFORMANCE OF HIS OBLIGATION UNDER THE CONTRACT, THE ______ (THE NAME OF THE GUARANTOR), AT THE REQUEST OF THE SUPPLIER AND IN CONSIDERATION OF THE BUYER'S AGREEING TO MAKE THE ABOVE SAID ADVANCE TO THE SUPPLIER, HAS AGREED TO FURNISH THE ABOVE REQUIRED GUARANTEE.

NOW, THEREFORE, THE GUARANTOR HEREBY GUARANTEES THAT THE SUPPLIER SHALL UTILIZE THE ABOVE SAID ADVANCE FOR THE PURPOSE OF THE CONTRACT AND IF HE FAILS AND COMMITS DEFAULT IN FULFILLMENT OF ANY OF HIS OBLIGATION FOR WHICH THE ADVANCE PAYMENT IS MADE, IT SHALL ENTITLE THE BUYER TO BE PAID NOT EXCEEDING THE ABOVE MENTIONED AMOUNT.

AGAINST DEMAND IN WRITING OF ANY DEFAULT, WHICH THE GUARANTOR SHOULD BE GIVEN BY THE BUYER STATING THAT THE SUPPLIER HAS FAILED TO FULFILL ITS OBLIGATIONS TO THE BUYER, AND UPON SUCH FIRST DEMAND PAYMENT SHALL BE MADE BY THE GUARANTOR'S OBLIGATION UNDER THIS GUARANTEE SHALL NOT IN ANY CASE EXCEEDING THE SUM OF ______ (SAY ______ ONLY).

THIS GUARANTEE SHALL BECOME EFFECTIVE FROM THE DATE OF RECEIPT OF THE ABOVE SAID ADVANCE BY THE SUPPLIER AND VALID UNTIL ______ (THE DAY OF EXPIRY). UOPN EXPIRY, PLEASE RETURN THIS GUARANTEE TO US FOR CANCELLATION.

FOR ______

SIGNATURE ______

式样 5.1.4-4 付款保函

PAYMENT GUARANTEE FOR SUPPLY OF ________

TO: _____ (NAME OF SELLER) ISSUING DATE: _______

RE: OUR IRREVOCABLE LFTTER OF GUARANTEE NO. _______

DEAR SIRS:

WITH REFERENCE TO CONTRACT NO. _______ FOR A TOTAL VALUE OF _______ SIGNED BETWEEN YOU (HEREINAFTER REFERRED TO AS "THE SELLER") AND _______ (HEREINFAFTER REFERRED TO AS "THE BUYER") CONCERNING THE BUYER'S PURCHASE FROM THE SELLER OF _______ (NAME OF THE GOODS), WE AT THE REQUEST OF THE BUYER, OPEN OUR IRREVOCABLE LFTTER OF GUARANTEE NO. _______ IN FAVOUR OF THE SELLER TO THE EXTENT OF _______ COVERING 100% OF THE TOTAL VALUE OF THE CONTRACT AND UNDERTAKE THAT PAYMENT WILL BY EFFECTED BY THE BUYER AS FOLLOWS:

1. 90% OF THE TOAL CONTRACT PRICE, VIZ _______ SHALL BE PAID BY THE BUYER AFTER HIS HAVING RECEIVED FROM THE SELLER THE FOLLOWING DOCUMENTS AND HAVING FOUND THEM IN ORDER.

2. 5% OF THE TOAL CONTRACT PRICE, VIZ _______ SHALL BE PAID BY THE BUYER AFTER HIS HAVING RECEIVED FROM THE SELLER _______ (SUCH AS ONE CERTIFICATE OF ACCEPTANCE OF THE CONTRACT PLANT).

3. 5% OF THE TOAL CONTRACT PRICE, VIZ _______ SHALL BE PAID BY THE BUYER AFTER EXPIRY OF THE GUARANTEE PERIOD OF _______ (SUCH AS CONTRACT PLANT) AND HIS HAVING RECEIVED FROM THIS SELLER _______ (SUCH AS ONE CERTIFICATE OF EXPIRY OF THE GUARANTEE PERIOD).

IN CONNECTION WITH THE ABOVE, WE UNDERTAKE THAT IF THE BUYER FAILS TO BUY WHOLLY OR PARTIALLY WE WILL WITHIN 3 DAYS AFTER RECEIPT OF THE SELLER'S WRITTEN DEMAND PAY THE SELLER RELATIVE AMOUNT PLUS SIMPLE INTEREST AT THE RATE OF 7% PER ANNUM FOR DELAYED PAYMENT, WHICH THE BUYER IS LIABLE UNDER THE CONTRACT, PROVIDED THAT BUYER IS UNABLE TO SUBMIT ANY PROOF THAT THE DOCUMENTS PRSENTED BY THE SELLER ARE NOT IN CONFORMITY WITH THE STIPULATION OF THE CONTRACT. OUR LIABILITY UNDER THIS LETTER OF GUARANTEE SHALL DIMINISH PROPORTIONALLY WITH THE PERCENTAGE OF AMOUNT PAID BY THE BUYER. THE LETTER OF GUARANTEE SHALL BECOME EFFECTIVE ON THE DATE OF ISSUE AND SHALL AUTOMATICALLY BECOME NULL AND VOID AFTER PAYMENT MADE AS ABOVE STATED.

FOR ____________

SIGNATURE __________

式样 5.1.4－5　提货保函（SHIPPING GUARANTEE）

提货保函

编号：

致：＿＿＿＿＿＿＿＿

我行客户＿＿＿＿＿＿＿＿＿＿《＿＿＿＿＿＿＿＿＿＿合同》（编号：＿＿＿＿＿＿＿＿＿＿）项下的进口货物＿＿＿＿＿＿＿＿＿＿，已到港。有关货物情况如下：

发货人：＿＿＿＿＿＿＿＿＿＿　提单出单日期：＿＿＿＿＿＿＿＿＿＿

信用证号：＿＿＿＿＿＿＿＿＿　发票金额：＿＿＿＿＿＿＿＿＿＿

船名：＿＿＿＿＿＿＿＿＿＿　提单号：＿＿＿＿＿＿＿＿＿＿

货名：＿＿＿＿＿＿＿＿＿＿　发票号：＿＿＿＿＿＿＿＿＿＿

数量：＿＿＿＿＿＿＿＿＿＿＿＿＿＿＿＿＿＿＿＿

唛头：＿＿＿＿＿＿＿＿＿＿＿＿＿＿＿＿＿＿＿＿

（以上有关货物记载以正本提单为准）

上述货物由＿＿＿＿＿＿＿＿＿＿（托运人）交上述船舶运输。货物正本提单至今未到，不能凭以提货，现由我行担保提货，特请贵公司准予放行，将该批货物交付给＿＿＿＿＿＿＿＿＿＿。待我行收到上述货物正本提单后，向贵公司提交正本提单。

我行向贵公司交付上述货物正本提单换回保函时，该担保责任便告终止，或本保函自出具日起满一年自动失效。

因本提货保函而引起的纠纷适用中华人民共和国法律，由担保方所在地的法院管辖。

提货单位（签章）　　　　　　　　中国××银行＿＿＿＿＿＿（签章）

法定代表人　　　　　　　　负责人

或授权代理人　　　　　　　　或授权代理人

年　月　日　　　　　　　　年　月　日

式样 5.1.5-1　开立保函/备用信用证申请书

开立保函/备用信用证申请书

编号：　　年　　字　　号

现我公司因业务需要，依据我公司与贵行签署的________年________字________号《授信额度协议》及附件，向贵行申请开立保函/备用信用证。开立保函/备用信用证而产生的权利义务，均按照前述协议、附件和本申请书的约定办理。

第一条　保函/备用信用证内容

我公司向贵行申请按下列要素开立保函/备用信用证。

1. 保函/备用信用证申请人名称和地址（中英文）：
2. 货物项目描述：
3. 工程和项目名称/协议/合同/标书编号：
4. 工程项目/协议/合同币种及金额：
5. 保函/备用信用证币种及金额：
6. 保函/备用信用证有效期：自保函/备用信用证开出之日________到________为止。
7. 保函/备用信用证类别：
8. 保函/备用信用证开立方式：（1）由贵行信开：（2）由贵行电开。
9. 保函/备用信用证递交方式：

（1）由贵行交我公司代交受益人。

（2）由贵行委托________银行（英文全称）通知受益人。

（3）由贵行开出后委托________银行（英文全称）转开交受益人。

（4）由贵行开出后委托________银行（英文全称）转开交我公司代理机构代交受益人，我公司代理机构的名称和地址________________。

（5）由贵行直接邮寄受益人。

10. 保函/备用信用证受益人名称和地址（英文）____________________。
11.

第二条　支付备付金

我公司将于保函/备用信用证约定的付款日或贵行要求的日期（以日期较前者为准）前，____个银行工作日内通过以下第____种方式向贵行支付本笔业务下的备付金。备付金数额按贵行规定执行：

1. 通过____向贵行支付本笔业务的应付款项；
2. 请从我公司在贵行开立的人民币账户（账号____________________）/外币账户（账号____________________）中直接划收本笔业务下的应付款项；

第三条　保证金的交纳及金额（本条为选择性条款，双方的选择是____：1. 适用；2. 不适用）

我公司将通过以下第____种方式向贵行交纳保证金。

1. 在贵行接受此申请书后____个银行工作日内主动通过____将本笔业务的保证金
划入我公司在贵行开立的保证金账户（账号____________________）/外币账号（账号____________________）。
2. 请从我公司在贵行开立的人民币账户（账号____________________）/外币账户（账号____________________）中直接划收本笔业务下的保证金。
3.

第四条　费用

我公司将通过以下第____种办式向贵行交纳本笔业务下的费用：

1. 在贵行接受此申请书后____个银行工作日内主动通过________向贵行交纳本笔业务下的费用。
2. 请从我公司在贵行开立的人民币账户（账号____________________）/外币账户（账号____________________）中直接划收本笔业务下的费用。
3.

申请人：	银行意见：
授权签字人：	授权签字人：
年　月　日	年　月　日
地点：	地点：

式样 5.2.2－1　履约备用信用证

<table>
<tr><td colspan="3">IRREVOCABLE PERFORMANCE STANDBY CREDIT
NAME OF ISSUING BANK：FIRST UNION TRUST BANK OF DALLAS
PLACE AND DATE OF ISSUE：DALLAS，20 JULY，2005
DATE AND PLACE OF EXPIRY：CAIRO，30 NOV.，2005</td><td>NUMBER：45612</td></tr>
<tr><td colspan="2">APPLICANT：
EWING OIL COMPANY INC.
2425 JOHN ROSS AVENUE，DALLAS，
TEXAS</td><td colspan="2">BENEFICIARY：
UNITED ARAB PIPELINES CO.
FAROUK PALACE SQUARE，ALEXANDRIA，
EGYPT</td></tr>
<tr><td colspan="2">ADVISING BANK：
BANK OF THE NILE，CAIRO</td><td colspan="2">AMOUNT：
USD 1000000.00（SAY US DOLLARS ONE MILLION ONLY）</td></tr>
<tr><td>PARTIAL SHIPMENT
□ALLOWED
□NOT ALLOWED</td><td>TRANSSHIPMENT
□ALLOWED
□NOT ALLOWED</td><td colspan="2" rowspan="2">CREDTT AVAILABLE WITH：BANK OF THE NILE，CAIRO BY ☒ PAYMENT □ACCEPTANCE □ NEGOTIATION
□DEFERRED PAYMENT AGAINST PRESENTATION OF THE DOCUMENTS DETAILED HEREIN
☒ AND OF BENEFICIARY'S DRAFT AT SIGHT DRAWN ON BANK OF THE NILE，CAIRO</td></tr>
<tr><td colspan="2">SHIPMENT/DISPATCH/TAKING IN CHARGE FROM/AT：
FOR TRANSPORTATION TO：</td></tr>
<tr><td colspan="4">SIGNED STATEMENT OF UNITED ARAB PIPELINES CO.，THAT EWING OIL COMPANY INC.，FAILED TO PERFORM ITS CONTRACTUAL OBLIGATIONS UNDER THE AGREEMENT CONCLUDED ON 30 JUNE. 2005 BETWEEN EWING OIL COMPANY INC. AND UNITED ARAB PIPELINES CO. IN WHICH EWING OIL COMPANY INC. WAS THE SUCCESSFUL BIDDER.
SPECIAL CONDITIONS：
IT IS AGREED UPON THAT WE MAY BE RELEASED FROM OUR LIABILITY UNDER THIS LETTER OF CREDIT PRIOR TO THE EXPIRY DATE，ONLY IF WE RECEIVE NOTIFICATION FROM BANK OF THE NILE BY TESTED TELEX TO THE EFFECT THAT BANK OF THE NILE HAS BEEN DULY ADVISED BY UNITED ARAB PIPELFNES CO. THAT THE ABOVE AGREEMENT HAS BEEN COMPLETELY PERFORMED BY THE EWING OIL COMPANY INC. BANK OF THE NILE TO ADVISE THE BENEFICIARY ADDING ITS CONFIRMATION，WE HEREBY AUTHORIZE BANK OF THE NILE TO DRAW ON US BY MEANS OF TESTED TELEX FOR THE VALUE OF ALL DRAFTS DRAWN UNDER THIS CREDIT PROVIDED THE TELEX STATES THAT ALL TERMS AND CONDITIONS HAVE BEEN COMPLIED WITH.
WE HEREBY ISSUE THIS STANDBY CREDIT IN YOUR FAVOUR. IT IS SUBJECT TO THE INTERNATIONAL STANDBY PRACTICES.

FOR FIRST UNION TRUST BANK OF DALLAS
____
SIGNATURE</td></tr>
</table>

式样 5.2.2 -2 融资备用信用证

THE SANWA BANK LIMITED

电话（TEL）：021 -58793818　　传真（FAX）：58793816，58793817

电挂（CABLE）：SANWABANK SHANGHAI　　电传（TELEX）：337 l 82 SASH CN

DATE：JAN. 18，2005

TO：BANK OF CHINA LTD.，TIANJIN BRANCH CREDIT BUSINESS DEPT.

ADDRESS：80 JIEFANG RD，TIANJIN，CHINA

FROM：THE SANWA BANK LIMITED，SHANGHAI BRANCH

ADDRESS：16TH FLOOR MARINE TOWER NO. 1 PUDONG AVENUE，SHANGHAI，CHINA

OUR REF：695/470/5302

STANDBY LETTER OF CREDIT NO. 695/470/5302

WITH REFERENCE TO THE LOANAGREEMENT（“AGREEMENT”）DATED AND SIGNED ON JAN. 18，2005 BY YOURSELVES TIANJIN SUNSHINE PLASTIC CO. LTD.（“TJSUN”）AND BANK OF CHINA LTD. TIANJIN BRANCH（“BOCTJ”），WE HEREBY OPEN OUR IRREVOCABLE STANDBY LETTER OF CREDIT NO. 695/470/5302 IN YOUR FAVOUR FOR ACCOUNT OF “TJSUN” FOR A SUM OR SUMS NOT EXCEEDING A TOTAL AMOUNT OF USD320000.00 AVAILABLE BY YOUR DRAFTS DRAWN ON OURSELVES AT SIGHT FOR 100 PERCENT OF STATEMENT VALUE TO BE ACCOMPANIED BY THE FOLLOWING DOCUMENTS：

SIGNED STATEMENT IN DUPLICATE ISSUED BY YOU CERTIFYING THAT THE AMOUNT DRAWN HEREUNDER REPRESENTS AND COVERS THE UNPAID BALANCE OF INDEBTEDNESS DUE TO YOURSELVES BY “TJSUN” UNDER “AGREEMENT”.

ALL DRAFTS DRAWN HEREUNDER MUST BE MARKED “DRAWN UNDER THE SANWA BANK LTD.，SHANGHAI BRANCH IRREVOCABLE STANDBY LETTER OF CREDIT NO. 695/470/5302 DATED ON JAN. 18，2005”.

THIS CREDIT IS AVAILABLE AS FROM JAN. 18，2005.

WE ENGAGE WITH DRAWERS THAT SUCH DRAFTS DRAWN UNDER AND IN COMPLIANCE WITH TERMS OF THIS CREDIT SHALL BE DULY HONORED ON DUE PRESENTATION AND DELIVERY OF THE DOCUMENTS AS SPECIFIED ABOVE IF RPESENTED TO US FOR PAYMENT ON OR BEFORE DEC. 30，2005.

THIS STANDBY LETTER OF CREDIT IS SUBJECT TO THE UNIFORM CUSTOMS AND PRACTICE FOR DOCUMENTARY CREDIT（1993 REVISION，ICC PUBLICATION NO. 500）.

FOR THE SANWA BANK LIMITED

SIGNATURE

式样 5.2.2 – 3　商业备用信用证

COMMERCIAL STANDBY LETTER OF CREDIT

ISSUING BANK：________________________

TO：________________（BENEFICIARY，OR SELLER）

DATE：______________

DEAR SIRS：

WE HEREBY ISSUE OUR IRREVOCABLE STANDBY LETTER OF CREDIT NO. ______ BY ORDER OF ________________（APPLICANT）FOR AN AMOUNT OF ________________（VALUE IN FIGURE AND IN WORD）WHICH EXPIRES AT OUR COUNTERS ON ______（EXPIRY DATE）.

THIS CREDIT IS AVAILABLE BY PAYMENT AGAINST PRESENTATION TO US OF THE FOLLOWING DOCUMENTS：

（A）YOUR SIGHT DRAFT DRAWN ON ISSUING BANK FOR THE AMOUNT OF YOUR DRAWING.

（B）YOUR CERTIFICATE STATING THAT YOU HAVE MADE SHIPMENT OF THE REQUIRED GOODS AND HAVE SUPPLIED THE REQUIRED DOCUMENTS TO THE BUYERS（APPLICANT）AND HAVE NOT BEEN PAID WITHIN 30 DAYS OF THE INVOICE DATE.

PARTIAL DRAWING ARE ALLOWED.

ALL CHARGES UNDER THIS STANDBY LETTER OF CREDIT ARE FOR ACCOUNT OF THE BENEFICIARY.

EXCEPT WHERE OTHERWISE EXPRESSLY STATED，THIS STANDBY LETTER OF CREDIT IS SUBJECT TO THE UNIFORM CUSTOMS AND PRACTICE FOR DOCUMENTARY CREDIT（1993 REVISION，ICC PUBLICATION NO. 500）. PLEASE QUOTE OUR REFERENCE NUMBER ON ANY CORRESPONDENCE.

YOURS FAITHFULLY

ISSUING BANK'S NAME AND SIGNATURE

第六章　国际贸易结算中的单据

第一节　国际贸易结算单据的种类

现代国际贸易中几乎都采用象征性交货方式。在象征性交货中，出口商凭单交货，进口商凭单付款，单据成为货物的代表，是国际贸易中买卖双方货款清算所需的凭证。单据在国际贸易和国际结算中具有十分重要的作用。

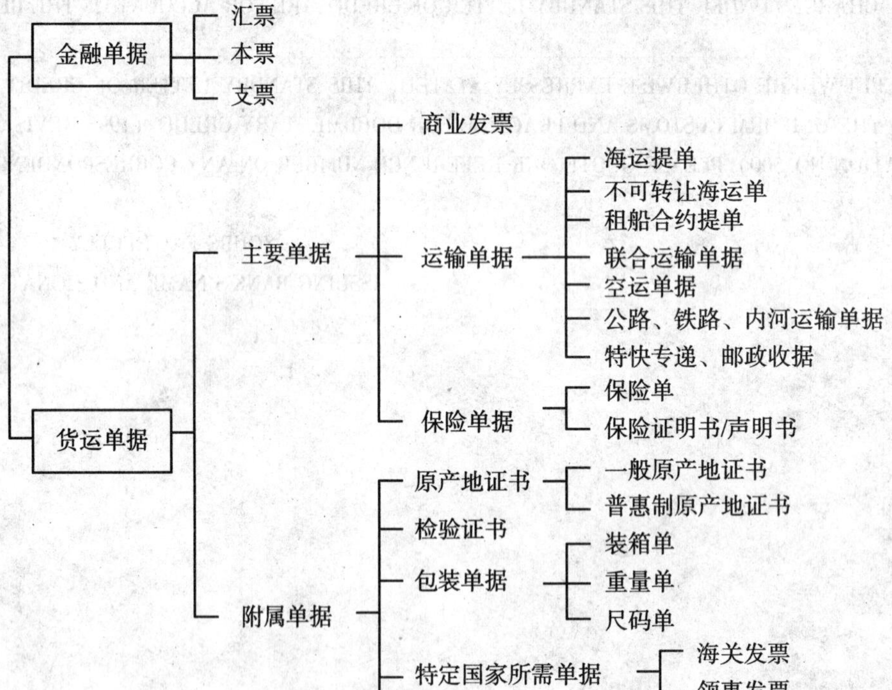

图 6.1－1　国际贸易结算单据的分类

第二节　国际贸易结算单据的缮制方法及要点

一、汇票（Draft）

汇票是国际结算中最重要的金融单据之一。出口企业取得提单或其他运输单据后，须按合同或信用证规定，备齐和缮制各种出口单据。如要求开立汇票，汇票的日期应迟于运输单据的出单日期，可与信用证有效期同为一天，但不得迟于信用证的有效期。

表 6.2.1－1　　汇票的缮制要点

项　目	内　容	
出票条款	又称出票依据，包括完整的开证行名称、信用证的开证日期和信用证号码。信用证方式下使用的汇票，必须列明出票条款。托收方式下的汇票，一般在汇票上注明有关的合同号码，或在空白处填写“D/P At … days sight”或“D/P At sight”	
年息	应按信用证要求填写，如信用证无利息条款则不填。一般只注明利率，通常从出票日起算，付款日止算	
汇票号码	由出票人（出口商）自编，一般以发票号码作为汇票号码	
汇票金额	包括币别和金额。其中，货币币别须正确无误，并与发票使用的币别一致；金额必须确切，不能模棱两可，大小写金额要一致，且不得超过信用证或合同的金额。习惯上在大写数字前加“SAY”和大写数字后加“ONLY”字样	
出票日期和地点	出票时间不得迟于信用证的有效期和交单期限，也不得早于其他单据的出具日期。出票地点一般为受益人所在城市	
付款期限	即期付款	必须将汇票上的“at sight”中的空档部分填上，如“at×××sight”
	远期付款	应将规定的期限填上，如“at 60 days after sight”
	定期付款	应填上到期日，如“on October 12，2008”，并将“sight”划去
收款人	托收项下，一般填写托收行或其指定人；信用证项下，一般填写议付行或其指定人	
付款人	托收项下，汇票的付款人通常为合同的进口商；信用证项下，UCP600 规定信用证不应以开证申请人为付款人，只能是开证行或其指定付款的银行	
出票人	一般只能是出口商，在出票人处应写明出口商的全称，并由出口企业的法人代表或授权代表签字。但可转让信用证项下，出票人可以是第二受益人	

二、商业发票（Commercial Invoice）

商业发票，简称发票，是卖方向买方签发的凭以向买方收款的发货清单，是买卖双方凭以发货、收货、记账、报关、纳税的依据和凭证，有时还可替代汇票作为付款的依据，是缮制各种单据的中心单据。商业发票一般应在出口报关前缮制。

表 6.2.2-1 商业发票的缮制要点

项 目	内 容
出票人名称与地址	一般情况下，出票人即为合同的出口商，信用证业务中，除可转让信用证外，发票必须由信用证的受益人出具。发票中必须加注受益人的地址，当受益人地址出现在任何规定的单据中，该地址不必与信用证或任何其他规定的单据所表明的地址相同，但必须与信用证提及的相应地址处于同一国家，作为受益人地址的部分内容的联系细目（传真、电话、电子邮件及类似细目）银行将不予理会。制单时应在发票正上方标出出票人的中英文名称和地址
发票名称	发票名称必须用粗体标出“COMMERCIAL INVOICE”或“INVOICE”
发票抬头人名称与地址	当采用信用证支付货款时，如果信用证上有指定抬头人，则按来证规定制单。否则，根据《UCP600》第 18 条 a 款的规定，必须出具成以申请人为抬头；当采用托收方式支付货款时，填写合同买方的名称和地址。填写时名称和地址不应同行放置。可转让信用证是，可用第一受益人（一般是中间商）的名称替代原证中的申请人名称
运输资料	填写货物实际的起运港（地）、目的港（地）以及运输方式；如果货物需经转运，应把转运港的名称表示出来
发票号码与日期	发票号码由出口公司根据本公司的实际情况自行编制。发票日期是签发发票的日期，在所有结汇单据中，发票是签发日期最早的单据，该日期可以早于开证日期，但不得迟于信用证的议付有效期
合同号码和信用证号码	合同号码应与信用证上列明的一致，一笔交易牵涉几个合同的，应在发票上表示出来。当采用信用证支付货款时，应注明该笔交易的信用证号码
唛头和件号	发票的唛头应按信用证或合同的规定填写，并与托运单、提单等单据唛头保持严格一致。如信用证或合同没有指定唛头，出口商可自行设计唛头： ①属于箱装货物，按实际装箱的唛头缮制； ②属于裸装货或散装货，可填写“N/M”（No Mark）字样； ③集装箱货物运输可不用制作唛头，由集装箱上已有的集装箱号取代。
件数、包装种类和货物描述	①货物描述是发票的中心内容，一般包括货物的名称、规格、数量、单价与总金额、贸易术语、包装等项目，是对货物的详细说明，必须与信用证规定的一致。 ②品名与规格应与合同规定相符。如果信用证中未规定具体商品名称，仅给出商品货号，则发票上除了注明信用证规定的货号外，还应按合同中的品名做必要补充。按 ISBP 规定，不得表明含信用证未规定的货物（如样品、广告品），即使注明免费。特别要注意的是，发票上商品名称和规格必须与信用证规定的一致，任何增减内容都会造成单证表面不符（但并不要求如同镜子反射那样一致）。而其他单据，只要不与信用证上的名称有抵触，可以使用货物统称。 ③当装运的货物经过包装时，发票上还应记载包装的性质（如箱、袋、桶等）、包装件数和包装货物的毛、净重。信用证项下的发票，其包装记载必须符合信用证上对包装的要求。货物包装种类和件数的缮制方法如下：以件数或个数计价的货物，允许只列出件数和包装条件；以箱数计价的货物，允许列明箱数；以重量计价的货物，必须列明净重。

续表

项　目	内　容
量　值	①量值包括实际装运数量和计量单位。其中，货物的数量必须根据实际情况在发票中列明，并与其他单据相一致。在信用证项下的发票，其有关数量的记载必须与信用证规定相一致。计量单位必须与价格条款计量单位一致。 ②在实务中，货物数量会有一定增减幅度，制单时应根据信用证的要求把握好货量的伸缩幅度。如 L/C 允许分批，又规定一定的增减幅度，则每批货物按相同的增减幅度掌握；如数量允许一定的增减幅度，所发货物又包含有不同的品种，则每个品种应按相同的增减幅度掌握。 ③对于下列货物，当信用证中未明确规定数量增减幅度时，货物的增减幅度情况如下：数量前用"about"或"approximately"的货物，可增减数量的 10%；以度量衡计量、L/C 未规定货物数量不得增减并且单据支取金额不超过 L/C 金额的货物，可以增减数量的 5%。 ④发票不得表明溢装的情况：以包装单位或个数计算的货物不能增减数量；信用证规定货物数量不得超额或减少时，如数量前使用 not ecceeding，up to，maximum，to the extent of 等，则没有 5% 的增减幅度。
单价和总金额	①单价和发票金额应包括贸易术语、计价单位、计价货币的单位价格，且须完整、正确填写。在信用证无特殊规定的情况下，发票金额一般与汇票金额相等，并不得超过信用证金额。 ②如有溢短装，可在允许的浮动限额内增减金额。如信用证在金额前有"about"或"approximately"字样，发票金额允许有 10% 的增减幅度。 ③关于佣金和折扣。如信用证单价未含佣价，但信用证总金额已预扣佣金，则在发票含佣总金额之下减去佣金，以净价作为发票的最高金额；发票必须显示信用证要求的折扣或扣减；发票还可以显示信用证未规定的预付款或折扣等的扣减额。 ④信用证要求分别注明运费、保险费和 FOB 价值，制作发票时应照办。 ⑤即使信用证禁止部分装运，只要货物全部装运，且单价（如 L/C 有规定的话）没有减少，则发票金额有 5% 的减幅是可以接受的。
其他内容	有时信用证要求加注各种费用金额、特定号码（如许可证号码、税则编号）、有关证明文件等，一般可将这些内容打在发票商品栏下面的空白处
出票人签字	根据 UCP600 的规定，除非另有规定，发票无须签字，但必须表明是由受益人出具的发票。实务中，一般注明出票人（出口商名称）并由制单员代表公司在此签名。注意，要求"signed"并不一定要求手签

三、运输单据

（1）海运提单（Bill of Lading）。

提单是传统的单一海上货物运输单据，也是国际贸易结算的重要单据之一。提单是承运人或其代理人签发给托运人，证明表面状况良好大货物已收到或已装上指定的船舶，并保证在目的港交付给收货人的一种物权凭证。

表 6.2.3－1　　海运提单的缮制要点

项　目	内　容
提单名称	提单应表明其名称、承运人的名称和主要营业场所，通常在提单上印就。银行对运输单据的掌握，重在该单据是否符合信用证规定的运输方式和运输条件，而不在于单据的名称如何。常见的提单名称有：Marine/Ocean Bill of Lading；Bill of Lading Covering Port-to-Port Shipmeng；Bill of Lading；Port-to-Port Shipmeng；Bill of Lading 等

续表

项　目	内　容
托运人	与承运人签订运输合同的人，一般为合同中的卖方。信用证项下，根据 UCP600，除非信用证中另有规定，银行接受第三方为托运人的提单
收货人	提单的抬头，应严格按照合同或信用证的规定填写，分为记名式和指示式两种。记名式就是直接写收货人名称，该提单不得转让。实际业务中，提单的收货人往往做成指示性抬头，经指示人背书可以转让。指示提单又可分为记名指示（指定该提单的指示人）和不记名指示（“TO ORDER”凭指示）
被通知人	①托收项下，如合同没有另做规定，一般填写买方的名称、地址、电话。 ②信用证中，如对被通知人有相应的规定，应严格按照信用证填写；若无相关规定，则该栏可空白，或填写任何内容。注意：当受益人和申请人的地址出现在任何规定的单据中时，无须与信用证或其他规定单据中所载相同，但必须与信用证中规定的相应地址同在一国。联络细节（传真、电话、电子邮件及类似细节）作为受益人和申请人地址的一部分时将被不予理会，即可与信用证中列明的细节略有差异。然而，如果申请人的地址和联络细节为运输单据上的收货人或通知方细节的一部分时，应与信用证规定的相同。
船名、航次	根据实际的船名和航次填写。 ①如为直达运输方式，“Ocean Vessel”栏内填写实际装运的船名；如为班轮运输，处填写具体船名外，还要加注航次号（Voy. No.）。 ②如为转运方式，在“Pre-carriage by”栏内填写第一程船名（直达，则此栏不填），或其他运输工具的名称；在“Place of Receipt”栏内填写收货港（地）名称；在“Ocvean Vessel”栏内填写第二程船名。
装货港和卸货港	按信用证或合同规定，填写实际具体的装货港和卸货港名称。 ①如转运，装货港栏内应填写中转港名称；如不转运，则只填写起运港名称。 ②卸货港如有重名，则应加注国名。 ③卸货港如采取选择港方式，应全部列明，如为“伦敦/鹿特丹/汉堡”，则在卸货港栏中填上“OPTION LONDON/ROTTERDAM/HAMBURG”。收货人必须在船舶到达第一卸货港前在船公司规定时间内通知船方卸货港，否则船方可在其中任意一港卸货。选择港最多不得超过三个，且应在同一航线上，运费按最高者计收。 ④如中途转船，卸货港即填写转船港名称，而目的港应填入“最终目的地（FINAL DESTINATION）”栏内。也可在卸货港内填入目的港，同时注明“在××港转船（如 ROTTERDAM W/T AT HONG KONG）”。
货物描述	包括唛头和货号、包装和件数、货名、重量或体积等。信用证业务中，唛头的记载应与信用证及发票上的唛头完全一致，当货物为散装货无唛头时，应标出“N/M”。货物名称可以使用统称，但不能与信用证规定相抵触。注意：提单不应有货物及/或货物包装缺陷的批注，否则，会被认为是不清洁提单而遭到银行和进口商的拒付
运费和费用	除非信用证另有规定，一般不列明运费的具体金额，只注明“运费到付”（如 CIF、CFR 条件下）或“运费预付”（如 FOB 条件下）。全程租船运输时，本栏一般填“AS ARRANGED（按照约定）”
正本提单份数	正本提单上必须有正本的份数，否则无法确定提单是否为全套。正本提单的份数，应按信用证的规定填写。如无特别规定，签发正本份数为一份的提单也是允许的
提单签发日期和地点	①提单签发地点通常是承运人接管货物的地点，一般为装货港。 ②签发日期则要看提单的形式，如为备运提单，则签发日为承运人收到货物的日期；如为已装船提单，则签发日为货物装上船的日期。信用证业务中，银行只接受已装船提单，备运提单不被接受。实际业务中，有许多提单采用的是备运提单格式，通常做法：货物装船后不再另外更换已装船提单，而是由承运人加注“已装船批注”，即在备运提单上的空白处加上“shipped on board”（已装船）字样及装船船名、日期，并经承运人的签名使其成为已装船提单。

续表

项目	内容
签署	正本提单必须签署，副本提单无须签署。提单的签署必须表明承运人名称，并由承运人或其具名代理人签署；或由船长或其具名代理人签署。承运人、船长或代理人的任何签字必须表明其承运人、船长或代理的身份。代理人的任何签字必须表明其系代表承运人还是船长签字
以上为提单正面所包含的内容，提单背面则印就许多条款以规定承运人和托运人的责任、索赔和诉讼等	
备注：加注已装船批注的情形和方法	①备运提单："ON BOARD" + ON BOARD DATE； ②提单船名前有"intended"字样："ON BOARD" + ON BOARD DATE + VESSEL NAME； ③收货地和装货港不一致："ON BOARD" + ON BOARD DATE + VESSEL NAME + PORT OF LOADING（L/C 中规定的装货港）， ④装货港前有"intended"字样："ON BOARD" + ON BOARD DATE + PORT OF LOADING（实际的装货港）

（2）涵盖至少两种不同运输方式的运输单据。

被称为"多式联运单据（multimodal transport document，MTD）"或"联合运输单据（combined transport document）"。证明多式联运合同以及证明多式联运经营人接管货物并负责按照合同条款交付货物的单据。实务中常见的单据格式为 MTB/L、CTB/L。很多船公司的多式联运提单既用于多式联运，也用于港至港单一海运。

表 6.2.3－2　　多式联运单据的特点

1. 包含有两种或两种以上不同的运输方式，但就采用何种运输方式可不予说明。注意：同一运输方式、不同运输工具的联结，如海/海联运，空/空联运等，不能视作为多式运输
2. 多式运输的承运人责任从接收货物起至交付货物止。因此，多式运输单据正面的描述是货物已经收妥或接管等字样，通常也被称为备运提单或收货待运提单
3. 多式联运单据的运输事项记载一般包括六个栏目：①Pre-carriage by（前段运输方式，指收货地至装货港所使用的运输工具）；②Place of receipt（承运人收货地，即托运人在内陆的发运地）；③Port of loading（海运的装货港）；④Vessel（海运的船名）；⑤Port of disacharge（海运的卸货港）；⑥Place of delivery（内陆交货地）
4. 除非另有规定，多式运输单据中船名、装货港、卸货港如有"预期（intended）"或类似字样，只要起运地和交货地符合信用证的规定，海运段的船名、装货港、卸货港虽不确定，银行也可以接受
5. 即使信用证禁止转运，银行也将接受表明可能转运货将转运的多式联运单据，只要同一多式联运单据包括全程运输

表 6.2.3－3　　多式联运单据与海运提单、联运提单的比较

比较内容	多式联运单据	海运提单	联运单据
运输方式	任意两种以上运输方式	单一的海洋运输	两种以上运输方式且必须包括海运
单据签发人	由多式联运经营人签发，信用证下可由承运人或多式联运经营人签发	由承运人或船长或其代理人签发	由承运人或船长或其代理人签发

续表

比较内容	多式联运单据	海运提单	联运单据
运输责任范围	从收货地至交货地，即其签发人必须对全程运输负责，而不论它实际承担运输的哪一段	从港口至港口，或从吊钩至吊钩	运输责任比较灵活，由收货地或装运地或装货港开始，卸货港或交货地终止。其第一程承运人或其代理人虽签发包括全称运输在内的提单，但仅对自身运输段负责
单据的性质	不具有确定的可转让单据性质	可由背书转让，属于可转让单据性质	可由背书转让，属于可转让单据性质

（3）不可转让海运单（Non-Negotiable Sea Waybill）。

不可转让海运单是证明海上运输合同和货物由承运人接管或装船，以及承运人保证据以将货物交给海运单所载的实际收货人的一种不可流通的海上货运单据。

表 6.2.3-4　　不可转让海运单与海运提单的比较

项目		不可转让海运单	海运提单
相同点	要式项目相同	表面注明承运人名称；经承运人、船长或其具名代理人签署；标明船名、货物已装船、装船日期及签发日期；注明信用证规定的装货港和卸货港；注明正本份数；表面无不清洁批注；不得注明受租船合同约束；看来包括所有程运条款或某些条款必须参阅提单以外的某一出处；其他方面符合信用证的规定	
	部分功能相同	有货物收据、运输合同的功能	
	适用规则相同	《1990 年国际海事委员会海运单统一规则》	
不同点	部分功能不同	不是物权凭证，不能背书转让	是物权凭证，可以背书转让
	用途不同	适用于远洋运输（可通过背书转让，运输过程中出售）	适用于近洋运输
	使用方式不同	非流通性单据，收货人一栏采用记名式，除单据上注明的收货人外，其他人不能提货。收货人无需出示该运单，只需证明其为海运单上指明的收货人即可，承运人也不必收回该运单	流通性单据，即可通过背书转让给任何一个收货人凭以提货，收货人需凭提单提货
	风险不同	对出口商而言，海运单项下的出口货物只能交易一次，对于进口商多次违约和区域性的市场风险的防范和回旋余地较小；对进口商而言，进口商是海运单的收货人，与承运人无契约关系，如出口商交单议付取得款项后，却通知承运人变更收货人名称，进口商的权益将受到威胁	对出口商而言，提单项下的出口货物可通过背书多次转让、交易

（4）租船合约提单（Charter Party B/L）。

租船合约提单是在租船运输的情况下，由船方根据租船合同的规定而向租船方签发的提单。租船合约提单具有如下性质：

①当租船人即是货物托运人时，由承运人（船舶所有人）所签发的提单仅是物权凭

证和货物收据。在提单中往往注有“根据××租船合约出立”等字据，显然它受到租船合约的约束。这种提单不成为一个完成的独立文件。承托双方的权利和义务均以租船合约为准，而不是以提单为准；一旦发生货损，均按租船合约的有关规定办理，而不是按提单条款；解决双方争议与索赔的依据也是租船合约而不是提单。

②当租船人是承运人时，如托运人将租船提单背书转让给第三者，并且所签发的提单未列明“按租船合约办理”或类似文句时，租船合同的权利义务仍只对船东和租船人而不对第三者具有约束力。

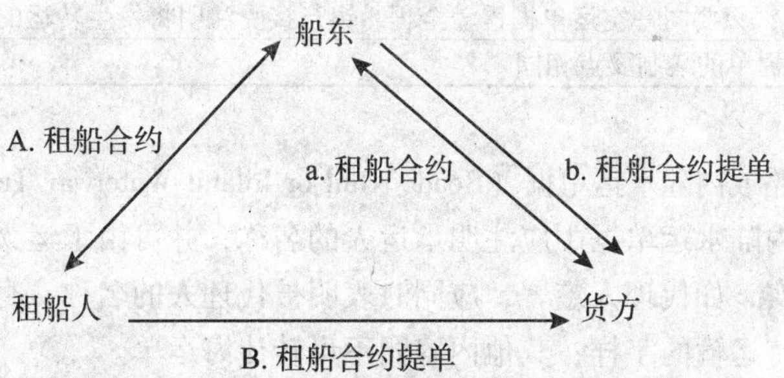

图 6.2.3－1　获得租船合约提单的两种途径

表 6.2.3－5　租船合约提单的缮制要点

1. 只有信用证要求或允许提交租船合约提单，银行才可接受租船合约提单
2. 注明信用证规定的装船港和卸货港，且不可显示转运（如装货港或卸货港为地理区域或范围，前者必须注明实际装货港，后者可用地理区域或范围表示）
3. 注明货物已装具名船只，已装船批注正确
4. 由船长或其具名代理签署或以其他方式证实，表面注明或不注明承运人的名称
5. 其余各点与同海运提单的缮制要点相同

（5）航空运单（Air Waybill，AWB）。

航空运单是航空承运人与托运人直接缔结的运输合同，也是承运人或其代理人签发的接受货物的收据，但它不是物权凭证。货物到达目的地后，收货人凭承运人的到货通知及有效的身份证明提货。航空运单的种类包括以下几类。

①航空主运单（Master Air Waybill，MAWB）：凡由航空公司签发的航空运单称为主运单。是航空运输公司据以办理货物运输和交付的依据，是航空公司和托运人订立的运输合同。

②航空分运单（House Air Waybill，HAWB）：航空货运代理作为集中托运人在办理集中托运业务时签发的航空运单被称作航空分运单。

各航空公司所使用的航空运单则大多借鉴国际航空运输协会（IATA）所推荐的标准格式，差别并不大。

表 6.2.3-6　　　　航空运单的缮制要点

1. 托运人、收货人和到货通知人：托运人为 L/C 受益人；收货人应为具名收货人，提货人只要证明其为空运单据收货人即可提货
2. 注明 L/C 规定的起飞机场和目的地机场（如装货港或卸货港为地理区域或范围，必须注明实际出发机场和目的地机场）
3. 注明货物已收妥待运
4. 发运日期。如空运单据表面没有特别批注，则出具日期是为发运日期，否则将以批注日期为发运日期
5. 提交"发货人/托运人的正本联"
6. 即使 L/C 禁止转运，只要同一空运单据覆盖全程，银行接受注明将发生转运的空运单据
7. 其余各点与同海运提单的缮制要点相同

（6）公路、铁路或内陆水运单据（Road，Rail or Inland Waterway Transport Document）。

公路、铁路或内陆水运单据中应注明承运人的名称，并可由承运人或其具名代理人签署或以其他方式证实，如代理人签署，应同时表明被代理人的名称、身份；注明货物已收妥待运、待发运或待运输的字样；其他内容同不可转让海运单。

（7）专递及邮政收据（Courier Receipt，Post Receipt or Certificate of Posting）

专递及邮政收据中，其表面应显示已由信用证规定的货物装运或发运地的专递或快递服务机构及邮局盖戳或以其他方式证实并加具装运或发运日期，并在其他各方面都符合信用证的规定（见式样 6.2.3-9）。

四、保险单据（Insurance Document）

保险单据是保险人与被保险人之间订立的保险合同的凭证，也是被保险人索赔、保险人理赔的依据。在 CIF 或 CIP 合同中，它又是卖方必须向买方提交的出口单据之一。

表 6.2.4-1　　　　保险单据的缮制要点

项　目	内　容
保险人	保险单据必须看似由保险公司或承保人或其代理人或代表出具并签署，代理人或代表的签字必须表明其系代表保险公司或承保人签字。在我国保险公司签发的保险单通常均印就了自己的名称和地址
被保险人	又称投保人，信用证项下，如果信用证未指定被保险人，本栏应填受益人，然后交单前按要求背书（如信用证中没有背书要求，则做空白背书）。如信用证中已指定被保险人，且受益人接受了信用证，则应按信用证要求填写。托收或其他方式下，如合同中未指定，本栏一般填卖方，然后交单前背书
唛头	货物的运输标志，可以按发票填写具体的唛头，不过除非信用证另有规定（如规定"所有单据唛头栏都必须显示详细的唛头"），通常可填"As per Invoice No…."
保险货物项目	列明货物名称，一般使用货物统称，但不能与信用证的规定相抵触

续表

项　目	内　容
货物的包装和数量	一般只填货物的外包装及数量，但必须与发票及其他单据上填写的内容一致。以包装件数计价者，填件数；以净重计价者，填件数和净重；以毛作净者，填件数和毛重；散装货，填“In Bulk”，并加上重量
保险金额	由币别和金额数目两部分组成。根据UCP600，保险单据必须表明投保金额并以与信用证相同的货币表示。 ①信用证对于投保金额为货物价值、发票金额或类似金额的某一比例的要求，将被视为最低保额的要求。如信用证对投保金额未作规定，投保金额须至少为货物的CIF或CIP价格的110%。如果从单据中不能确定CIF或CIP价格，投保金额必须基于要求承付或议付的金额，或基于发票上显示的货物总值来计算，两者之中取金额较高者。 ②如发票金额扣除了佣金或折扣，则应按扣减佣金或折扣前的发票毛值计算保险金额。 ③保险单可以表明受免赔率或免赔额约束；若信用证要求保险责任（金额）“不计免赔率”，则保险单据不得含有表明保险责任（金额）受免赔率或免赔额约束的条款。
保费、保费率	一般由保险人在印刷保险单据时印就“As arranged”
与运输有关的内容	①起讫地点：起点指装运港名称，讫点指目的港名称。如需转船，还应注明。 ②装载运输工具：填入载货运输工具的名称，注意必须与运输单据保持一致。 ③开航日期：一般可填“As per B/L”，也可按实际启航或启运日期填写。
承保险别	①承保险别应按信用证（或其他结算方式下的合同）的要求填写。 ②如信用证明确列明应投保的险别，则保险单据应如实加以陈述。但是，保险单据可以援引任何除外条款，银行将不视为不符点。如信用证没有规定所需投保的险别，或使用诸如“Usual Risk”（通常风险）或“Customary Risk”（惯常风险）等含义不确切的用语，银行接受表明任何险别的保险单据，对漏保险别不负责任。 ③保险单据除了对承保的险别加以说明之外，还应写明险别依据的保险条款的名称和颁布日期。 ④保险单据须表明承保的风险至少覆盖从L/C规定的货物接管地或发运地开始到卸货地或最终目的地之间的路程。
赔付代理	通常由保险人将其在货运目的地的代理人和其地点填入
赔付地点和赔付货币	信用证（或其他结算方式下的合同）有规定，则按规定填写；如无规定，一般以货运目的地赔付代理人的所在地为赔付地点
出单日期	保险单据的出单日期不得晚于发运日期，除非保险单据表明保险责任不迟于发运日生效。载有有效期的保险单据必须清楚地表明该有效期是关于货物装船、发运或接管的最迟日期，而不是保险单据项下提出索赔的期限
保险人签名	保险单据必须由保险公司或保险商或其代理人或代表出具并签署，且其代理人的签字必须表明其系代表保险公司或保险商签字
保险单据的名称	根据UCP600，保险单据包括保险单、预约保险项下的保险证明书或声明书。除非信用证特别授权，银行不接受暂保单。如信用证要求保险证明或保险声明，可以出具保险单代替

五、商检证书（Inspection Certificate/Survey Report）

商品检验证书，简称商检证，是商检机构对进出口商品进行鉴定后出具的证明文件。

商检证书种类繁多，各有关方应根据不同商品特点、市场和行业习惯，以及进、出口国的法律要求，适当选用。常见的商检证有：质量检验证书、数量检验证书、重量检验证书、兽医检验证书、卫生检验证书、健康检验证书、熏蒸检验证书、消毒检验证书、植物检疫证书、生丝品级及公量检验证书等。

表 6.2.5－1　　商检证书的缮制要点

项　目	内　容
发货人和收货人名称及地址	一般情况下，发货人为信用证的受益人，当实际发货人不是受益人时，检验证书上的发货人应与提单托运人一致。同样，检验证书上的收货人应与提单收货人一致
货物描述	检验证书的货描可以使用与信用证规定不相矛盾的货物统称，货物的数量、重量、体积、包装等不得与信用证或其他单据相矛盾，同时，不得标注对货物品质、规格、包装等方面的不利陈述
检验结果	检验结果必须符合信用证（或合同）的要求
检验日期	检验证书的签发日期一般应早于提单日期，但也不能过早，证书有效期通常为两个月，但鲜活产品仅为两个星期。特殊商品需要装船后进行检验或处理的，其出单日期可以迟于提单
检验机构签署	如信用证规定了检验证书的出具人，则必须由该指定人出具并签署；如未规定出具人，则可以由包括受益人在内的任何人出具和签署

六、原产地证书（Certificate of Origin）

原产地证书，简称产地证，是证明货物原产地或制造地的证明文件，也是进口国海关征税或减免关税的依据。

表 6.2.6－1　　原产地证书的种类

我国的原产地证书	简称	签发机构	证书格式
一般原产地证书	C/O 产地证	贸促会、出入境检验检疫局	商务部统一格式
普惠制原产地证书	GSP 产地证	出入境检验检疫局	格式 A、格式 59A、格式 APR
对美国出口纺织品声明书	DCO 声明书	出口商	格式 A、格式 B、格式 C
纺织品产地证			输欧盟纺织品产地证、输欧盟丝麻制品产地证、输土耳其纺织品产地证、输土耳其丝麻制品产地证
其他国家的原产地证书			
北美自由贸易区产地证		区域经济集团相关部门	统一格式
墨西哥原产地		墨西哥相关部门	统一格式
南非 DA59 证书		南非相关部门	统一格式

表 6.2.6－2　　原产地证书的缮制要点

项目	缮制要点
出具人	原产地证书必须由信用证规定的机构出具并签署。如信用证要求原产地证必须由受益人、出口商或厂商出具，则由商会出具的单据是可以接受的，只要单据相应地注明受益人、出口商或厂商。如信用证没有规定由谁来出具原产地证，则由任何人包括受益人出具的单据都可以接受
原产地证的发货人	原产地证可以显示信用证受益人或运输单据托运人之外的另一人为发货人或出口方
原产地证的收货人	原产地证收货人的信息，如果显示，则不得与运输单据中的收货人信息相矛盾。例外：除非信用证另有规定，当运输单据为指示性抬头、或信用证已经转让时，原产地证书的收货人可以不同于提单的收货人
原产地证的内容	原产地证必须表面上与发票的货物相关联，并明确表明货物原产地。货描可使用与信用证不矛盾的货物统称，或通过援引表明其与要求的单据中的货物相关联，如“As per Inv. No. …”

表 6.2.6－3　　GSP 原产地证书中各国原产地标准

填报代码	出口国家	原产地标准
P	所有给惠国家	完全原产地
W + H. S. CODE	欧盟各国、挪威、瑞士、日本	产品列入给惠国“加工清单”，并符合其加工条件；产品未列入“加工清单”但产品使用的进口原料和零部件经过充分加工，产品 HS 号不同于原材料或零部件的 HS 号
F	加拿大	有进口成分，但进口成分价值未超过产品出厂价的 40%
W + H. S. CODE	波兰	有进口成分，但进口成分价值未超过离岸价的 40%
Y + 进口成分	俄罗斯、白俄罗斯、乌克兰、哈萨克斯坦、斯洛伐克、捷克	有进口成分，但进口成分价值未超过离岸价的 50%
（空白）	澳大利亚、新西兰	—

七、包装单据

包装单据是发票的附属单据，是对货物包装情况的书面说明文件，如包装方式、包装材料、花色规格、毛净重等，以便海关进行检查和进口商验收货物。

包装单据按其用途可分为装箱单（Packing List 或 Packing Note）、重量单（Weight List 或 Weight Memo）和尺码单（Measurement List）等。装箱单的内容主要是说明每件货物内装的品名和数量；重量单是每件货物的毛重和净重；尺码单着重于每件货物的体积。

在实际业务中，卖方需要提供这三种单据中的哪一种，是根据来证规定及商品性质决定的。

表 6.2.7－1　包装单据的缮制要点

缮制要点
①单据可以使用信用证规定的名称或相似名称，或不使用名称。如：信用证要求“Packing List”，无论该单据冠名为“Packing Note”或“ Packing and Weight List”，还是没有名称，只要单据包含装箱细节，即满足了信用证要求
②信用证列明的单据应作为单独单据提交。如信用证要求装箱单和重量单，受益人分别提交单独的装箱单和重量单，或提交两份正本装箱和重量联合单据时，只要该联合单据同时表明装箱和重量细节，即视为符合信用证要求
③单据内容符合信用证要求。包装单据一般应由受益人出具。如信用证未做规定，无论由谁出具都可以接受。单据内容应符合信用证要求，并与其他单据不相矛盾。每一种类的包装单据应注明其特定的内容

八、证明

证明是指根据信用证的要求，由信用证中规定的一方出具的，证明其已经履行了买卖合同项下的义务，或满足了信用证中的某些要求的一种书面证实文件。常见的证明：受益人证明、装船通知、船证明（主要有船龄证明、船级证明、船程证明、黑名单证明）、非木质包装证明等。

表 6.2.8－1　证明的缮制要点

缮制要点
① 证明的内容要符合信用证要求，并且要合情合理。受益人应按照信用证的要求缮制或提交证明，但不可照搬照抄
② 由信用证规定的出具人签署。注意：即使信用证没有要求，汇票、证明和声明自身的性质决定其必须有签字。签字不一定是手签

第七章　国际贸易结算中的融资业务

第一节　国际贸易融资的背景和条件

国际贸易融资是银行给予经营进出口贸易的企业的资金融通，它是促进进出口贸易的一种金融支持手段。国际贸易中，能否取得银行的资金融通是买卖双方参与交易的重要条件。

一、授信与客户统一授信

当前，银行都实行统一授信的管理体系，办理国际贸易融资的客户授信都由银行按照统一的标准和程序完成。

（1）授信是银行向客户直接提供资金支持，或对客户在有关经济活动中的信用向第三方作出保证的行为。前者为实有授信（如各类贷款、贴现、透支、进出口押汇）；后者为或有授信（如票据承兑、开立信用证或保函）。

或有授信现时不发生资金流出，但可以转化为实有授信。如：银行为客户开出信用证，到期后客户申请押汇；银行开出保函，但客户因资金临时周转困难，不能按时偿付有关债务，银行提供短期贷款予以解决等。

（2）统一授信是指银行作为一个整体，集中统一地识别、管理客户的整体信用风险，统一向客户提供具体授信支持，并集中管理、控制具体授信业务风险。

二、授信额度

授信额度是指银行根据客户的资信状况和清偿能力，按照规定程序确定的在一定期限内对某一客户提供短期授信支持的量化控制指标。授信额度一般适用于期限在一年以内的各类授信业务，其中投标保函、履约保函等的期限可放宽到一年以上。授信额度一旦取得，企业可在额度和期限内循环使用。

银行往往会为客户提供包括一种以上授信业务的综合授信额度。综合授信额度中所提供的各类授信业务主要解决客户短期周转的流动资金需要，可分为：流动资金贷款额度、开证额度、开立保函额度、开立银行承兑汇票额度、进出口押汇额度、打包放款额度、进出口保理额度等业务品种分项额度。在这些分项额度内，企业可方便办理各类业务，并可循环使用。

三、国际贸易融资的对象

国际贸易融资是为有真实国际贸易背景的业务提供的资金融通。国际贸易融资的对象是有进出口业务经营权的各类企业，并且必须具备如下条件：

（1）经工商行政管理部门依法登记注册，持有营业执照、具有企业法人资格的。

（2）有一定比例的自有流动资金，实行独立经济核算，具有健全的会计制度和财务管理制度的。

（3）经营正常、效益良好，提供可靠的还款、付息保证的。

（4）能提供有关合同、计划、协议、单证、报表等经济活动资料的企业。

四、国际贸易融资的产品

国际贸易融资品种繁多，在商品的生产、采购、打包、仓储和出运的每个阶段，以及制单、开证、承兑、议付等每个环节均可融资，并且随着国际贸易和金融业的发展不断涌现出新品种。

根据银行提供融资对象的不同，可以简单分为进口贸易融资和出口贸易融资。

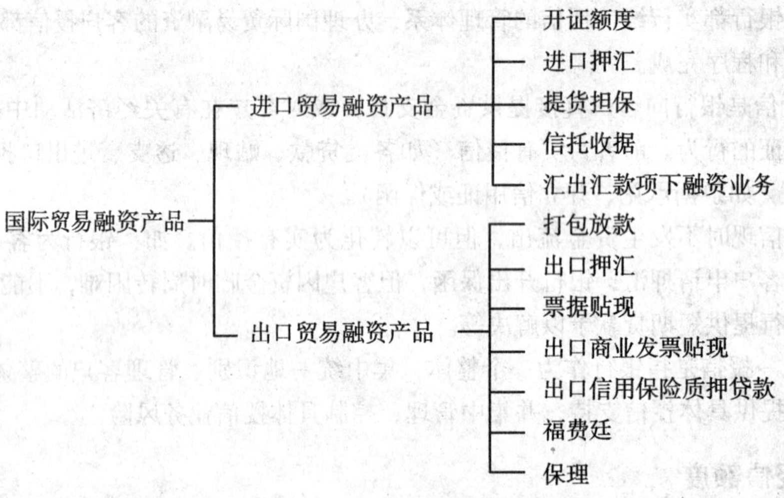

图 7.1.4－1　国际贸易融资的产品

第二节　进口贸易融资

一、开证额度（Limits for Issuing Letter of Credit）

表 7.2.1－1　　开证额度业务

概　　念	银行为帮助进口商融通资金而对一些资信较好、有一定清偿能力的进口商，根据其提供的质押品和担保情况，核定一个相应的开证额度。进口商在每次申请开证时可获得免收或减收保证金的优惠	
作　　用	减少资金占压；方便业务办理	
分　　类	1. 普通开证额度（General L/C Limit）：又称循环性额度或总额度，指开证行在确定进口开证申请人的开证额度后，申请人采用"余额控制"的办法，可循环使用。开证行根据客户的资信变化和业务需求变化随时可对额度作必要的调整	
	2. 一次性开证额度（One Time L/C Limit）：指银行为开证申请人的一个或几个贸易合同核定的开证额度，不得循环使用，且须依进口商所提供的担保、抵押等情况而定	
业务流程	1. 需申请开证授信额度的进口商按银行规定格式填写授信额度申请书，提出申请的授信金额，表明其应承担的义务。（《最高额综合授信申请书》见式样 7.2.1－1） 2. 银行根据进口商的申请书审核其资信状况、经营状况、内部管理、财务状况以及以往的业务记录，确定对该进口商的授信额度总数。 3. 银行与申请人签订进口开证授信额度协议书，列明双方的责任和义务。（《最高额综合授信合同》见式样 7.2.1－2、《减免保证金开证合同》见式样 7.2.1－3） 4. 当进口商使用授信额度开立信用证时，银行的授信额度相应减少，信用证执行完毕时，即单到付款时，授信额度相应恢复。银行根据协议规定的授信额度，实行余额控制。	
注意事项	即期信用证项下必须付款赎单；远期信用证项下，银行将实施货物监管	

二、进口押汇（Inward Bill）

进口押汇分进口信用证押汇和进口代收押汇。

表 7.2.2－1　　进口押汇业务

概　　念	进口信用证押汇是开证行在收到信用证项下单据时，应开证申请人要求为其垫付货款，日后由开证申请人归还款项的一种短期资金融通
	进口代收押汇是代收行凭包括物权单据在内的进口代收单据为抵押，向进口商提供的一种融资性垫款
作　　用	减少资金占压；把握市场先机；优化资金管理
利息计算	进口押汇的融资比例为发票/汇票金额的 100%，采用"后收利息法"，在押汇到期后，银行从企业账户扣收押汇本金及利息。计算公式：押汇利息＝本金×融资年利率×押汇天数/360（押汇天数一般为 30 天、60 天，一般最长不过 90 天）

续表

适用范围	1. 流动资金不足，申请人无法在开证行付款前按时款赎单，且进口商品处于上升行情。 2. 申请人有其他投资机会，且该投资的预期收益率高于押汇利率。
业务流程	1. 申请人向银行提出押汇申请（《进口押汇申请书》见式样 7.2.2-1）。申请书应列明申请人名称、信用证（或托收项下）编号、押汇金额、进口商的付款义务、押汇期限和利率、进口商的保证条款、延期还款条款、货权及其转移条款、违约条款等。 2. 申请人与银行签订正式押汇协议。 3. 银行收到单据后，办理进口押汇并直接对外付款。 4. 银行凭信托收据向进口商交付单据，申请人将自己货物所有权转让给银行。 5. 申请人凭单据提货及销售货物。 6. 押汇到期后申请人归还押汇并支付押汇利息，换回信托收据。
注意事项	1. 进口押汇款应专款专用，不能结成人民币使用，只能用于履行信用证（或托收）项下的对外付款。 2. 进口押汇是短期融资，期限一般不超过 90 天。 3. 进口押汇占用授信额度，须逐笔申请，逐笔使用。 4. 押汇比例、押汇期限等根据实际情况与银行协商后决定。 5. 银行还应注意押汇后的管理，必要时监控开证申请人进口货物的货款回笼情况，并采取适当措施，减少损失。 6. 进口代收押汇因风险较大，一般有办理限制，仅适用于 D/P。

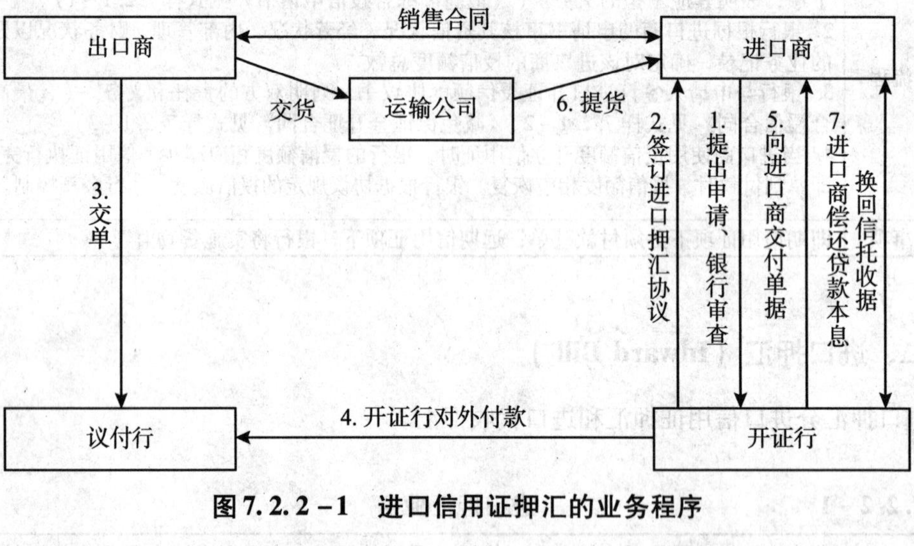

图 7.2.2-1　进口信用证押汇的业务程序

三、提货担保（Shipping Guarantee，S/G）

表 7.2.3-1　　提货担保业务

概念	当进口信用证或跟单托收项下的货物早于运输单据抵达港口时，银行向进口商出具的、由银行加签的、用于进口商向船公司办理提货手续的、代替提单先行提货的书面担保
作用	把握市场先机；减少资金占压；及时提货

续表

适用范围	1. 当货物早于提单到达进口商时。（尤其与日本、韩国、东南亚等近洋地区的进口贸易中多用） 2. 进口商品市场处于上升行情。
业务流程	1. 进口商向开证行提出办理提货担保的申请，并承诺有关事项。 申请人应提供与本次提货担保申请有关的副本发票、副本提单和货物到港通知单（如有），并填写提货担保申请书（见式样 7.2.3 –1、式样 7.2.3 –2）。提货担保申请书表明开证行提货担保的一切后果均由开证申请人负责，绝不使开证行蒙受损失，并同意一旦正本提单寄到，即将上述担保书换回，交回开证行注销，或由开证行直接将提单交给船公司换回上述提货担保书，以便解除开证行的担保责任，同时开证申请人授权开证行无条件支付上列货物价款和（或）解除有关领取上列款项所提供的保证书。进口商应按提货担保书格式内容填列准确、完整的资料。 2. 银行对进口商进行审查，确信其为该笔货物的收货人，同时可要求进口商提供担保或缴纳保证金或抵押品。确定货物在信用证项下且货值相符后出具提货担保书（Letter of Guarantee for the Release of Goods）（见式样 7.2.3 –3、式样 7.2.3 –4）交进口商。 3. 进口商凭提货担保到船公司提货。 4. 开证行收到单据后，向进口商提示。 5. 进口商收到运输单据后立即向船公司换回提货担保。
注意事项	1. 限制性。提货担保占用授信额度，办理提货担保业务必须以信用证为结算方式、运输方式为海运、提交全套海运提单，并且仅限于开证行自身开立的信用证项下的商品进口。 2. 保证付款责任。收到有关单据后，无论单据与信用证是否相符，均不得拒付。（提货担保其实就是开证行出具的一种保函） 3. 退还责任。及时用正本提单换回提货担保。 4. 赔偿责任。因出具提货担保而使开证行遭受的任何损失，开证申请人负赔偿责任。

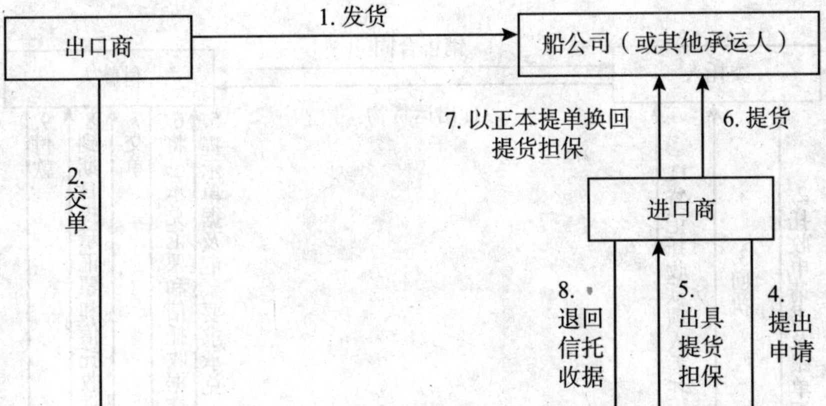

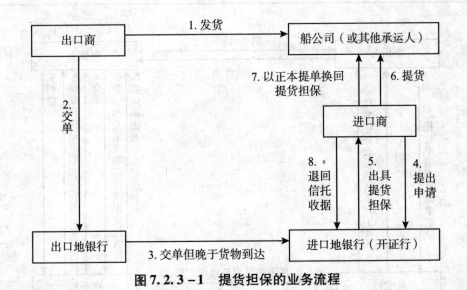

图 7.2.3 –1　提货担保的业务流程

四、信托收据（Trust Receipt，T/R）

表 7.2.4－1　　信托收据业务

概念	进口商以信托的方式向银行借出全套商业单据时出具的，同意将自己货物的所有权转让给银行的书面担保文件。银行是信托人，代表委托人掌握物权；进口商是被信托人或受托人，代表信托人处理单据。理论上，信托收据是进口商与开证行或代收行之间关于物权处理的一种契约，是将货物抵押给银行的确认书，银行可以凭此办理融资业务。但由于其融资风险较大，因此通常不单独使用，而是在进口融资业务中，银行从法律上保证其对货物的所有权，作为防范风险的一种手段而使用。如进口信用证押汇业务、进口代收押汇业务、提货担保业务等（信托收据占用授信额度）
作用	有利于进口商的资金融通
适用范围	在银行享有开证额度的客户所开出的信用证项下来单；卖方以 D/P 方式的交单
业务流程	1. 进口商在付款或承兑日前向银行提出书面申请。申请书须明确信托收据金额、期限、申请人的责任、还款方式、还款责任及违约处理等，并注明此业务的船名、货名、唛头、金额、信用证号码。(信托收据见式样 7.2.4－1) 2. 进口商以银行受托人的身份办理提货、报关、存仓、保险等手续，物权仍归银行所有。如果货物出售，则货款存入银行。 3. 进口商在汇票到期后向银行偿付票款，收回汇票、赎回信托收据。
注意事项	1. 信托收据须逐笔申请。银行应认真审核进口商的资信，根据进口商的信誉、抵押物、质押物的情况，对进口商核准一定的授信额度，并在核定的授信额度内办理。 2. 跟单托收项下，信托收据多用于远期付款交单方式，不适用于承兑交单进口代收单据。 3. 借出单据后，应加强对货物存仓、保险、销售、收款、直到赎回信托收据等一系列的监控手段，绝不能放任自流，否则将造成"钱货两空"。 4. 必须熟悉当地的法律，尽管通常信托人在被信托人破产清算时对货物或货款有优先权，但不同国家对此还是有所不同。

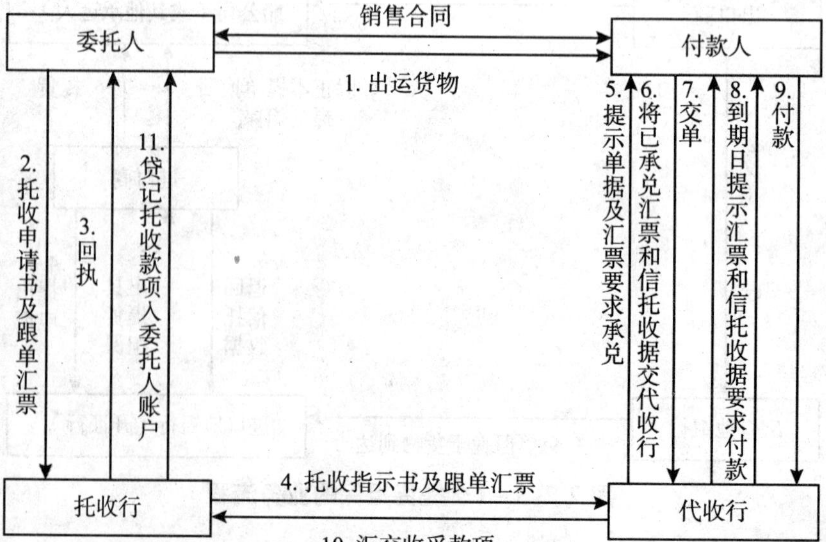

图 7.2.4－1　凭信托收据借单的业务程序

五、汇出汇款项下融资

表 7.2.5-1　　　　汇出汇款项下融资业务

概念	货到付款结算方式下，进口商已收妥货物需对外付款时，汇出行（进口地银行）根据进口商申请，并凭其提供的有效凭证及商业单据先行对外支付，从而向进口商提供的一种短期资金融通
作用	提高信用程度；优化资金管理
适用范围	1. 流动资金不足，进口商无法在货物到达后付款，且进口商品处于上升行情。 2. 有其他投资机会，且该投资的预期收益率高于融资利率。
业务流程	1. 进口商提出书面融资申请（见式样 7.2.5-1），并在押汇银行核定授信额度或申请单笔授信。 2. 进口商与汇出行签订协议书。 3. 进口商备妥汇出汇款所需要的各种单据并交汇出行。 4. 进口地银行办理融资并直接对外汇款。 5. 融资到期后进口商归还本金并支付利息。
注意事项	1. 办理该项业务须符合外汇管理局“货到付款”购汇/用汇资格、条件等有关管理规定。 2. 专项融资，款项只能用于特定贸易项下的直接对外付款，不能结汇（兑换）成人民币使用。 3. 融资期限一般与进口货物转卖的期限相匹配，原则上不超过 90 天，并以销售回笼款项作为押汇的主要还款来源。 4. 汇出汇款项下融资应占用该企业（进口商）的流动资金贷款的额度，对于银行没有核定信用等级和核定流动资金贷款的额度的企业，原则上不办理该项融资。

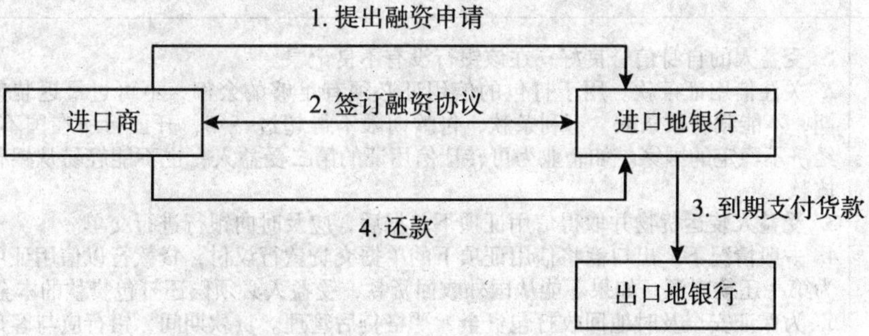

图 7.2.5-1　汇出汇款项下融资的业务流程

第三节　出口贸易融资

一、打包放款（Packing Loan/Credit）

表 7.3.1－1　　打包放款业务

概念	银行以出口商提供的由进口商开来的信用证作为还款凭证和抵押品，向出口商提供的一种装船前的资金融通，主要用于生产或采购出口商品及其他从属费用的支出。该项贷款的期限较短，通常自申请发放打包款之日起到出口商提供货运单据收回货款之日止
作用	扩大贸易机会；全面减少资金占压
适用范围	1. 因生产或收购商品或其他从属费用造成流动资金紧缺。 2. 国外进口商虽然不接受预付货款的条件但同意开立信用证。
业务流程	1. 受益人将信用证正本交银行，向银行提出打包放款申请（见式样 7.3.1－1），并提供以下文件：信用证正本、出口销售合同、出口批文或许可证、银行要求提供的其他材料。 2. 银行审核信用证的有效性、开证行资信、受益人资信和能力等。 ①申请打包放款的信用证必须为不可撤销的跟单信用证； ②开证行资信良好，所在国的政治稳定、经济状况良好； ③信用证条款清楚合理、没有对出口商不利的"陷阱条款"和出口商难以履行的规定，能够控制物权单据以减小业务风险等。 银行根据融资额度的余额情况和商品类型，来决定放款金额和放款期限。 3. 受益人与银行签订正式的《借款合同（打包贷款）》（见式样 7.3.1－2）。 4. 银行向受益人提供贷款。银行提供的打包放款占用出口商的授信额度。每个信用证的贷款金额通常不超过信用证金额的 90%。 5. 受益人收到货款后归还打包贷款本金及利息。
注意事项	1. 受益人的自身信誉良好，在该银行没有不良记录。 2. 关注信用证条款。用于打包的信用证必须有足够的余额，不可过最迟装船期、有效期，不能载有软条款、不利条款，付款期限不得超过一年，开证行所在国不可是政治、经济不稳定的国家。如企业为可转让信用证的第二受益人，也不能轻易从银行取得打包放款。 3. 受益人装运货物并取得信用证项下单据后，应及时向银行进行交单。 4. 一般情况下，出口商将信用证项下的单据交贷款行议付，贷款行以信用证项下的收汇为第一还款来源。如果不能从国外收回货款，受益人必须偿还打包贷款的本金和利息。 5. 为保证安全及时地回收打包资金，严格贷后管理。贷款期间，银行应与客户保持密切联系，了解、掌握业务的进展和有关合同的执行情况，督促客户及时发货交单，在企业收回货款后，及时归还打包放款的本金和利息。

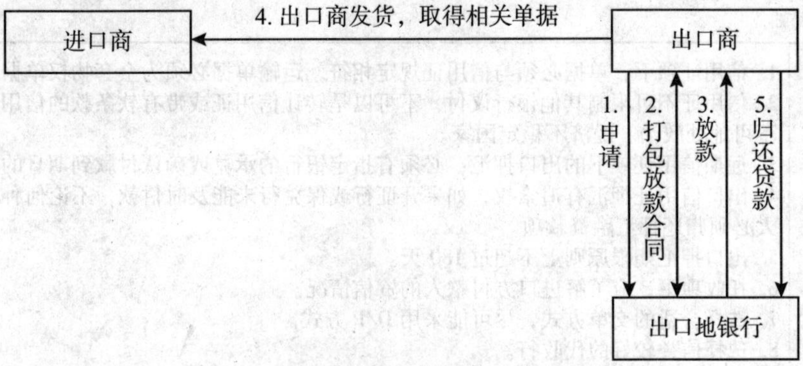

图 7.3.1－1　打包放款的业务程序

二、出口押汇（Outward Bills）

出口押汇主要是买单，包括信用证项下的单据押汇和托收单据押汇。

表 7.3.2－1　出口押汇业务

概念	出口信用证押汇（Negotiation under Documentary Credit）指出口信用证项下，受益人以出口单据作抵押，要求出口地银行在收到国外支付的货款之前，向其融通资金的业务。 （银行叙作出口信用证押汇通常不占用出口商的授信额度。能否叙作押汇主要取决于单据与信用证条款的相符情况和出口商的资信情况。）
	出口托收押汇（Negotiation against Documentary Collection）指出口商提交单据，委托托收行向进口商收取货款的同时，要求托收行先预支部分或全部货款，待托收款项收妥后归还银行垫款的一种贸易融资方式。 （银行对托收押汇实行额度管理。银行通过审核出口商的资信状况，清偿能力和履约能力，能否以出口信用证保险单作为抵押，并考虑交单方式、运输保险、代收行的选择等情况来决定是否给予额度以及额度总数。）
作用	加快资金周转；简化融资手续；改善现金流量；节约财务费用
利息计算	出口押汇的融资比例通常为100%，但其利息计收采用“预收利息法”，即银行在全额的本金内扣除预收利息及各种手续费后，将余额贷款给受益人。还款来源在正常情况下为信用证或托收项下的收汇款，在企业不能正常从国外收回货款的情况下，企业应偿还押汇本金和利息。 计算公式： 押汇利息＝本金×融资年利率×押汇天数/360 （押汇天数：办理出口押汇日到预计收汇日的天数＋5～7天）
适用范围	1. 流动资金有限，发货后、收款前遇到临时资金周转困难，希望依靠快速的资金周转开展业务。 2. 发货后、收款前遇到新的投资机会，且预期收益率肯定高于押汇利率。
业务流程	1. 受益人与出口地银行签订出口押汇总协议。 2. 受益人向出口地银行提交单据并且提出正式的押汇申请。 3. 出口地银行审核受益人提交的信用证、单据和押汇申请书（见式样 7.3.2－1）。 4. 出口地银行办理押汇，扣除利息、手续费等，向受益人垫付货款。 5. 出口地银行收到国外款项后自动扣划以归还押汇款项。

续表

注意事项	1. 信用证项下，单据必须与信用证规定相符，运输单据必须为全套物权单据。 2. 信用证不可限制其他银行议付，不可以是转让信用证或带有软条款的信用证，开证行不可地处政治、经济不稳定国家。 3. 远期信用证项下的出口押汇，必须有指定银行的承兑或确认付款到期日的电文。 4. 出口信用证押汇有追索权，如果开证行或保兑行未能及时付款，不论何种原因，受益人必须归还押汇融资款项。 5. 出口押汇期限原则上不超过180天。 6. 托收项下，应了解进口方付款人的资信情况。 7. 选择合适的交单方式，尽可能采用D/P方式。 8. 选择信誉较好的代收行。

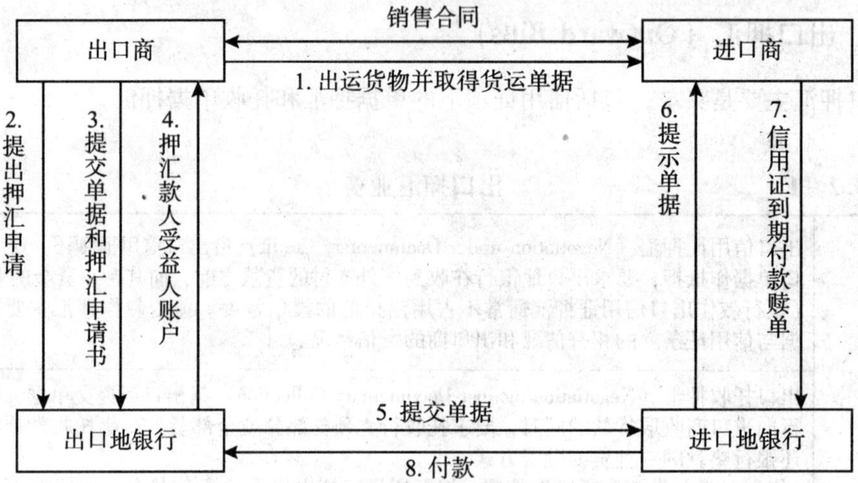

图7.3.2-1　出口押汇的业务程序

三、票据贴现（Discount）

表7.3.3-1　　　　　　　　票据贴现业务

概念	银行有追索权地买入已经银行承兑、未到期的远期汇票，提早把汇票净款付给受益人，这是最为方便易行的出口贸易融资。 （银行办理票据贴现业务不占用客户在银行的授信额度，而占用票据承兑银行或出票银行的授信额度）
作用	1. 简化融资手续。银行买入的是有银行信用担保的票据，风险非常小，所以办理时手续最简便。 2. 加快资金周转。出口商通过票据贴现能够立即取得票款，即期收回远期债权，加快资金周转，缓解资金压力，方便资金运筹。 3. 扩大贸易机会。可为进口商提供远期付款的融资便利，扩大贸易机会。

续表

利息计算	与出口信用证项下押汇类似
适用范围	1. 发货后、收款前遇到临时资金周转困难，需要短期的资金融通。 2. 遇到新的投资机会，且预期投资收益率高于贴现利率。
业务流程	1. 出口商与出口地银行签订贴现协议（《商业汇票贴现合同》见式样 7.3.3－1）。 2. 出口商向银行提交开证行（保兑行）的确认远期汇票付款日（到期日）的电文。 3. 出口商向交单行提交贴现申请书。 4. 出口地银行向出口商支付贴现净额。 5. 出口地银行到期收到票据金额后自动扣划以归还押汇款项。
注意事项	1. 签订合同时与进口商约定以远期承兑信用证作为结算方式。 2. 办理贴现的票据必须是跟单信用证或跟单托收项下的票据，不可是无真实贸易背景的或贸易背景不清楚的、用于投资目的的纯票据，且贴现利率一般稍高于远期信用证项下已承兑汇票。 3. 贴现的远期票据一般为银行票据、有银行信用担保的商业单据以及跟单信用证项下银行已加具保付签字的远期汇票，且通常限于远期信用证项下的已承兑汇票。

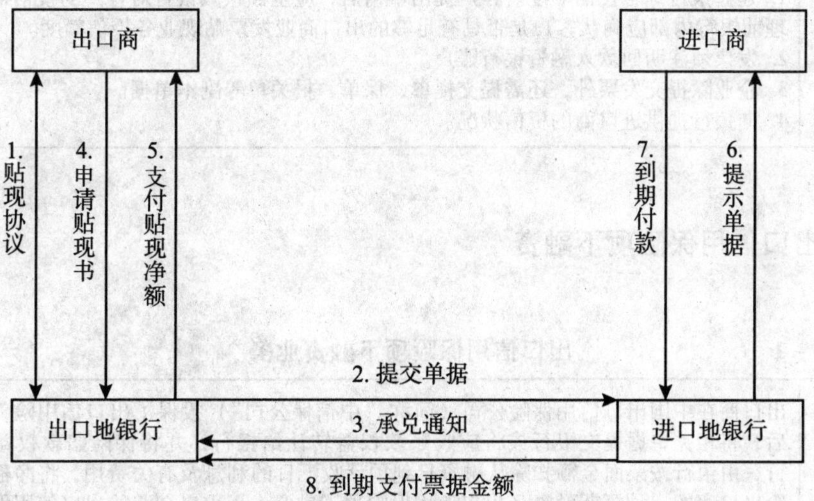

图 7.3.3－1　票据贴现的业务流程

四、出口商业发票贴现（Discount against Export Commercial Invoice）

表 7.3.4－1　　出口商业发票贴现业务

概念	在“货到付款”结算方式（俗称后 T/T）项下，出口地银行以出口商的出口商业发票作为抵押进行融资的业务。国内银行将该业务归入国内保理范畴进行操作
作用	后 T/T 方式下，出口商在装运货物并向出口地银行提交有关单据后，能向出口地银行申请短期融资，在国外货款到达前提前从银行得到垫款，方便资金周转，且手续简便、融资速度快捷

续表

利息计算	贴现利息 = 本金 × 融资年利率 × 贴现天数/360 （贴现天数计算通常是办理贴现日到后 T/T 项下预计的收汇日或发票日的到期日的天数 +30 天）
适用范围	1. 发货后、收款前遇到临时资金周转困难，需要短期的资金融通。 2. 原则上仅适用于以 D/A 或 O/A 为付款方式的业务。 3. 付款期限原则上不超过 90 天，最长不超过 180 天的国际货物买卖交易。
业务流程	1. 出口商向出口地银行（融资行）申请叙作出口商票融资。 2. 银行同意后，出口商根据贸易合同在装运后向银行提交有关材料。包括：出口商的基础材料、《出口商业发票贴现额度申请书》和《出口商业发票贴现申请书》、出口销售合同复印件、带有转让条款的商业发票、运输单据副本及其他相关单据、该笔融资项下进口商的相关情况。 3. 出口地银行向出口商提供融资（《出口商业发票贴现协议》见式样 7.3.4－1），贴现比例一般超过出口商业发票金额的 80%。 4. 出口地银行向进口商寄单。 5. 进口商向出口地银行付款。 6. 出口地银行将扣除融资本息后的余额付出口商。
注意事项	1. 建立银行综合授信额度。客户提出申请后，应全额核减银行对客户的授信额度，在受理前银行内部应确认客户是否具有足够的出口商业发票贴现业务授信额度。 2. 发票须注明回款入融资银行账户。 3. 企业除提交发票外，还需提交提单、保单、报关单等副本单据。 4. 向银行提供进口商的资信状况。

五、出口信用保险项下融资

表 7.3.5－1　　出口信用保险项下融资业务

概念	出口商在中国出口信用保险公司（简称“中信保公司”）投保了出口信用险，发运货物后，将相关单据提交银行或将应收账款权益转让给银行，并将保险赔款权益转让给银行，由银行按票面金额扣除从融资日到预计收汇日的利息及有关费用，将净额预先支付给出口商的一种短期融资（出口信用保险项下融资占用出口企业的出口信用保险质押贷款专项授信额度，质押贷款总金额原则上不超过出口信用保险公司核定的买方信用限额的 80%）
作用	出口信用保险项下融资是银保合作的新兴贸易融资产品。银行为出口商提供出口信用保险项下融资使出口商在无法提供其他担保的情况下，获得银行资金融通，加速资金周转，一定程度上还可规避汇率风险
适用范围	适用于所有以 D/P、D/A 或 O/A 等为商业信用付款条件，信用期不超过 180 天，产品全部或部分在中国制造的出口合同项下的保险
业务流程	1. 进出口双方达成交易意向。 2. 出口商向保险公司申请办理出口信用保险，保险公司核定买方信誉额度，出具《买方信用额度审批表》。 3. 进出口双方签订合约（也可在办理保险之前签约）。 4. 出口方发货装运，向保险公司申报，并交纳保费。 5. 出口商与出口地银行签订融资协议（此程序也可提前进行）。

续表

业务流程	6. 出口商与保险公司、出口地银行签订《赔款转让协议》(赔款转让授权书)。 7. 向出口地银行提交相关单据，以获得融资。提交的单据包括：出口贸易合同、商业发票、质量合格证明、出口货物保险单、买方额度申请表和审批表（由办理出口信用保险的保险公司提供)、出口保险申报单、证明已交纳保费的凭证、保险赔款授权转让书、海关手册、出口货物报关单、提单或其他单据。 8. 出口地银行根据出口商的信誉、采用的贸易结算方式、货物的销售情况、提供的担保和抵押品等情况，决定是否办理融资。 9. 出口地银行向进口商寄单。 10. 进口商付款赎单。 11. 出口地银行将收汇款归还出口信保融资款项。 12. 如进口商不能付款，出口地银行敦促出口商向保险公司索赔。 13. 保险公司按保单规定向出口地银行理赔后，赔款直接偿还出口信保融资款项。 14. 保险公司向进口商追索。
注意事项	1. 了解进口商的资信情况，对进口客户有所选择。 2. 了解保险公司的信誉、保险协议内容、出口信用保险的除外责任。 3. 赔付时间较长，手续较为烦琐。 4. 出口信用保险项下融资有追索权。 5. 成本、费用负担较高。 6. 银行对于业务往来不很频繁、年出口量较小（500 万美元以下）的出口商，一般不轻易仅凭出口信用保险办理融资。 7. 银行应加强融资的后期管理，注意掌握出口商的动态情况变化，及时采取风险防范措施。

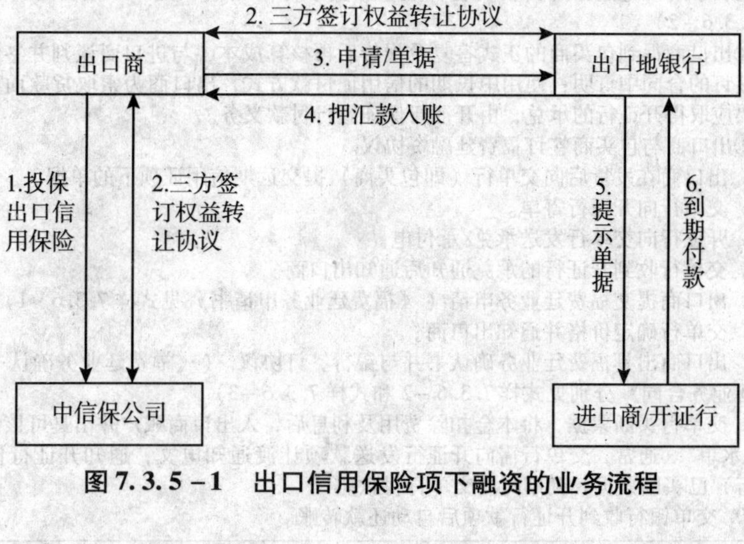

图 7. 3. 5 –1　出口信用保险项下融资的业务流程

六、福费廷（Forfeiting）

表 7.3.6-1　　　　福费廷业务概述

概念	也称包买票据或票据买断，指包买商（一般是商业银行或其他金融机构）从出口商那里无追索权（Without Recourse）地购买由银行承兑/承付或保付的远期汇票或本票，而向出口商提供融资的业务
作用	1. 提供终局性融资便利，改变现金流量。 2. 节约管理费用。 3. 提前办理退税。 4. 增加贸易机会。 5. 实现价格转移，规避融资成本。 6. 有效规避各类风险。
利息计算	与出口信用证项下押汇类似
适用范围	1. 出口商急需改善财务报表，将出口应收账款从资产负债表中彻底剔除。 2. 出口商在应收账款收回前，遇到其他投资机会，而且新投资机会的预期收益高于福费廷全部收费。 3. 出口商应收账款收回前，遇到资金周转困难，并且不愿接受带追索权的融资形式或占用银行授信额度。
业务流程	信用证项下的福费廷业务流程： 1. 出口商与包买商签约：包括询价、报价和签约三个程序。 ①出口商与进口商签订合同前，会先联系包买商进行询价。 ②包买商（银行）接到出口商询价后，从以下四方面进行综合考虑后报价：进口商所在国或地区的国别风险（含政治风险、商业风险和外汇管制风险等）；对担保人的资信评估；了解该笔业务的真实贸易背景；买卖双方的资信状况。（福费廷的报价成本见表 7.3.6-2） ③出口商得到包买商的正式答复及报价后再核算成本，与进口商谈判并签约。进出口商签订的合同中订明：使用中长期的信用证付款方式，出口商为索取货款而签发的远期汇票应取得开证行的承兑，由开证行保证履行付款义务。 ④出口商与包买商签订福费廷融资协议。 2. 出口商在发货后向交单行（即包买商）提交远期信用证项下的单据。 3. 交单行向开证行寄单。 4. 开证行向交单行发送承兑/承付电。 5. 交单行收到开证行的承兑通知后通知出口商。 6. 出口商提交福费廷业务申请（《福费廷业务申请书》见式样 7.3.6-1）。 7. 交单行确定价格并通知出口商。 8. 出口商出具福费廷业务确认书并与银行签订协议。（《福费廷业务确认书》和《福费廷业务合同》分别见式样 7.3.6-2 和式样 7.3.6-3） 9. 交单行买断票据，将本金扣除费用及利息后，入出口商账户并出具可核销的进账单或“水单”。通常，交单行需向开证行发送款项让渡通知电文，通知开证行包买商（交单行）已买断票据，到期时向交单行付款。 10. 交单银行收到开证行款项后自动还款转账。
注意事项	1. 选择资信良好的开证、承兑或保付银行。 2. 延期付款信用证项下，开证行必须进行承付并确认到期日。托收项下，必须由有关银行加签保付（Aval）。 3. 受益人必须将远期信用证项下的单据交给准备办理福费廷业务的出口地银行处理。 4. 应在融资成本和福费廷带来的便利之间进行权衡。 5. 福费廷业务无追索权，但有例外。

表 7.3.6－2　　福费廷的报价成本

贴现息	根据融资金额的贴现率计算出来的融资成本。贴现率一般有两种报价方式：一是固定的；二是按福费廷协议签订日或交割日的浮动利率（伦敦同业拆放利率，LIBOR）加上一个利差
选期费	选择期指包买商在确认报价的同时确定其承担责任的期限。选期费用率一般为 1‰～5‰
承担费	包买商在承诺期内根据贴现的面值及向出口商承诺的融资天数计算出来的费用 承担费＝票面值×承担费率×承诺天数/360（承担费用率一般为 0.5%～1.5%）
宽限期贴息	宽限期指从票据到期日至包买商实际收款日的估计延期天数。报价时一般在实际贴现天数基础上多加 3～7 天

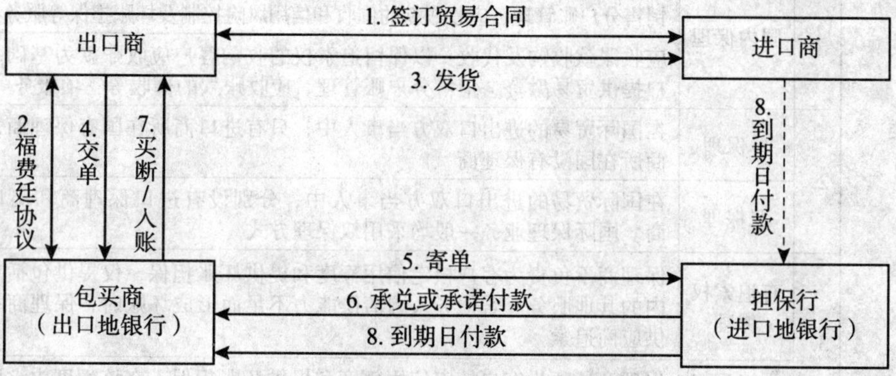

图 7.3.6－1　福费廷的业务流程

表 7.3.6－3　　福费廷业务与出口押汇业务的比较

项目	福费廷	出口押汇
法律性质不同	福费廷属于单据的买断，法律关系简单	综合性的融资业务，其基本的法律关系是借贷关系，同时由于银行融资安全的考虑，涉及了一系列的担保法律关系，诸如货物抵押或质押、单据质押、信托收据以及第三人保证等相关的法律机制
融资额度不同	出口商可按票面金额获得全额融资	出口商最多只能得到发票金额 80%～90% 的融资，还要承担有关汇率和迟付的风险
融资期限不同	180 天以上中长期融资	180 天以内短期融资
有无追索权不同	福费廷业务对出口商没有追索权	出口押汇业务对出口商有追索权
融资商承担的风险不同	福费廷业务承担商业风险、政治风险和资金转移风险	出口押汇承担商业风险，但不承担政治风险和资金转移风险

七、保理业务（Factoring）

表 7.3.7－1　　保理业务概述

概念			银行作为保理商（Factor）从其客户（出口商）手中买进通常以发票表示的对进口商（债务人）的应收账款债权，并负责信用销售控制、销售分户账务管理、债务回收、坏账担保和贸易融资。这种承担较大风险而开展的综合性售后服务，称为保付代理业务，简称保理业务
分类	1.	国际保理	出口保理：为出口商的出口赊销提供贸易融资、销售分户账管理、账款催收和坏账担保等服务
			进口保理：为进口商利用赊销方式进口货物，向出口商提供信用风险控制和坏账担保（进口保理协议见式样 7.3.7－8）
		国内保理	应收账款买断：以买断客户的应收账款为基础，为客户提供包括贸易融资、销售分户账管理、应收账款的催收和信用风险控制及坏账担保等服务
			应收账款收购及代收：以保留追索权的收购客户应收账款为基础，为客户提供贸易融资、销售分户账管理、应收账款的催收等三项服务
	2.	单保理	在国际贸易的进出口双方当事人中，只有进口商所在国有保理商，出口商所在国没有保理商
		双保理	在国际贸易的进出口双方当事人中，分别设有进口保理商和出口保理商。国际保理业务一般均采用双保理方式
	3.	有追索权保理	保理商不负责为客户核定信用额度和提供坏账担保，仅提供包括融资在内的其他服务。若债务人因清偿能力不足而形成坏账时，保理商有权向供应商追索
		无追索权保理	保理商负责为客户核定信用额度和提供坏账担保，在该额度内，由债务人资信等问题造成的坏账损失由保理商承担
作用			1. 增加营业额； 2. 提供风险保障； 3. 节约成本； 4. 简化手续； 5. 扩大利润。
适用范围			1. 主要是为承兑交单（D/A）和赊销（O/A）方式而设计的一种综合性的金融服务。 2. 出口商希望免除财物管理和应收账款追收的烦恼，避免坏账损失。
业务流程			1. 出口商寻找有合作前途的进口商（《保理介绍信》见式样 7.3.7－1）。 2. 出口保理商与进口保理商之间的关系是属于委托代理关系和应收账款转让关系。需经双方签订保理代理合约加以确定。 3. 出口商向出口保理商提出叙作保理的需求，填写《出口保理信用额度申请书》，并要求为进口商核准信用额度（《出口保理业务申请书》见式样 7.3.7－2）。 4. 出口保理商要求进口保理商对进口商进行信用评估。 5. 进口保理商为信用良好的进口商核准信用额度（《出口保理初步信用额度评估回复书》见式样 7.3.7－3）。 6. 出口保理商收到进口保理商回复后通知出口商，并与出口商签订《出口保理业务协议》（见式样 7.3.7－4）。 7. 进口保理商正式批准申请。 8. 出口保理商向出口商发出正式《出口保理信用额度核准通知书》（见式样 7.3.7－5）。 9. 进出口商签订贸易合同，订明支付方式为 D/A 或 O/A 或类似方式。

续表

	10. 出口商开始供货，将附有转让条款的发票寄送进口商。 11. 出口商将发票副本和“应收账款转让通知书”交出口保理商。 12. 出口保理商签署应收账款转让通知书，在发票上盖上“再让渡”印戳，并通知进口保理商有关发票详情（《债权转让通知书》见式样 7.3.7－6）。 13. 如出口商有融资需求，出口保理商无追索权地付给出口商不超过发票金额（但必须在已核准的信用限额范围内）的 80% 的融资款（《出口保理融资申请书》见式样 7.3.7－7）。 14. 进口保理商于发票到期日前若干天开始向进口商催收。 15. 进口商于发票到期日向进口保理商付款。 16. 进口保理商将款项付出口保理商。 17. 如果进口商在发票到期日 90 天后仍未付款，进口保理商做担保付款。 18. 出口保理商扣除融资本息（如有）及费用，将余额付出口商。
注意事项	1. 出口商应了解进口商的信誉。 2. 选择合适的贸易方式。一般来说，信用证项下业务不需要再做保理业务。 3. 出口商必须在核准的额度内发货。如超额度发货，保理商对超额度发货部分不负责。 4. 出口商注意融资是否有追索权。如由于贸易纠纷，致使债务人不能付款时，保理商也不负责。此时，出口保理商可向供应商（出口商）索回预付的融资款项。 5. 出口商需承担较高的费用，保理费用一般在 1% ~1.5% 之间，有时高达 2%，并均由出口商承担。 6. 纠纷自理。不管出口商是否同意进口商的观点，一旦发生贸易纠纷，保理商对核定的应收账款项下发生的贸易纠纷涉及金额，视为未核准的应收账款，不负责担保赔偿。 7. 付款有时较迟。进口商或进口保理商在应收账款到期后的 90 天内的任何一天向出口保理商付款均属正常，如进口商恶意利用这一惯例，将给出口商造成利息损失。

表 7.3.7－2　　国际保理业务与传统结算方式的比较

种类 项目	国际保理	汇付	托收	信用证
债权风险保障	有	无	无	有
进口商费用	无	有	一般有	有
出口商费用	有	有	有	有
进口商银行抵押	无	无	无	有
提供进口商的财务灵活性	较高	较高	一般	较低
出口商竞争力	较高	较高（发货后汇款）	一般	较低

表 7.3.7－3　　保理业务与福费廷业务的比较

项　目	保　理	福　费　廷
相同点		都是与贸易融资相关的金融产品
		都是对应收账款的购买
		固定利率融资
		出口商将风险转嫁保理商或包买商

续表

项　目	保　理	福　费　廷
不同点	不可流通应收账款	购买的为可流通凭证
	约 80% 货款融资	100% 货款融资
	180 天以内短期融资	180 天以上中长期融资
	出售所有合格应收账款	可有选择性地叙作
	O/A 或 D/A 结算方式	信用证结算方式
	有或无追索权	无追索权

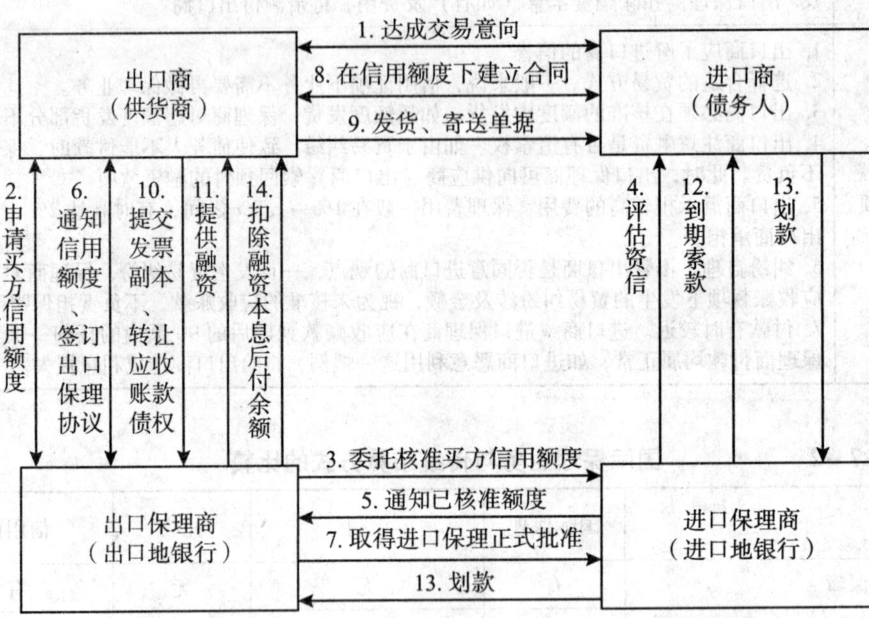

图 7.3.7－1　国际保理的业务流程（以双保理为例）

式样 7.2.1－1 最高额综合授信申请书

最高额综合授信申请书

<table>
<tr><td colspan="2">申请人（全称）</td><td colspan="6"></td></tr>
<tr><td colspan="2">住所地</td><td colspan="3"></td><td>××行开户行</td><td colspan="2"></td></tr>
<tr><td colspan="2">基本账户行</td><td colspan="3"></td><td>贷款卡号</td><td colspan="2"></td></tr>
<tr><td colspan="2">申请最高综合授信额度</td><td colspan="3"></td><td>有效期</td><td colspan="2">年 月 日
至 年 月 日</td></tr>
<tr><td colspan="2">内容</td><td colspan="2">额度</td><td>备注</td><td>内容</td><td>额度</td><td>备注</td></tr>
<tr><td colspan="2">人民币流动资金借款</td><td colspan="2"></td><td></td><td>进口押汇</td><td></td><td></td></tr>
<tr><td colspan="2">外汇流动资金借款</td><td colspan="2"></td><td></td><td>出口押汇</td><td></td><td></td></tr>
<tr><td colspan="2">商业汇票承兑</td><td colspan="2"></td><td></td><td>银行保函</td><td></td><td></td></tr>
<tr><td colspan="2">商业汇票贴现</td><td colspan="2"></td><td></td><td>批准项目借款</td><td></td><td></td></tr>
<tr><td colspan="2">减免保证金开证</td><td colspan="2"></td><td></td><td></td><td></td><td></td></tr>
<tr><td colspan="2">（即期信用证）</td><td colspan="2">（ ）</td><td></td><td></td><td></td><td></td></tr>
<tr><td colspan="2">［180〈含〉天以内远期信用证］</td><td colspan="2">（ ）</td><td></td><td></td><td></td><td></td></tr>
<tr><td colspan="2">（已批准的180～360天远期信用证）</td><td colspan="2">（ ）</td><td></td><td></td><td></td><td></td></tr>
<tr><td rowspan="7">担保方式</td><td rowspan="3">保证</td><td>保证人（全称）</td><td colspan="5"></td></tr>
<tr><td>基本账户行</td><td>本币</td><td colspan="2"></td><td>外币</td><td></td></tr>
<tr><td>担保金额</td><td colspan="5"></td></tr>
<tr><td rowspan="2">抵押</td><td>抵押人（全称）</td><td colspan="5"></td></tr>
<tr><td>主要抵押物名称</td><td colspan="3"></td><td>现值</td><td></td></tr>
<tr><td rowspan="2">质押</td><td>出质人（全称）</td><td colspan="5"></td></tr>
<tr><td>主要质物名称</td><td colspan="3"></td><td>现值</td><td></td></tr>
<tr><td colspan="5">申请人（签章）

法定代表人
或授权代理人

年 月 日</td><td colspan="3">是否同意调查

开户行负责人

年 月 日</td></tr>
</table>

式样 7.2.1-2　最高额综合授信合同

最高额综合授信合同

（　　）×银综授字（　　）第　号

受信人（全称）：________________________________（以下简称甲方）

授信人（全称）：中国××银行________________________（以下简称乙方）

根据国家有关法律法规，双方当事人经协商一致，订立本合同。

第一条　最高额综合授信额度是指乙方向甲方提供的，在一定期限内，甲方按照约定的业务种类可使用的信用额度。

第二条　授信内容

1. 乙方向甲方提供的最高综合授信额度折合人民币（大写）________________________________，其中：

（1）用于本外币贷款的授信额度折合人民币（大写）________________________，其中使用外币的额度不超过等值美元（大写）________________________。

（2）用于其他业务种类的授信额度折合人民币（大写）________________________，其中使用外币的额度不超过等值美元（大写）________________________。

2. 最高额综合授信额度用于下列业务种类（以画“√”的为准）：

□人民币/外币贷款　□商业汇票承兑　□商业汇票贴现

□减免保证金开证　□进口押汇　□出口押汇　□银行保函

□其他业务：____。

3. 授信期限：从　年　月　日起至　年　月　日止。本期限仅指本授信合同项下信用业务的发生期限，到期日不受本期限约束。

4. 在本授信合同项下单笔信用业务的起始日、到期日、金额、利率、费率以相应的单项业务合同、凭证为准。

第三条　授信额度的使用

1. 甲方需要使用本合同项下授信额度时，须逐笔向乙方提出申请，乙方有权根据自身资金情况、甲方的经营状况及融资用途等因素进行审核。乙方审核同意的，双方另行签订单项业务合同。

2. 在本合同约定的授信期限内，甲方可以申请循环使用授信额度，办理本合同约定的各业务种类，但用信余额之和不得超过本合同约定的最高额综合授信额度。用于本外币贷款的授信额度可用于其他业务种类，但用于其他业务种类的授信额度不可用于本外币贷款。

3. 授信期限届满，尚未使用的授信额度自动取消，甲方不能再申请使用。

第四条　授信额度的调整

本合同履行过程中，发生下列情形之一，可能影响乙方在本合同项下权益时，乙方有权相应调整最高额综合授信额度、停止甲方授信额度的使用、取消甲方尚未使用的授信额度。

1. 与甲方经营相关的市场发生重大不利变化，或国家货币政策发生重大调整。

2. 甲方经营状况发生重大困难或财务状况发生重大不利变化。

3. 甲方涉入重大诉讼或仲裁，或与其他债权人合同发生重大违约事件。

4. 为本合同项下债权提供担保的保证人代偿能力降低，或抵押物、质物毁损或价值明显减少。

5. 在本合同有效期内，甲方明确表示或者以自己的行为表明其不按本合同或单项业务合同的约定履行义务。

6. 甲方丧失商业信誉。

7. 甲方主要负责人涉嫌刑事犯罪，或甲方财产被查封或扣押。

8. 甲方有转移财产、抽逃资金、逃避债务及其他损害乙方权益的行为。

9. 甲方未履行本合同或单项业务合同约定的义务。

10. 甲方有丧失或者可能丧失履行债务能力的其他情形。

第五条　甲方的权利和义务

1. 有权按照本合同约定申请使用最高额综合授信额度。

2. 在乙方营业机构开立结算账户，办理因使用本合同授信额度而产生的相关业务。

3. 向乙方按（月/季/年）提供真实、完整的会计报告及所有开户行名称、账号、存贷款余额等相关资料、信息，并积极配合乙方的检查监督。

4. 严格遵守本合同项下各单项业务合同的约定。

5. 因汇率变动导致已使用信用余额超过本合同约定的综合授信额度时，甲方应立即归还超过额度部分的款项或交存相应的保证金。

6. 发生以下事项时，应于事项发生后 5 日内书面通知乙方并落实乙方认可的债权保全措施：

（1）隶属关系变更、高层人事变动、公司章程修改以及组织结构调整等。

（2）停产、歇业、注销登记、被吊销营业执照或被申请破产。

（3）财务状况恶化、生产经营发生严重困难或发生重大诉讼、仲裁事件。

（4）变更名称、住所地、法定代表人、联系方式等事项。

（5）对乙方债权实现有重大不利影响的其他事项。

7. 实施下列行为，应事先征得乙方同意，并落实乙方认可的债务清偿措施：

（1）实施承包、租赁、股份制改造、联营、合并、兼并、分立、合资、资产转让、减少注册资金，申请停业整顿、申请解散、申请破产以及其他足以引起本合同之债权债务关系变化或影响乙方债权实现的行为。

（2）为他人债务提供保证或以其主要财产向第三人抵押、质押，可能影响本合同项下偿债能力的。

8. 本合同项下保证人出现停产、歇业、注销登记、被吊销营业执照、破产以及经营亏损等情形，部分或全部丧失与本合同相应的担保能力，或者为本合同担保的抵押物、质物、质押权利价值减损，甲方应当及时提供乙方认可的其他担保措施。

9. 不与任何第三方签署有损于乙方在本合同项下权益的合同。

第六条　乙方的权利和义务

1. 及时受理并审核甲方的用信申请。

2. 有权要求甲方按期提供会计报告等文件、资料和信息，有权了解甲方的生产经营、财务活动、物资库存和授信额度的使用等情况。

3. 依照本合同及单项业务合同收回或提前收回甲方使用的信用本息及相关费用，可直接从甲方账户中划收。

4. 甲方未履行单项业务合同项下的还款义务，乙方可以就甲方的违约行为对外进行公开披露。

第七条　违约责任

甲方违反本合同或本合同项下单项业务合同约定的，乙方有权调整最高额综合授信额度、停止甲方授信额度的使用，或取消甲方尚未使用的授信额度，并有权按照单项业务合同追究甲方的违约责任。

第八条　担保

本合同项下所产生债权如需担保的，担保合同另行签订。

第九条　争议的解决

本合同履行中发生争议，可由双方协商解决，也可按以下第　种方式解决：

1. 诉讼。由乙方住所地人民法院管辖。

2. 仲裁。提交　（仲裁机构全称）按其仲裁规则进行仲裁。

在诉讼或仲裁期间，本合同不涉及争议的条款仍须履行。

第十条　其他事项

1. 甲方使用本合同项下授信额度时与乙方所签订的各单项业务合同及其相应的凭证、清单、申请书/承诺书等文书均是本合同的组成部分。

2. 本合同与本合同项下各单项业务合同的内容发生冲突的，以单项业务合同的约定为准。

____

____

____

第十一条　合同的生效

本合同自双方签字或盖章之日起生效。

第十二条　合同份数

本合同一式　份，双方当事人各一份，　份，效力相同。

第十三条　提示

乙方已提请甲方注意对本合同各印就条款作全面、准确的理解，并应甲方的要求做了相应的条款说明。签约双方对本合同的含义认识一致。

甲方（签章）　　　　　　乙方（签章）

法定代表人　　　　　　负责人

或授权代理人　　　　　　或授权代理人

____

签约日期：______年____月____日

签约地点：______________

式样 7.2.1－3　减免保证金开证合同

减免保证金开证合同

（　　）×银减保字（　　）第　号

申请人（全称）：________________

开证行（全称）：中国××银行________________

申请人因进口需要，向开证行申请减免保证金对外开立信用证，待对外付款前再按约定时限存足对外支付款项，开证行同意在受理申请人开证申请时减免保证金。根据国家有关法律法规，双方当事人经协商一致，订立本合同。

第一条　减免金额及存足时限

1. 基于申请人为履行________（进口合同编号）合同而提出减免保证金开立信用证的申请，开证行同意为申请人减免保证金开立信用证。该笔信用证（编号：________）开证币种及金额（大写）为________，开证前实存保证金币种及金额（大写）为________，减免保证金币种及金额（大写）为________。

2. 如本信用证为即期的，在开证行发出付款通知书后 3 个银行工作日内，申请人将信用证项下款项足额存入开证行指定的账户以备开证行付款；如本信用证为远期的，在承兑到期日的 3 个银行工作日前，申请人将信用证项下款项足额存入开证行指定的账户以备开证行对外付款。

第二条　下列条件未满足的，开证行有权不办理本合同项下开证业务：

1. 申请人在开证行处开立________账户。

2. 申请人已向开证行出具《开立不可撤销跟单信用证申请书/开证申请人承诺书》及其他相关资料，并获得开证行审批同意。

3. 申请人按照开证行要求提供有关文件、资料并已按照有关规定办妥与本合同项下开证有关的批准、登记及其他法定手续。

4. 本合同项下开证有保证担保的，保证合同已签订并生效。本合同项下开证有抵押、质押担保的，有关登记及/或保险等法律手续已按开证行要求办妥，且该担保、保险持续有效。

第三条　申请人的权利与义务

1. 有权按照本合同约定办理减免保证金开证业务。

2. 向开证行提供真实、完整、有效的资产负债表，损益表等财务报表和所有开户行名称、账号及存款余额等资料、信息。

3. 本减免保证金开证项下的人民币、外币结算业务均通过申请人在开证行开立的账户办理。

4. 办妥与本合同相关的进口、开证及履行本合同所必备的法律和行政审批手续。

5. 依开证行的要求提供进口合同及有关资料。

6. 严格履行《开立不可撤销信用证申请书/开证申请人承诺书》或/及《信用证修改申请书/信用证修改申请人承诺书》中的约定和承诺。

7. 向开证行交足在《开立不可撤销信用证申请书/开证申请人承诺书》中承诺的实存开证保证金，按照开证行规定按时足额的支付开证的相关费用。

8. 按本合同第一条第 2 款约定及时存入足额款项；在出现垫款时，按合同约定及时足额偿还开证行的垫款本息及费用。

9. 在信用证付款时，由于汇率变动导致所缴纳保证金不足的，申请人应及时补足差额部分保证金。

10. 发生以下事项时，申请人应于事项发生后 5 日内书面通知开证行并落实开证行认可的债权保全措施：

（1）发生隶属关系变更、高层人事变动、公司章程修改以及组织结构调整。

（2）停产、歇业、注销登记、被吊销营业执照或被申请破产。

（3）财务状况恶化、生产经营发生严重困难或发生重大诉讼、仲裁事件。

（4）变更名称、住所地、法定代表人、联系方式等事项。

（5）发生对开证行债权实现有重大不利影响的其他事项。

11. 实施下列行为的，申请人应事先征得开证行同意，并落实开证行认可的债务清偿措施：

（1）实施承包、租赁、股份制改造、联营、合并、兼并、分立、合资、资产转让、减少注册资金，申请停业整顿、申请解散、申请破产以及其他足以引起本合同债权债务关系变化或影响开证行债权实现的行为；

（2）为他人债务提供保证或以其主要财产向第三人抵押、质押，可能影响本合同项下偿债能力的行为。

12. 申请人及其投资者不得抽逃资金、转移资产或擅自转让股份，以逃避对开证行的债务。

13. 本合同项下保证人出现停产、歇业、注销登记、被吊销营业执照、破产以及经营亏损等情形，部分或全部丧失与本合同相应的担保能力，或者为本合同项下开证担保的抵押物、质物、质押权利价值减损，申请人应当立即交足本合同约定的减免开证保证金金额或及时提供开证行认可的其他担保。

14. 不与任何第三方签署有损于开证行在本合同项下权益的合同。

第四条 开证行的权利与义务

1. 在申请人履行本合同约定义务、完备规定手续且通过审核的前提下，开证行将在减免保证金条件下为申请人开立信用证。

2. 开证行有权了解申请人的生产经营、财务活动、信用证使用等情况，有权要求申请人按期提供财务报表等文件、资料和信息。

3. 申请人出现包括但不限于本合同第三条第 10、11、12 项列举的足以影响开证行权益的不利行为或情形，开证行有权要求申请人交足本笔开证业务项下所减免的开证保证金或采取其他债权保全措施。

4. 在申请人未按本合同第一条第 2 款约定及时足额存入款项时，或开证行依据本合同约定收回垫付本息和申请人其他应付费用时，开证行有权直接从申请人任何账户中划收。

5. 发生垫款后，申请人归还的款项不足以清偿本合同项下应付数额的，开证行可以选择将该款项用于归还垫款本金、利息或费用。

6. 申请人未履行还款义务，开证行可以就申请人的违约行为对外进行公开披露。

第五条 担保

本合同项下债权的担保方式为________________，担保合同另行签订。

若采取最高额担保方式的，担保合同编号为__________________________。

第六条 违约责任

1. 开证行违反本合同第四条约定义务的，除继续履行合同外，应依法承担相应责任。

2. 申请人违反本合同第一条第 2 款约定导致开证行垫款的，垫付款项视作逾期贷款，自垫款日起按下列第______种方式计收利息。

（1）在逾期期间按日利率万分之__________（大写）计息。

（2）按年利率%基础上上浮百分之__________（大写）计息。

（3）按 个月浮动利率基础上上浮百分之__________（大写）计息。

申请人对垫付款项/融资款项及逾期利息按原开证币种承担清偿责任。

3. 申请人违反本合同项下约定义务，尚未开出信用证的，开证行有权拒绝开证；已开出信用证的，申请人应立即交足本合同约定的减免开证保证金金额，申请人未在开证行通知指示期限内交足保证金的，开证行有权按日万分之__________（大写）收取违约金。

4. 申请人违反本合同项下约定义务，开证行有权限期要求申请人纠正违约行为，有权停止办理信用证业务，有权宣布申请人与开证行签订的其他合同项下债务立即到期或采取其他资产保全措施。

5. 本合同项下开证的任一担保人违反担保合同项下约定义务，开证行有权对申请人停止办理信用证业务、要求申请人立即交足本合同约定的减免开证保证金金额或采取其他资产保全措施。

6. 因申请人违约致使开证行采取诉讼或仲裁方式实现债权的，申请人应当承担开证行为此支付的律师费、差旅费及其他实现债权的费用。

第七条　关于开立假远期信用证的特别约定

1. 申请人申请开立假远期信用证的，开证行应开证申请人要求开立远期信用证并即期对外付款，视同开证行对开证申请人的融资。

2. 融资天数为开证行/付款行付款日至汇票/单据到期日之间的天数。开证申请人承诺在汇票/单据到期日，无条件向开证行承担付款责任，偿付信用证项下所有融资的本金和利息。申请人不按期支付造成融资逾期的，自逾期之日起按第六条第二款的约定计息。

3. 融资利息为融资利率×融资天数×融资金额。融资利率以《开立不可撤销跟单信用证申请书/开证申请人承诺书》和相关凭证的记载为准。

4. 申请人如需提前归还融资款项的，应事先征得开证行同意，并负担由开证行规定的手续费和利息。

5. 开证申请人承诺放弃向法院及其他有关部门申请止付令或冻结假远期信用证项下支付款项的权利。

第八条　争议的解决

本合同履行中发生争议，可由双方协商解决，也可按以下第　种方式解决：

1. 诉讼。由开证行住所地人民法院管辖。

2. 仲裁。提交____________________（仲裁机构全称）按其仲裁规则进行仲裁。

在诉讼或仲裁期间，本合同不涉及争议的条款仍须履行。

第九条　其他事项

本合同相关的《开立不可撤销信用证申请书/开证申请人承诺书》或/及《信用证修改申请书/信用证修改申请人承诺书》、垫付款凭证等为本合同不可分割的组成部分。

____

____

____

第十条　合同的生效

本合同自双方签字或盖章之日起生效。

第十一条　本合同一式____份，双方各一份，担保人各一份，_______份，具有相同的法律效力。

第十二条　提示

开证行已提请申请人注意对本合同印就条款作全面、准确的理解，并应申请人要求作了相应的条款说明。签约各方对本合同的含义认识一致。

申请人（签章）	开证行（签章）
法定代表人	负责人
或授权代理人	或授权代理人

签约日期：________年____月____日

签约地点：____________________

式样 7.2.2-1　进口押汇申请书

进口押汇申请书

编号：　　年　　字　　号

现我公司因业务需要，依据我司与贵行签署的________年____字____号《授信额度协议》及附件，用于进口押汇，向贵行申请叙作进口押汇。由于进口押汇而产生的权利义务，均按照前述协议、附件和本申请书的约定办理。

第一条　信用证有关内容

信用证号码：　　　　来单银行名称：

来单编号：　　　　单据金额：

第二条　押汇币种和金额

押汇币种：____________押汇金额为：________________（大写）____________（小写）

第三条　押汇期限

押汇期限为____月/天，自贵行对外支付信用证款项之日起连续计算。

押汇到期日为前述期限的截止日或贵行依据相关协议宣布的立即到期日。

进口项下货物出售款项在进口押汇到期日前全部收妥的，贵行有权以货款收妥之日作为押汇到期日。

押汇的最终期限以贵行确认的为准。

第四条　押汇利率和付息

1. 正常进口押汇的利率及付息

请按以下第____种利率（均为年率）核算贵行为我司办理进口押汇的利息：

（1）双方协商确定的利率____%；（2）押汇时贵行确定/公布的利率____%；

（3）押汇是 LIBOR/HIBOR + ______基点。

计收利息的方式为第____种：（1）到期结息；（2）按季结息。

2. 逾期进口押汇的利率和付息

如我公司未能按照总协议和相关附件的要求偿还贵行对我公司的押汇款项。则该笔押汇的本金、利息及相关费用构成我公司对贵行的逾期债务，贵行可按本条第 1 款确定的利率加 20% 的水平核算利息。

对于我公司的逾期债务，贵行有权：

（1）根据本款第一项的利率按季结息：且

（2）对于我公司应付未付的利息按照本款第一项的利率计收复利。

第五条　费用（本条为选择性条款，双方的选择是____：1. 适用；2. 不适用）

我公司将通过以下第____种方式向贵行交纳本笔业务下的费用：

1. 在贵行接受此申请书后______个银行工作日内主动通过______________向贵行交纳本笔业务下的费用；

2. 请从我司在贵行开立的人民币账户（账号____________________）/外币账户（账号________________________）中直接划收本笔业务下的费用；

3. ____________________________。

申请人：______________　　　　银行意见：______________

授权签字人：______________　　　　授权签字人：______________

________年____月____日　　　　________年____月____日

地点：______________　　　　地点：______________

式样 7.2.3－1　提货担保申请书（一）

提货担保申请书

编号：　　　　年　　字　　号

中国××银行　　　　　　　　　　　分行：

兹因有关提单尚未收到，请贵行向承运公司签署提货担保书，以便我公司先行提取下列货物。

信用证/合同号：

货名：

船名：

提单号：

发货人：

装运地点与日期：

总件数（大写）：

唛头：

我公司谨此承诺和同意下列事项：

1. 我公司在收到有关单据后，无论其是否与有关信用证/合同完全相符，我公司保证立即承付/承兑。贵行向我公司发出单到通知后，如我公司未在合理时间内承付/承兑，贵行有权从我公司账户中扣款，按期对外支付。

2. 我公司在收到有关提单后，立即向承运公司换回上述提货担保书，退回贵行。

3. 如因出具此提货担保使贵公司遭受任何损失，我公司负责赔偿。

4. 如提货担保出具之日到退还之日期间天数超过三个月，则须加收提货担保手续费。

公司（公章）

法定代表人或授权签字人（签字）：　　　　　　　　银行经办：

联系电话　　　　　　　　　　　　　　　　　　　　复核：

日期　　　　年　　月　　日　　　　　　　　　　　负责人：

式样 7.2.3 – 2　提货担保申请书（二）

APPLICATION TO LETTER OF GUARANTEE FOR THE RELEASE OF GOODS

TO：________________ (ISSUING BANK)

DEAR SIRS,

WE ENCLOSE HEREWITH FOR YOUR COUNTERSIGNING THE LETTER OF GUARANTEE ADDRESSED TO ________________ CALLING FOR THE FOLLOWING CARGOS SHIPPED FROM PER S. S. ________________.

LC NO. __________

B/L NO. __________

COMMODITY VALUE： __________

MARKS：

THE BILLS OF LADING OF THESE CARGOS HAVE NOT ARRIVED.

IN CONSIDERATION OF YOUR COUNTERSIGNING THIS LETTER OF GUARANTEE, WE HEREBY AGREE TO HOLD YOU HARMLESS FOR ALL CONSEQUENCES THAT MAY ARISE FROM YOU SO DOING. WE FURTHER AGREE THAT ON RECEIPT OF THE ORIGINAL BILLS OF LADING FOR THE ABOVE SHIPMENT WE WILL DELIVER THE SAID LETTER OF GUARANTEE TO YOU FOR CANCELLATION, OR YOU MAY DELIVER THE ORIGINAL BILLS OF LADING DIRECT TO THE STEAMSHIP COMPANY ON OUR BEHALF TO RELEASE YOUR LETTER OF GUARANTEE. MEANWHILE YOU ARE AUTHORIZED TO PAY UNCONDITIONALLY THE ABOVE MENTIONED AMOUNT AND/OR RELEASE ANY OTHER GUARANTEE, IF ANY.

YOURS TRUTHFULLY

(NAME OF APPLICANT)

式样 7.2.3-3　提货担保书（一）

提货担保书

编号：　　　年　　字　　号

公司：

兹因中国××银行＿＿＿＿行开立的＿＿＿＿号信用证项下全套正本提单尚未收到，请贵公司准许我公司凭此担保书先行提取下列货物。

信用证号/合同号	
发票号	
唛头	
货名	
集装箱号	
船名	
发货人	
承运人	
提单号	
提单日期	
装运地点	
货物数量（大写）	
发票金额（大写）	

上述货物属于我公司进口货物。若因我公司未凭提单先行提货致使贵公司遭受任何损失，我公司负完全赔偿责任。

正本提单将由：

（一）签发提货担保书的银行

（二）我公司

交给贵公司，以换回此提货担保书。

＿＿＿＿＿＿＿＿公司（公章）

法定代表人或授权签字人（签字）：

日期：＿＿年＿＿月＿＿日

地点：＿＿＿＿＿＿＿＿

银行签署：

当＿＿＿＿＿＿公司不能履行上述赔偿责任时，我行承担保证责任。

式样 7.2.3－4　提货担保书（二）

BANK'S AGREEMENT FOR THE RELEASE OF GOODS IN LIEU OF ORIGINAL NEGOTIABLE BILL OF LADING

DATE: ________________

TO: ________________ (SHIPPING COMPANY)

GENTLEMEN:

RE: S/S. ________________ VOYAGE NO.: ________________

PORT OF LOADING: ________________________

PORT OF DISCHARGE: ________________________

BILL OF LADING NO.: ________________ DATED: ________________

DESCRIPTION OF GOODS: ________________________

CONTAINER/SEAL NO.: ________________________

ESTIMATED VALUE: ________________ (OPTION FOR BANKING PURPOSED ONLY)

AS THE ORIGINAL BILL OF LADING IS UNAVAILABLE, UPON PAYMENT OF ALL FREIGHT AND CHARGES, PLEASE DELIVER THE ABOVE MENTIONED GOODS:

TO: ________________________

FOR ACCOUNT OF

IN CONSIDERATION OF YOUR RELEASING THE AFOREMENTIONED GOODS TO THE ABOVE, WE UNDERTAKE TO INDEMNITY AND HOLD HARMLESS YOU AND/OR THE ABOVE CARRIER, ITS OWNERS, CHARTERS, MASTERS AND AGENTS WITH RESPECT TO ANY CLAIMS, DAMAGES, COSTS AND EXPENSES OF ANY NATURE WHATSOEVER AND TO REIMBURSE YOU FOR CARGO VALUE AND ANY ADDITIONAL CLAIM, DAMAGES, COSTS AND EXPENSES IN CONNECTION THEREWITH.

WE FURTHER UNDERTAKE TO DELIVER TO YOU OR TO ARRANGE FOR OUR CUSTOMER TO DELIVER TO YOU, UPON RECEIPT OF THE ORIGNALL BILL OF LADING PROPERLY ENDORSED, AND UPON DELIVERY TO YOU, THIS UNDERTAKING SHALL HAVE NO EFFECT. MEANWHILE PLEASE RETURN THIS INDEMNITY TO US ACCORDINGLY.

FOR ________________ (ISSUING BANK)

SIGNATURE

式样 7.2.4－1　信托收据

信托收据

编号：

中国××银行：

我公司在贵行办理了业务编号为________________、期限为_____天的进口开证/代收业务，现同意以下列方式处理该进口开证/代收项下单据（单据金额：____________________、货物名称：____________________、数量：____________________）及货物：

一、我公司兹确认收到贵行上述进口开证/代收项下单据/货物，自我公司取得该单据之日起，至我公司付清该进口开证/代收项下货款、利息及一切费用之日止，该单据及货物的所有权以及有关的保险权益均归属于贵行，我公司保证办理确认贵行上述权利所必需的手续。未经贵行授权，我公司不以任何方式处理该单据及货物。我公司不因上述转让行为而减少、免除或抵销我公司对贵行所承担的债务。

二、我公司作为贵行的受托人，代贵行保管有关单据，以贵行名义办理该货物的存仓、保管、运输、加工、销售及保险等有关事项，代为保管该货物出售后的货款或将货款存入贵行指定账户。贵行有权以任何合法方式对我公司进行监督，包括随时派员或代理人在任何时候进入仓库检查货物。

三、贵行有权要求我公司立即返还该单据或货物或销售所得款项，或从我公司在贵行系统内各机构开立的账户中直接扣款。该货物折价或销售所得款项不足我公司所欠贵行债务的，贵行有权就差额部分向我公司及保证人进行追索；货物折价或销售所得款项超过我公司所欠贵行债务的，超额部分我公司有权保留。

四、该货物在我公司保管期间产生的所有费用（包括但不限于保险、仓储、运输、码头费用等）由我公司承担。我公司承诺对该货物的市价投保所有可能出现的风险，在保险单上列明贵行为第一受益人，并将保险单交贵行保管，如投保货物发生损失，贵行有权直接向保险公司索赔。

五、未经允许，我公司不以延期付款或任何非货币方式或低于市场价值处理该货物。

六、我公司保证不将货物销售给我公司无权向其进行索偿的任何人。

七、我公司不向其他任何人抵押或质押该货物，或使该货物受到任何留置权的约束。

八、一经贵行要求，我公司即将该货物的账目、任何销售收入或与该货物有关的销售合同详细情况提交给贵行，贵行有权进入仓库对货物的实际情况进行检查或重新占有该货物。

九、若本公司发生破产清算，以信托收据提取的货物不在本公司债权人可分配的财产范围内。

十、我公司保证履行上述有关承诺，否则贵行有权采取任何措施（包括处理公司其他财产）清偿我公司在本信托收据项下承担的义务。

单位名称（公章）

有权签字人

年　月　日

式样 7.2.5－1　汇出汇款项下融资申请书

汇出汇款项下融资申请书

现我司因在________号进口货物合同项下有资金融通需求，依据我司与贵行签署的________年___字___号（汇出汇款项下融资合同），向贵行申请叙作汇出汇款项下融资。

此笔融资所产生的权利义务，均按我司与贵行签订的《汇出汇款项下融资合同》的规定办理。[此笔融资所产生的融资款项，占用________年___字___号《授信额度协议》项下贵行为我司核定的额度。方括号中内容为选择性条款，下同。]

第一条　汇出汇款有关内容

进口合同号：________　　解付银行名称：________

进口货物报关单编号：________　　汇款金额：________

收款人：________

第二条　融资币种和金额

融资币种为：________

融资金额为：________（大写）________（小写）

第三条　融资期限

汇出汇款项下融资的期限为___月/天，自贵行对外汇付款项之日起连续计算。进口项下货物出售款项在汇出汇款项下融资到期日前全部收妥的。贵行有权以货款收妥之日作为融资到期日。

融资到期日前___月/天，如我司出现暂时还款困难，可申请展期一次。

第四条　利率和计息

利率：________%（年利率）。

计息：自融资之日起，计至融资款本息还清之日止，按实际融资额及实际的融资天数计算。

融资逾期的利息：我司未按还款计划还款，且又未就展期事宜与贵行达成协议，即构成融资逾期，在原融资利率基础上按________加收罚息。

[**第五条　融资担保**

本融资所产生的全部债务采用如下第________种方式担保：

（一）由________依据编号为________的《保证合同》承担连带保证责任；

（二）由________依据编号为________的《抵押合同》提供抵押担保；

（三）由________依据编号为________的《质押合同》提供质押担保；

（四）由________依据编号为________的《最高额保证合同》承担最高额保证责任；

（五）由________依据编号为________的《最高额抵押合同》提供最高额抵押。]

本申请书经贵行审核批准、双方签字盖公章后有效，并构成________年___字___号（汇出汇款项下融资合同）项下不可分割的内容。本申请书如有与《汇出汇款项下融资合同》不一致之处，以《汇出汇款项下融资合同》为准。

银行意见：________　　我司：________（公章）

审批人：________　　授权签字人：________

________年___月___日　　________年___月___日

地点：________　　地点：________

式样 7.3.1－1　信用证项下出口打包借款申请书

信用证项下出口打包借款申请书

编号：

申　请　人		信用证号	
开　证　行		信用证金额	
信用证有效期		借款用途	
借款期限		出口货物名称	
借款币种及金额			

中国××银行：＿＿＿＿＿＿

本申请人拟将上述不可撤销跟单信用证正本提交贵行执管，申请叙作打包借款，并愿与贵行签订《出口打包放款合同》。本申请人保证履行该合同项下义务，请予以审核批准。

本申请人的外币及人民币账户：

开　户　行：＿＿＿＿＿＿

外币账号：＿＿＿＿＿＿

人民币账号：＿＿＿＿＿＿

申请人（盖章）

经办人

法定代表人

或授权代理人

年　　月　　日

式样 7.3.1-2　信用证项下打包放款合同

出口打包放款合同

合同编号：________________

借款人（全称）：________________________________

贷款人（全称）：中国××银行______________________

借款人因出口商品需要资金，自愿通过以下第____种方式，向贷款人申请出口打包放款；贷款人同意向借款人提供出口打包放款。根据国家有关法律法规，双方当事人经协商一致，订立本合同。

（1）将以借款人为受益人的编号为______________________、币种及金额（大写）为__________________、有效期为______________的不可撤销跟单信用证正本提交贷款人执管；

（2）将以借款人为出口商的编号为______________________、币种及金额（大写）为__________________的出口合同/订单提交贷款人审核。

第一条　借款

1. 借款币种及金额（大写）：____。

2. 借款期限：自________年____月____日至________年____月____日止。

（1）在此期限内每笔提款及最迟还款日期的安排见下表：

发放				到期			
年	月	日	金额（大写）	年	月	日	金额（大写）

（表中栏目不够填写而增加的附表，为本合同组成部分。）

（2）本合同记载的借款金额、发放日期、到期日期与借款凭证记载不相一致时，以借款凭证记载为准。借款凭证为本合同组成部分，与本合同具有同等法律效力。

（3）本合同项下借款为外汇借款的，借款人应当按时以原币种归还借款本息。

3. 借款用途：用于组织上述信用证或出口合同/订单项下的货物出口。

4. 借款利率：

（1）人民币借款利率按以下第____种方式确定：

①浮动利率

借款利率在中国人民银行公布的同期人民币贷款基准利率基础上______（上/下）浮______%，执行年利率______%。

利率调整以________（大写）个月为一个周期。如遇中国人民银行人民币贷款基准利率调整，自基准利率调整的下一个周期首月的借款对应日起，贷款人按调整后相应期限档次的基准利率和上述计算方式确定新的借款执行利率，不另行通知借款人。基准利率调整日与借款发放日或该周期首月的借款对应日为同一日的，自基准利率调整日起确定新的借款执行利率。无借款对应日的，该月最后一日视为借款对应日。借款发放前如遇中国人民银行人民币贷款基准利率调整，自调整生效日起以调整后的基准利率确定合同的借款执行利率。

②固定利率

借款利率在中国人民银行公布的同期人民币贷款基准利率基础上______（上/下）浮______%，执行年利率______%直至借款到期日。

（2）外汇借款利率按以下第____种方式确定：

①________（大写）个月________（LIBOR/HIBOR）+______%的利差组成的按________（大写）个月浮动的借款利率。LIBOR/HIBOR为路透社公布的计息日前两个工作日对应期限的伦敦/香港同业市场拆借利率。

②执行年利率______%，直至借款到期日。

③其他方式____。

5. 本合同履行中遇信用证或出口合同/订单金额减少的，贷款人可相应酌情核减借款人未提取的借款金额。

6. 本合同项下借款按以下第____种方式结息：

（1）到期支付，利随本清。

（2）本合同项下借款按____（月/季）结息，结息日为每______（月/季末月）的20日。借款人须于每一结息日当日付息。如借款本金的最后一次偿还日不在结息日，则未付利息应利随本清。

第二条　下列条件未满足的，贷款人有权不提供本合同项下借款：

1. 借款人在贷款人处开立________________账户。

2. 借款人按照贷款人要求提供有关文件、资料并已按照有关规定办妥与本借款有关的批准、登记及其他法定手续。

3. 本合同项下借款有保证担保的，保证合同已签订并生效。本合同项下借款有抵押、质押担保的，有关登记及/或保险等法律手续已按贷款人要求办妥，且该担保、保险持续有效。

第三条　还款来源及还款方式

1. 双方约定：借款的还款来源为以下第____项。

（1）信用证项下单据寄单索汇的款项；

（2）借款人自有资金或其他自筹资金；

（3）出口合同/订单项下后续融资款项；

（4）出口合同/订单项下出口收汇款。

2. 如上述还款来源资金少于借款金额、应收利息及银行费用的总额，差额部分可于借款到期后直接从借款人任何账户及其他出口收款中划收。账户金额或出口收款款项不足的，由借款人另行清偿。

3. 如因货物不能出口，或信用证撤销，或因单据有不符点或其他原因未能及时收回货款的，借款人应及时另行筹措资金偿还借款本息。

第四条　借款人的权利和义务

1. 有权按照本合同约定取得和使用借款。

2. 办妥履行本合同所必备的法律和行政审批手续。

3. 办理信用证项下打包放款业务时，应将以借款人为受益人的不可撤销跟单信用证正本提交贷款人执管；办理出口合同/订单项下打包放款业务时，应保证出口合同/订单具有真实的出口贸易背景，并将出口合同/订单等资料提交贷款人审核。

4. 及时向贷款人提供打包借款的使用情况和货物出口准备情况，按信用证或出口合同/订单的要求出运货物并向贷款人提交相符单据，接受贷款人的监督。

5. 信用证或出口合同/订单项下以及本借款所涉及的人民币、外币银行业务，包括但不限于交单业务、出货后贸易融资业务（如有）、出口收汇业务及借款资金的支付业务等，均须通过在贷款人处开立的账户办理。

6. 借款人要求修改信用证条款或撤销信用证，应事先征得贷款人书面同意。

7. 无论何种原因导致不能收回货款，借款人均无条件承担还本付息的责任。

8. 向贷款人提供真实、完整、有效的财务报表、所有开户行账户、存款余额资料及贷款人要求的其他资料、信息。

9. 发生以下事项时，应于事项发生后5日内书面通知贷款人并落实贷款人认可的债权保全措施：

（1）隶属关系变更、高层人事变动、公司章程修改以及组织结构调整。

（2）停产、歇业、注销登记、被吊销营业执照或被申请破产。

（3）财务状况恶化、生产经营发生严重困难或发生重大诉讼、仲裁事件。

（4）变更名称、住所地、法定代表人、联系方式等事项。

（5）发生对贷款人债权实现有重大不利影响的其他事项。

10. 实施下列行为的，应提前书面通知贷款人，征得贷款人同意，并落实债务清偿或还款措施：

（1）实施承包、租赁、股份制改造、联营、合并、兼并、分立、合资、资产转让、申请停业整顿、申请解散、申请破产以及其他足以引起本合同之债权债务关系变化或影响贷款人债权实现的行为；

（2）为他人债务提供保证或以其主要财产向第三人抵押、质押，可能影响本合同项下偿债能力的行为。

11. 按约定用途使用借款，不挤占、挪用借款。

12. 按时支付利息和归还本金。

13. 本合同项下借款的保证人出现停产、歇业、注销登记、被吊销营业执照、破产以及经营亏损等情形，部分或全部丧失与本借款相应的担保能力，或者作为本合同项下借款担保的抵押物、质物、质押权利价值减损，借款人应当及时提供贷款人认可的其他担保。

14. 不与任何第三方签署有损于贷款人在本合同项下权益的合同。

第五条　贷款人的权利和义务

1. 贷款人有权了解借款人的生产经营、财务活动、物资库存、借款使用和货物出口准备等情况，要求借款人按期提供财务报表等文件、资料和信息。

2. 借款人出现包括但不限于本合同第四条第9、10项列示的足以影响借款安全的不利行为或情形，贷款人可以停止发放借款或提前收回借款。提前收回借款时，借款本金、利息、罚息、复利、费用及一切应向借款人索赔之损失可直接从借款人任何账户或其他出口收款中划收。账户金额或出口收款款项不足的，由借款人另行清偿。

3. 依据本合同约定收回或提前收回借款本金、利息、罚息、复利和借款人其他应付费用时，贷款人可从借款人出口收款或任何账户中直接划收。

4. 借款人归还的款项不足以清偿本合同项下应付数额的，贷款人可以选择将该款项用于归还本金、利息、罚息、复利或费用。

5. 借款人未履行还款义务，贷款人可以就借款人的违约行为对外进行公开披露。

6. 在借款人履行本合同约定义务并完备规定手续的前提下，按期足额向借款人发放借款。

第六条　提前还款

借款人提前还款，应征得贷款人同意；贷款人同意借款人提前还款的，还款时对提前还款部分按以下第____种方式计收利息：

1. 按实际借款期限和本合同约定执行利率计收利息。

2. 按实际借款期限在本合同约定执行利率基础上上浮百分之____________（大写）计收利息。

3. 按本合同约定借款期限和约定执行利率计收利息。

第七条　借款担保

本合同项下债权的担保方式为____________________，担保合同另行签订。

第八条　违约责任

1. 贷款人未按本合同约定按期足额向借款人发放借款，造成借款人损失的，应按违约数额和延期天数付给借款人违约金，违约金数额的计算与同期逾期借款的利息计算方式相同。

2. 借款人未按本合同约定期限归还借款本金的，贷款人对逾期借款从逾期之日起在本合同约定的借款执行利率基础上上浮百分之______________（大写）计收罚息，直至本息清偿为止。逾期期间，借款币种为人民币的，如遇中国人民银行同期人民币贷款基准利率上调，罚息利率自基准利率调整之日起相应上调。

3. 借款人未按本合同约定用途使用借款的，贷款人对违约使用部分从违约使用之日起在本合同约定的借款执行利率基础上上浮百分之______________（大写）计收罚息，直至本息清偿为止。在此期间，借款币种为人民币的，如遇中国人民银行同期人民币贷款基准利率上调，罚息利率自基准利率调整之日起相应上调。

4. 对应付未付利息，贷款人依据中国人民银行规定计收复利。应付未付利息包括借款期内产生的应付未付利息（含违约使用罚息）和借款逾期后产生的应付未付利息（含逾期罚息和违约使用罚息）。

5. 借款人违反本合同项下义务，贷款人有权要求借款人限期纠正违约行为，有权停止发放借款、提前收回已发放借款，有权宣布借款人与贷款人签订的其他借款合同项下借款立即到期或采取其他资产保全措施。

6. 本合同项下借款的任一担保人违反担保合同约定义务，贷款人有权对借款人采取停止发放借款、提前收回已发放借款或其他资产保全措施。

7. 因借款人违约致使贷款人采取诉讼或仲裁方式实现债权的，借款人应当承担贷款人为此支付的律师费、差旅费及其他实现债权的费用。

第九条　争议的解决

本合同履行中发生争议，可由双方协商解决，也可按以下第____种方式解决：

1. 诉讼。由贷款人住所地人民法院管辖。

2. 仲裁。提交______________（仲裁机构全称）按其仲裁规则进行仲裁。

在诉讼或仲裁期间，本合同不涉及争议的条款仍须履行。

第十条　其他事项

本合同相关的信用证项下出口打包借款申请书、订单融资业务申请书及有关借款凭证为本合同不可分割的组成部分，与本合同具有同等法律效力。

____

____

____

____

第十一条　合同的生效

本合同自双方签字或盖章之日起生效。

第十二条 本合同一式____份，双方各执一份，担保人各一份，______________份，具有同等的法律效力。

第十三条 提示

贷款人已提请借款人注意对本合同各印就条款作全面、准确的理解，并应借款人的要求做了相应的条款说明。签约双方对本合同的含义认识一致。

借款人（签章） 贷款人（签章）
法定代表人 负责人
或授权代理人 或授权代理人

签约日期：______年____月____日
签约地点：____________________

式样 7.3.2－1　出口融资申请书

出口融资申请书

（用于出口押汇或远期信用证下承兑汇票贴现）

编号：　　　　年　　字　　号

现我司因业务需要，依据我司与贵行签署的________年____字____号《授信额度协议》及附件：1. 附件：用于出口押汇；2. 附件：用于远期信用证下承兑汇票贴现，向贵行申请叙做第　项业务：1. 出口押汇；2. 远期信用证下承兑汇票贴现。由此而产生的权利义务，均按照前述协议、附件和本申请书的约定办理。

第一条　有关的业务内容

信用证号码：　　　　　　　　　　开证行名称：

信用证期限：　　　　　　　　　　寄单编号：

单据/发票金额：　　　　　　　　　发票号：

托收编号：　　　　　　　　　　　代收行名称：

对代收行指示：　　　　　　　　　贵行业务编号：

汇票号：__________、__________、__________、__________。

第二条　融资币种和金额

融资币种为：______融资金额为：（大写）______________________（小写）__________________

第三条　融资期限

融资期限为____月/天，自贵行向我司支付融资款项之日起连续计算。融资到期日为前述期限的截止日或贵行依据相关协议宣布的立即到期日。出口项下应收款项在出口融资到期日前全部收妥的，贵行有权以货款收妥之日作为融资到期日。融资的最终期限以贵行确认的为准。

第四条　融资利息和付息

正常出口融资的利率及付息

请按以下第____种利率（均为年率）核算贵行为我司办理出口押汇的利息：

（1）双方协商确定的利率____%；（2）押汇时贵行确定/公布的利率____%；

（3）押汇时 LIBOR/HIBOR + ________基点。

计收利息的方式为以下第____种：

（1）预收利息，到期结息；（2）后收利息，到期结息；（3）后收利息，按季结息。

逾期出口融资的利率和付息

如我司未能按照总协议和相关附件的要求偿还贵行对我司的融资款项，则该融资的本金、利息及相关费用构成我司对贵行的逾期债务，贵行可按本条第1款确定的利率加20%的水平核算利息。对于我司的逾期债务，贵行有权：

（1）根据本款第一项的利率按季结息；且（2）对于我司应付未付的利息按照本款第一项的利率计收复利。

第五条　费用（本条为选择性条款，双方的选择是______：1. 适用；2. 不适用）

我司将通过以下第____种方式向贵行交纳本笔业务下的费用：

1. 在贵行接受此申请书后____个银行工作日内主动通过__________________向贵行交纳本笔业务下的费用；

2. 请从我司在贵行开立的人民币账户（账号________________）/外币账户（账号____________________）中直接划收本笔业务下的费用；

3. ____。

申请人：________________　　　　银行意见：________________

授权签字人：______________　　　　授权签字人：______________

______年____月____日　　　　______年____月____日

地点：________________　　　　地点：________________

式样 7.3.3-1 商业汇票贴现合同

商业汇票贴现合同

( ) ×银贴字 ( ) 第 号

申请人（全称）：________________

贴现人（全称）：中国××银行________

根据国家有关法律法规，双方当事人经协商一致，订立本合同。

第一条 贴现人同意贴现编号为________的《商业汇票贴现清单》所列商业汇票。

第二条 下列条件未满足的，贴现人有权拒绝本合同项下汇票的贴现：

1. 申请人在贴现人处开立________账户。

2. 申请人按照贴现人要求提供有关文件、资料并办妥相关手续。

3. 本合同项下有抵押、质押担保的，有关登记及/或保险等法律手续已按贴现人要求办妥，且该担保、保险持续有效。本合同项下有保证担保的，保证合同已签订并生效。

第三条 申请人承诺：

1. 与出票人或直接前手之间具有真实的商品交易关系，无任何虚假或欺诈情形，申请人对交易的合法性承担责任。

2. 向贴现人提供的所有票据、资料和凭证准确、真实、完整、有效。

3. 票据的取得无恶意或重大过失。

4. 根据贴现人要求，提交真实的资产负债表、损益表、现金流量表及所有开户行的账号、存款余额等资料。

5. 承担法律法规规定的其他义务。

第四条 申请人违反上述任一承诺事项时，贴现人有权依法采取相关保全措施。

第五条 汇票到期不获付款的，贴现人可向申请人和其他票据债务人主张票据权利，追索票款及相关费用。

第六条 承兑人在异地的，贴现期限及贴现利息的计算均另加 3 天的划款日期。

第七条 本合同项下的贴现款项及相关费用的担保方式为________，担保合同另行签订。若采取最高额担保方式的，担保合同编号为____________。

第八条 争议解决

本合同履行中发生争议，可由双方协商解决，也可按以下第____种方式解决：

1. 诉讼。由贴现人住所地人民法院管辖。

2. 仲裁。提交____________（仲裁机构全称）按其仲裁规则进行仲裁。

在诉讼或仲裁期间，本合同不涉及争议的条款仍须履行。

第九条 其他事项

与本合同及本合同项下担保有关的律师服务、保险、运输、评估、登记、保管、鉴定、公证等费用，由________承担。

第十条 本合同自双方签字或盖章之日起生效。

第十一条 本合同一式____份，双方当事人各一份，担保人各____份，________份，效力相同。

第十二条 提示

贴现人已提请申请人注意对本合同各印就条款作全面、准确的理解，并应申请人的要求做了相应的条款说明。签约双方对本合同的含义认识一致。

申请人（签章）	贴现人（签章）
法定代表人	负责人
或授权代理人	或授权代理人

签约日期：________年____月____日

签约地点：______________

式样 7.3.4－1 出口商业发票贴现协议

出口商业发票贴现协议

编号：

鉴于__________公司（以下简称“出口商”）拟采用信用销售方式出口货物，并拟利用中国银行__________分行（以下简称“保理商”）提供的国际保理中的出口商业发票贴现业务，为保证此项业务的顺利进行，出口商与保理商于______年____月____日特签署本协议。

总 则

第一条 自签署本协议之日起，出口商保证协助保理商遵循国家有关法律法规及中国银行有关规章制度办理相关业务。

第二条 本协议某些重要术语的定义如下：

1. 出口商业发票贴现服务：是指在保理商与出口商之间存在一种契约，根据该契约，出口商将现在或将来的基于出口商与进口商订立的出口销售合同所产生的应收账款转让给保理商，由保理商提供贸易融资、应收账款催收、销售分户账管理的一种综合性金融服务。

2. 发票：即商业发票，是由出口商出具给债务人的一份债权单据。它列明所发运货物的详情以及债务人应付的金额。

3. 合格应收账款：因出口商采用信用方式销售规定货物而产生的且债务人尚未清偿的债权。该笔应收账款不存在可被抵销、留置或做其他扣减的负担。该应收账款在出口商提请保理商贴现时：

未过期，且到期日在______天以内；

在出口商正常贸易中产生；

属出口商所有；

可以转让；

未被质押或抵押给任何第三方。

4. 贴现额度：是保理商应出口商的申请为其核定的合格应收账款最高贴现额度，在额度内，出口商的合格应收账款由保理商承诺收购。

贴现额度的生效

第三条 自本协议生效之日起，保理商为出口商核准的贴现额度开始生效。有关额度细节如下：

核准贴现额度		额度有效期	
业务费率		贴现率	按照办理贴现当日中国银行有关贸易融资利率执行

注：业务费率为保理商叙做该业务向出口商收取手续费的比率。

第四条 在贴现额度的有效期内，出口商向保理商提示要求贴现的合格应收账款余额在任何时点都不应超过保理商核准的贴现额度。保理商承诺将在核定的贴现额度内为出口商提交的合格应收账款办理贴现。

出口商对应收账款及其转让的保证与陈述

第五条 出口商保证自本协议生效之日起应将随后产生的对债务人的合格应收账款全部转让给保

理商。

第六条 出口商保证向保理商提交的每笔应收账款均代表一笔在正常业务过程中产生的真实善意的货物销售，据以向保理商转让的应收账款所涉及的货物销售符合基础交易合同规定的内容。该笔应收账款未被用作任何形式的担保。

第七条 出口商保证无条件享有向保理商转让的每笔应收账款的全部所有权，包括与该应收账款有关并可向债务人收取的利息和其他费用的权利。该笔应收账款不能用来抵销、反诉、赔偿损失、对销账目、留置或做其他扣减等。

第八条 出口商保证对已经转让给保理商的应收账款未经保理商允许，不再进行处理、转让、赠送等，也不再向债务人追索。未经保理商的书面同意，出口商不得转让该保理协议。

第九条 出口商保证作为应收账款受让人的保理商享有与被转让的应收账款有关的一切权利，包括强制收款权、起诉权、留置权、停运权、对流通票据的背书权和对该应收账款的再转让权以及未收货款的出口商对可能拒收或退回的货物所拥有的所有其他权利。

第十条 出口商同意保理商有权以自己的名义或在自己认为适当的时候要求与出口商联名采取诉讼和其他强行收款措施，并有权以出口商名义对债务人的汇票背书托收。出口商保证在保理商对债务人的诉讼或采取其他收款措施中给予必要的配合，包括作为诉讼主体参加诉讼，并承担保理商因向债务人追索欠款而实际支出的各类费用。

第十一条 出口商有义务通知债务人已将应收账款进行了转让，指示进口商将相应的款项支付给保理商。

贴　现

第十二条 出口商向保理商申请贴现，应向保理商提交《出口商业发票贴现申请书》、发票、运输单据副本及其他保理商要求的相关商业文件及单据。

第十三条 保理商在收到出口商提交的（出口商业发票贴现申请书）及有关文件、单据后三个工作日内为出口商办理贴现，同时收取手续费。

第十四条 贴现利息的计收采取以下双方协定方式：

□ 预收方式：保理商按照约定的利率于办理贴现日扣收贴现息，扣息天数按贴现日至到期日的实际天数加____天计算。

□ 后收方式：保理商按照约定的利率于融资款归还日收取利息。

账务设立及核对

第十五条 保理商有权根据自己的需要，采用自己认为适合的记账方式及时记录每笔业务的发生情况，并定期同出口商核对有关账目。

第十六条 出口商应建立相应账目，以便同保理商做好对账工作。出口商在收到保理商的对账单后的七天之内未提出任何异议，即可认为该对账单是准确无误的。

应收账款的催收与贴现款的追偿

第十七条 保理商对出口商已转让应收账款可于到期日前采取自认为适合的方法向债务人催收。

保理商亦可应出口商的要求，委托出口商以债权人代理人的身份向债务人催收。

第十八条 如已贴现发票于到期日后30天内未收到债务人的付款，保理商有权向出口商追偿贴现款项并从30天后开始计收逾期利息。追偿的方式包括但不仅限于从出口商账户上扣款，直至获得清偿。

协议的生效及终止

第十九条　本协议自双方法定代表人或授权签字人签字并加盖公章之日起生效。

第二十条　本协议的终止取决于保理商核准的贴现额度的有效期，即至________年____月____日本协议终止。

第二十一条　本协议的终止并不影响出口商与保理商对协议终止前已转让应收账款的权利和义务。

协议条款的更改

第二十二条　保理商可根据出口商或债务人资信状况的变化随时调整核准贴现额度的金额及效期，并将调整情况立即通知出口商。新的贴现额度金额及效期从通知之日起生效。

第二十三条　本协议其他任何条款的更改，必须经协议双方书面同意。

仲　裁

第二十四条　出口商与保理商若在本协议的执行过程中发生纠纷，应本着友好协商的原则解决。若经双方协商仍不能解决纠纷，应提交中国国际贸易促进委员会仲裁委员会分会仲裁。此仲裁结果为终局性的，对双方具有约束力。

其 他 事 项

第二十五条　本协议由出口商法定代表人或其书面授权人和中国银行______分行行长或其书面授权的人签署。

第二十六条　出口商及中国银行______分行的人事组织变动不影响本协议的效力及双方在本协议下各自的权利和义务。

第二十七条　本协议一式两份，出口商与中国银行______分行各执一份，两份具有同等的法律效力。

保理商：　　　　　　　　　　　　　　　　　　出口商：

中国银行　　　　　　分行　　　　　　　　　　　　　　　　　　公司

（签字盖章）　　　　　　　　　　　　　　　　（签字盖章）

________年____月____日　　　　　　　　　　________年____月____日

式样 7.3.6－1　福费廷业务申请书

福费廷融资申请书

编号

致：中国××银行

我方兹提交信用证（号码）＿＿＿＿＿＿＿＿项下单据一套，汇票（或发票）号码：＿＿＿＿＿＿＿＿＿，金额＿＿＿＿＿＿＿＿，付款期限为＿＿＿＿＿＿＿＿。

根据与贵行签订的编号为（　　）某银福字（　　）第　　号的《福费廷融资合同》的约定，我方向贵行申请叙做福费廷融资。

贵行在买入上述应收账款后，将取得对该应收账款的所有权。

我方在此声明并保证：

一、我方向贵行提交的所有票据和单据真实、有效，并且符合国家有关规定和贵行要求。

二、我方的上述应收账款的贸易背景真实、合法，如因欺诈、基础贸易违约等司法上的原因而导致贵行无法取得应收账款权利，我方将负责赔偿贵行由此而产生的一切损失，包括但不限于本金、利息及有关费用。

三、我方的上述应收账款无任何权利上的瑕疵，也未向任何第三人做出全部或部分款项让渡的承诺或约定。

四、我方对上述应收账款的转让为完整的转让，贵行因此而取得完整的应收账款权利。

五、在获得贵行融资后，若我方又收到上述应收账款的，我方将及时以书面方式通知贵行，并将该款项归还贵行。

六、在应收账款到期未偿付时，我方按贵行要求协助贵行向付款人催收应收账款。

申请人（签章）

法定代表人
或授权代理人
申请日期：

本申请书一式两份，一份交客户，一份银行留存。

式样 7.3.6－2　福费廷业务确认书

福费廷融资确认书

编号

致：

根据与贵方签订的《福费廷融资合同》（　　）×银福字（　　）第　　号和贵方提交的《福费廷融资申请书》（编号　　　　　　），我行已无追索权地买入贵方信用证（号码）＿＿＿＿＿＿项下的以已承兑或担保的汇票或已承诺付款的单据为表现形式的应收账款。汇票/发票号码为：＿＿＿＿＿＿＿＿，金额为＿＿＿＿＿＿＿＿＿＿（大写）。具体如下：

1. 贴现利率：
2. 融资期限：
3. 贴现净额：
4. 承诺费：
5. 议付手续费：
6. 融资净额：
7. 生效日期：

我行已在生效日期将融资净额贷记贵方指定账户。由此，我行取得了该应收账款的所有权。贵方应承担《福费廷融资合同》及《福费廷融资申请书》中约定的责任。

中国××银行

经办人：

日期：

本确认书一式两联，一联交客户，一联银行留存。

式样 7.3.6-3　福费廷融资合同

福费廷融资合同

（　　　　）×银福字（　　）第　　号

甲方（全称）：______________________

乙方（全称）：中国××银行____________

甲方为获得融资，愿意以福费廷方式出售其出口业务中合法取得的应收账款；乙方愿意以此方式购买甲方应收账款。根据国家有关法律法规，双方当事人经协商一致，订立本合同。

第一条　释义

1. 福费廷是指乙方以贴现的形式买断甲方在出口业务中合法取得的未到期应收账款的融资行为。

2. 应收账款是指以已承兑或担保的汇票或已承诺付款的单据为表现形式的应收账款债权及其他一切权利，包括但不限于：付款请求权、担保权益、对任何第三人的追索权等，但不包括：乙方对贸易合同项下相对人及/或任何相关第三人的责任、义务。

3. 融资期限是指从乙方同意购买日至应收账款的到期日加乙方（或其代理人）根据应收账款的具体条件所确定的宽限期。

4. 融资净额是指应收账款金额减去贴现利息、承诺费和相关费用的金额。

第二条　甲方应提交的票据、单据

甲方向乙方转让远期信用证项下的应收账款时，须向乙方提交如下有关票据/单据：

1. 信用证及其修改书（如有修改）的复印件；

2. 信用证项下全套单据的复印件；

3. 开证行或保兑行的正本承兑电文或经承兑的汇票正本；

4. 乙方要求的其他单据。

第三条　业务办理

在本合同有效期间，甲方具体叙做福费廷融资业务时，甲方须逐笔向乙方提交《福费廷融资申请书》。乙方审核甲方的申请后，向甲方出具《福费廷融资报价单》，若甲方同意，则在报价单上签字退回并向乙方提交《款项让渡函》。乙方在审核开证行或保兑行的承兑或担保电文后，将融资净额划入甲方以下账户：开户行：______________账号：______________。

第四条　贴现方式

甲乙双方同意选择以下第（　　）种贴现方式办理本合同项下福费廷业务：

1. 直接贴现法公式：

福费廷融资净额 = 信用证项下汇票（或发票）金额 - 福费廷贴现利息 - 承诺费 - 相关费用

福费廷贴现利息 = 信用证项下汇票（或发票）金额 × 贴现期限（天数）× 贴现年利率/360

承诺费 = 信用证项下汇票（或发票）金额 × 承诺期限（总天数 - 14 天）× 承诺费率/360

2. 复利贴现法公式：

福费廷融资金额 = 信用证项下汇票（或发票）金额/除数

除数 = 贴现年利率 × 天数/360 + 1

融资贴现年利率由乙方（或其代理人）根据应收账款的具体情况确定。

第五条　甲方声明与保证

1. 在本合同项下办理每笔福费廷业务，甲方均须及时向乙方提交第二条所述票据/单据。乙方对经核不符合要求的票据/单据有权拒绝办理福费廷业务。

2. 根据本合同第二条所提交的所有票据和单据真实、有效，并且符合国家有关规定和乙方要求。

3. 对本合同项下应收账款拥有完整的权利，甲方所转让的权利不存在任何限制或瑕疵或其他阻碍乙方行使权利的不利因素，也未向任何第三人做出全部或部分款项让渡的承诺或约定。

4. 本合同所涉及的相关贸易背景真实、合法，甲方保证不会因欺诈、基础贸易违约或止付令等司法上的原因而导致乙方无法收回应收账款。

5. 甲方将融资票据/单据项下权利完全合法地转让予乙方，但该转让并不导致乙方应承担贸易合同项下甲方的任何义务，甲方对贸易合同项下的各项义务仍负有全面履行之责。

6. 在获得融资后，若甲方又收到本合同项下应收账款相应款项的，应及时以书面方式通知乙方，并将该款项归还乙方。

7. 按乙方要求协助乙方向付款人催收应收账款。

第六条　追索权的放弃及除外

在乙方对甲方办理福费廷业务后，乙方取得相关票据/单据项下的应收账款债权（包括依照票据/单据等法律文件向开证行/保兑行要求付款的权利），同时放弃对甲方的追索权。但以下情形除外：

1. 票据/单据涉及的贸易不真实或违反法律、法规、规章的；

2. 本合同项下转让的应收账款所涉的票据/单据虚假；

3. 甲方违反本合同第五条任何承诺与保证事项或其他条款约定义务的；

4. 本合同项下转让的应收账款所涉票据/单据的相应信用证/保函遭法院止付的；

5. 因任何原因导致本合同效力出现瑕疵或阻碍乙方行使被让渡的所有权利事项。

出现上述情况之一的，乙方对以上票据/单据的买卖保留完全的追索权，即乙方有权要求甲方承担乙方因此而产生的全部经济损失。同时，自票据/单据到期之日起，乙方有权按以下第____种方式向甲方计收违约金：

（1）每日按融资净额的万分之________；

（2）按融资净额为基数，执行十二个月的 LIBOR + ________的年利率，违约金数额 = 融资净额 × 违约期限（天）× 年利率/360。LIBOR 为路透社公布的票据/单据到期日前两个工作日对应期限的伦敦同业市场拆借利率。

（3）其他方式____。

出现本条以上约定事项时，乙方有权从甲方在乙方处开立的账户中直接划收相关款项或以其他方式向甲方追偿。

第七条　承诺费

自甲方确认乙方融资报价之日起至实现融资之日超过 14 天的，甲方应向乙方支付承诺费。承诺费按甲方应收账款金额与承诺费率确定，承诺费费率为 0.5%，承诺期限为从甲方确认乙方报价日到实际融资日。承诺费由甲方向乙方一次性支付。

第八条　其他事项

本合同项下的所有《福费廷融资申请书》、《福费廷融资报价单》、《福费廷融资确认书》等为本合同不可分割的组成部分。

____

____

____

第九条　本合同履行中发生争议，可由双方协商解决，也可按以下第____种方式解决：

1. 诉讼。由乙方住所地人民法院管辖。

2. 仲裁。提交____________________（仲裁机构全称）按其仲裁规则进行仲裁。

在诉讼或仲裁期间，本合同不涉及争议的条款仍须履行。

第十条 本合同自双方签字或盖章之日起生效，在双方未提出书面解除前一直有效。

第十一条 本合同一式二份，双方各执一份，效力相同。

第十二条 提示

乙方已提请甲方注意对本合同各印就条款作全面、准确的理解，并应甲方的要求作了相应的条款说明。签约双方对本合同含义认识一致。

甲方（签章）	乙方（签章）
法定代表人	负责人
或授权代理人	或授权代理人

签约日期：________年____月____日

签约地点：________________

式样 7.3.7－1 保理业务介绍信（出口商寄给进口商的介绍进口保理商的介绍信）

INTRODUCTORY LETTER—USD

GENTLEMEN：

BEGINNING JUNE 18, 2002 SUNTRUST BANK WILL SERVE AS OUR FACTOR FOR SALES IN THE UNITED STATES. SUNTRUST BANK IS A MEMBER OF FACTORS CHAIN INTERNATIONAL, A WORLD-WIDE ASSOCIATION OF LEADING FACTORS WHO PROVIDE CREDIT AND COLLECTION SERVICES FOR EACH OTHER'S CLIENTS. THIS ENABLES US TO SELL OUR PRODUCTS ON OPEN ACCOUNT TERMS IN THE UNITED STATES AS WELL AS MANY OTHER COUNTRIES.

THE RESULT OF THIS ARRANGEMENT IS THAT OUR INVOICES TO YOU WILL CONTAIN INSTRUCTIONS TO PAY SUNTRUST BANK AND YOUR CHECKS SHOULD BE MADE PAYABLE TO THAT COMPANY. PLEASE SEND ALL FUTURE REMITTANCES TO：

SUNTRUST BANK
RECEIVABLES CAPITAL MANAGEMENT DIVISION
ATTENTION：INTERNATIONAL DEPT—CENTER 170
P. O. BOX4955
ATLANTA, GEOGIA 30302

SUNTRUCST BANKS, ATLANTA
ATLANTA, GA
ABA# 061 000 104
RCM DIV, ACCT, #9088000006
SWIFT# SNTRUS3A
REF (* VENDOR NAME, INVOICE ETC)

ANY BILLING DISCREPANCIES MUST BE REPORTED TO THEM AT ONCE.

IF YOU HAVE ANY QUESTIONS REGARDING YOUR ACCOUNT OR THIS ARRANGMENT, PLEASE CONTACT SUNTRUSR BANK AT THE ADDRESS LISTED ABOVE OR CALL THEM AT 404 588 7377.

WE FEEL SURE THAT THIS NEW ARRANGEMENT WILL HELP US SERVE YOU BETTER AND THAT SUNTRUST BANK WILL GIVE YOU THE UTMOST ATTENTION AND CONSIDERATION.

式样 7.3.7－2　出口保理业务申请书

出口保理业务申请书

致：中国银行______分行

因我司拟采用国际保理方式向____________（国家/地区名）出口____________（商品的中英文名称）。请贵行代为向进口保理商提出初步信用额度评估申请，有关资料如下：

（一）我司（卖方）资料
卖方名称 开户银行（英文）：　　　　　　　　　　　银行账户： 预计年国际及国内贸易总额（万美元）： 预计对进口国以赊销方式出口的年出口额（万美元）及年出单笔数（单）： 与进口商以往的业务往来情况（包括近期签约情况、付款条件及贸易关系）：
（二）贸易背景资料
进口商名称及详细地址（英文）：　　　　　　联系电话： 联系人：
是否允许进口保理商与进口商直接联系？YES（　　）NO（　　）
有否折扣宽限期/优惠期：YES（　　）NO（　　），如有，请列明方式：
是否季节性销售商品：YES（　　）NO（　　），如是，请说明情况：
价格条款：FOB（　　）　CFR（　　）　CIF（　　）　其他： 付款方式：O/A（　　）　D/A（　　）　DAYS
进口商的开户银行（英文）：　　　　　　　　银行账户：
出口商代理人/授权人的名称、详细地址、开户银行及其权限（如有）：
（三）申请额度资料
□ 循环额度　　　　发票使用货币：　　　　金额： □ 单笔非循环额度　发票使用货币：　　　　金额：
备注

请贵行将审批结果尽快通知我司。

感谢贵行的大力协助。

出口商名称及详细地址（英文）　　　　　　联系电话：

联系人：

签章：　　　　　　　　　　　　　　　　　日期：

式样 7.3.7－3　出口保理初步信用额度评估回复书

出口保理初步信用额度评估回复书

编号：

致：________________公司

为保证你司能采用国际保理方式向________________（进口商名称）出口____________（货物名称），我行于________年____月____日申请________________（进口保理商名称）为上述进口商核定信用担保额度，现将初步评估情况通知如下：

☐ 进口保理商拒批额度________________

☐ 进口保理商初步核准额度，结果如下：

额度金额		额度有效期	
费　　率		付款条件	

此回复不代表进口保理商已承担相关进口商的信用风险。进口保理商对进口商信用风险的承担以进口保理商为进口商核准正式信用额度为准。

如贵公司对上述内容有疑义，请于两个工作日内书面通知我行。

☐ 如贵公司对上述内容无疑义，请尽快与我行签署《出口保理业务协议》，以便我行为贵公司申请正式信用额度。

☐ 如贵公司对上述内容无疑义，我行将于两个工作日后为贵公司申请正式信用额度。

特此通知。

中国银行　　　　　分行

年　　月　　日

（签字盖章）

式样 7.3.7－4　出口保理业务协议

出口保理业务协议

编号：

出口商：

法定代表人

注册地址：

出口保理商：中国银行　　　　　分行

负责人：

注册地址：

鉴于＿＿＿＿＿＿＿＿＿公司（以下简称出口商）向中国银行＿＿＿＿＿＿＿分行（以下简称出口保理商）申请出口保理服务，为保证业务的顺利进行，经友好协商，出口商与出口保理商于＿＿＿＿年＿＿月＿＿日，特签订本协议。

总　　则

第一条　本协议适用于出口保理商为出口商提供的出口双保理服务。

第二条　在出口双保理业务项下，出口商同意出口保理商自签署本协议之日起遵循与进口保理商签订的《国际保理业务协议》（Interfactor Agreement）及国际保理商联合会（FCI）制定的《国际保理业务通用规则》（General Rules on International Factoring，以下简称《规则》）办理相关业务。

第三条　如国际保理商联合会对《规则》进行修订，或者出口保理商与进口保理商对《国际保理业务协议》进行修改，出口保理商应将变更内容以快捷方式通知出口商，自通知发出之日起，本协议所涉及内容也相应变更。如无特殊需要，协议双方无须另行签订补充协议。

第四条　出口商保证其在此过程中尽最大努力协助出口保理商在本协议和《规则》下履行义务、享有权利。

第五条　本协议引用了某些重要的术语。这些术语的定义如下：

1. 出口双保理业务：是出口商在采用赊销（O/A）、承兑交单（D/A）等信用方式向债务人（进口商）销售货物时，由出口保理商（在出口商所在国与出口商签有协议的保理商）和进口保理商（在债务人所在国与出口保理商签有协议的保理商）共同为出口商提供的一项集商业资信调查、应收账款催收与管理、信用风险控制及贸易融资于一体的综合性金融服务。

2. 信用评估：是出口商为了测算其对特定债务人采用信用销售时能获得多少信用担保而通过出口保理商向进口保理商提出信用调查申请，由进口保理商据以对债务人进行调查评估后将结果通过出口保理商通知出口商的过程。信用评估分为初步信用评估及正式信用评估。初步信用评估结果不构成对进口保理商的一项有确定约束力的信用承诺。正式信用评估的结果是进口保理商为债务人核定了信用额度。出口商在额度内以信用销售方式向债务人销售货物所产生的信用风险由进口保理商承担。该额度可以是一个可循环使用的信用额度，也可以是针对某一单笔合同/订单的额度。

3. 担保付款：进口保理商就已核准的应收账款因债务人既未提出争议，又未能于规定的期限内付款而自行垫款支付。

4. 发货：用通常的运输工具或出口商自己的运输工具将订购的货物发运给债务人或其指定人。

5. 转让通知文句：是出口商向债务人说明应收账款已经转让并仅付给进口保理商的书面通知。转让通知文句通常记载在发票上，但在某些情况下也可能另外出具信函。

额度的申请与核准

第六条　出口商应向出口保理商提交《出口保理业务申请书》。通过出口保理商向进口保理商提出信用评估申请。

第七条　无论为出口商申请的信用额度将来是否获得进口保理商的核准。出口保理商保证在收到进口保理商有关通知后的一个工作日内通知出口商。

第八条　若申请的信用额度获得进口保理商的核准，出口商保证在基础交易合同规定的期限内按约定向进口商发运货物。

若出口商在额度的有效期内或从额度核准之日起半年之内（以短者为限）未向进口商发货并叙做保理业务，出口保理商有权按自定的收费标准向出口商收取资信调查费。

第九条　在信用额度规定的有效期内，出口商向进口商发货所产生的应收账款超过信用额度的部分将不受进口保理商的核准。但超出额度的应收账款将补足限额内已被债务人或进口保理商偿还或贷记的金额。这些应收账款的替代将按它们付款到期日的顺序进行并始终仅限于当时已被偿还或贷记的金额。

出口商对应收账款及其转让的保证与陈述

第十条　出口商保证自收到《出口保理信用额度核准通知书》之日起将把随后产生的对债务人的所有应收账款全部转让出口保理商，再由出口保理商转让进口保理商，即使在这些应收账款仅获部分核准或根本未获核准的情况下也是如此。

第十一条　出口商保证向出口保理商提交的每笔应收账款均代表一笔在正常业务过程中产生的真实善意的货物销售，该应收账款可转让，据以向进口保理商转让的应收账款所涉及的货物销售符合凭以核准应收账款的相关信息中所述及的出口商的经营范围和付款条件。

第十二条　出口商保证无条件地享有向进口保理商转让的每笔应收账款的全部所有权。包括与该应收账款有关并可向债务人收取的利息和其他费用的权利。该笔应收账款不能用来抵销、反诉、赔偿损失、对销账目、留置或做其他扣减等。但发票上列明的出口商给予债务人的一定百分比的佣金或折扣除外。

第十三条　出口商保证对每笔发货出具的发票均附有说明，表明该发票涉及的应收账款已经转让并仅付给作为该应收账款所有人的进口保理商。

第十四条　出口商保证对已经转让给进口保理商的应收账款未经进口保理商允许，不再进行处理、转让、赠送等，也不再向债务人追索。

第十五条　出口商同意向进口保理商转让应收账款适用进口保理商所在地的法律，任何转让将采取进口保理商规定的转让通知文句和转让程序。

第十六条　出口商同意作为应收账款受让人的进口保理商对每笔应收账款均享有与出口商同等的一切权利，包括强制收款权、起诉权、留置权、停运权、对流通票据的背书权和对该应收账款的再转让权以及未收货款的出口商对可能拒收或退回的货物所拥有的所有其他权利。

第十七条　出口商同意进口保理商有权在自认为适当的时候要求出口商与自己联名采取诉讼和其他强行收款措施，并有权以出口商名义对债务人的汇票背书托收。

信用额度的变更及取消

第十八条　出口商可要求出口保理商向进口保理商申请对现行信用额度予以变更（包括增额、减额、展期）及取消。

第十九条 出口保理商保证在收到进口保理商变更信用额度的通知后一个工作日内通知出口商，对于收到的进口保理商取消信用额度的通知，则应立即以最快捷的方式通知出口商。

第二十条 出口商在收到进口保理商变更信用额度的通知前所有发货产生的应收账款是否受核准，取决于变更前的信用额度；收到通知后发货所产生的应收账款，其受核准与否要受变更后的信用额度的约束。出口商在收到取消信用额度通知后发货所产生的应收账款均属不受核准之列。

单据的提交与寄送

第二十一条 出口商在发运货物后应将事先已同债务人在商务合同/订单中订明的凭以向债务人收款的全套单据（包括货运单据）按出口保理商的指示提交和寄送。

第二十二条 出口保理商可以随时要求出口商向其提交任何涉及所转让应收账款的单据和文件。

账务设立及核对

第二十三条 出口保理商有权根据自己的需要，采用自己认为适合的记账方式及时记录每笔业务的发生情况，并定期同出口商核对有关账目。

第二十四条 出口商应建立相应账目，以便同出口保理商做好对账工作。出口商在收到出口保理商的对账单后的七天之内未提出任何异议，即可认为该对账单是准确无误的。

融　资

第二十五条 出口商可凭已转让给进口保理商的受核准的应收账款向出口保理商申请融资。

第二十六条 出口保理商有权根据自己的判断确定是否批准出口商的融资申请，并确定融资的前提条件、融资的数额、融资利率及融资期限。

第二十七条 出口保理商向出口商提供的融资本息原则上应在收到国外付款时扣收。

第二十八条 出现下列情况之一时，出口保理商可提前收回融资本息：

1. 在相关发票到期日后30天内收到进口保理商发来的争议通知；

2. 已超过相关发票到期日30天，但仍未收到进口保理商付款，也未收到进口保理商的争议通知。

第二十九条 对相关发票到期日后30天仍未归还的融资，出口保理商将收取逾期利息。出口保理商有权从出口商账户中主动扣款或采取其他办法强行收款，直至收回融资本息。

付　款

第三十条 出口保理商应于收到进口保理商付款后的一个工作日内区分下述情况将款项做相应处理：

1. 对于已向出口商提供了融资的应收账款的付款，出口保理商有权优先用来偿付已提供给出口商的融资本息及相关保理费用，然后将余额贷记出口商的账户。

2. 对于事先未向出口商提供融资的应收账款的付款，出口保理商在扣除相关保理费用后，将余额贷记出口商的账户。

第三十一条 出口保理商在出现下列情形之一时，应有义务向进口保理商索要担保付款：

1. 在发票到期日后90天内未收到进口保理商的付款通知，亦未收到争议通知；

2. 在发票到期日后180天内收到进口保理商发来的争议通知，出口商与债务人已同意以协商方式解决争议，并在出口保理商收到争议通知后180天内出口商的权益得到了确认或部分确认；

3. 在发票到期日后 180 天内收到进口保理商发来的争议通知，出口商与债务人采取“诉诸法律”方式解决争议，并在出口保理商收到争议通知后三年内出口商的权益得到了确认或部分确认。

第三十二条　出口商如收到用于清偿已转让给进口保理商任何应收账款的任何现金，或支票、汇票、本票等支付工具，必须立即通知出口保理商，并将款项或支付工具转交出口保理商处理。

第三十三条　出口商在向债务人出具任何贷项清单时须事先征得出口保理商同意，并应在贷项清单上载明进口保理商提供的转让通知文句，交由出口保理商处理。

争　议

第三十四条　如果债务人提出抗辩、反索或抵销（争议），并且出口保理商于发生争议的应收账款所涉及的发票的到期日后 180 天内收到该争议通知，则该应收账款立即变为不受核准的应收账款，无论先前是否为已受核准的应收账款。

第三十五条　出口保理商收到进口保理商转来的争议通知时，应将已涉及有关应收账款的细节和争议的性质通知出口商。

第三十六条　如争议的提出在进口保理商担保付款之后但在发票到期日后 180 天内，则出口保理商有权从出口商账户中主动扣款或采用其他办法强行收回出口商已收到的担保付款款项及相关利息、费用，并将收回的款项退还进口保理商。

保理费用

第三十七条　出口保理商有权按照自行确定的收费标准向出口商收取保理费用，并可以接受进口保理商的委托代其收取保理费。

第三十八条　出口保理商收取自身保理费用和/或代进口保理商收取保理费用，原则上应在收到国外付款时逐笔扣收。

第三十九条　出口商对已转给进口保理商但却发生争议的应收账款仍应负有支付相关保理费用的义务，即出口保理商有权从出口商账户中主动扣款或采用其他办法强行收款，以收取进出口保理商费用。

协议的生效及终止

第四十条　本协议自签署之日起生效，有效期两年。如协议双方无异议，本协议期满后将自动延展两年。

第四十一条　本协议的任何一方如要提前终止协议，必须提前 15 天书面通知另一方，在征得另一方同意后，本协议方可提前终止。

第四十二条　本协议的终止并不影响出口商与出口保理商对协议终止前已转让应收账款的权利和义务，双方应继续执行本协议，直至所有已转让应收账款全部被收回或被贷记为止。

协议条款的更改

第四十三条　本协议的任何一方未经另一方同意，无权单方面更改本协议的任何条款。协议的一方若要求对本协议之条款进行任何修改，应书面通知协议的另一方，在取得另一方的书面同意后，修改才被视为有效。

仲　裁

第四十四条　出口商与出口保理商若在本协议的执行过程中发生纠纷，应本着友好协商的原则解决。若经双方协商仍不能解决纠纷，应提交中国国际贸易促进委员会仲裁委员会分会仲裁。此仲裁结果为终局性的，对双方具有约束力，法律另有规定者除外。

其他事项

第四十五条 本协议的签署人必须是出口商及出口保理商双方的法定代表人或是经法定代表人书面授权的有权签字人员。

第四十六条 出口商及出口保理商的人事组织变动不影响本协议的效力及双方在本协议下各自的权利和义务。

第四十七条 本协议一式两份，出口商与出口保理商各执一份，两份具有同等的法律效力。

中国银行总行/　　　　分行　　　　　　　　　　　　　　公司

签字盖章　　　　　　　　　　　　　　　　　　　　　　签字盖章

________年____月____日　　　　　　　　　　　　　________年____月____日

式样 7.3.7－5 出口保理信用额度核准通知书

出口保理信用额度核准通知书

编号：

致：________公司

为保证你司能采用国际保理方式向________（进口商名称）出口________（货物名称），我行于____年__月__日申请________（进口保理商名称）为上述进口商核定信用担保额度，现已获进口保理上正式批准。详情如下：

核准信用额度		额度有效期	
费　率		付款条件	

☐ 此额度为循环信用额度。

☐ 此额度为单笔额度，只适用于（　　）号商务合同/订单下交易，不可循环使用。最迟装运期为____年__月__日。

请你司发货时务必在每份发票上注明付款条件及货款到期日，并载明如下债权转让条款：

特此通知。

中国银行　　　分行

年　　月　　日

（签字盖章）

式样 7.3.7－6　债权转让通知书

债权转让通知书

致：中国银行________分行

根据贵我双方________年____月____日共同签署的第（　　）号《出口保理业务协议》以及贵行于________年____月____日向我司签发的第（　　）号《出口保理信用额度核准通知书》，我公司于________年____月____日与____________（进口商名称）签订了第（　　）号商务合同，并于________年____月____日装运了该合同项下货物____________（数量）____________（总金额）__________（品名）。发票号码为 。我公司同意将上述发运货物的应收账款的债权转让给贵行，并同意贵行有权根据贵行与上述《出口保理信用额度核准通知书》提及的进口保理商签订的有关协议并行使一切权利。

公司

年　　月　　日

（签字盖章）

式样 7.3.7-7　出口保理融资申请书

出口保理融资申请书

编号：

致：中国银行________分行

根据贵我双方________年____月____日共同签署的第（　　　）号《出口保理业务协议》，我司拟凭下列出口保理项下受核准的应收账款向贵行申请提供资金融通。

发票日期	付款到期日	发票号码	发票金额	受核准金额	申请融资金额

我司保证将按贵行要求支付融资利息及费用，并郑重声明若发生上述《出口保理业务协议》提及的情形致使贵行不能按期从国外收回该款项等，贵行有权从我司在贵行开立的账户（账号为：　　　　　　）中主动扣款或采取其他办法强行收款，直至全部收回贵行的融资本金、利息及相关费用为止。

融资利率按贵行公布的相关贸易融资业务利率计收。

公司
年　月　日
（签字盖章）

以下部分由银行填写审批意见

中国银行　　　　分行
年　月　日
（签字盖章）

式样 7.3.7－8　进口保理协议

进口保理协议

编号：

日期：

鉴于__________________（国外出口保理商名称，下称“出口保理商”）已就__________________（进口商名称，下称“进口商”）采用国际保理方式从__________________（国外供货商名称，下称“卖方”）购买__________________（货物名称）交易，请求中国银行__________________分行（下称“进口保理商”）为进口商核准信用额度，进口保理商和进口商经友好协商，同意遵循国际保理商联合会（FCI）颁布的《国际保理业务通用规则》办理国际保理业务，并达成协议条款如下：

1. 进口保理商同意接受上述出口保理商的申请，为进口商核准信用额度____________（大写金额及币别）。

□ 此额度为循环信用额度。额度有效期自本协议签署之日起____个月。

□ 此额度为单笔额度，只适用于第（　　）号商务合同/订单下交易，不可循环使用。最迟装运期为________年____月____日。

2. 进口商保证在卖方出具的发票订明的付款到期日按发票金额将货款付进口保理商。

若进口商无正当理由却未在付款到期日后 90 天期限内将货款付给进口保理商，进口保理商有权在付款到期日后第 90 天自动从进口商开在进口保理商处的账户扣款。

若届时进口商账户资金不足或无可用资金，造成进口保理商的垫款，进口保理商有权采取其认为适合的方式向进口商追偿。

3. 进口商保证如本协议涉及的基础交易发生争议，进口商将在卖方出具的发票订明的付款到期日后 90 天期限内提出并通知进口保理商。进口保理商承诺将尽力协助进口商和卖方尽早解决此争议。

中国银行总行/　　　　分行	公司
签字盖章	签字盖章
年　　月　　日	年　　月　　日

第八章 各种结算方式的综合运用

不同结算方式各有其长短，就不同的当事人而已，其优缺点截然不同。在国际贸易中，根据不同国家和地区、不同客户、不同交易的实际情况，正确并灵活地选择和使用国际结算方式是至关重要的。

第一节 传统结算方式的比较

表 8.1-1 汇款、托收和信用证结算方式比较

结算方式 / 特点	汇 款	托 收	信用证
结算基础	商业信用	商业信用	银行信用
单据寄送方式	直接由出口商寄给进口商	经由银行转送	经由银行转送
付款方式	进口商通过银行采用电汇、信汇或票汇方式	由进口商付款，托收条件为 D/P 或 D/A	开证行承担第一性付款责任
买卖双方的资金占用	不平衡	不平衡	较平衡
对进口商的利弊	预付货款对进口商不利，后付则有利	手续和费用比开立信用证简便和节省，但 D/P 方式下，可能存在付款后发现货物不符合合同规定要求的风险	即使货物品质不良，只要货运单据与信用证条款吻合，就必须付款
对出口商的利弊	预收货款对出口商有利，后收则有风险	D/P 方式下，可能存在进口商不付款赎单的风险；D/A 方式下，可能存在钱货两空的局面	资金融通较为容易，但可能存在开证行无理拒付或无力支付等情况
相关国际规则	无	托收统一规则	跟单信用证统一惯例

第二节　各种结算方式的综合运用

表 8.2－1　　　　国际贸易中不同结算方式的综合运用

方　式	具体运用
信用证与汇款相结合	部分货款采用信用证、余额采用汇款的方式。常用于允许交货数量有一定机动幅度的某些初级产品的交易
信用证与托收相结合	不可撤销信用证与付款交单两种结算方式的结合，实务中称之为“部分信用证、部分托收”。这种做法，对进口商而言，可减少开证金额，少付开证押金，少垫资金；对出口商而言，托收部分虽然有一定风险，但因为有部分信用证的保证，而且货运单据在信用证内规定跟随托收汇票，开证行需等全部货款付清后才能向进口商交单，因而收汇较为安全。但信用证中必须订明信用证的种类和支付金额及托收方式的种类，而且必须订明“在全部付清发票金额后方可交单”的条款
信用证与银行保函相结合	主要用于成套设备进出口或工程承包交易，即除了支付货款外，还有预付订金或保留金的收取的情况。一般货款可用信用证支付，预付定金要先开银行保函，保留金的收取也可以用开立保函代替。如果是招标交易，则须投标保函、履约保函、退还预付金保函与信用证相结合
托收与银行保函相结合	托收与汇付相反，是逆汇，出口商先交货后收款，从而要负担进口商收到货物后拒付而造成的货款两空的风险。因此，采取托收方式对于出口商不利。为了使贷款收取有保障，可以让进口商申请开立保证托收付款的保函。一旦进口商没有在收到单据后的规定时间内付款，出口商有权向开立保函的银行索取出口货款
托收与预收押金相结合	采用跟单托收并由进口商预付部分货款或一定比率的押金作为抵押担保。出口商在收到部分预付款或押金后装运货物，并从全部货款中扣除已收部分委托托收行收款。托收应坚持付款交单方式
不同结算方式与分期付款、延期付款相结合	在成套设备、大型机械产品和交通工具的进出口交易中，由于成交金额巨大，产品生命周期较长，可以按工程进度和交货进度分若干期付清货款。此时，一般将汇付、托收、信用证、保函等结算方式结合起来使用。 1. 进出口商双方对开保函与分期付款相结合：一方面，进口商依据合同规定开立银行保函，而依生产进度分期交付货款；另一方面，进口商为了保障本身的利益，防止出口商延迟交货，或产品质量与合同不符，或因故违约等，要求出口商提供保函。 2. 预付定金与延期付款相结合：根据合同规定，由进口商提交一定数额作为定金，并依合同规定延期付款。延期付款的金额在交货后若干年付款，亦称赊购支付方式。对进口商来说，必须支付延期付款期间的利息。

第三节 各种结算方式与国际贸易融资方式的配合

表 8.3－1 结算方式与贸易融资方式的配合

结算方式	贸易融资
汇出汇款	汇出汇款项下融资
汇入汇款	出口信用保险项下融资、出口商票融资、国际保理等
进口代收	进口押汇、提货担保等
跟单托收	出口押汇、出口信用保险项下融资、出口商票融资、国际保理等
进口信用证	减免保证金开证、提货担保、假远期信用证、进口押汇等
出口信用证	打包放款、出口押汇、出口票据贴现、福费廷等

以信用证业务为例：

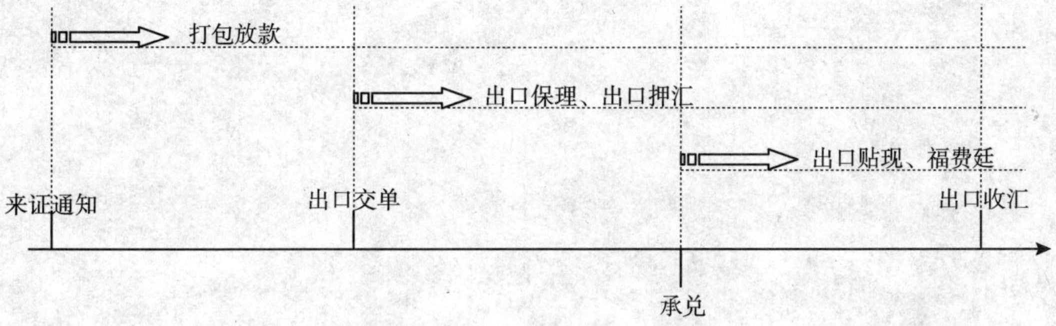

图 8.3－1 出口信用证结算进程

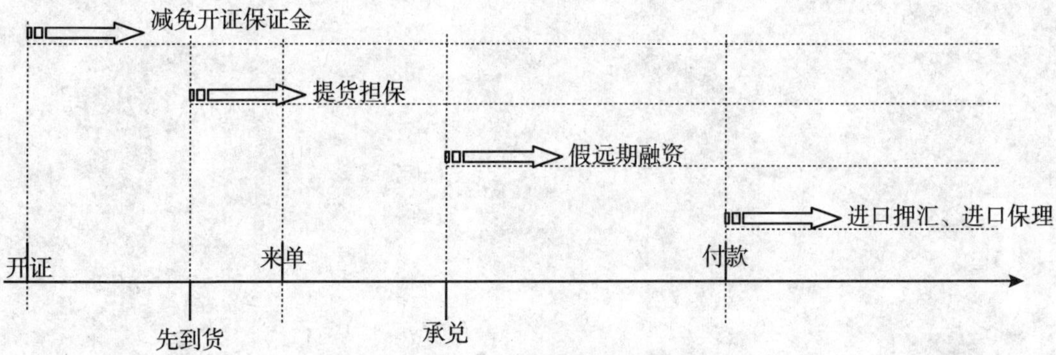

图 8.3－2 进口信用证结算进程

第二部分

单 元 实 验

单元实验一
票据业务实验

1.1 实验目的

1. 掌握各种票据行为。
2. 掌握汇票、本票、支票的缮制。

1.2 实验要求

1. 根据所给条件开立汇票、本票、支票。
2. 根据所给条件在汇票上正确背书、承兑、保证。
3. 根据所给条件在支票上划线。
4. 掌握票据贴现业务的办理。

1.3 实验内容

一、阅读汇票信息，根据要求回答下列问题。

Bank of China
Los Angeles Branch

BILL OF EXCHANGE

USD8,652.40

JUNE 12, 2002

At 090 DAYS AFTER B/L DATE Sight of this FIRST of Exchange (Second being unpaid)

Pay to the Order of Bank of China, Los Angeles Branch, Los Angeles.

United States Dollars EIGHT THOUSAND SIX HUNDRED FIFTY TWO AND 40/100

for Value received and charge the same to account of

Drawn under AGRICULTURAL BANK OF CHINA, THE (ZHEJIANG BRANCH) HANGZHOU

L/C No. 11ILC020000541 Dated 05/16/02

To AGRICULTURAL BANK OF CHINA, THE (ZHEJIANG BRANCH) HANGZHOU

FOR AMERICA CHUNG NAM INC.

No. 2206194

Authorized Signature

1. 汇票字样。
2. 无条件支付命令。

3. 出票地点和日期。

4. 付款时间。

5. 付款金额。

6. 付款人名称和付款地点。

7. 收款人名称。

8. 出票人名称和签字。

9. 提示次数。

10. 汇票的法律适用地。

11. 汇票的转让和转让方式。

12. 收款人于6月25日持汇票向承兑行申请贴现，银行按6% p. a. 计息，计算贴现息和净款。

二、判断下列汇票中哪些是有效汇票，并说明理由。

汇票条款	判断	理由
1. Pay Tom Lee USD 1000. 00 on the death of David Chen.		
2. Pay Tom Lee USD 1000. 00 upon receipt of Bill of Lading No. 33289.		
3. Pay Tom Lee USD 1000. 00 and charge same to applicant's account maintained with you.		
4. Would you please pay to ABC Co. USD 1000. 00?		
5. Please pay ABC Co. USD 1000. 00 when we received commission.		
6. Please pay ABC Co. USD 1000. 00.		
7. Pay to ABC Co. one thousand US dollars out of our No. 123 account.		
8. Pay to ABC Co. one thousand Sterling Pounds converted into US dollars equivalent.		
9. Pay to ABC Co. the sum of one thousand Sterling Pounds on condition that goods have been shipped on board before 12, October.		
10. At 60 days after sight pay to the order of Bank of China the sum of nine hundred thousand US dollars drawn under LC No. 1234 issued by Bank of America dated on July 12, 2006.		
11. On arrival of the goods at the port of destination pay to ABC Co..		

三、请按下列要求，完成有关票据的填制。

1. A draft for USD 100000. 00 is drawn by The American Exporter Co. Inc. Tampa, Florida, U. S. A on The French Issuing Bank, Paris, France payable at 60 days sight to the order of ourselves dated 10 May, 2005 marked "Drawn under The French Issuing Bank, Paris, France L/C No. 12345 dated 25 Feb., 2005".

Exchangefor ______________ ______________, ______________

At ______________ pay to the order of ______________

the sum of ______________

Drawn ______________

____

To ______________ For ______________

______________ ______________

Signature

2. A promissory note for USD 15000. 00 is made by Johnson Importing Co., HongKong promissing at 30 days after date to pay to the order of Zhong-Hai Exporting Co., Beijing dated 20 Sep., 2005.

Promissory Note for ______________, ______________

At ______________ we promise to pay to ______________

______________ the sum of ______________

____

For ______________

____

____

3. A cheque No. 102358 for GBP 5000. 00 is drawn by Samuel and Johnson Company on The National Westminster Bank Ltd., London payable to the order of British Trading Co. dated 31 Mar., 2005.

Cheque No. ______________ ______________, ______________

____

____

Pay to ______________

the sum of ______________

____

____

____

signature

四、完成下列票据的签发。

1. 请按下列要求签发本票：

出票日期：2005 年 8 月 21 日；

固定在 10 月 23 日付给 Johnson & Brown Inc. 或指定人 USD 65701. 50；

George Thomas Inc，New York 签字。

2. 请按下列要求签发支票：

出票日期：2005 年 11 月 3 日；

支付给穗园贸易有限公司或指定人 USD 2300. 00；

致 Philadepphia International Bank；

Creditagricole，New York，55 Broad Street. New York. . 签字。

Promissory Note for ______________________, __________

At ______________________ we promise to pay to ______________

______________________________ the sum of ______________

____

For ______________________

____

____

Cheque No. ______________ ______________, ______________

____

____

Pay to ______________________________________

the sum of ______________________________________ [ ]

____

____

____

______________________ Signature

—

五、A Company，Guangzhou 签发一份以 Bank of China，Guangdong Branch 为指示性抬头的提单日后 90 天付款的汇票，出票日期为 2006 年 7 月 16 日，提单日为 2006 年 7 月 13 日，汇票金额为 USD 150000. 00。票款由 C Company，New York 支付。请完成如下练习：

Exchange for ________		
At ________ sight of this first of Exchanges (Second of the same tenor and date unpaid) pay to the order of ________		
the sum of ________		
Drawn ________		
To ________	For ________	
	Signature	

1. 该汇票的付款日期可以有哪些表示方式?

2. 签发汇票。

3. 持票人背书转让汇票。

(1) 第一种背书方式:空白背书。

(Reverse side)

(2) 第二种背书方式:特别背书(被背书人为 Citi Bank, N. A., New York)

(Reverse side)

4. 受票人于2006年7月27日接受了持票人的第一次提示,在汇票上作承兑,并向收款人发出了承兑通知书。(国际上的习惯做法:对于180天以内的远期汇票承兑后不退给持票人,而只是书面通知。)

C COMPANY

ACCEPTANCE NOTICE

New York, ________

________ To:

We give you below details of draft accepted by ourselves:

Your Ref No.	Drawer	Amount	Due	Remark

C Company, New York

Signature

(1) 付款人作普通承兑。

(2) 付款人作部分承兑：仅付汇票金额的80%。

(3) 付款人作有条件的承兑：条件为货物抵达目的地付款。

(4) 付款人作限定地点承兑：指定由其账户行 Midland Bank 付款。

(5) 付款人作延长时间的承兑：延迟付款时间为"见票后60天付款"。

5. Citibank N. A. , NEW YORK 在汇票上为汇票上的付款人作保证。

6. 请结合上面各小题的操作，概括票据的特性是如何体现的。

六、收款人 A Co. 将汇票特别背书转让给了 B Co.，B Co. 空白背书转让给 C Co.，C Co. 交付转让给 D Co.，D Co. 限制背书转让给 E Co.。假设 A Co.、B Co.、C Co. 和 D Co. 四家公司的有权签字人分别为张三、李四、王五、赵六。现请根据抬头人的不同写法进行汇票的转让并加注必要的背书。

抬头人的写法	第一次转让	第二次转让	第三次转让	第四次转让
①Pay to the order of A Co.				
②Pay to bearer				
③Pay to A Co. only				

七、英国国库券的买卖采用贴现方式。英格兰银行出售国库券时按照票面金额扣去贴现息的净款作为售价，也是客户的购买价。若国库券票面金额为 GBP 1000000.00，出券日后 91 天付款，贴现年率为 6.5%，请计算客户的购买金额。

八、某客户向银行提交支票，请根据所给的资料完成支票的相关业务处理。

Cheque no. 98001	New York, 30 Nov., 2006
Pay to the order of Hau Yuan Economic & Development Company	
the sum of US dollars one thousand and eighty only USD 1080.00	
To Philadelphia International Bank,	
55 Broad Street, New York.	For and on behalf of
	Credit Agricole, New York.
	Signature
026005092	19105269

1. 根据该支票的有关信息，找出支票的必要项目，并回答如下问题。

（1）支票字样。

（2）无条件支付命令。

（3）出票日期及出票地点。

（4）付款金额。

（5）付款期限。

（6）出票人。

（7）收款人。

（8）付款人。

（9）提示次数。

（10）“Credit Agricole, New York”与“Philadelphia International Bank”之间有何关系？

2. 出票人在支票上作普通划线“Not Negotiable”。持票人在将支票送 The Agricultural Bank of China, Shenzhen 办理光票托收前，在支票普通划线上增加“Account payee”。

3. The Agricultural Bank of China, Shenzhen 在支票上作特别划线，委托 Kincheng Bank Ltd., HongKong 办理托收。

4. Kincheng Bank Ltd., HongKong 在支票上再作特别划线，委托 Bank of China, New York 代收票款。

5. 持票人作空白背书。

Space for endorsement

九、计算远期汇票的到期日。

1. 请根据下列的不同情况计算远期汇票的到期日。

付款日期	到期日
AT 90 DAYS AFTER SIGHT （见票日即承兑日为5月21日）	
AT 3 MONTHS AFTER 21 MAY	
AT 1 MONTHS AFTER 31 MAY	
AT 2 MONTHS AFTER 30 DEC.	
AT 90 DAYS FROM 21 MAY	
ON JUNE 30 FIXED PAY TO …	
AT 30 DAYS AFTER B/L DATE/JUL. 15，2004	

2. 中国广州A公司于2007年7月15日开出三张出票日为同一天的汇票，付款时间分别为：

（1）提单日后30天付款（提单日为7月13日）。

（2）出票日后30天付款。

（3）见票日后30天付款。

受票人同为美国纽约B公司，收款人为中国银行广东分行。A公司在同一天将这三张汇票交给中行，中行也在同一天将三张汇票寄出，委托纽约美洲银行向B公司提示承兑和提示付款。三张汇票都在法定期限内被B公司在7月21日承兑。请问：

（1）中行是否会在同一天收到三张汇票的款项？

（2）计算这三张汇票的到期日？

十、案例分析

1. 我国某市甲公司与东南亚某国乙公司签订了一份进口胶合板的合同。合同总金额为600万美元，支付方式为托收项下付款交单，允许分批装运胶合板。首次交货时，双方合作很满意。但在第二次交货前，乙公司向甲公司提出，允许甲公司对乙公司采用远期汇票付款，支付条款为：见票后一年付款600万美元。但要求该汇票要请我国某国有商业银行的某市分行承兑乙公司保证在汇票承兑后将600万美元的胶合板在一年内交货，甲公司全部收货后，再付给乙公司600万美元货款。鉴于甲公司自身资金周转存在困难，因此甲公司欣然接受乙公司的建议，给乙公司签发了汇票。但始料不及的是，乙公司将这张由我国某国有商业银行某市分行承兑的远期汇票在新加坡的一家美国银行贴现了500万美元后，就无影无踪了，从此连一张胶合板都不交给甲公司。一年后，新加坡的美国银行将这张承兑了的远期汇票提请我国某国有商业银行某市分行付款。尽管乙公司没有交货，承兑银行却不得以此为由拒绝向善意持票人美国银行支付票据金额500万美元。试对上述案例进行分析，并说明票据的特点。

2. 某商人A借给商人B一笔周转资金，三个月后B商用一张见票即付的汇票偿还了对A商的欠款。不久，A商将此汇票背书转让给了S商作为买入其一笔紧俏货的付款。S

商在法定的时间内向付款人提示付款，却发现付款人已破产，汇票被拒付。请问：S 商可以向谁追索?

3. A 公司向中国银行广东省分行申请一张银行承兑汇票，该银行作了必要的审查后受理了这份申请，并依法在票据上签章。A 公司得到这张票据后没有在票据上签章便将该票据直接交付给 B 公司作为购货款。B 公司又将此票据背书转让给 C 公司以偿债。到了票据上记载的付款日期，C 公司持票向承兑银行请求付款时，该银行以票据无效为理由拒绝付款。请问：

（1）从以上案情显示的情况看，这张汇票有效吗?

（2）中国银行广东省分行既然在票据上依法签章，它可以拒绝付款吗？为什么?

单元实验二
汇款业务实验

2.1 实验目的

1. 掌握电汇、信汇、票汇的业务处理流程。
2. 了解汇款方式在国际贸易中的应用。

2.2 实验要求

1. 熟练使用电传或SWIFT格式用语发送各类电汇电文。
2. 熟悉汇出汇款业务的操作流程和注意事项。
3. 熟悉汇入汇款业务的操作流程和注意事项。

2.3 实验内容

一、汇款电文的应用

1. 利用下面的信息使用电传格式用语发送电汇电文。

Remitting bank：Bank of Asia，Tianjin

Paying bank：Bank of Asia，Luxemburg

Date of cable：9 June

Test：2563

Ref No. 208TT0219

Amount：USD 1660.00

Payee：Marie Clauda Dumont，Luxemburg
account No. 0 – 164/7295/550 with
Banque International du Luxemburg

Message：Payroll

Remitter：Crystal Palace Hotel，Tianjin

Cover：Debit our H. O. account

Please fill the following blanks in accordance with above instructions to dispatch a cable message of remittance by T/T.

电文：

FM：____

TO：____

DATE: ________________________________

TEST: ______________ OUR REF NO. ______________

NO ANY CHARGES FOR US

PAY ________________________________

TO ________________________________

FOR CREDITNING ACCOUNT NO. ______________

OF ________________________________

MESSAGE ________________________________

ORDER ________________________________

COVER ________________________________

2. 以下是一笔汇款业务的电文，请解释该电文。

TO：180000　　BANK OF CHINA GUANGDONG BRANCH

FROM　　BKCHCNBJ180 BKCH DONGFENGDONG BRANCH

MT103

TEST：

DATE：060904

:20：OUR REF NO.
180PA061190180

:23B：BANK OPERATION CODE
CRED

:32A：VALUE DATE，CURRENCY CODE，AMOUNT
060904USD 50134199

:33B：ORIGNAL CURRENCY CODE，ORIGNAL AMOUN
USD 50134199

:50K：ORDERING CUSTOMER
/440102557897
GUANGZHOU FEIYANG ELECTRONIC
INDUSTRAIAL CO.，LTD
NO. 388，EAST DONGFENG ROAD，
GUANGZHOU，P. R. C.

:52A：ORDERING INSTITUTION
BKCHCNBJ180

:57A：ACCOUNT WITH INSTITUTION
HNBKTWTP

:59：BENEFICIARY CUSTOMER
/201665656
APOLO CORPORATION
OFFSHORE CHAMBERS，P. O.

BOX109, APIA, SAMOA

:70: DETAILS OF PAYMENT

PAYMENT FOR LEFTOVER MATERIALS

:71A: DETAILS OF CHARGES

SHA

:72: SENDER TO RRCEIVER INFORMATION

/ACC/OFFSHORE BANKING BR.

(1) 电文格式	
(2) 汇款人名称、地址及账户	
(3) 收款人名称、地址及账户	
(4) 汇款金额和币种	
(5) 汇款起息日	
(6) 费用细则	
(7) 汇款信息	
(8) 业务参考号	
(9) 受益人的开户行	
(10) 发报行	
(11) 收报行	
(12) 发报行给收报行的附言	

3. 以下是一笔汇款业务的电文，请解释该电文。

SAFE Reference :0123456789

Received from :ABOCCNBJ

AGRICULTURAL BANK OF CHINA, THE

MESSAGE TYPE :MT 103 Customer Transfer

Date :Oct 15 2007

:20: STRE07101200380

:23B: CRED

:32A: 071011USD 3711550

:50K: /302154545

LEGEND ELECTRONICS MANUFACTURING

CO LTD. ADD: 20/F., MOK'S TOWER

30 - 34 WONG CHUK HANG ROAD,

HONG KONG.

:57D: GUANGZHOU ZHUJIANG BRANCH

:59：/201665656
GUANGZHOU FREEBIRD FILMS CO LTD
NO. 125，WEST HUANSHI ROAD，
GUANGZHOU，P. R. C.
:70：PAYMENT OF INVOICE NO. 123
AND ADVANCE PAYMENT
USD 3712550
:71A：SHA
:72：/INS/SCBKHKHH TTAA123456
/ACC/BNF'S WITH AGRITULCURAL
//BANK OF CHINA

(1) 电文格式	
(2) 汇款人名称、地址及账户	
(3) 收款人名称、地址及账户	
(4) 汇款金额和币种	
(5) 汇款起息日	
(6) 费用细则	
(7) 汇款信息	
(8) 业务参考号	
(9) 银行操作码	
(10) 受益人的开户行	
(11) 发报行	
(12) 发报行给收报行的附言	

4. 以下是一笔汇款业务的电文，请解释该电文。

TO：UCBKU868 UNITED COMMERCIAL BANK
FROM：BKCHCNBJ180
MT199
TEST：
DATE：080509
:20：180IQ081190003
:21：20080070221100
:79：ATTN：REMITTANCE DEPT.
RE YR MT103 REF NO. 20080070221100 VALUE
080508 FOR USD 401. 00 F/O LIN HONG.

PLS BE ADVD THAT WE CANT'T APPLY THE A/M
FUNDS SINCE LACK OF THE BENEF'S A/C NO.
PLS INVERSTIGATE AND REPLY TO US ASAP.
IF NO FURTHER INSTRUCTION IS RECEIVED FROM
YOU WITHIN FIFTEEN BANKING DAYS, WE SHALL
RETURN THE A/M FUNDS TO YOU WITHOUT ANY
LIABILITY ON OUR PART.
BEST RGDS.

(1) 电文格式	
(2) 发报行	
(3) 收报行	
(4) 涉及的汇款编号	
(5) 汇款起息日	
(6) 汇款金额	
(7) 受益人名称	
(8) 电文主要内容	

二、办理汇出汇款业务

1. 根据下列合同填制汇出汇款申请书，并指出汇款人办理该笔汇款时需要向银行提交哪些资料。

售货确认书
SALES CONFIRMATION

THE SELLER: SUPERB AIM (HONG KONG) LTD.,
RM. 504 FUNGLEE COMM BLDG. 6-8A PRATT AVE.,
TSIMSHATSUI, KOWLOO, HONGKONG

CONTRACT NO: GL0082
DATE: Oct. 8, 2007
PLACE: HONGKONG

THE BUYER: SHANGHAI TEXTILES IMP. & EXP. CORP. SHANGHAI
27 ZHONGSHAN ROAD E, 1. SHANGHAI, CHINA
TELEPHONE: 86-21-63218467 FAX: 86-21-63291267

THE BUYER AND SELLER HAVE AGREE TO CONCLUDE THE FOLLOWING TRANSACTIONS ACCORDING TO THE TERMS AND CONDITIONS STIPULATED BELOW:

1. COMMODITY & SPECIFICATION PACKING & SHIPPING MARK	2. QUANTITY (PCS.)	3. UNIT PRICE	4. AMOUNT
80% COTTON 20% POLYESTER LADIES KNIT JACKET		CIF SHANGHAI	
ART. NO. 49394 (014428)	600	USD 14.25	USD 8550.00
ART. NO 49393 (014428)	600	USD 14.25	USD 8550.00
ART. NO. 55306 (014429)	600	USD 14.25	USD 8550.00
REMARKS: 1) EACH IN PLASTIC BAGS, 24 BAGS TO A CARTON TOTAL 75 CARTONS 2) SHIPPING MARK: SUPERB S. H. NO. 1 – 75 MADE IN HONGKONG		TOTAL:	USD 25650.00
TOTAL VALUE: SAY US DOLLARS TWENTY-FIVE THOUSAND SIX HUNDRED AND FIFTY ONLY.			

TIME OF SHIPMENT: not later than the month of Dec. 2007 with partial shipments and transshipment allowed.

PORT OF LOADING & DESTINATION: FROM HON KONG TO SHANGHAI.

TERMS OF PAYMENT: By T/T, 30% in advance, 70% to be paid after shipment but before the goods arrive at destination.

INSURANCE: To be effected by the seller for 110% of the CIF invoice value covering ALL RISKS AND WAR RISK as per the ocean marine cargo clause of PICC dated jan. 1st, 1981.

TERMS OF SHIPMENT: To be governed by "INCOTERMS 2000". For transactions concluded on CIF terms, all surcharges including port congestion surcharges, etc. levied by the shipping company, in addition to freight, shall be for the Buyer's account..

The Buyer:	The Seller
SHANGHAI TEXTILES IMP. & EXP. CORP.	SUPERB AIM (HONG KONG) LTD.,
Signature	Signature

备注:

收款人账号	123 – 456 – 001	收款人开户银行	香港上海汇丰银行 (HSBCHKHH)
汇款人人民币账户	440101 – 3721	汇款人开户银行	中国银行上海市分行 (BKCHCNBJ300)
汇款人美元账户	440102 – 3358	银行汇款业务编号	180PA20071210002
汇款手续费	1000 元	汇款邮电费	80 元
2007 年 12 月 10 日 美元兑人民币外汇牌价	现汇买入价 749.64	现钞买入价 743.63	卖出价 752.64

2. 上海纺织品进出口公司于 12 月 10 日在中国银行上海市分行将该笔款项汇出后，将盖有银行印章的汇款回单传真给了香港 SUPERB AIM (HONGKONG) LTD.。但 10 天

后，上海纺织品进出口公司接到香港卖方的来电，称仍未收到该笔款项。现汇款人到汇出行办理查询，汇出行收到汇款人的查询申请后及时向账户行香港上海汇丰银行进行查询。请为汇出行草拟一份 SWIFT 格式的查询电文。

3. 请根据有关资料办理票汇业务。

Draft No. 20080613

Amount：USD 32150. 00

Place and date of draft：Guangzhou，8 Aug.，2008

Paying bank：Bank of China，New York

Payee：the order of United Trading Company，New York，America

Pay against this draft to the debit of our account.

Remitting bank：Bank of China，Guangzhou

Remitter：China National Light Industrial Products Imp. & Exp. Corp.，Guangzhou Branch，Guangzhou

（1）Please draw a demand draft to make remittance by D/D.

Not Negotiable
Account Payee

BANK OF CHINA

This draft is valid for one year from date of issue

NO. ____________________

AMOUNT ____________________

____

To: ____________________

Pay to ____________________

THE SUM OF ____________________

____

PAY AGAINST THIS DRAFT TO THE DEBIT OF OUR ____________ ACCOUNT

BANK OF CHINA，GUANGZHOU

____
Signatures

（2）回答如下问题。

汇出行名称	
汇入行名称	
收款人	
汇款人	
汇款货币及金额	
汇票的付款期限	
是否为中心汇票	
客户提出汇票遗失，出票行的处理	

4. 请根据有关资料办理信汇业务，制作信汇委托书和支付授权书。

Date of payment order：10 Oct.，2007 Ref No. MT45634

Remitting Bank：Agricultural Bank of China，Guangdong Branch

Paying Bank：HongKong and Shanghai Banking Corp. Ltd.，HongKong

Payee：Watson Commodity Co. Ltd.，HongKong，A/C No. 305 - 201 - 9

Remitter：Guangzhou Dongshan Supermarket Co. Ltd.，

Amount：HKD50, 000. 00

Cover：Please debit our A/C with you

Message：Commission under S/C NO. WT12350

中国农业银行广东分行

AGRICULTURAL BANK OF CHINA，GUANGDONG BRANCH

下列汇款，请即解付，如有费用请内扣。 日期

我已贷记你行账户。

Please advise and effect the following payment less your charges if any. In cover，we have credited your account with us.

此致

TO

信汇号码 No. of Mail transfer	收款人 To be paid to	金额 Amount

大写金额

Amount in Words：

汇款人 附言：

By order of Message

中国农业银行广东分行

AGRICULTURAL BANK OF CHINA，GUANGDONG BRANCH

AGUICULTURAL BANK OF CHINA GUANGDONG BRANCH
GUANGZHOU
PAYMENT ORDER

Date:

To

No. of payment order	To be paid or credited to	Amount

Amount in words: ______
By order of ______
Remarks
☐ You are authorized to debit our account with you.
☐ We have credited your A/C with us.
☐ Funds remitted to you via

AGUICULTURAL BANK OF CHINA GUANGDONG BRANCH

三、办理汇入汇款业务

1. 请根据上面第一大题的电文3办理汇入汇款的有关事宜。

（1）收款人到银行办理汇款解付，银行需要审核哪些相关资料？

（2）假设收款人需要将该笔款项结汇成人民币，请为收款人办理有关手续。

（当日美元对人民币的外汇牌价为：现汇买入价749.86；现钞买入价743.85；卖出价752.86。）

（3）假设收款人由于无法向银行提供外汇管理局要求的相关文件，在收到汇款到账通知后，收款人主动提出退汇。

① 现请为收款人办理有关手续，填写《汇入汇款退汇申请书》。

② 请为汇入行草拟一份退汇电文。

2. 请阅读上面第一大题的电文2。现因电文中提及的受益人名称与在账户行的开户名称不一致，为此，汇入行向汇出行进行查询。请为汇入行草拟这份查询电文。

3. 假设你在招商银行广州分行花城支行开有一卡通账户，卡号为0020－12345678，得知南非的姨妈要汇2000美元回来。现请根据招商银行的汇款指引将里面的账户资料清楚告知国外的姨妈。

招商银行境外汇入汇款指引

为确保您能顺利收到汇款，请参照以下指引嘱咐国外汇款人准确填写以下资料：

汇入美元

Please instruct your banker to transfer the USD funds（by T/T via CHIPS）as follows：

Correspondent：Citibank N. A.，New York（CHIPS ABA：0008）

（招商银行的美元账户行名称及其 CHIPS ABA 或 SWIFT 代码）

Beneficiary's Bank：China Merchants Bank，H. O. Shenzhen

CHIPS UID：298375

（汇入行：招商银行总行及其 CHIPS 代码或账号）

Beneficiary's a/c no.：______________________________

（收款人一卡通卡号、存折账号或公司美元账号）

Beneficiary：______________________________

（收款人户名：个人名字汉语普通话拼音或公司英文名）

Remarks：/TELE/pay through CMB ______________（city）Branch

（在此摘要栏，填写您开户所在的分行名称）

单元实验三
托收业务实验

3.1 实验目的

1. 掌握出口跟单托收的处理流程和注意事项。
2. 掌握进口代收业务的处理流程和注意事项。
3. 了解托收方式在国际贸易中的应用。

3.2 实验要求

1. 作为委托人，正确填写跟单托收申请书。
2. 作为托收行，熟练办理跟单托收业务。
3. 作为代收行，熟练办理进口代收业务。
4. 作为托收行，熟练办理光票托收业务。

3.3 实验内容

一、办理出口跟单托收业务

1. 我国广州 A 公司向香港某 B 公司出口一批货值 45 万港元的食品，结算方式为托收。委托人为该笔业务开立一张 30 天远期付款交单的汇票，出票日期为 2007 年 10 月 15 日，有权签字人为张山；托收行为中国银行广州分行，有权签字人为李海；代收行为香港东亚银行。

（1）委托人开立已收汇票，并向托收行提交全套单据时做成空白背书；托收行寄单时以代收行为被背书人，做成托收记名背书。

Exchange for ______	
At ______ sight of this first of Exchanges（Second of the same tenor and date unpaid）	
pay to the order of ______	
the sum of ______	
Drawn ______	
To ______	For ______
	Signature

(Reverse side)

(2) 委托人填制以托收行为抬头的汇票，托收行寄单时记名背书给代收行。

Exchange for ______ ______
At ______ sight of this first of Exchanges (Second of the same tenor and date unpaid)
pay to the order of ______
the sum of ______
Drawn ______
To ______ For ______
Signature ______

(Reverse side)

(3) 委托人填制以代收行抬头的汇票。

Exchange for ______ ______
At ______ sight of this first of Exchanges (Second of the same tenor and date unpaid)
pay to the order of ______
the sum of ______
Drawn ______
To ______ For ______
Signature ______

(Reverse side)

2. 请阅读下面这份托收指示书，审核并回答如下问题。

ABC INTERNATIONAL BANK, LTD.
18 Park Street
SINGAPORE

P. O. BOX 144
CABLE ADDRESS: ABCSGP
TLX NO. 12345

Singapore, AUGUST 16, 2005

To:
BANK OF CHINA
GUANGZHOU, CHINA

Dear Sirs:
We enclose herewith the following document (s) for COLLECTION subject to the Uniform Rules for Collections.
KINDLY ACKNOWLEDGE RECEIPT

OUR REF. NO.	**Drawers:** GOLD LOCK CO., SINGAPORE		
D012E201	**Drawees:** GUANGZHOU CO., 1234 DONGFENGXI RD. GUANGZHOU, CHINA		
Draft No.	**Tenor**	**Date of Draft**	**Amount**
BB089	D/P AT SIGHT	15/8/2005	USD 6800.00

Drawn under:

Shipment of 3PKGS **of** CONTAINER LOCKS **effected by** YONG LE, VOG. 123
From SINGAPORE **to** GUANGZHOU **under** B/L No. RD8122

DOCUMENTS	**Draft**	**Invoice**		**Packing List**	**Bill of Lading**		**Ins Pol/ Cert**	**Cert Qty & Qly**
		Comm.			**Neg.**	**Non-Neg.**		
1ST LOT	1/2	3/5		1/2	1/2			1
2ND LOT	1/2	2/5		1/2	1/2			

INSTRUCTIONS MARKED "×"
(×) Deliver documents against Payment.
( ) Deliver documents against Acceptance.
( ) Acceptance/Payment may be deferred pending arrival of vessel carrying goods.

(×) Your commission and all charges, if any, are for account of drawee. NO WAIVING
( ) Please collect for our account interest at % p. a. from
( ) Acceptance to be advised by airmail/cable.
(×) Payment to be advised by ~~airmail~~/cable.
(×) In case of non-acceptance/non-payment DO NOT PROTEST but advise us by ~~airmail~~/cable.
(×) In the event if dishonor, please store and insure goods for our account.
( )

DISPOSAL OF PRECEEDS

(Please always quote our reference number when remitting the proceeds)
( ) Please remit proceeds to us by airmail transfer/telegraphic transfer.
( ) Please credit proceeds to our account with you under advice to us by airmail/cable.
( ) Please remit proceeds by T/T to:

for credit to our account, quoting our Ref. No. under advice us.

(×) Please authorize us to debit your head Office, Beijing, USD a/c with us by TESTED TELEX quoting our No. D012E201.

For **ABC INTERNATIONAL BANK, LTD.**
JOHNSON
Authorized Signature

(1) 委托人的名称	
(2) 付款人的名称	
(3) 托收行的名称	
(4) 代收行的名称	
(5) 托收的金额	
(6) 付款期限	
(7) 汇票出票日期	
(8) 汇票号码	
(9) 装运港、目的港	
(10) 提单号码、船名	
(11) 商品名称、商品数量	
(12) 交单条件	
(13) 是否货到后方付款	
(14) 银行费用由哪方支付	
(15) 利息支付情况	
(16) 拒付时是否需发出退票通知	
(17) 拒付时是否需出具拒绝证书	
(18) 拒付时对货物的处理	
(19) 寄单次数、种类、份数	
(20) 托收款的偿付方式	

3. 请根据有关资料，填写跟单托收申请书和托收指示书。

Drawer：China National Instruments Imp. & Exp. Corp.，Guangzhou Branch，Tianhe North Rd. No. 338，Guangzhou

Drawee：Continental Co.，46 Rue de Ancient，Paris

Amount：USD 20000. 00

The Principal presents an application for collection accompanied by draft and documents to the Remitting Bank，Bank of China Guangdong Branch，for collection. An application for collection shows as follows：(1) Commercial documents surrendered are below：B/L in triplicate；Invoice in triplicate；Certificate of origin in duplicate；Insurance Policy in duplicate；Packing list in duplicate. (2) Collection instructions are given below：

①Deliver documents against payment

②Remit the proceeds by airmail

③Airmail advice of payment

④Collection charges outside China from drawee，waive if refused by him.

⑤Airmail advice of non-payment with reasons

⑥Protest waived

⑦When collected，please credit proceeds to principal's account with remitting bank.

Remitting bank complete a collection instruction in accordance with principal's application to add other requirements as follows：

①Ref. No. OC2576459；Date：15 July，2008

②Please collect and remit proceeds to Bank of China，New York for credit of our account with them under their advice to us.

③Please produce a collection instruction attaching draft and documents to be forwarded to the collecting bank，Banque du Paris，Paris.

二、办理进口代收业务

请根据国外银行（托收行）寄来的托收指示书办理进口代收业务。

Wells Fargo HSBC Trade Bank, N. A.

Operations Group, 9000 Flair Drive, 3rd Floor, El Monte, CA91731

SWIFT ID: WFBIUS65

Facsimile No. 626 – 572 – 4610 Tel No. 626573 – 6261

INSTRUCTION FOR DOCUMENTARY COLLECTION

DATE May 15, 2007

PLEASE ALWAYS QUOTE OUR REF. NO. EMDC1009873

Dear Sirs,

We enclose the following draft/document(s) which please collect in accordance with the instructions indicated herein. DRAFT DESCRIPTION:	TO: Collecting Bank BANK OF CHINA, GUANGDONG YUEXIU SUB BRANCH 2/F 25 NO. SOUTH TIANHE RD. GUANGZHOU GUANGDONG, CHINA

Date:	Drawer Ref. Number:	Tenor:	Amount:
May 15, 2007	2345 – 1	SIGHT	USD 8955. 50

Drawer: PAKE LUMBER BO. , INC P. O. BOX345 AKRON, INDIANA 46910 U. S. A.	Drawee: GUANGDONG FOREIGN TRADE IMP. & EXP. CORP. 15/16F GUANGDONG FOREIGN ECONOMIC & TRADE BLDG 351# TIANHE RD, GUANGZHOU, CHINA

The relative documents are disposed as follows

COM. INV.	PACKING LIST	B/L	N/N B/L	AWB.	ORIGIN CERT.	INS. POL.	CONSULAR INV.
1Original 1 Copy	1Original 0 Copy	3 Issued 3 Presented	3 Presented	0 Original 0 Copies	1Original 1 Copy	1Original 1 Copy	0 Original 0 Copies
OTHER DOCUMENTS: PHYTO 1/1 TALLY 1 SET							

Instructions: (We request that the instructions checked below be followed in processing this collection)

- Deliver documents against Payment
- Advise Non Payment By Telex/SWIFT
- Your Charges: Drawee's Account
- Trade Bank's charges for drawer's account
- If Drawee Refuses to Pay Interest of Charges: Do Not Waive
- Protest for Non-Payment.
- Documents must be presented to Drawee only by you unless otherwise authorized by Trade Bank.
- Should exchange restrictions in your Country be such that remittance by wire transfer as requested below cannot be effected in settlement of this collection, please do not accept payment in currency other that that in which the draft is drawn, unless specifically authorized by Trade Bank.

TAKE NO ACTION AND INCUR NO EXPENSE TO OBTAIN, STORE, BOND OR INSURE GOODS WITHOUT AUTHORIZATION FROM TRADE BANK.

Remit proceeds in immediately available funds by wire transfer to the account of Wells Fargo Bank, N. A., ABA No. 122230 at the Federal Reserve Bank of San Francisco and instruct your U. S. correspondent bank via SWIFT using the following format: Attn: Wells Fargo Account, quoting our Collection Reference No.: Trade Bank EMDC1009873
Swift MT202
21: RELATED REFERENCE: EMDC1009873
57D: ACCT WITH BANK: //FW12100123
WFBIUS6S
58D: BENEFICIARY BANK: 029288478
TRADE BANK OPERATIONS GROUP
DO NOT PAY BY CHECK.

This Collection is subject to Uniform Rules for Collections, 1995 Revision, ICC Publication No. 522.

AUTHORIZED SIGNATURE

备注：

银行业务参考号	180IC07109123	业务手续费	100 元
发票号码	GZ071009	提单号码	SQ898018
商品名称	进口木板（ASH）	企业外币账户	298－10989－009

三、办理光票托收业务

1. 请持下列支票到中国银行越秀支行办理光票托收。

（1）指出该支票的出票人、收款人、付款人。

（2）指出支票的金额、出票日期。

（3）办理该笔光票托收业务。

兆豐國際商業銀行香港分行

MEGAINTERNATIONAL COMMERCIAL BANK NO. 812987
(INCORPORATED IN TAIWAN)
HONGKONG BRANCH Date: 20 SEP., 2007
Suite 2201, 22/F, Prudential Tower, The Gateway, Harbour City

祈付 或持票人
Pay **章美香** or Bearer **HK $ 47, 769. 00**

港币
Hong Kong
Dollars **肆万柒仟柒佰陆拾玖圆整**

YIU LIU, SU－HSIAN
A/C NO. 123－456－789

黄康良

"812987 242"987" 29048989" 00" 00"477684900"

For clearing use 结算专用	For bank/customer use 银行/客户专用			
	MAMAGER	ACCT	MAKER	S. V.
	Account Number 账户号码			

(Reverse side)

备注：

收款人开户账号	0305 - 011 - 9	收款人身份证号码	440105196209108962
收款人联系电话	13802498198	托收方式	收妥贷记
银行业务参考号	180CC07109123	业务手续费	45. 21 元

单元实验四
信用证业务实验

4.1 实验目的

1. 掌握信用证业务的处理流程和注意事项。
2. 了解信用证方式在国际贸易中的应用。
3. 了解与信用证有关的国际惯例。

4.2 实验要求

1. 正确填制信用证申请书。
2. 熟练阅读信用证内容。
3. 正确判断信用证的类型。
4. 根据合同进行信用证的审核。

4.3 实验内容

一、阅读信用证内容

1. 根据提供的信息，判断下列信用证的类型。

信　息	信用证类型
1. We hereby confirm the above mentioned Credit and undertake to honor the drafts drawn in compliance with the terms and conditions of the credit.	
2. Draft at sight for 100% Invoice value.	
3. Available with Issuing Bank by sight payment.	
4. Usance draft shall be negotiated at sight basis. Discounting commissions and charges are for buyer's account.	
5. Available with Issuing Bank by deferred payment.	
6. The usance draft are payable on sight basis. We are authorized to pay the face amount of your draft upon presentation, and discount charge is for account of the applicant.	
7. Draft at: 90 days after sight for acceptance.	
8. Available with Advising Bank by negotiation.	
9. Available with any bank in beneficiary country by negotiation.	
10. This credit is transferable only to a second beneficiary in your country.	

续表

信　息	信用证类型
11. This credit shall not be available/operative/effective in force unless and until the reciprocal credit in favor of … for account of … is established by … bank.	
12. This is a reciprocal credit against united Overseas Bank Ltd Singapore Credit No. CMLC1234 favoring Jinbo Engineering &Trading Co. issued by Development Bank Guangzhou Br.	
13. Beneficiary may draw in advance under this credit by his sight draft for amount up to 100% of the credit amount accompanied by his undertaking to the effect of shipment within the validity of the credit and to provided documents in terms of the credit.	
14. The amount of drawing paid under this credit become available to you again upon your receiving from us advice to this effect.	
15. The amount paid under this credit are again available to you automatically until the total of the payment reaches USD 600000.	
16. 30 days after a draft has been negotiated under this credit, the credit reverts to its original amounts of USD 100000 unless otherwise notified.	
17. This credit is revolving at USD 50000 covering shipment of … per calendar month cumulative operation from April 1992 to September 1992 inclusive up to a total of USD 300000.	
18. Drawings under this credit are limited to USD 1000000 in any calendar month…	
19. Payment under this credit is to be made upon receipt of the cover or the notice of acceptance from the issuing bank of the master credit.	
20. This credit shall become operative only upon our receipt from … of the relative documents as requested by the master Credit No. … dated … and made out in compliance with terms thereof.	

2. 阅读信用证，根据该证的内容回答以下问题。

FROM：ABC BANK LTD CHICAGO，USA

TO：ADVISING BANK SHANGHAI，CHINA

DATE　30 MARCH

OUR DOCUMENTARY CREDIT REFERENCE NO. 1234

TEST NO. 4321　　FOR USD 2050000 DATED 30 MARCH

WITH OUR HEAD OFFICE

WE OPEN OUR DIVISIBLE，FRACTIONABLE DOCUMENTARY CREDIT NO. 1234

ORDER ACCOUNT OF：ABBOTT COMPANY，CHICAGO，USA

FAVOUR：SHANGHAI MILK ENTERPRISE COMPANY，SHANGHAI CHINA

FOR THE AMOUNT OF USD 2050000. 00（TWO MILLION AND FIFTY THOUSAND AND 00/100 UNITED STATES DOLLARS）

COVERING SHIPMENT OF

1200 MT. MILK POWDER CFR SHANGHAI

SHIPMENT FROM ANY PORT SOMEWHERE TO ANY PORT ANYWHERE

TRANSHIPMENT ALLOWED PART SHIPMENTS ALLOWED

VALID FOR NEGOTIATION AT THE COUNTERS OF THE CONFIRMING BANK UNTIL 21 July

SHIPMENT TO BE EFFECTED AS FOLLOWS:

1ST SHIPMENT FOR 600 MT. ON OR ABOUT 27 APRIL

2ND SHIPMENT FOR 600 MT. TO BE EFFECTED BETWEEN 01 AND 31 MAY BOTH END DATES TO BE INCLUSIVE.

AVAILABLE FOR NEGOTIATION OF DRAFTS AT 60 DAYS SIGHT DRAWN ON ABC BANK LTD CHICAGO, USA ACCOMPANIED BY THE FOLLOWING DOCUMENTS:

1. SIGNED COMMERCIAL INVOICE IN TRIPLICATE.

2. FULL SET CLEAN SHIPPED ON BOARD BILLS OF LADING CONSIGNED TO ORDER OF XYZ BANK LTD MARKED FREIGHT PAID AND NOTIFY THE ACCOUNTEE.

3. QUALITY CERTIFICATE ISSUED BY A COMPETENT AUTHORITY.

4. COPY OF FAX SENT TO ACCOUNTEE ADVISING SHIPMENT DETAILS, SHIPMENT DATE, INVOICE VALUE AND DOCUMENTARY CREDIT NUMBER WITHIN FIVE DAYS OF SHIPMENT.

5. PACKING LIST.

SPECIAL INSTRUCTIONS

1. ALL BANK CHARGES OUTSIDE AMERICA INCLUDING REIMBURSEMENT CHARCES ARE FOR ACCOUNT OF SHANGHAI MILK ENTERPRISE COMPANY.

2. PLEASE ADVISE THE BENEFICIARY ADDING YOUR CONFIRMATION.

3. CLAIM REIMBURSEMENT FROM OUR ACCOUNT WITH OUR NEW YORK OFFICE AT MATURITY FOR DOCUMENTS PRESENTED IN STRICT COMPLAINCE WITH THE TERMS AND CONDITIONS OF THIS DOCUMENTARY CREDIT.

4. THIS DOCUMENTARY CREDIT IS SUBJECT TO THE UNIFORM CUSTOMS AND PRACTICE FOR DOCUMENTARY CREDITS (1993 REVISION) INTERNATIONAL CHAMBER OF COMMERCE (PUBLICATION NO 500)

(1) The documentary credit should be advised as:

A. Revocable　　B. Irrevocable

C. Revocable Transferable　　D. Irrevocable Transferable

(2) All of the following documentary credit terms and conditions under UCP may be disregarded except:

A. divisible　　B. fractionable

C. adding your confirmation　　D. issued by a competent authority

(3) Which of the following Bill of Lading "shipped on board" dates would be acceptable for the first shipment?

①17 April.　②20 April.　③25 April.　④02 May.

A. ③only.　　B. ③ and ④only.

C. ②, ③ and ④ only.　　D. ①, ②, ③, and ④.

(4) Under the terms of the documentary credit, your bank may accept Quality Certificate issued by:

①Applicant.　　②Beneficiary.

③third party manufacturer. ④third party inspection company.

A. ① and ② only. B. ② and ③ only.

C. ①, ② and ④ only. D. ①, ③ and ④ only.

(5) Before confirming the documentary credit, your bank should obtain and amendment to the following terms and conditions?

A. drawee party B. shipment period

C. presentation period D. form of documentary credit

3. 阅读信用证，根据该证的内容回答以下问题。

* * * * * RECEIVED MESSAGE * * * * *

Status: MESSAGE DELIVERED

Station: 1 BEGINNING OF MESSAGE

* FIN/Session/ISN	: F01 2419 802907
* Own Address	: BOCOZO × × × × ×
*	: BANK OF CHINA
*	: GUANGZHOU
* Output Message Type	: 700 ISSUE OF A DOCUMENTARY CREDIT
* Input Time	: 1428
* MIR	: 9812075WPACN2ZWA × × ×3057903703
* Sent by	: ACNZ2W × × × WESTPAC BANK
*	CORPORATION WELLINGTON
*	: (FOR ALL NEW ZEALAND
*	BRANCHES)
*	: 981207/0928
* Priority	: Normal
*	

*27 /SEQUENCE OF TOTAL

* 1/1

*40A /FORM OF DOCUMENTARY CREDIT

* IRREVOCABLE

*20 /DOCUMENTARY CREDIT NUMBER

* 9812/20487923

*31C /DATE OF ISSUE

* 981207

* 1998-12-07

* 31D/DATE AND PLACE OF EXPIRY

* 990121 P. R. O. C

1999-01-21

*50 /APPLICANT

*   NEW CHEM INC.
*   AUCKLAND, NEW ZEALAND
*59   /BENEFICIARY
*   GUANGZHOU FOREIGN TRADE CORP.
*   GUANGZHOU, P. R. OF CHINA
*32B   /CURRENCY CODE AMOUNT
*   USD 3487000
*   US Dollar
*   3487000
*41D   /AVAILABLE WITH…BY… – NAME/ADDR
*   ANY BANK
*   BY NEGOTIATION
*42C   /DRAFTS AT…
*   SIGHT
*42A   /DRAWEE – BIC
*   WPACNZ2WAKL
*   WESTPAC BANKING CORPORATION
*   AUCKLAND
*43P   /PARTIAL SHIPMENTS
*   NOT ALLOWED
*43T   /TRANSSHIPMENT
*   ALLOWED
*——————————————————————————————————————
*44A   /ON BOARD/DISP/TAKING CHARGE
* ANY P. R. O. C PORT
*44B   /FOR TRANSPORTATION TO
*   AUCKLAND NEW ZEALAND
*   44C/LATEST DATE OF SHIPMENT
*   981231
*   1998 – 12 – 31
*45A   /DESCP OF GOODS AND/OR SERVICES
*   BLACK SILICON CARBIDE CIF AUCKLAND
*46A   /DOCUMENTS REQUIRED
*   + COMMERCIAL INVOICES.
*   + FULL SET CLEAN "ON BOARD" OR "SHIPPED"
*   NEGOTIABLE BILLS OF LADING TO ORDER BLANK
*   ENDORSED MAEKED "FREIGHT PREPAID"
*   + INSURANCE POLICY OR CERTIFICATE
*   COVERING MARINE AND WAR RISKS.
*   + PACKING LIST

* +CERTIFICATE OF ANALYSIS
* +BENEFICIARY CERTIFICATE STATING BATCH
* NUMBERS APPEAR ON ALL DOCUMENTS AND
* PACKAGES
*47A /ADDITIONAL CONDITIONS
* DRAFTS DRAWN HEREUNDER MUST BEAR
* DOCUMENTARY CREDIT NUMBER AND DATE
* THEREOF FOR EACH PRESENTATION OF
* DISCREPANT DOCUMENTS UNDER THIS CREDIT
* A FEE OF NZD70.00 (OR ITS EQUIVALENT
* IN THE CURRENCY OF YOUR DRAWING) IS FOR
* ACCOUNT OF BENEFICIARY AND MUST BE
* DEDUCTED FROM YOUR REIMBURSEMENT
* CLAIM OR WILL BE DEDUCTED FROM THE
* PROCEEDS (IN THE EVENT CLAIM IS PAID BY
* OURSELVES).
* ALL DOCUMENTS IN DUPLICATE UNLESS
* OTHERWISE STATED.
*71B /CHARGES
* ALL BANK CHARGES OUTSIDE COUNTRY
* OF ISSUING BANK ARE FOR ACCOUNT
* OF BENEFICIARY.
*48 /PERIOD FOR PRESENTATION
* DOCUMENTS TO BE PRESENTED WITHIN
* 21 DAYS AFTER ISSUANCE OF BILL OF
* LADING OR OTHER SHIPPING DOCUMENT
*49 /CONFIRMATION INSTRUCTIONS
* WITHOUT
*78 /INSTRUCS TO PAY/ACCPT/NEGOT BANK
* UPON RECEIPT OF COMPLICANT DOCUMENTS, WE
* UNDERTAKE TO REMIT PROCEEDS BY
* TELEGRAPHIC TRANSFER IN TERMS OF YOUR
* INSTUCTIONS, WITHIN TWO BUSINESS DAYS,
* LESS OUR REIMBURSEMENT CHARGES AND COSTS
* OF NZD80.00, THE EQUIVALENT OF WHICH WILL
* BE DEDUCTED FROM YOUR CLAIM. DRAFT AND
* DOCUMENTS ARE TO BE COURIERED IN ONE LOT
* TO WESTPAC BANKING CORPORATION, NEW
* ZEALAND.
* ————————————————————————

* SAC：SWIFT Authentication Correct

(1) 开证行名称	
(2) 通知行名称	
(3) 信用证号码	
(4) 开证日期	
(5) 信用证有效期及地点	
(6) 申请人名称	
(7) 受益人名称	
(8) 信用证金额	
(9) 信用证的类型	
(10) 汇票付款期限	
(11) 汇票金额	
(12) 汇票付款人	
(13) 分批装运及转运	
(14) 装运港	
(15) 目的港	
(16) 最迟装船日	
(17) 货物描述	
(18) 单据要求	
(19) 不符点扣费	
(20) 费用分担	
(21) 交单期限	
(22) 是否保兑	
(23) 偿付方式和时间	
(24) 寄单方式	

4. 阅读信用证，根据该证的内容回答以下问题。

2002APR25 07:55:54 Logical Terminal GDPF

MT S700 Issue of a Documentary Credit Page 00001

Func JSRVPR1

MSGACK DWS765I Auth OK, key B0020421064AF648, BKCHCNBJ AIBK **** RECORD 797208

Basic Header	F	01	BKCHCNBJA400 0649 494074
Application Header	O	700 1715 020424	AIBKIE2DA × × × 3189 448014 020425 0015 N
			* AIB BANK
			* DUBLIN

User Header	Service Code	103:
	Bank. Priority	113:
	Msg User Ref	108:
	Info. from CI	115:

Sequence of Total	*27	: 1/1
Form of Doc. Credit	*40A	: IRREVOCABLE
Doc. Credit Number	*20	: AIB. IM02023502
Date of Issue	31C	: 020424
Expiry	*31D	: Date 020619 Place CHINA
Applicant Bank	51A	: AIBKIE2D × × × * AIB BANK * DUBLIN
Applicant	*50	: BAND C CANTWELL, CC FITTINGS, MEADOWLANDS GRANTSTOWN CO WATERFOD
Beneficiary	*59	: GUANGDONG TEXTILES IMPORT AND EXPORT COTTON MANUFACTURED GOODS CO. 14/F GUANGDONG TEXTILES MANSIONS 168 XIAO BEI RD GUANGZHOU CHINA
Amount	*32B	: Currency USD Amount 20000. 00
Available with/by	*41A	: AIBKIE2D × × × * AIB BANK * DUBLIN BY ACCEPTANCE
Drafts at …	42C	: 30 DAYS SIGHT
Drawee	42A	: AIBKIE2D × × × * AIB BANK * DUBLIN
Partial Shipments	43P	: PROHIBITED
Transshipment	43T	: PERMITTED
Loading in Charge	44A	: GUANGZHOU CHINA

For Transport to …	44B	: DUBLIN, IRELAND
Descript. of Goods	45A	: DRAWER SLIDES AND HANDLES CIF DUBLIN, IRELAND.
Documents required	46A:	

+SIGNED INVOICES IN TRIPLICATE

+FULL SET OF CLEAN ON BOARD MARINE BILLS OF LADING CONSIGNED TO ORDER, BLANK ENDORSED, MARKED FREIGHT PREPAID AND CLAUSED NOTIFY APPLICANT.

+INSURANCE POLICY/CERTIFICATE BLANK ENDORSED COVERING ALL RISKS FOR 10 PERCENT ABOVE THE CIF VALUE.

+CERTIFICATE OF CHINA ORIGIN ISSUED BY A RELEVANT AUTHORITY.

+PACKING LIST

Additional Cond. 47A:

+PLEASE FORWARD ALL DOCUMENTS TO ALLIED IRISH BANKS, TRADE FINANCE SERVICES, CARRISBROOK HOUSE, BALLSBRIDGE, DUBLIN 4.

+IF BILLS OF LADING ARE REQUIRED ABOVE, PLEASE FORWARD DOCUMENTS IN TWO MAILS, ORIGINALS SEND BY COURIER AND DUPLICATES BY REGISTERED AIRMAIL.

Details of Charges	71B	: BANK CHARGES EXCLUDING ISSUING BANKS ARE FOR ACCOUNT OF BENEFICIARY.
Presentation Period	48	: DOCUMENTS TO BE PRESENTED WITHIN 21 DAYS FROM SHIPMENT DATE
Confirmation	*49	: WITHOUT
Instructions	78:	

DISCREPANT DOCUMENTS, IF ACCEPTABLE, WILL BE SUBJECT TO A DISCREPANCY HANDLING FEE OF EUR100.00 OR EQUIVALENT WHICH WILL BE FOR ACCOUNT OF BENEFICIARY.

SPECIAL NOTE: ISSUING BANK WILL DISCOUNT ACCEPTANCES ON REQUEST, FOR A/C OF BENEFICIARY (UNLESS OTHERWISE STATED) AT APPROPRIATE LIBOR RATE PLUS 1.00 PERCENT MARGIN.

Send. to Rec. Info.	72	: THIS CREDIT IS ISSUED SUBJECT TO THE U.C.P. FOR DOCUMENTARY CREDITS, 1993 REVISION, I.C.C. PUBLICATIONS NO.500
Trailer		Order is〈MAC:〉〈PAC:〉〈ENC:〉〈TNG:〉〈PDE:〉 MAC:1D20750E CHK: 503662F748C

(1) 开证行名称	
(2) 信用证号码	
(3) 开证日期	

续表

(4) 信用证有效期及地点	
(5) 申请人名称	
(6) 受益人名称	
(7) 信用证金额	
(8) 信用证的类型	
(9) 汇票付款期限	
(10) 汇票付款人	
(11) 分批装运	
(12) 转运	
(13) 装运港	
(14) 目的港	
(15) 货物描述	
(16) 单据要求	
(17) 交单期限	
(18) 寄单方式	
(19) 费用负担	
(20) 不符点扣费	
(21) 贴现利率	

5. 阅读信用证，根据该证的内容回答以下问题。

*** * * * * * * RECEIVED MESSAGE * * * * * * ***

Status: MESSAGE DELIVERD

Station: 6 BEGINNING OF MESSAGE

* FIN/Session/OSN	: F01 2588 099582
* Own Address	: BOC020 × × ×
*	BANK OF CHINA
*	GUANGZHOU
* Output Message Type	: 701
*	ISSUE OF A DOCUMENTARY
*	CREDIT
* Input Time	: 1358
* MIR	: 000823MITKJPJTA × × ×2907196912
* Sent by	: MITKJPJTA × × ×SAKURA
*	BANK, LTD., THE (FORMERLY
*	MITSUI TAIYO KOBE)
*	TOKYO

* Output Date/Time : 000823/1258

* Priority : Normal

* ——————————————————————————

*27 /SEQUENCE OF TOTAL

* 1/2

*40A/ FORM OF DOCUMENTARY CREDIT

* IRREVOCABLE TRANSFERABLE

*20 /DOCUMENTARY CREDIT NUMBER

* 695 - 211 - 28704824

*31C /DATE OF ISSUE

* 000822

* 2000 - 08 - 22

*31D /DATE AND PLACE OF EXPIRY

* 001005 IN CHINA

* 2000 - 10 - 05

*50 /APPLICANT

* KUYAHO INC. TOKYO, JAPAN

*59 /BENEFICIARY

* GUANGZHOU FOREIGN TRADE CORP.

* GUANGZHOU

*32B /CURRENCY CODE AMOUNT

* USD 20000000

* US Dollar

* 20000000

*39A /PERCENTAGE CREDIT AMT TOLERANCE

* 10/10

*41D /AVAILABLE WITH…BY…NAME/ADDR

* ANY BANK

* BY NEGOTIATION

*42C /DRAFTS AT…

* BENEFICIARY'S DRAFT (S)

* AT SIGHT

* FOR FULL INVOICE

*42D /DRAWEE - NAME AND ADDRESS

* THE SAKURA BANK, LTD., TOKYO

*43P /PARTIAL SHIPMENTS

* NOT ALLOWED

*43T /TRANSSHIPMENT

* NOT ALLOWED

*44A /ON BOARD/DISP/TAKING CHARGE

*   CHINESE PORT(S)
*44B/ FOR TRANSPORTATION TO
*   JAPANESE PORT (S)
*44C /LATEST DATE OF SHIPMENT
*   000920
*   2000 - 09 - 20
*45A /DESCP OF GOODS AND/OR SERVICES
*   1000M/T OF CHINESE BEET PULP PELLETS 1999
*   CROP AT USD200.00 PER M/T CIF
*   JAPANESE PORT (S), PACKING IN BULK
*———————————————————————————
*27/   SEQUENCE OF TOTAL
*   2/2
*20   /DOCUMENTARY CREDIT NUMBER
*   695 - 211 - 28704824
*46B /DOCUMENTS REQUIRED
*   + SIGNED COMMERCIAL INVOICE IN 6 COPIES
*   + FULL SET OF CLEAN ON BOARD OCEAN BILLS OF
*   LADING MADE OUT TO ORDER AND BLANK
*   ENDORSED, MARKED FREIGHT PREPAID AND
*   NOTIFY APPLICANT
*   + WEIGHT CERTIFICATE AND QUALITY
*   CERTIFICATE AT THE TIME OF SHIPMENT BOTH
*   ISSUED BY BENEFICIARY
*   + MARINE INSURANCE POLICY/CERTIFICATE IN DUPLICATE, ENDORSED IN BLANK, FOR FULL INVOICE VALUE PLUS 10 PERCENT STATING CLAIM PAYABLE IN JAPAN COVERING INSTITUTE CARGO CLAUSES (A), AND WAR RISK.
*47B /ADDITIONAL CONDITIONS
*   1) CHARTER PARTY B/L ACCEPTABLE.
*   2) THIS L/C IS TRANSFERABLE WITH ADVISING
*   BANK.
*   3) 10PCT. MORE OR LESS IN QUANTITY AND
*   AMOUNT ALLOWED
*   4) THIRD PARTY SHIPPING DOCUMENTS
*   ACCEPTABLE.
*   5) T. T. REIMBURSEMENT PROHIBITED
*71B /CHARGES
*   ALL BANKING CHARGES OUTSIDE JAPAN ARE
*   FOR ACCOUNT OF BENEFICIARY
*48   /PERIOD FOR PRESENTATION

*   DOCUMENTS MUST BE PRESENTED WITHIN
*   15 DAYS AFTER THE DATE OF SHIPMENT
*   BUT WITHIN THE EXPIRY DATE
*49   /CONFIRMATION INSTRUCTIONS
*   WITHOUT
*78   /INSTRUCS TO PAY/ACCPT/NEGOT BANK
*   ON RECEIPT OF THE REQUIRED DOCUMENTS
*   WHICH COMPLY WITH THE TERMS OF THIS
*   CREDIT, WE WILL REMIT COVER TO THEM
*   IN ACCORDANCE WITH THEIR INSTRUCTIONS.
*   NEGOTIATION BANK SHOULD FORWARD THE
*   DOCUMENTS DIRECT TO
*   /THE SAKURA BANK, LTD., TOKYO INT'L
*   OPERATIONS CENTER TOKYO, JAPAN/
*   BY TWO CONSECUTIVE REGISTERED AIRMAILS
*   A FEE OF USD 50.00 WILL BE CHARGED BY US IF
*   THE DOCUMENTS PRESENTED TO US INCLUDE
*   ANY DISCREPANCIES. AT OUR SOLE DISCRETION
*   AND IRRESPECTIVE OF OUR ACCEPTANCE, THE
*   FEE FOR EACH DISCREPANT DOCUMENT
*   PRESENTED WILL BE DEDUCTED BY US FROM
*   THE REMITTANCE, OTHERWISE, WE WILL BILL
*   IT TO THE NEGOTIATING BANK.

(1) 开证行名称	
(2) 信用证号码	
(3) 开证日期	
(4) 信用证有效期及地点	
(5) 申请人名称	
(6) 受益人名称	
(7) 信用证金额	
(8) 信用证的类型	
(9) 汇票付款期限	
(10) 汇票付款人	
(11) 分批装运	
(12) 转运	
(13) 装运港	
(14) 目的港	
(15) 货物描述	
(16) 单据要求	
(17) 交单期限	

续表

(18) 对议付行的指示	
(19) 费用负担	
(20) 是否允许溢短装	
(21) 租船提单是否接受	
(22) 第三方提单是否接受	
(22) 是否允许电索	
(23) 信用证的开证格式	
(24) 是否为限制议付	
(25) 是否为限制通知行转让	

二、进口信用证业务

1. 我国 SHANGHAI TENGLONG WEAVING CO., LTD. 将从德国 NANCY FABRICS INC. 进口一批货物，双方签订如下贸易合同。请阅读该合同，并按要求回答如下问题。

(1) 进口商如欲申请开证，需要向开证银行提供哪些资料?

(2) 进口商根据合同填制开证申请书。

(3) 如因船期问题，出口商希望能将最迟装船日推迟 15 天。经有关各方当事人同意，现进口商向开证行申请进行信用证的修改。

(4) 如出口商交单后，经开证行审单无不符点，同意对外付款。现开证行向进口商缮制《对外付款/承兑通知书》。

NO.: NA55578

SALES CONFIRMATION

DATE: OCT 29, 2005

PLACE: HAMBURG, GERMANY

THE SELLERS:
NANCY FABRICS INC, 5 STREET NO. 41 AVENUE 5, HAMBURG, GERMANY

THE BUYERS:
SHANGHAI TENGLONG WEAVING CO., LTD.

ORIGINAL

THIS UNDERSIGNED SELLERS AND BUYERS HAVE AGREED TO CLOSE THE FOLLOWING TRANSACTION ACCORDING TO THE TERMS AND CONDITIONS STIPULATED BELOW:

1. COMMODITY & SPECIFICATION	2. QUANTITY	3. UNIT PRICE & TRADE TERMS	4. AMOUNT
UPHOLSTERY FABRICS PATTERN NO. 11011 PLAIN, PATTERN NO. 11012 CHECK, PATTERN NO. 12013 STRIPE, PATTERN NO. 11014 JACOUARDSEACH PATTERN 5000MTRS	20000MTRS	CIF SHANGHAI @ USD2. 70/MTR	USD 54000. 00

续表

TOTAL VALUE：SAY U. S. DOLLARS FIFTY FOUR THOUSAND ONLY.			US 54000. 00
5. PACKIING &SHIPPING MARKS	ONE PIECE WITH ROLL PACKING，PIECE LENGTH 50（±5）MTRS		
6. TIME OF SHIPMENT & MEANS OF TRANSPORTATION	SEAFREIGHT，ON/BEFORE DEC. 15，2005	7. PORT OF LOADING & DESTINATION	FROM HAMBURG TO SHANGHAI

8. INSURANCE：CIF TO BE EFFECTED BY THE SELLERS AT 110% OF INVOICE VALUE COVERING ALL RISKS AND WAR RISKS AS PER CHINA INSURANCE CLAUSES（C. I. C）DATED 1/1/1981.

9. TERMS OF PAYMENT：BY 100% IRREVOCABLE L/C TO BE AVAILABLE BY SIGHT DRAFT, REACHING THE SELLERS 45 DAYS BEFORE SHIPMENT，REMAINING VALID FOR NEGOTIATION IN GERMANY FOR FURTHER 15 DAYS AFTER THE PRESCRIBED TIME OF SHIPMENT，ALLOWING TRANS-SHIPMENT & PARTIAL SHIPMENT.

10. GENERAL TERMS

（1）REASONABLE TOLERANCE IN QUALITY，WEIGHT，MEASUREMENTS，DESIGNS AND COLORS IS ALLOWED，FOR WHICH NO CLAIMS WILL BE ENTERED.

（2）BUYERS ARE TO ASSUME FULL RESPONSIBILITIES FOR ANY CONSEQUENCES ARISING FROM：（A）THE USE OF PACKING，DESIGNS OR BRAND PATTERN MADE TO ORDER；（B）LATE SUBMISSION OF SPECIFICATION OR ANY DETAILS NECESSARY FOR THE EXECUTION OF THIS SALES CONFIRMATION；（C）LATE ESTABLISHMENT OF L/C；（D）LATE AMENDMENT TO L/C INCONSISTENT WITH THE PROVISIONS OF THIS SALES CONFIRMATION.

（3）SELLERS ARE NOT RESPONSIBLE FOR LATE OR NON-DELIVERY IN THE EVENT OF FORCE MAJEURE OR ANY CONTINGENCES BEYOND SELLER CONTROL.

（4）CLAIMS，IF ANY，CONCERNING THE GOODS SHIPPED SHOULD BE FILED WITHIN 30 DAYS AFTER ARRIVAL DESTINATION.

（5）BUYERS SHOULD SIGN ONE COPY OF THIS SALES CONFIRMATION AND RETURN IT TO SELLERS WITHIN 10 DAYS AFTER RECEIPT. IF NOTHING IS PROPOSED TO THE CONTRARY WITHIN THAT TIME，THIS SALES CONFIRMATION WILL BE EFFECTIVE. SALES CONFIRMATION，ISSUED ON THE STRENGTH OF BUYERS' ORDER OR EARLIER CONFIRMATION，IS EFFECTIVE IMMEDIATELY ON ITS ISSUANCE，AND SUBJECT TO NEITHER MODIFICATION NOR CANCELLATION，UNLESS AGREED UPON BOTH PARTIES.

（6）5% MORE OR LESS FOR EACH SHIPMENT IS ALLOWED.

THE BUYER：SHANGHAI TENGLONG WEAVING CO.，LTD.
LI HAIRONG

THE SELLER：NANCY FABRICS INC.
JOHNSON

有关资料：

开证银行名称	中国银行上海分行虹桥支行
信用证号码	LC20051234
信用证开证日期	2005 年 10 月 31 日
信用证修改日期	2005 年 11 月 10 日
进口企业的人民币账户	30378 - 123 - 879
进口企业的美元账户	30358 - 235 - 007
进口企业组织机构代码	68712345 - 9
对外付款通知书填制日	2006 年 1 月 20 日
来单行编号	BP20059899
发票号码	CIN1234
装船日期	2005 年 12 月 27 日
提单号码	BNJ3455
船名	CHANGJIANG VOY. 1234
承运人	中远航运公司上海分公司

2. 根据合同审核信用证申请书，指出与合同规定不符的地方并修改。

SALES CONTRACT

Sellers：HONGDA MOTOR CO.，LTD.

Contract No.：001 - 32A - 5201 - 12

Address：No. 1 - 1，2 - CHOME，MINAMI - AOYAMA，　　Date：　FEB. 2，2001

MINATO-KU，TOKYO，JAPAN　　Signed at：　GUANGZHOU

Telex：

Buyers：GUANGZHOU HONDA AUTOMOBILE CO.，LTD.　　Fax：

Address：HENGSHA，HUANGPU，GUANGZHOU P. R. CHINA　Telex：

Fax：

This Sales Contract is made by between the Sellers and the Buyers，whereby the Sellers agree to sell and the Buyers agree to buy the under-mentioned goods according to the terms and conditions stipulated below：

(1) Name of Commodity and Specifications	(2) Quantity	(3) Unit	(4) Unit Price	(5) Amount
HONDA AUTOMOBILE ENGINE MODEL GL - 3. 0 MODEL GX - 2. 4 MODEL GT - 1. 3	 100 130 100	SET	 USD 13000. 00 USD 10000. 00 USD 7000. 00	 USD 1300000. 00 USD 1300000. 00 USD 700000. 00
5% more or less both in amount and quantity allowed	Total Amount			USD 3300000. 00

(6) Packing：IN CONTAINERS

(7) Shipping Marks：N/M

(8) Delivery from ANY JAPANESE SEA PORT toXINGANG HUANGPU, GUANGZHOU, CHINA

(9) Time of Shipment: Not later than 2001/03/10, allowing transshipment and partial shipment.

(10) Terms of Payment: By 100% Irrevocable Letter of Credit in favor of the Sellers to be available by sight draft to be opened and to reach Japan before FEB. 15, 2001 and to remain valid for negotiation in Japan until the 15th days after the foresaid Time of Shipment. L/C must mention this contract number. L/C advised by INDDUSTRIAL AND COMMERCIAL BANK OF TOKYO BRANCH.

(11) Insurance: To be effected by Sellers for 110% of full invoice value covering INSTITUTE CARGO CLAUSE (A), INSTITUTE STRIKE CLAUSE, INSTITUTE WAR CLAUSE up to XINGANG, HUANGPU, GUANGZHOU, CHINA including warehouse to warehouse.

(12) Quality/Quantity Discrepancy and Claim:

In case the quantity and/or weight are found by the Buyers to be not in conformity with the Contract after arrival of the goods at the port of destination, the Buyers may lodge claim with the Sellers supported by survey report issued by an inspection organization agreed upon by both parties, with the exception, however, of those claims for which the insurance company and/or the shipping company are to be held responsible, claim for quality discrepancy should be filed by the Buyers within 30 days after arrival of the goods at the port of destination, while for quantity/weight discrepancy claim should be filed by the Buyers within 15 days after arrival of the goods at the port of destination. The Sellers shall, within 30 days after receipt of the notification of the claim, send reply to the Buyers.

(13) Force Majeure: In case of Force Majeure, the Sellers shall not be held responsible for late delivery or non-delivery of the goods but shall notify the Buyers by cable. The Sellers shall deliver to the Buyers by registered mail, if so requested by the Buyers, a certificate issued by the China Council for the Promotion of International Trade or/and competent authorities.

(14) Arbitration: All dispute arising from the execution of or in connection with this contract shall be settled amicably by negotiation. In case of settlement can be reach through negotiation the case shall then be submit China International Economic & Trade Arbitration Commission. In Shenzhen (or in Beijing) for arbitration in act with its sure of procedures. The arbitral award is final and binding upon both parties for setting the dispute. The fee, for arbitration shall be borne by the losing party unless otherwise awarded.

The Seller ____________ The Buyer ____________

不可撤销跟单信用证申请书

APPLICATION FOR IRREVOCBLE DOCUMENTARY CREDIT

ATTENTION NO NET WEIGHT

TO: THE INDUSTRIAL AND COMMERCIAL BANK OF CHINA GUANGZHOU BRANCH

Dated: FEB. 12. 2001

Please establish ☒ By SWIFT/Telex ☐By airmail an Irrevocable Credit as per followings

Advising Bank INDUSTRIAL AND COMMERCIAL BANK OF CHINA TIKYO BRANCH	(20) IRREVOCABLE DOCUMENTARY CREDIT No. (31D) Expiry Date 2001/04/10 Expiry Place TOKYO, JAPAN

续表

<table>
<tr><td>(50) Applicant
GUANGZHOU HONDA AUTOMOBILE CO., LTD
HENGSHA, HUANGPU, GUANGZHOU
P. R. CHINA</td><td>(59) Beneficiary
HONDA MOTOR CO., LTD
NO. 1-1, 2-CHOME, MINAMI-AOYAMA. MINATO-KU.
TOKYO, JAPAN</td></tr>
<tr><td colspan="2">(32B) Currency code. Amount (in figures): USD 3258393. 60
(In words): SAY IN U. S. DOLLARS THREE MILLION TWO HUNDRED FIFTY-EIGHT THOUSAND THREE HUNDRED AND NINETY-THREE AND CENTS SIXTY ONLY
Quantity and Credit amount tolerance ____ %</td></tr>
<tr><td colspan="2">(41a) Credit available with ☒ ANY BANK □ Issuing bank</td></tr>
<tr><td colspan="2">By ☒ Negotiation □ Acceptance ☒ Sight Payment □ Deferred Payment at ________</td></tr>
<tr><td colspan="2">(42C) Draft at <u>sight</u> For <u>100</u> % of Invoice Value</td></tr>
<tr><td>(43P) Partial Shipment ☒ allowed □ not allowed</td><td>(43T) Transshipment ☒ allowed □not allowed</td></tr>
<tr><td>(44A) Loading on board From Any Japanese sea port</td><td>(44B) For Transportation to XINGANG, HUANGPU GUANGZHOU, CHINA</td></tr>
<tr><td colspan="2">(44C) Latest Date of Shipment: 2001/03/20</td></tr>
<tr><td colspan="2">(45A) Description of Goods: Automobile Parts as per proforma invoice/contract No. 001 – 32A – 5202 – 12

Price term: CIF XINGANG, HUANGPU, GUANGZHOU, CHINA
Packing: IN CONTAINERS</td></tr>
<tr><td colspan="2">(46A) Documents required: (marked with ×)
(×) Signed commercial invoice in <u>3 originals</u> indicating L/C No. and contract No. as mentioned above
(×) 2/3 set of clean on board ocean bills of lading made out to order and blank endorsed marked "freight <u>prepaid</u> □ showing freight amount" notifying ☒ Applicant □
( ) Air Waybill showing "freight □ to collect □ prepaid □ indicating freight amount" and consigned to □ Applicant □issuing Bank □
(×) Insurance Policy/Certificate in <u>2 originals</u> for 110% of the invoice value, showing claims payable GUANGZHOU China in the currency of the draft, blank endorsed covering (☒ Ocean Marine Transportation □ Air Transportation □ Over Land Transportation) All Risks, War Risks, <u>Strike Risks</u>, including <u>warehouse to warehouse</u> as per <u>Institute Cargo</u> Clauses (A), <u>Institute Strike Clauses, Institute War Clauses.</u>
(×) Packing list/weight list in 2 originals copies indicating quantity/gross and net weights of each package and packing conditions as called for by the L/C.
( ) Certificate of Quantity/Weight in Copies
(×) Certificate of Quality in 2 Copies issued by ☒ Beneficiary □ public recognized surveyor □ manufacturer.
( ) Beneficiary's certified copy of cable/telex dispatched to the accountees within hours after shipment advising □ name of vessel □ B/L No. □ flight No. □, wagon No. □ Shipping date□ contract No. □ L/C No. commodity quantity, weight and value of shipment.
( ) <s>Certificate of origin in copies</s> Beneficiary's certificate certifying that they have sent documents to the applicant by courier service including 1/3 set of original B/L, commercial invoice in one original and one copy, packing list in one original and one copy, indicating cases'No., parts'No. /description/quantity of each and gross weights of each case, certificate of Origin in one original, insurance policy/certificate in one copy and the courier receipt should be attached for negotiation.
(×) Plant Inspection Certificate issued by Inspection and Quarantine Department of Official Authority in the country of the shipper if the goods are packed into coniferous wood package; Statement of non-coniferous wood packing material issued by the shipper in the use of non-coniferous wood packing material; Statement of no wood packing material issued by the shipper in wood packing material.
All documents must be issued in English.</td></tr>
</table>

续表

(47A) Additional conditions ( ) Documents issued earlier than L/C issuing date are not acceptable. (×) All banking charges and interest if any outside opening bank are for account of beneficiary. (×) All documents to be forwarded in one cover, unless otherwise stated. ( ) The remaining ________% of invoice value ________ ( ) Third party as shipper is not acceptable.
(48) Period for presentation: Documents to be presented within 21 days after the date of issuance of the transport documents but within the validity of the credit. (71B) Charges ☒ Beneficiary ☐ Applicant.

三、出口信用证业务

1. 根据合同审核信用证。

SALES CONTRACT

BUYER: JAE & SONS PAPERS COMPANY
203 LODIA HOTEL OFFICE 1546, DONG－GU,
BUSAN, KOREA

NO. ST05－016
DATE: AUGUST 08, 2005
SIGNED AT: NANJING, CHINA

SELLER: WONDER INTERNATIONAL COMPANY LIMITED
No. 529, Qijiang Road He Dong District, Nanjing, China

This Contract is made by the Seller; whereby the Buyers agree to buy and the Seller agrees to sell the under-mentioned commodity according to the terms and conditions stipulated below:

1. COMMODITY: UNBLEACHED KRAET LINEBOARD.
   UNIT PRICE: USD 390.00/PER METRIC TON, CFR BUSAN KOREA
   TOTAL QUANTITY: 100METRIC TONS, ±10% ARE ALLOWED.
   PAYMENT TERM: BY IRREVOCABLE L/C 90 DAYS AFTER B/L DATE
2. TOTAL VALUE: USD 39000.00 (SAY U.S. DOLLARS THIRTY NINE THOUSAND ONLY. *** 10% MORE OR LESS ALLOWED.)
3. PACKING: To be packed in strong wooden case (s), suitable for long distance ocean transportation.
4. SHIIPPING MARK: The Seller shall mark each package with fadeless paint the package number, gross weight, measurement and the wording: "KEEP AWAY FROM MOUSTURE", "HANDLE WITH CARE", etc. and the shipping mark: ST05－016/BUSAN KOREA
5. TIME OF SHIPMENT: BEFORE OCTOBER 02, 2005
6. PORT OF SHIPMENT: MAIN PORTS OF CHINA
7. PORT OF DESTINATION: BUSAN, KOREA
8. INSURANCE: To be covered by the Buyer after shipment. (F. O. B Terms)
9. DOCUMENT:
   + Signed invoice indicating LC No and Contract No.
   + Full set (3/3) of clean on board ocean Bill of Lading marked "Freight to Collect" / "Freight Prepaid"

made out to order blank endorsed notifying the applicant.

+ Packing List/Weight List indicating quantity/gross and net weight.

+ Certificate of Origin.

+ No solid wood packing certificate issued by manufacturer.

10. OTHER CONDIGTIONS REQD IN LC:

+ All banking charges outside the opening bank are for beneficiary's a/c.

+ Do not mention any shipping marks in your L/C.

+ Partial and transshipment allowed.

11. REMARKS: The last date of L/C opening: 20 August, 2005.

BANK OF KOREA LIMITED, BUSAN

SEQUENCE OF TOTAL	*27:	1/1
FORM OF DOC. CREDIT	*40A:	IRREVOCABLE
DOC. CREDIT NUMBER	*20:	S100 - 108085
DATE OF ISSUE	31C:	20050825
EXPIRY	*31D:	DATE 20051001 PLACE APPLICANT'S COUNTRY
APPLICANT	*50:	JAE & SONS PAPERS COMPANY 203 LODIA HOTEL OFFICE 1564, DONG-GU, BUSAN, KOREA
BENEFICIARY	*59:	WONDER INTERNATIONAL COMPANY LIMITED N0. 529, QIJIANG ROAD HE DONG DISTRICT, NANNING, CHINA
AMOUNT	*32B:	CURRENCY HKD AMOUNT 39, 000. 00
AVAILABLE WITH/BY	*41D:	ANY BANK IN CHINA BY NEGOTIATION
DRAFTS AT ...	42C:	DRAFT AT 90 DAYS AT SIGHT FOR FULL INVOICE COST
DRAWEE	42A:	BANK OF KOREA LIMITED, BUSAN
PARTIAL SHIPMENTS	43P:	NOT ALLOWED
TRANSSHIPMENT	43T:	NOT ALLOWED
LOADING IN CHARGE	44 A:	MAIN PORTS OF CHINA
FOR TRANSPORT TO ...	44B:	MAIN PORTS OF KOREA
LATEST DATE OF SHIP.	44C:	20051031
DESCRIPT. OF GOODS	45A:	

+ COMMODITY: UNBLEACHED KRAET LINEBOARD.

U/P: HKD 390. 00/MT

TOTAL: 100MT ±10% ARE ALLOWED.

PRICE TERM: CIF BUSAN KOREA

COUNTRY OF ORIGIN: P. R. CHINA

PACKING: STANDARD EXPORT PACKING

SHIPPING MARK: ST05 - 016

BUSAN KOREA

DOCUMENTS REQUIRED46A:

1. COMMERCIAL INVOICE IN 3 COPIES INDICATING LC NO. & CONTRACT NO. ST05 - 018
2. FULL SET OF CLEAN ON BOARD OCEAN BILL OF LADING MADE OUT TO ORDER AND BLANK ENDORSED, MARKED FREIGHT TO COLLECT, NOTIFYING THE APPLICANT.
3. PACKING LIST/WEIGHT LIST IN 3 COPIES INDICATING QUANTITY/GROSS AND NET WEIGHTS
4. CERTIFICATE OF ORIGIN IN 3 COPIES

ADDITIONAL COND.	47B:	ALL DOCUMENTS ARE TO BE PRESENTED TO US IN ONE LOT BY COURIER/SPEED POST.
DETAILS OF CHARGES	71B:	ALL BANKING CHARGES OUTSIDE OF OPENING BANK ARE FOR BENEFICIARY'S ACCOUNT.
PRESENTATION PERIOD	48:	DOCUMENTS TO BE PRESETNED WITHIN 21 DAYS AFTER THE DATE OF SHIPMENT BUT WITHIN THE VALIDITY OF THE CREDIT
CONFIRMATION	*49:	WITHOUT
INSTRUCTIONS	78:	

+WE HEREBY UNDERTAKE THAT DRAFTS DRAWN UNDER AND IN COMPLY WITH THE TERMS AND CONDITIONS OF THIS CREDIT WILL BE PAID MATURITY.

SEND. TO REC. INFO. 72: /SUBJECT TO U. C. P. 1993 ICC PUBLICATION 500

经审核以上信用证存在的问题如下：

2. 根据合同审核信用证。

售 货 合 同
SALES CONTRACT

卖方：

Sellers: GREAT WALL TRADING CO., LTD　　Contract No.: GW2005X06

地址：　　Date: 2004. 4. 22

Address: RM201, HUASHENG BUILDING, NINGBO, P. R. CHINA.　　Signed at: NINGBO

Fax: 0574 - 25763368

Buyers: F. T. C CORP.

Address: AKEDSANTERINK AUTO P. O. BOX. 9. FINLAND

Fax: ____________

This Sales Contract is made by and between the Sellers and the Buyers, whereby the sellers agree to sell and buyers agree to buy the under-mentioned goods according to the terms and conditions stipulated below:

(1) 货号、品名及规格 Name of Commodity and specifications	(2) 数量 Quantity	(3) 单位 Unit	(4) 单价 Unit Price	(5) 金额 Amount
HALOGEN FITTING W500 10% more or less both in amount and quantity allowed	9600PCS	PC	CIF HELSINKI USD 3. 80/PC	USD 36480. 00
	Total Amount			USD 36480. 00

(6) Packing: CARTON (7) Delivery From NINGBO to HELSINKI

(8) Shipping Marks: N/M (9) Time of Shipment: Within 30 days after receipt of L/C. allowing transhipment and partial shipment.

(10) Terms of Payment: By 100% Confirmed Irrevocable Letter of Credit in favor of the Sellers to be available by sight draft to be opened and to reach China before MAY 1, 2004 and to remain valid for negotiation in China until the 15th days after the foresaid Time of Shipment. L/C must mention this contract number L/C advised by BANK OF CHINA NINGBO BRANCH. ALL banking charges outside China (the mainland of China) are for account of the Drawee.

(11) Insurance: To be effected by Sellers for 110% of full invoice value covering F. P. A up to HELSINKI To be effected by the buyers.

(12) Arbitration: All dispute arising from the execution of or in connection with this contract shall be settled amicable by negotiation. In case of settlement can be reached through negotiation the case shall then be submitted to China International Economic & Trade Arbitration Commision. In Shenzhen (or in Beijing) for arbitration in act with its sure of procedures. The arbitral award is final and binding upon both parties for setting the Dispute. The fee, for arbitration shall be borne by the losing party unless otherwise awarded.

The Seller GREAT WALL TRADING CO., LTD　　　　The Buyer ALICE

马 丁

Issue of Documentary Credit

Issuing Bank:	METITABANKLTD., FINLAND.
Doc. Credit NO:	REVOCABLE
Credit Number:	LRT9802457
Date of Issue:	040428
Expiry:	Date 040416 Place FINLAND
Applicant:	F. T. C. CO. AKEKSANTERINK AUTO P. O. BOX 9, FINLAND
Beneficiary:	GREAT WALL TRADING CO., LTD. RM201, HUASHENG BUILDING, NINGBO, P. R. CHINA

Amount:	USD 3 648.00 (SAY U. S. DOLLARS THIRTY SIX THOUSAND FOUR HUNDERD AND EIGHT ONLY)
Available with/by:	ANY BANK IN ADVISING COUNTRY BY NEGOTIATION
Draft at…:	DRAFTS AT 20 DAYS' SIGHT FOR FULL INVOICE VALUE
Partial Shipments:	NOT ALLOWED
Transhipment:	ALLOWED
Loading in Charge:	NINGBO
For Transport to:	HELSINKI
Shipment Period:	AT THE LATEST MAY 30, 2004
Descrip. of Goods:	960PCS OF HALOGEN FITTING W500, USD 6.80 PER PC AS PER SALES CONTRACT GW2005M06 DD 22, 4, 2004 CIF HESINKI
Documents required:	* COMMERCIAL INVOICE 1 SIGNED ORIGINAL AND 5 COPIES * PACKING LIST IN 2 COPIES * FULL SET OF CLEAN ON BOARD MARINE BILLS OF LADING, MADE OUT TO ORDER, MARKED "FREIGHT PREPAID" AND NOTIFY APPLICANT (AS INDICATEABOVE) GSP CERTIFICATE OF ORIGIN FORM A, CERTIFYING GOODS OF ORIGIN IN CHINA, ISSUED BY COMPETENT AUTHORITIES * INSURANCE POLICY/CERTIFICATE COVERING ALL RISKS AND WAR RISKS OF PICC. INCLUDING WAREHOUSE TO WAREHOUSE CLAUSE UP TO FINAL DESTINATION AT HELSINKI, FOR AT LEAST 120 PCT OF CIF-VALUE. * SHIPPING ADVICES MUST BE SENT TO APPLICANT WITH 2 DAYS AFTER SHIPMENT ADVISING NUMBER OF PACKAGES, GROSS & NET WEIGHT, VESSEL NAME, BILL OF LADING NO. AND DATE, CONTRACT NO., VALUE.
Presentation Period:	6 DAYS AFTER ISSUANCE DATE OF SHIPPING DOCUMENT
Confirmation:	WITHOUT
INSTRUCTIONS:	THE NEGOTIATION BANK MUST FORWARD THE DRAFTS AND ALLDOCUMENTS BY REGISTERED AIRMAIL DIRECT TO US IN TWO CONSECUTIVE LOTS, UPON RECEIPT OF THE DRAFTS AND DOCUMENTS INORDER, WE WILL REMIT THE PROCEEDS AS INSTRUCTED BY THE NEGOTIATING BANK.

经审核以上信用证存在的问题如下：

3. 中国银行广东省分行收到一份国外来证（见上面第一大题第4小题），请按要求回答如下问题。

（1）中国银行收到该信用证后应如何处理？

（2）中国银行决定通知该信用证，现缮制《信用证通知书》。

（3）出口商缮制《客户交单联系单》，并在信用证规定的有效期内连同全套出口单据和出口收汇核销单向银行交单。

（4）如中国银行在审核单据时发现单据存在不符点，中国银行对此应如何处理？

（5）如中国银行审单后认为单证相符，现向国外寄单索偿，请缮制索汇面函。

（6）如中国银行收到国外银行的拒付通知，中国银行对此应如何处理？

有关资料：

发票号码	02 - G99114	发票日期	MAY 03，2002
提单号码	KGT258365	提单日期	MAY 28，2002
保单号码	02 - 75688	船　名	MANDER V. 0237
保　费	USD 86. 00	运　费	USD 1800/CONTAINER（40”）
货物装运情况	800SETS/40 CARTONS	集装箱号	SOCU6678025（40”）
净　重	25KGS/CTN	毛　重	28KGS/CTN
尺　码	（50×40×20）CM/CTN	核销单号	44H057890
生产厂家	广东新会东方厂	出口口岸	广州海关（5100）
单　价	USD 25. 00/SET	合同号码	GDTX - 02 - 25789
唛　头	B. C. /DUBLIN/NOSI - 40/ MADE IN CHINA	出口配额证号	4012345
		商品编码	7323. 9900
计量单位	千克	原产地证号	21988256
人民币账户	0305 - 01 - 1234	美元账户	0305 - 14 - 5678

4. 中国银行收到一份国外来证（见上面第一大题第 5 小题），请按要求回答如下问题。

（1）如受益人欲转让信用证，是否可以转让给数个第二受益人？转让金额可以是部分金额还是全部金额？转让后，第二受益人可否再根据需要继续转让？

（2）第一受益人办理该信用证转让时，是否必须按原证照转，或是可以变动原证条款？如欲变动原证条款，须注意哪些方面？

（3）办理该信用证转让时银行应注意哪些方面？根据要求，哪些银行可以办理转让？

（4）如第一受益人申请按如下条件转让信用证，其出发点是什么？这种转让信用证与对背信用证有哪些异同点？

有关资料：

1. 第二受益人名称、地址	Guangdong Machinery Import & Export Corporation (Group), 720 Dong Feng Rd. East, Guangzhou, P. R. China		
2. 转让金额	USD 160000.00	3. 单价	USD 160.00 per M/T
4. 保险比例	货值的 137.5%	5. 数量	1000M/T
6. 最迟装运日	2000 年 9 月 5 日	7. 有效期	2000 年 9 月 25 日
8. 交单期	装运日后 21 个日历日内提交单据		
9. 以第一受益人名称代替可转让信用证开证申请人的名称			
10. 第一受益人准备替换第二受益人的发票和汇票			
11. 可转让信用证的人任何修改必须征得第一受益人同意后方可通知第二受益人			
12. 本转让项下的所有通知行的费用，除了转让费，以及开证行/付款行/其他相关行的费用都由第二受益人承担			
13. 已转让信用证的通知行：Agricultural Bank of China Guangdong Branch Baiyun Sub-branch			
14. 已转让信用证号码：190LCT20001009			

5. 请阅读如下一则案例，分析并回答如下问题。

1997 年 1 月 30 日中国银行寄出某可转让信用证下 14 票单据，金额共 USD 1223499.12。单寄新加坡某转证行，由新加坡的第一受益人换单后将单转寄德国的原始开证行要求付款。2 月 14 日，中国银行收到新加坡银行转来的德国银行拒付电。拒付原因两点：第一，动物健康证缺少名称；第二，正本提单弄混。

中国银行查信用证及单据留底，认为：(1) 信用证对动物健康证名称规定为英文名称，仅在括号内显示德文名称。提交的单据未显示括号内的德文名称，但显示了括号外的英文名称。因此，即使不符也是非实质上的不符，德国银行借此拒付理由不充分。(2) 单据留底记录表明，提单提交新加坡银行时完整无缺，没有问题。单据是否为新加坡银行搞混不得而知。因此正本提单即使搞混也不是中国银行的责任。因此，中国银行向新加坡银行发出反拒付电报，新加坡银行在回电中声明已将中国银行电文内容转达德国开证行听候回复，同时声明作为转证行本身对单据的拒付和最终的付款与否不负责任。其后，中国银行通过新加坡银行再次发出反拒付的电文，要求开证行付款，但从新加坡银行得到的回电都说正在与德国开证行联系，开证行坚持不符点成立，拒绝付款。鉴于通过新加坡银行无法解决问题，中国银行曾几次直接给德国开证行发电，催促付款。但德国开证行在回电中声明，既然它的信用证是开给新加坡的转证行的，中国银行无权直接与开证行联系。

此后，中国银行也就无法与德国银行进行交涉。最终，此业务通过部分退单、部分无单放货的方式解决。作为出口商的我国外贸公司也丧失了信用证项下收款的保障。请问：

(1) 可转让信用证与不可转让信用证的区别体现在哪些方面？

(2) 在可转让信用证中，第二受益人将面临着哪些风险？

单元实验五
国际贸易担保业务实验

5.1 实验目的

1. 了解保函和备用信用证的种类。
2. 掌握保函和备用信用证的业务流程和注意事项。
3. 了解保函、备用信用证和跟单信用证之间的异同。

5.2 实验要求

1. 开立保函。
2. 开立备用信用证。

5.3 实验内容

一、保函业务

1. 请根据下面的资料开立一份投标保函。

①invitor for tender（招标人）beneficiary：Ace Technical Import Corp.，Beijing

②Date of guarantee：30 Aug.，2006

③Tender guarantee No.：BDE－1234

④Bidder（投标人）Principal（委托人）：ABC Co.，Dortmund，Germany

⑤invitation to tender No. ITT－84805 dated 29 May，2006

⑥Issuing Bank：Dresdner Bank，Dortmund

⑦Amount：（5% of tender amount）Euro 480，000.00

⑧Description of goods：supply of Microscopes，Photographic Equipment.

⑨His offer No. OFE 37844 dated 10 July，2006

⑩Guarantee shall expire on 28 Feb.，2007

TENDER GUARANTEE

Beneficiary：(1) ____________________ Date：(2) ____________________

(name and address)

TENDER GUARANTEE No.(3) ____________________

____

We have been informed that (4) ________________, (hereinafter called "the Principal"), responding to your invitation to tender No. (5) ________________ dated (6) ________________ for the supply of (7) ______________________________ (description of goods and/or services), has submitted to you his offer No. (8) ________________ dated (9) ______________________________.

Furthermore, we understand that, according to your conditions, offers must be supported by a tender guarantee.

At the request of the Principal, we (name of bank) (10) ________________ hereby irrevocably undertake to pay you any sum or sums not exceeding in total an amount of (11) ______________________ (say: ______________________) upon receipt by us of your first demand in writing and your written statement stating:

i) that the Principal is in breach of his obligation (s) under the tender conditions; and

ii) the respect in which the Principal is in breach.

Your demand for payment must also be accompanied by the following document (s):

(specify document (s) if any, or delete)

This guarantee shall expire on (12) ________________ at the latest.

Consequently, and demand for payment under it must be received by us at this office on or before that date.

This guarantee is subject to the Uniform Rules for Demand Guarantees, ICC Publication No. 458.

Signature (s): (13) ______________________

signature

2. 请根据下面的资料开立一份履约保函。

①invitor for tender (投标人) Beneficiary: Ace Technical Import Corp., Beijing

②Date of guarantee: 26 Feb., 2007

③Performance Guarantee No. 5678

④Enter into contract as seller-principal: ABC Co., Dortmund, Germany

⑤Contract No. 145－84805 dated 23 Feb., 2007

⑥supply of: Microscopes, Photographic Equipment

⑦Issuing Bank: Dresdner Bank, Dortmund

⑧Total an amount of: (10% of contract value) Euro 480, 000.00

⑨Guarantee shall expire on 27 Aug., 2007

PERFORMANCE GUARANTEE

Beneficiary:(1) ________________ Date:(2) ________________

(name and address)

PERFORMANCE GUARANTEE No. (3) ________________

____

We have been informed that (4) ________, (hereinafter called "the Principal"), has entered into contract No. (5) ________ dated (6) ________ with you, for the supply of (description of goods and/or services) (7) ________________

____

Furthermore, we understand that, according to the conditions of the contract, a performance guarantee is required.

At the request of the Principal, we (name of bank) (8) ________________ hereby irrevocably undertake to pay you any sum or sums not exceeding in total an amount of

(9) ________ (say: ________________) upon receipt by us of your first demand in writing and your written statement stating:

i) that the Principal is in breach of his obligation (s) under the underlying contract; and

ii) the respect in which the Principal is in breach.

Your demand for payment must also be accompanied by the following document (s):

(specify document (s) if any, or delete)

This guarantee shall expire on (10) ________________ at the latest.

Consequently, and demand for payment under it must be received by us at this office on or before that date.

This guarantee is subject to the Uniform Rules for Demand Guarantees, ICC Publication No. 458.

Signature (s) (11) ________________

____
signature

3. 请根据下面的资料开立一份预付款保函。

①Beneficiary: China National Technical Imp. Corp., Beijing, China

②Issuing date: 5 Jan., 2006

③Advance payment guarantee No. 85627

④Principal: Gordon Whiteley Works, Moreley, Leeds, U.K.

⑤Contract No. 10108 dated 20 June, 2005

⑥Description of Goods: Goods under Contract No. 10108

⑦Amount: GBP6, 050.00

⑧Name of Bank: Lloyds bank Ltd., Leeds, U.K.

⑨Account number: 01 – 332 – 51608

⑩Expiry date: 15 Feb., 2006

ADVANCE PAYMENT GUARANTEE

Beneficiary: (1) ____________________ Date: (2) ____________________

(name and address)

ADVANCE PAYMENT GUARANTEE No. (3) ____________________

____

We have been informed that (4) ____________________, (hereinafter called "the Principal"), has entered into contract No. (5) ____________ dated (6) ____________ with you, for the supply of (description of goods and/or services) (7) ____________________

____

Furthermore, we understand that, according to the conditions of the contract, an advance down payment in the sum of (8) ____________ is to be made against an advance payment guarantee.

At the request of the Principal, we (name of bank) (9) ____________ hereby irrevocably undertake to pay you any sum or sums not exceeding in total an amount of (10) ____________ (say: ____________) upon receipt by us of your first demand in writing and your written statement stating:

i) that the Principal is in breach of his obligation (s) under the underlying contract; and

ii) the respect in which the Principal is in breach.

Your demand for payment must also be accompanied by the following document (s):

(specify document (s) if any, or delete)

____

It is a condition for any claim and payment to be made under this guarantee that the advance payment referred to above must have been received by the Principal on his account number (11) ____________ at (name and address of bank) (12) ____________ This guarantee shall expire on (13) ____________ at the latest.

Consequently, and demand for payment under it must be received by us at this office on or before that date.

This guarantee is subject to the Uniform Rules for Demand guarantees, ICC Publication No. 458.

Signature (s): (14) ____________________

____

signature

____

二、备用信用证业务

1. 请根据下面的资料填写一份商业备用信用证。

（1）Issuing bank：Standard Bank，London

（2）Beneficiary：Laurance Co.，75，Elisabeth Street，HongKong

（3）Date of issue：（3）12 March，2007

（4）Credit No.：17623

（5）Applicant：Robinson Ltd.，London

（6）Credit amount：GBP200，000.00

（7）Expiry date：31 Oct.，2007

（8）Credit available by：payment

（9）Draft：drawn at sight on Issuing Bank

（10）Certificate stating that you have made shipment of the required goods and have supplied the required documents to Robinson Ltd.，and have not been paid within 30 days of the invoice date.

（11）Copy of：unpaid invoice

（12）Copy of：transport document

（13）Credit is subject to the International Standby Practices ISP98

Commercial Standby Letter of Credit Form

Issuing Bank

（1）________________

Beneficiary

（2）________________

Date of issue

（3）________________

Dear Sirs，

We hereby issue our irrevocable standby letter of credit No.（4）____________ by order of（5）__________ for an amount of（6）__________（say __________）which expires at our counters on（7）__________.

This credit is available by（8）__________ against presentation to us of the following documents：

i. Your draft（9）__________ for the amount of your claim.

ii. Your certificate stating that（10）____.

iii. Copy of（11）__________

iv. Copy of（12）__________

Partial drawings are allowed.

All charges under this standby letter of credit are for account of the beneficiary.

Except where otherwise expressly stated, this standby letter of credit is subject (13) ____.

Please quote our reference number on any correspondence.

Yours faithfully.

(1) ______________________

signature

2. 请将下面的中文保函翻译成英文。

应__________（下称“申请人”）要求，我行兹开立以你方为受益人的第____号，担保金额为________美元（即贷款本金及利息的110%），用以保证申请人在你方第____号贷款合同项下即期或将来的还款责任。

在本备用信用证项下，我行将凭你方提交的加押电传付款，同时，你方还应提交经你方签署的载明该索赔代表并包括了你行给予申请人贷款安排下未清偿的债务的声明。

当收到与本备用信用证规定相符的单据后，我行将在7个银行的工作日内，根据你方指示汇付索赔金额。

在你方计算索赔金额时，汇率适用索赔当日中国银行公布的美元买入价。

本备用信用证允许分批索赔。

本备用信用证的有效期至______________（贷款到期后6个月），并须在该日期前提交至××银行。

本备用信用证根据《跟单信用证统一惯例》（1993年版），国际商会第500号出版物开立。

3. 阅读下面一则案例，分析并回答如下问题。

澳大利亚悉尼S银行拟凭香港B银行开立的以S银行为受益人的备用信用证向D客户提供100万美元的信贷。S银行因缺少B银行的印鉴本，便去B银行悉尼分行核对。尽管在核对过程中双方还有争议，但毕竟在信用证签注了“印鉴相符，B银行”的字样，落款是B银行分行的两位职员的签字。然后，S银行凭持有的B银行悉尼分行的印鉴本核对了该两位职员的签字，完全相符。就此，D客户从S银行取得了100万美元。不久，S银行为信用证的一些小修改和B银行联系时，B银行否认曾经开立过此证，并表示对该信用证不承担任何责任。因而，S银行要求凭信用证支取100万美元遭到B银行的拒付。B银行声称该信用证是伪造的，而且信用证上某些内容也足以引起S银行的警觉。S银行反驳称，印鉴经核对相符，说明信用证是真实的，为此B银行应对该证负责。

法庭鉴定原告提示的信用证确属伪造。原告S银行以其对汇入汇款业务中印鉴核对的处理引证证明，是按当地银行惯例行事的，因而也是确定信用证真伪的有效方法，并且如果通过具有代理关系的银行核对印鉴可以确认信用证的真伪，那么通过开证行的分行核对印鉴当然可以确认信用证的真伪。被告声称信用证的若干内容应引起S银行的警觉，因此被告可以不受“禁止翻供”的约束。本法庭认为只有原告对于该伪造信用证真正知情，被告才不受“禁止翻供”的约束。对于原告来说，因不知道该信用证是伪造的而把被告的信用证当成是真实的，是合情合理的。本法院裁决被告（B 银行）对该信用证承担完全责任。

请问：

（1）上述案例争执的焦点是什么？

（2）备用信用证的实质是什么，它具有哪些特点？它和一般跟单信用证、保函有哪些异同点？

（3）备用信用证适用的国际惯例主要有哪些？本案例的判决是适用了什么惯例或法律？

单元实验六
国际结算单证业务实验

6.1 实验目的

掌握各种结汇单据缮制的具体要求。

6.2 实验要求

1. 根据信用证缮制全套结汇单据。
2. 根据信用证审核全套结汇单据。

6.3 实验内容

一、缮制单据

1. 根据以下制单资料，缮制相关单证。

①客户名称地址：AL. BALOUSHI TRADING EST JEDDAH.

②付款方式：20% T/T BEFORE SHIPMENT AND 80% D/P AT SIGHT

③装运信息：指定 APL 承运，装期：2005. 04. 29；起运港：NINGBO，目的港：JEDDAH

④价格条款：CFR JEDDAH

⑤唛头：ROYAL/05AR225031/JEDDAH/C/N：1－460

⑥货物描述：

P. P INJECTION CASES 14" /22" /27" /31" 230SET@ USD 42. 00/SET USD 9660. 00

P. P INJECTION CASES 14" /19" /27" /31" 230SET@ USD 41. 00/SET USD 9430. 00

(中文品名：注塑箱四件套)

⑦ 装箱资料：

箱号	货号	包装	件数	毛重（KGS）	净重（KGS）	体积
1－230	ZL0322 + BC05	CTNS	230	18. 5/4255	16. 5/3795	$34m^3$
1－230	ZL0319 + BC01	CTNS	230	18. 5/4255	16. 5/3795	$34m^3$

⑧ 合同号：05AR225031　　　签订日期：2005 年 3 月 30 日

⑨ 商业发票号：AC05AR031

BILL OF EXCHANGE

凭 不可撤销信用证

Drawn Under ______________________ Irrevocable L/C No. ______________

日期

Date ______________________ 支取 Payable With interest @ ____ % ____ 按 ____ 息 ____ 付款

号码 汇票金额 宁波 年 月 日

No. ______________ Exchange for ______________ Ningbo ______ 20 ______

见票日后 ______________（本汇票之副本未付）付交

at ______________ sight of this FIRST of Exchange (Second of Exchange Being unpaid)

Pay to the order of ______________________________

金额

the sum of ______________________________

此致

To ______________________ GREAT WALL TRADING CO. , LTD.

李 力

长城贸易有限公司
GREAT WALL TRADING CO. , LTD.

Room 201, HUASHENG? BUILDING, NINGBO, P. R. CHINA

TEL: 0574 - 24704015 FAX: 24691619

COMMERCIAL INVOICE

TO:

INVOICE NO. :

INVOICE DATE:

S/C NO. :

S/C DATE:

Marks and Numbers	Number and kind of package Description of goods	Quantity	Unit Price	Amount

Total:

SAY TOTAL:

GREAT WALL TRADING CO. , LTD.

李 力

长城贸易有限公司

GREAT WALL TRADING CO.，LTD.

Room 201，HUASHENG BUILDING，NINGBO，P. R. CHINA

TEL：0574－24704015　FAX：24691619

PACKING LIST

TO：

INVOICE NO.：

INVOICE DATE：

S/C NO.：

FROM：________________ TO：________________

Letter of Credit No.：________________ Date of Shipment：________________

Marks and Numbers	Number and kind of package Description of goods	Quantity	Package	G. W.	N. W.	MEAS.

Total：

SAY TOTAL：

GREAT WALL TRADING CO.，LTD.

李　力

2. 下面是一份信用证和有关资料，请认真阅读，并根据信用证要求缮制全套单据。

ISSUE OF A DOCUMENTARY CREDIT

Sender　: IBSPITTM414

* SANPAOLO IMI S. P. A

* PAVIA ITALY

Receiver　: SOGECN22 ×××

* SOCIETE GENERALS

* GUANGZHOU，BRANCH

* GUANGZHOU，CHINA

Message Text

27　　: Sequence of Total

1/1

40A　　: Form of Documentary Credit

IRREVOCABLE

20　　: Documentary Credit Number

3109/1065

31C　　: Date of Issue

050206　FEB. 6, 2005

31D　　: Date and Place of Expiry

050406　CHINA　APR. 6, 2005

50　　: Applicant

ARELLA AND C. SPA

PLAZZA COLLEGIO CAIROLI N. 3

27100 PAVIA, ITALY

59　　: Beneficiary

GUANGDONG TEA IMP. & EXP. CORP.

26 – 30/F., GUANGDONG FOREIGN ECONOMICS & TRADE BUILDING

351 TLANHE ROAD, GUANGZHOU, CHINA

32B　　: Currency Code, Amount

USD (US DOLLAR)

USD 37636.00 (US DOLLARS THIRTY SEVEN THOUSAND SIX HUNDRED AND THIRTY SIX ONLY.)

39A　　: Percentage Credit Amt Tolerance

10/10

41A　　: Available with… by…

ANY BANK BY NEGOTATION AGAINST THE DOCUMENTS DETAILED HEREIN AND BENEFICIARY'S DRAFTS AT SIGHT DRAWN ON US FOR 100 PCT OR THE INVOICE VALUE.

43P　　: Partial Shipment

NOT ALLOWED

43T　　: Transshipment

ALLOWED

44A　　: Loading in Charge

CHINESE PORT

44B　　: For Transportation to

LA SPEZIA PORT

44C　　: Latest Date of Shipment

050320 MAR. 20, 2005

45A　　: Descript. of Goods

4538 CHINA BLACK TEA ABT. 4, 000 KGS. @ USD 4.50/KG

5380 CHINA GREEN TEA ABT. 4, 000KGS. @ USD 5.20/KG

CIFC3% LA SPEZIA PORT (1×20' FCL/200 PAPERSACKS)

PACKED IN PAPERSACKS, PALLETIZED AND CONTAINERIZED AS PER THE SALES CONFIRMATION NO. BTS78905

THE PRICE IS TO BE UNDERSTOOD PER KILO NET SHIPPED WEIGHT CIF GENOVA LESS 3 PERCENT COMMISSION, INCLUDING PACKING.

46A : Documents Required

1) SIGNED COMMERCIAL INVOICE, ORIGINAL PLUS TWO COPIES, EVIDENCING THAT THE GOODS SHIPPED COMPLY WITH THE S/C NO. BTS78905 DATED 050112

2) 3/3 CLEAN ON BOARE BILLS OF LADING MADE OUT TO THE ORDER OF ARELLA AND C. SPA MARKED FREIGHT PREPAID AND NOTIFY TO CASASCO AND NAPDI - VIA DON GIOVANNI CALABRIA, 30-20132 MILANO PHONE 02-2729241

3) CERTIFICATE OF WEIGHT

4) CERTIFICATE OF ORIGIN FORM A ISSUED BY THE COMPETENT LOCAL AUTHORITY IN TWO COPIES

5) MARINE INSURANCE POLICY/CERTIFICATE COVERING ALL RISKS AND WAR RISK FOR 110 PERCENT OF THE CIF INVOICE VALUE

47A : Additional Conditions

+/- 10PCT. IN AMOUNT, QUANTITY AND WEIGHT IS ALLOWED ALL DOCUMENTS MUST INDICATE THIS CREDIT NUMBER PLEASE SEND DOCUMENTS TO:

SANPAOLO IMI SPA

VIA FABIO FILZI N. 2-27100 PAVIA (ITALY)

71B : Charges

ALL BANKING CHARGES AND COMMISSIONS OUTSIDE OF ITALY ARE FOR BENEFICIARY'S ACCOUNT

49 : Confirmation Instructions

WITHOUT

78 : Instr to Payg/Accptg/Negotg Bank

AT RECEIPT OF DOCUMENTS IN CONFORMITY WITH CREDIT TERMS, WE SHALL CREDIT YOU AS PER YOUR INSTRUCTIONS AT MATURITY DATE.

57D : "Advise Through" Bank-Name & Addr.

SOCIETE GENERALS-GUANGZHOU BRANCH

21 ST FLOOR PEACE WORLD PLAZA

362-366 HUANSHI EAST RD., GUANGZHOU

72 : Sender to Receiver Information

SUBJECT TO ICC PUB 500, 1993 REVISION AND SUBJECT TO THE UNIFORM RULES FOR BANK TO BANK TO BANK REIMBURSEMENT UNDER DOC. CREDIT ICC PUB 525

有关资料:

INVOICE NO.: TAR20057149　　INVOICE DATE　: MAR. 2, 2005

B/L NO.: GSG05-723　　B/L DATE: MAR. 15, 2005

FORM A NO.: GZ7/80067/0589　　POLICY NO.: TES3478921

SHIPPING MARK：N/M PACKED IN 200 PAPERSACKS
CONTAINER，SEAL NO.：TEXU3730336/KHS487605/20'
NAME OF STEAMER：PUDONG SENATOR V. 743
WEIGHT：N. W.：@40 KGS G. W.：@40. 7 KGS
该货物是完全自产品

各类议付单据的出具。

BILL OF EXCHANGE

凭　　　　　　　　　　　　　　　　　　　　　　　　　　信用证

Drawn under ______________________ L/C NO. __________.

日期

Dated __________ 支取　　　　　Payable with interest @ ___ % ____ 按 ____ 息 ____ 付款

号码　　　　　　　　　　汇票金额　　　　　　　　　　广州　　　年　　月　　日

NO. ______________. Exchange for ______________ Guangzhou ______ 20 ______

见票 __________ 日后（本汇票之正本未付）付交

At __________. sight of this FIRST of Exchange（Second of Exchange being unpaid）Pay to the order of

______________ 或其指定人

金额

the sum of ____

____

此致：

To ______________________

____

广东茶叶进出口公司

GUANGDONG TEA IMP. & EXP. CORP.

26 – 30/F GUANGDONG FOREIGN ECONOMICS & TRADE BUILDING

351 TIANHE ROAD, GUANGZHOU, CHINA

商业发票

COMMERCIAL INVOICE　ORIGINAL

To:

INVOICE NO.:

INVOICE DATE:

S/C NO.:

L/C NO.:

L/C DATE:

Transport details:

Terms of payment:

Marks & No.	Descrip. of goods	Quantity	Unit price	Amount

广东茶叶进出口公司

GUANGDONG TEA IMP. & EXP. CORP.

26 - 30/F GUANGDONG FOREIGN ECONOMICS & TRADE BUILDING

351 TIANHE ROAD, GUANGZHOU, CHINA

CERTIFICATE OF WEIGHT

NO. :　　　　　　　　　　　　　　　　　　　　　　　DATE:

Shipping Marks	Quantities & Descrip.	Of Goods	Net Weight	Gross Weight

中保财产保险有限公司
THE PEOPLE'S INSURANCE COMPANY OF CHINA

发票号码 保险单号次
Invoice No. Policy No.

海洋货物运输保险单
MARINE CARGO TRANSPORTATION INSURANCE POLICY

被保险人：
Insured：______

中保财产保险有限公司（以下简称本公司）根据被保险人的要求，及其所缴付约定的保险费，按照本保险单承担险别和背面所载条款与下列特别条款承保下列货物运输保险，特签发本保险单。

The policy of Insurance witnesses that the People's Insurance (Property) Company of China, Ltd. (hereinafter called "The Company"), at the request of the Insured and in consideration of the agreed premium paid by the Insured, undertakes to insure the mentioned goods in transportation subject to the conditions of this Policy as per the Clauses printed overleaf and other special clauses attached hereon.

保险货物项目 Description of Goods	包装及数量 Quantity	保险金额 Amount Insured

承保险别 货物标记
Conditions Marks & Nos.

总保险金额：
Total Amount Insured：______

保费 费率 装载运输工具
Premium：**as arranged** Rate **as arranged** Per conveyance S. S. ______

开航日期 自 至
Slg. on or abt. ______ From ______ to ______

所保货物，如发生本保险单项下可能引起索赔的损失或损坏，应立即通知本公司下述代理人查勘。如有索赔，应向本公司提交保险单正本（本保险单共有两份正本）及有关文件。如一份正本已用于索赔，其余正本则自动失效。

In the event of loss or damage which may result in a claim under this Policy, immediate notice must be given to the Company's Agent as mentioned hereunder. Claims, if any, one of the Original Policy which has been issued in TWO Original (s) together with the relevant documents shall be surrendered to the Company. If one of the Original Policy has been accomplished, the others to be void.

中国财产保险有限公司

THE PEOPLE'S INSURANCE (PROPERTY) COMPANY OF CHINA, LTD

____

赔款偿付地点 General Manager

Claim payable at ____________________

日期 在

Date ____________________ AT __________

Shipper	B/L No.
Consignee or order	中国远洋运输（集团）总公司 **CHINA OCEAN SHIPPING (GROUP) CO.** **ORIGINAL** COMBINED TRANSPORT BILL OF LADING RECEIVED the foods in apparent good order and condition as specified below unless otherwise stated herein. THE Carrier, in accordance with the provisions contained in this document, 1) undertakes to perform or to procure the performance of the entire transport form the place at which the goods are taken in charge to the place designated for delivery in this document, and 2) assumes liability as prescribed in this document for such transport One of the bills of Lading must be surrendered duty indorsed in exchange for the goods or delivery order.
Notify address	

Pre-carriage by	Place of Receipt	
Ocean Vessel	Port of Loading	
Port of Discharge	Place of Delivery	Final Destination for the Merchant's Reference only

Container, Seal No. Marks and Nos.	No. of packages&Description of goods	Gross weight (kgs.)	Measurement (m^3)

Freight & Charges	Revenue Tons	Rate Per	Prepaid	Collect
Ex. Rate	Prepaid at	Payable at	Place and date of issue	
	Total Prepaid	No. of original Bs/L	Stamp & Signature	

LADEN ON BOARD THE VESSEL

Date

By ____________

ORIGINAL

<table>
<tr><td colspan="3">1. Goods consigned from (Exporter's business name, address, country)</td><td colspan="3" rowspan="2">Reference No:
GENERALIZED SYSTEM OF PREFERENCES
CERTIFICATE OF ORIGIN
(Combined declaration and certificate)
FORM A
Issued in THE PEOPLE'S REPUBLIC OF CHINA
(country)
See Notes, overleaf</td></tr>
<tr><td colspan="3">2. Goods consigned to (Consignee's name, address, country)</td></tr>
<tr><td colspan="3">3. Means of transport and route (as far as known)</td><td colspan="3">4. For official use</td></tr>
<tr><td>5. Item Number</td><td>6. Marks and numbers of packages</td><td>7. Number and kind of packages; description of goods</td><td>8. Orign criterion (see Notes verleaf)</td><td>9. Gross weight or other quantity</td><td>10. Number and date of invoices</td></tr>
<tr><td colspan="3">11. Certification
It is hereby certified, on the basis of control carried out, that the declaration by the exporter is correct.

Place and date, signature and stamp of certifying authority</td><td colspan="3">12. Declaration by the exporter
The undersigned hereby declares that the above details and statements are correct; that all the goods were produced in ______
(country)
and that they comply with the origin requirements specified for those goods in the Generalized System of Preferences for goods exported to ______
(importing country)

Place and date, signature of authorized signatory</td></tr>
</table>

3. 下面是一份信用证和有关资料，请认真阅读，并根据信用证要求缮制全套单据。

THE SAKURA BANK, LIMITED

(Formerly MITSUI TAIYO DOBE)
INTERNATIONAL OPERATIONS CENTER
KOBE
56, NANIWA-CHO, CHUO-KU, KOBE, JAPAN
DATE OF ISSUE: OCTOBER 30, 1996

Irrevocable Documentary Credit
EXPIRY DATE: JANUARY 25, 1997
IN THE COUNTRY OF THE BENEFICIARY FOR NEGOTIATION

CREDIT NUMBER
483 - 5002361

<table>
<tr><td>ADVISING BANK</td><td colspan="2">BANK OF COMMUNICATIONS
SHANGHAI
(HEAD OFFICE)</td></tr>
<tr><td>BENEFICIARY</td><td colspan="2">SHANGHAI FOREIGN TRADE CORP.
SHANGHAI, CHINA</td></tr>
<tr><td>APPLICANT</td><td colspan="2">YAKAHUCHI CO., LTD.
NO. 689 NADA-KU, KOBE, JAPAN.</td></tr>
<tr><td>AMOUNT</td><td colspan="2">US. $22,500.00 (10% MORE OR LESS ALLOWED) (SAY US. DOLLARS TWENTY-TWO THOUSAND AND FIVE HUNDRED ONLY)</td></tr>
<tr><td colspan="3">CREDIT AVAILABLE WITH ANY BANK BY NEGOTIATION AGAINST PRESENTATION OF DOCUMENTS DETAILED HEREIN AND BENEFICIARY'S DRAFT (S) AT SIGHT DRAWN ON THE SAKURA BANK LTD., KOBE FOR FULL CFR INVOICE VALUE.
+SIGNED COMMERCIAL INVOICE IN 3 COPIES INDICATING L/C NO.,
ISSUING DATE AND COUNTRY OF ORIGIN
FULL SET OF CLEAN ON BOARD OCEAN BILLS OF LADING MADE OUT TO
ORDER OF SHIPPER AND BLANK ENDORSED, MARKED 'FREIGHT PREPAID',
AND NOTIFY APPLICANT.
THE B/L SHOULD CERTIFY THAT THE REEFER CONTAINER TEMPERATURE
SHOULD BE KEPT INSIDE AT ONE (1) DEGREE IN CENTIGRADE.
PACKING LIST IN 3 COPIES, INDICATING THE QUANTITY OF EACH SIZE.
2 COPIES OF FORM A (G. S. P. CERTIFICATE OF ORIGIN).
2 COPIES OF PHYTOSANITARY CERTIFICATE.

SHIPMENT FROM CHINESE PORT FOR TRANSPORTATION TO MOJI PORT.

COVERING SHIPMENT OF ABOUT 50MT OF WASHED FRESH BURDOCKS ("A" GRADE) AS PER APPLICANT'S PURCHASE ORDER NO. IP4278
DATED OCTOBER 11, 1996.
SIZE : M, L, 2L
RATIO : M-LESS THAN 20 PERCENT,
L PLUS 2L-MORE THAN 80 PERCENT
UNIT PRICE: AT USD 450.00/MT
CFR, MOJI PORT
OTHER CONDITIONS:
ALL BANKING CHARGES OUTSIDE JAPAN ARE FOR ACCOUNT OF BENEFICIARY</td></tr>
<tr><td colspan="3">(1) ORIGINAL FORM A (G. S. P. CERTIFICATE OF ORIGIN), ORIGINAL
PHYTOSANITARY CERTIFICATE AND ONE COMPLETE SET OF
NON-NEGOTIABLE SHIPPING DOCUMENTS TO BE SENT TO THE
APPLICANT BY DHL NOT LATER THAN B/L DATE AND CERTIFICATE
TO THIS EFFECT IS REQUIRED.

CONTINUED</td></tr>
<tr><td>PARTIAL SHIPMENTS ARE NOT ALLOWED</td><td>TRANSSHIPMENT IS NOT ALLOWED</td><td>SHIPMENT (S) MUST BE EFFECTED NOT LATER THAN JANUARY 15, 1997</td></tr>
</table>

续表

DOCUMENTS MUST BE PRESENTED WITHIN 10 DAYS AFTER THE DATE OF SHIPMENT BUT WITHIN THE EXPIRY DATE
EACH DRAFT DRAWN HEREUNDER MUST BE MARKED "DRAWN UNDER DOCUMENTARY CREDIT OF THE SAKURA BANK, LTD., KOBE INTERNATIONAL OPERATIONS CENTER NO. 483 - 5002361 DATED OCTOBER 30, 1996" AND THE AMOUNT DRAWN MUST BE ENDORSED ON THE REVERSE HEREOF BY THE NEGOTIATING BANK. WE HEREBY ISSUE THIS IRREVOCABLE DOCUMENTARY CREDIT IN YOUR FAVOR. IT IS SUBJECT TO THE "UNIFORM CUSTOMS AND PRACTICE FOR DOCUMENTARY CREDITS" 1993 REVISION, I. C. C. PUBLICATION NO. 500. **THE SAKURA BANK, LTD** AUTHORIZED SIGNATURE

THE SAKURA BANK, LIMITED

(Formerly MITSUI TAIYO DOBE)
INTERNATIONAL OPERATIONS CENTER

Continuation of Irrevocable Documentary Credit

CREDIT NUMBER
483 – 5002361

KOBE

56, NANIWA-CHO, CHUO-KU, KOBE, JAPAN

DATE OF ISSUE: OCTOBER 30, 1996

(2) SHIPMENT MUST BE EFFECTED BY 2 ×40' REFFER CONTAINERS TO MOJI PORT BETWEEN JANUARY 5, 1997 AND JANUARY 15, 1997.
(3) INSURANCE IS TO BE EFFECTED BY APPLICANT.
(4) T. T. REIMBURSEMENT IS PROHIBITED.

INSTRUCTIONS FOR BANK:
NEGOTIATING BANK SHOULD FORWARD THE DOCUMENTS DIRECT TO THE SAKURA BANK, LTD., KOBE INT'L OPERATIONS CENTER 56, NANIWA-CHO, CHUO-KU KOBE, JAPAN BY TWO CONSECUTIVE AIRMAIL (S) (1ST MAIL BY REGISTERED).
ON RECEIPT OF THE REQUIRED DOCUMENTS WHICH COMPLY WITH THE TERMS OF THIS CREDIT, WE WILL REMIT COVER TO THEM IN ACCORDANCE WITH THEIR INSTRUCTIONS.

THIS IS AN ATTACHMENT OF OUR CREDIT
AND CONSTITUTE AN INTEGRAL PART OF IT.

THE SAKURA BANK, LTD

____

AUTHORIZED SIGNATURE

各类议付单据的出具:

Bill of Exchange

No. ______________ *Date* ______________

Exchange for ______________________________

At __________ *days after sight of this FIRST of Exchange (Second of exchange being unpaid)*

Pay to the Order of ______________________________

The sum of ______________________________

____

Drawn under L/C No. ______________ *Dated* ______________

Issued by ______________________________

To ______________________________

____

____

____

Authorized Signature

SHANGHAI FOREIGN TRADE CORP.

Tel：0086－21－12345678
Fax：0086－21－87654321

Invoice No.：
Date：
Credit No.：
S/C No.：

INVOICE

To Messrs：
Shipped by ______________ from ______________ to ______________

Marks	Description and Specification	Quantity	Unit Price	Amount

SHANGHAI FOREIGN TRADE CORP.

Tel：0086 - 21 - 12345678
Fax：0086 - 21 - 87654321

Invoice No.：
Date：

PACKING LIST

Shipped by ____________ from ____________ to ____________

Marks	Description and Specification	Quantity	N. W	G. W.	Measurement

(Forwarding agents)

Shipper		**KODAI COMPANY, LTD.** **BILL OF LADING** B/L No. LHVM9733
Consignee		SHIPPED on board by the Shipper hereinafter named, the goods or packages said to con goods hereinafter mentioned, in apparent goods and condition, unless otherwise indicated below to the port of discharge with liberty to delay sailing, to deviate for the purpose of saving or attempting to save life or property or otherwise, to call at any port or ports, it out of the customary or advertised route, in any order, for the purpose of discharging and receiving goods and or passengers or crew, taking in fuel or necessary supplies and any other purpose whatsoever, to drydock with or without the goods ob board, to sail with without pilot, to tow or be towed, and or to assist ships in all situations and circumstance the following goods being marked and condition unto the Consignee named bellowed, or his or their assigns the port of discharge mentioned bellowed, or so near thereto as the ship may always safely get and leave always afloat at all stages and conditions of water and weather. Subject to stipulations, exceptions and conditions mentioned hereon and on the back hereof whether atis types, stamped or printed in any event, the Company's ship and cease when the goods the company ship's deck or hold or tank or tack. Freight and premium, if any, to be paid b the shipper in advance, on delivery of this or goods be lost or not or the voyage be broken up or abandoned at any stake of the en transit. IN ACCEPTING THIS BILL OF LADING The shipper, expressly accept and agree to all its stipulations, exceptions and eondit whether written, typed, stamped or printed, as fully as is signed by such shipper, any it custom, privilege to the contrary notwithstanding, In witness whereof, the number of original bills of lading stated herein all of this tenor date, has been signed, one of which being accomplished, the other to stand void. (Terms of Bill of Lading continued on the back hereof)
Notify Party		
Local vessel	From	
Ocean vessel Voy. No.	Port of loading	

Port of discharge	Place of delivery	Final destination (for the shipper's reference only)

Marks & Numbers	No. of pkgs or units	Kinds of packages; description of goods	G. W.	Measurement

Total number of Packages or units	

Freight and charges	Revenue tons Rate per	Prepaid	Collect	

Exchange rate	Prepaid at	Payable at	Place and date of issue
	Total prepaid in local currency	No. of original B(s)/L	For the master:

中华人民共和国出入境检验检疫
ENTRY - EXIT INSPECTION AND QUARANTINE
OF THE PEOPLE'S REPUBLIC OF CHINA

编号 No.

植物检疫证书
PHYTOSANITARY CERTIFICIARY

发货人及地址：
Name & Address of Consignor: ______

收货人及地址：
Name & Address of Consignee: ______

品名：
Name of Produce ______

植物学名
Botanical Name of Plants ______

报检数量
Quantity Declared ______

包装种类和数量
Number and Type of Package ______

产地
Place of Origin ______

到达口岸
Port of Destination ______

标记及号码
Marks and number

运输工具
Means of Conveyance ______

检验日期
Date of Inspection ______

兹证明上述植物、植物产品或其他检疫物已经按照规定程序进行检查和/或检验，被认为不带有输入国或地区规定的检疫性有害生物，并且基本不带有其他有害生物，因而符合输入国或地区现行的植物检疫要求。

This is to certify that the plants or plant products or other regulated articles described above have been inspected and/or tested according to appropriate procedures and are considered to be free from quarantine pests specified by the importing country/region, and practically free from other injurious pests; and that they are considered to conform with the current phytosanitary requirements of the importing country/region.

杀虫和/或灭菌处理 DISINFESTATION AND/OR DISINFECTION TREATMENT

日期
Date ______

药剂及浓度
Chemical and Concentration ______

处理方法
Treatment ______

持续时间及温度
Duration and Temperature ______

附加声明

ADDITIONAL DECLARATION

印章 签证地点 Place of Issue ______________________ 签证日期 Date of Issue ____________

Official Stamp

授权签字人 Authorized Officer __________________ 签名 Signature __________________

中华人民共和国动植物检疫机关及其官员或代表不承担颁发本证书的任何财经责任。No financial liability with respect to this certificate shall attach to the entry-exit inspection and quarantine authorities of P. R. China or to any of its officers on representative.

ORIGINAL

<table>
<tr><td colspan="3">1. Goods consigned from (Exporter's business name, address, country)</td><td colspan="3" rowspan="2">Reference No:
GENERALIZED SYSTEM OF PREFERENCES
CERTIFICATE OF ORIGIN
(Combined declaration and certificate)
FORM A
Issued in THE PEOPLE'S REPUBLIC OF CHINA
(country)
See Notes, overleaf</td></tr>
<tr><td colspan="3">2. Goods consigned to (Consignee's name, address, country)</td></tr>
<tr><td colspan="3">3. Means of transport and route (as far as known)</td><td colspan="3">4. For official use</td></tr>
<tr><td>5. Item Number</td><td>6. Marks and numbers of packages</td><td>7. Nunber and kind of packages; description of goods</td><td>8. Orign criterion (see Notes verleaf)</td><td>9. Gross weight or other quantity</td><td>10. Number and date of invoices</td></tr>
<tr><td colspan="3">11. Certification
It is hereby certified, on the basis of control carried out, that the declaration by the exporter is correct.

____
Place and date, signature and stamp of certifying authority</td><td colspan="3">12. Declaration by the exporter
The undersigned hereby declares that the above details and statements are correct; that all the goods were produced in ______________________
(country)
and that they comply with the origin requirements specified for those goods in the Generalized System of Preferences for goods exported to
____
(importing country)

____
Place and date, signature of authorized signatory</td></tr>
</table>

SHANGHAI FOREIGN TRADE CORP.

Tel: 0086 - 21 - 12345678 Fax: 0086 - 21 - 87654321

Ref No.

CERTIFICATE

二、单据审核

1. 请阅读如下资料，并进行单据改错。

信用证中有关资料如下：

ORDER	STYLE	QTY/PCS	USD/PCS
152 – 038	28367 – J	1200	3. 95
152 – 068	27247 – W	1500	1. 72

WOMEN 100PCT POLYESTER KNIT SPRING JACKET

FOB SHANGHAI, CHINA

COMMERCIAL INVOICE CERTIFY THAT COMMODITIES ARE OF CHINA ORIGIN AND H. S. CODE 6109. 1000

已经制作的商业发票（局部）如下：

MARKS & NUMBERS	DESCRIPTION OF GOODS	QUANTITY	UNIT PRICE	AMOUNT
	WOMEN JACKET	1500pcs 1200pcs	USD 3. 95/pc USD 1. 72/pc	USD 7989. 00

根据上述资料用英文改正商业发票（局部）上错误的地方，并将应添加的内容补齐：

MARKS & NUMBERS	DESCRIPTION OF GOODS	QUANTITY	UNIT PRICE	AMOUNT

2. 请根据下面的信用证审核全套结汇单据，指出单据中的不符点并改正。

Issue of a Documentary Credit

Sequence of Total	*27:	1/1
Form of Doc. Credit	*40A:	IRREVOCABLE TRANSFERABLE
Doc. Credit Number	*20 :	4785. 28

Date of Issue	31C:	000710
Expiry	*31D:	Date 000926 Place CHINA
Applicant	*50:	BRUSSELS LACES AND GIFTS SERV. SA. RUE DE LUSAMBO. 21/23. 1190 BRUXELLES. BELGIUM
Beneficiary	*59:	GUANCDONG FOREIGN TRADE IMPORT AND EXPORT CORPORATION 351 TIANHE ROAD, GUANGZHOU, CHINA
Amount	*32B:	Currency USD Amount 21200. 00
Pos. /Neg. T01. (%)	39A:	05/05
Available with/by	*41D:	ANY BANK IN CHINA BY NEGOTIATION
Drawee	42A:	MMM COMMERCIAL BANK 197 RUE DE LUSAMBO, BELGIUM
Partial Shipments	43P:	ALLOWED
Transshipment	43T:	ALLOWED
Loading in Charge	44A:	GUANGZHOU, CHINA
For Transport to…	44B:	ANTWERP
Latest Date of Ship.	44C:	000911

Descript. of Goods 45A:

HUCK FASTENING PRODUCTS

BOM – T20 – 12GA 4 000PCS @ USD 2. 80

BOM – F20 – 12GA 4 000PCS @ USD 2. 50

AS PER S/C NO.: GD – 98 – 23757 CFR ANTWERP,

FIVE PERCENT MORE OR LESS IN QUANTITY ALLOWED

Documents required 46A:

* MANUALY SIGNED COMMERCIAL INVOICE IN TRIPLICATE, INDICATING THE B/L NO. AND THE CONTAINER NO.

* PACKING LIST IN TRIPLICATE, INDICATING THE NAME OF S. S.

* FULL SET OF CLEAN ON BOARD BILL OF LADING PLUS 2 NON-NEGOTIABLE COPIES CONSIGNED TO ORDER OF MMM COMMERCIAL BANK MARKED NOTIFY APPLICANT AND FREIGHT PREPAID, INDICATING THE L/C NO.

Additional Cond. 47A:

DOCUMENTS MUST BE PRESENTED NOT LATER THAN 15 DAYS AFTER THE DATE OF SHIPMENT, BUT WITHIN THE VALIDITY OF THE CREDIT.

THIS TELETRANSMISSION IS THE OPERATIVE INSTRUMENT AND SUBJECT TO U. C. P. 1993 REVISION ICC PUBLICATION NO. 500 AND ENGAGES US IN ACCORDANCE WITH THE TERMS THEREOF.

Details of Charges	71B:	ALL FOREIGN BANK CHARGES FOR THE ACCOUNT OF THE BENEFICIARY

Confirmation *49: WITHOUT

Instructions 78:

PLEASE FORWARD ALL DOCUMENTS TO MMM COMMERCIAL BANK

197 RUE DE LUSAMBO, BELGIUM

UPON RECEIPT OF DOCUMENTS IN ORDER WE WILL REMIT IN ACCORDANCE

WITH NEGOTIATING BANK'S INSTRUCTIONS.

Send. To Rec. Info. 72: MAIL ACKNOWLEDGEMENT OF THIS LETTER OF CREDIT AND/OR ANY SUBSEQUENT AMENDMENTS NOT REQUIRED.

Trailer Order is〈MAC:〉〈PAC:〉〈ENC:〉〈CHK:〉〈TNG:〉〈PDE:〉

MAC: B3DEFB51

CHK: 3D4F84D99341

相关资料:

发票日期	2000 年 9 月 5 日	发票号码	983057
提单日期	2000 年 9 月 15 日	提单号码	INTG432906
船名	KFTE/COSOT V. 0023C	转运港	HONGKONG
集装箱号码	1 × 40' FCL, INTU3889645	包装	50PCS/CTN
型号	毛重	净重	尺码
BOM - T20 - 12GA	5. 00KGS/CTN	4. 00 KGS/CTN	(42 × 23 × 25) CM/CTN
BOM - F20 - 12GA	10. 00KGS/CTN	8. 50 KGS/CTN	(55 × 30 × 34) CM/CTN
唛头	GDFT/GD - 98 - 23757/ANTERP		

Issuer GUANGDONG FOREIGN TRADE IMPORT AND EXPORT CORPORATION 351 TIANHE ROAD, GUANGZHOU, CHINA	**COMMERCIAL INVOICE**	
To BRUSSELS LACES AND GIFTS SERV. SA. RUE DE LUSAMBO. 21/23 1190 BRUXELLES. BELGIUM	No. 983057	Date SEP. 5, 2000
Transport details FROM: GUANGZHOU W/T: HONGKONG TO: ANTWERP VESSEL: KFTE/COSOT V. 0023C	S/C No. GD－98－23757	L/C No. 4785. 28
	Terms of payment BY L/C	

Marks and numbers	Number and kind of packages; Description of goods	Quantity	Unit price	Amount
GDFT	HUCK FASTENING PRODUCTS			
GD－98－23757	BOM－T20－12GA	4 000PCS	@ USD 2. 80	USD 11228. 00
ANTWERP	BOM－F20－12GB	4 000PCS	@ USD 2. 50	USD 10025. 00
		8 000PCS	CFR ANTWERP	USD 21253. 00

TOTAL QUANTITY: 8 000PCS PACKING: 160CARTONS
TOTAL WEIGHT: NET WT.: 1000. 00KGS GROSS WT.: 1200. 00KGS
TOTAL: U. S. DOLLARS TWENTY-TWO THOUSAND AND TWO HUNDRED ONLY

GUANGDONG FOREIGN TRADE IMPORT AND
EXPORT CORPORATION
351 TIANHE ROAD, GUANGZHOU, CHINA
(*SIGNATURE*)

Issuer GUANGDONG FOREIGN TRADE IMPORT AND EXPORT CORPORATION 351 TIANHE ROAD, GUANGZHOU, CHINA	**PACKING LIST**	
To BRUSSELS LACES AND GIFTS SERV. SA. RUE DE LUSAMBO. 21/23 1190 BRUXELLES. BELGIUM	No. 983057	Date SEP. 5, 2000

Marks and numbers	Description of goods			Number and kind of packages
GDFT GD－98－23757 ANTWERP	HUCK FASTENING PRODUCTS BOM－T20－12GA 81CTNS	@4.00KGS 320.00KGS	@5.00KGS 400.00KGS	2.80 @ (42×23×25) CM =1.932CBMS
	HUCK FASTENING PRODUCTS BOM－F20－12GB 81CTNS	@8.50KGS 680.00KGS	@10.00KGS 800.00KGS	2.80 @ (55×30×34) CM =4.488CBMS
	162 CTNS	1000.00KGS	1200.00KGS	6.42CBMS

TOTAL QUANTITY: 8 000PCS PACKING: 160CARTONS
TOTAL: ONE HUNDRED AND SIXTY CARTONS ONLY

GUANGDONG FOREIGN TRADE IMPORT AND
EXPORT CORPORATION
351 TIANHE ROAD, GUANGZHOU, CHINA
(*SIGNATURE*)

Consignor

GUANGDONG FOREIGN TRADE IMPORT AND EXPORT CORPERATION
351 TIANHE ROAD, GUANGZHOU, CHINA

FBL　No.　INTG432906　Countr Code. HK

NEGOTIABLE FIATA
MULTIMODAL TRANSPORT
BILL OF LADING
Issued subject to UNCTAD/ICC Rules for Multimodal Transport Documents (ICC publication 481).

Consigned to order of
BRUSSELS LACES AND GIFTS SERV. SA.
RUE DE LUSAMBO. 21/23.
1190 BRUXELLES. BELGIUM

INTERGROUP
SHIPPING (ASIA) LTD.

3 Floor, Block 2 Tien Chu Centre.
1E Mok Cheong Street,
Tokwawan, KowLoon, Hong Kong.
Tel: (852) 2760 8872
P. O. Box 20445
Hennessy Road Post Office
Fax: (852) 2760 8442
Telex: 43429 INGRO HX
Cable Address: HKINGROUP

Notify address

BRUSSELS LACES AND GIFTS SERV. SA.
RUE DE LUSAMBO. 21/23.
1190 BRUXELLES. BELGIUM

	Place of receipt
Ocean vessel KFTE/COSOT V. 0023C	Port of loading ANTWERP
Port of discharge GUANGZHOU	Place of delivery

LICENCE NO.

Marks and numbers	Number and kind of packages	Description of goods	Gross weight	Measurement
GDFT GD－98－23757 ANTWERP	160CARTONS 1×40'FCL INTU3889645	HUCK FASTENING PRODUCTS	1 200. 00KGS	6.42CBM

TOTAL: ONE HUNDRED AND SIXTY CARTONS ONLY

FREIGHT COLLECT

ORIGINAL

according to the declaration of the consignor

Declaration of Interest the consignor In timely delivery (Clause 6. 2.)

Declared value for ad valorem rate according to the declaration of the consignor (Clauses 7 and 8).

The goods and instructions are accepted and dealt with subject to the Standard Conditions printed overleaf. Taken in charge in apparent good order and condition, unless otherwise noted herein, at the place of receipt for transport and delivery as mentioned above. One of these Multimodal Transport Bills of Lading must be surrendered duly endorsed in exchange for the goods. In witness whereof the original Multimodal Transport Bills of Lading all of this tenor and date have been signed in the number stated below, one of which being accomplished the other (s) to be void.

Freight amount	Freight payable at	Place and date of issue ANTWERP, SEP. 15, 2000
Cargo Insurance through the undersigned ☐ not covered　☐ Covered according to attached Policy	Number of Original FBL's THREE	Stamp and signature

3. 请根据下面的信用证审核全套结汇单据，指出单据中的不符点并改正。

Issue of a Documentary Credit

2003JUL22		Logical Terminal GDPF
MT700		Page 00001
		Func JSRVPR1

User Header	Service Code	103:
	Bank Priority	113:
	Msg User Ref.	108:
	Info. From CI	115:
Sequence of Total	*27:	1/1
Form of Doc. Credit	*40A:	IRREVOCABLE
Doc. Credit Number	*20:	6005729745H3
Date of Issue	31C:	030722
Expiry	*31D:	970915 PLACE CHINA
Applicant	*50:	TEA COMPANY LIMITED, HAMBURG 345 GREEN TREE STREET, HAMBURG
Beneficiary	*59: CORP.	CHINA TUHSU GUANGDONG TEA IMP. & EXP. 351 TIANHE ROAD, GUANGZHOU, CHINA
Amount	*32B:	USD 31428. 00
Pos. /Neg. Tol. (%)	39A:	03/03
Available with/by	*41D:	ANY BANK BY NEGOTIATION AGAINST THE DOCUMENTS DETAILED HEREIN AND BENEFICIARY'S DRAFT AT 30 DAYS SIGHT DRAWN ON US UNDER L/C NO. 6005729745H3 FOR 100 P. C. OF THE INVOICE VALUE.
Drawee	42D:	DEUTDEHH DEUTSCHE BANK AG HAMBURG
Partial Shipments	43P:	NOT ALLOWED
Transshipment	43T:	ALLOWED
Loading in Charge	44A:	CHINESE PORT
For Transport to···	44B:	HAMBURG
Shipment Period	44C:	AT THE LATEST AUG. 31, 2003
Descript. of goods	45A:	

4439 CHINA BLACK TEA ABT. 8 000KGS@ USD 4. 05/KG CIFC3% HAMBURG

(1×20'FCL 200 PAPERSACKS)

PACKED IN PAPERSACKS. PALLETIZED AND CONTAINERIZED AS PER THE SALES CONFIRMATION NO. BT7095

THE PRICE IS TO BE UNDERSTOOD PER KILO NET SHIPPED WEIGHT

CIF HAMBURG LESS 3 PERCENT COMMISSION.

Documents required 46A:

+SIGNED COMMERCIAL INVOICE IN 4 - FOLD.

+CERTIFICATE OF WEIGHT IN 4 - FOLD.

+FULL SET OF CLEAN ON BOARD MARIE BILL OF LADING, MADE OUT TO ORDER, MARKED "FREIGHT PREPAID" AND NOTIFY APPLICANT.

+GSP CERTIFICATE OF ORIGIN FORM A, CERTIFYING GOODS OF ORIGIN IN CHINA, ISSUED BY COMPETENT AUTHORITIES.

+INSURANCE POLICY/CERTIFICATE COVERING ALL RISKS AND WAR RISK, INCLUDING WAREHOUSE TO WAREHOUSE CLAUSE, ISSUED FOR AT LEAST 110 PCT OF CIF-VALUE.

Additional Cond. 47A:

IF BILLS OF LADING ARE REQUIRED ABOVE, PLEASE FORWARD DOCUMENTS IN TWO MAILS, ORIGINALS SEND BY COURIER AND DUPLICATES BY REGISTERED AIRMAIL.

Details of Charges 71B : BANK CHARGES EXCLUDING ISSUING BANKS ARE FOR ACCOUNT OF BENEFICIARY.

Presentation Period 48: DOCUMENTS TO BE PRESENTED WITHIN 15 DAYS FROM SHIPMENT DATE

Confirmation *49: WITHOUT

Instructions 78:

DISCREPANT DOCUMENTS, IF ACCETABLE, WILL BE SUBJECT TO A DISCREPANCY HANDLING FEE OF USD 50.00 OR EQUIVALENT WHICH WILL BE FOR ACCOUNT OF BENEFICIARY.

SPECIAL NOTE: ISSUING BANK WILL DISCOUNT ACCEEPTANCES ON REQUEST, FOR A/C OF BENEFICIARY (UNLESS OTHERWISE STATED) AT APPROPRIATE LIBOR RATE PLUS 1.00 PER CENT MARGIN.

Send. To Rec. Info. 72: THIS CREDIT IS ISSUED SUBJECT TO 1993 REVISION, I. C. C. PUBLICATONS NO. 500

Trailer Order is〈MAC:〉〈PAC:〉〈ENC:〉〈CHK:〉〈TNG:〉〈PDE:〉MAC:ID20750E

CHK: 5341662F74BC

有关资料:

发票号码	GDT-03Y2988	发票日期	2003.08.11	FORM A 号码	GZ7/80067/0159
船 名	SUISU/SENTOR V.001	产品原材料情况	完全自产品	集装箱号码	TEXU3730336/20'
装运港	GUANGHZOU	转运港	HONGKONG	总尺码	24CBM
提单号码	GSG03-723858	提单日期	2003.08.23	保险单号码	PC200178141
单位毛重	40.7KGS/PAPERSACK		单位净重	40.00KGS/PAPERSACK	
唛头	H&L/HAMBURG/N0.1-200		包装	200 PAPERSACK	

BILL OF EXCHANGE

凭 信用证

Drawn under DEULDEHH DEUTSCHE BANK AG., HAMBURG L/C NO. ____________.

日期

Dated 22 JULY, 2003 支取 Payable with interest @ ____ % ____ 按 ____ 息 ________ 付款

号码 汇票金额 广州 年 月 日

NO. ____________ Exchange for HKD 31428.00 Guangzhou ________ 20 ____

见票 ________ 日后（本汇票之正本未付）付交

At * * * * * * * sight of this FIRST of Exchange (Second of Exchange being unpaid) Pay to the order of BANK OF CHINA, UANGZHOU 或其指定人

金额

the sum of U. S. DOLLARS THIRTY ONE THOUSAND FOUR HUNDRED AND TWENTY EIGHT ONLY.

此致：

ToDEULDEHHDEUTSCHEBANK
AG. HAMBURG

CHINA TUHSU GUANGDONG TEA IMP. & EXP. CORP.
351 TIANHE ROAD, GUANGZHOU, CHINA
SIGNATURE

中国土畜广东茶叶进出口公司

China Tushu Guangdong Tea Imp. & Exp. Corp.

351 Tian He Road, Guangzhou, China

商业发票

COMMERCIAL INVOICE

ORIGINAL

Messrs:
TEA COMPANY LIMITED, HAMBURG
345 GREEN TREE STREET, HAMBURG

INVOICE NO.: GDT－03Y2988
INVOICE DATE: AUG. 11, 2003
L/C NO.: 6005729745H3
S/C NO.: BT7095

Transport details:
FROM GUANGZHOU TO HAMBURG
VIA HONGKONG BY SEA

Terms of Payment:
L/C AT SIGHT

Marks & Numbers	Description of Goods	Quantity	Unit Price	Amount
H&L HAMBURG NO. 1－200	4439 CHINA BLACK TEA	8 000 KGS	@ USD 4.05	USD 32 400.00

CIF HAMBURG USD 31428.00

TOTAL QUANTITY：8000KGS　　　　PACKING：200 PAPERSACKS

TOTAL WEIGHT：N. W. ：8000 KGS　G. W. 8140KGS

TOTAL UNITED STATES DOLLARS THIRTY ONE THOUSAND FOUR HUNDRED AND TWENTY EIGHT ONLY.

PACKING：IN PAPERSACKS，PALLETIZED AND CONTAINERIZED INTO 1 × 20'FCL

CHINA TUSHU GUANGDONG TEA
IMP. & EXP. CORP.
SIGNATURE

中国土畜广东茶叶进出口公司

China Tushu Guangdong Tea Imp. & Exp. Corp.

351 Tian He Road，Guangzhou，China

CERTIFICATE OF WEIGHT

ORIGINAL

INVOICE NO. ：GDT – 03Y2988

INVOICE DATE：AUG. 11，1997

L/C NO. ：6005729745H3

Shipping Marks	Quantity & Description of Goods	Net Weight	Gross Weight
H&L	4439 CHINA BLACK TEA		
HAMBURG	200 PAPERSACKS	40KGS/PAPERSACK	40. 7KGS/PAPERSACK
NO. 1 – 200		8000KGS	8140 KGS
	TOTAL	8000KGS	8140 KGS

TOTAL：EIGHT THOUSAND KGS ONLY

CHINA TUSHU GUANGDONG TEA
IMP. & EXP. CORP.
SIGNATURE

ORIGINAL

1. Goods consigned from (Exporter's business name, address, country)

CHINA TUSHU GUANGDONG TEA IMP. & EXP. CORP.
351 TIAN HE ROAD, GUANGZHOU, CHINA

Reference No:

GENERALIZED SYSTEM OF PREFERENCES
CERTIFICATE OF ORIGIN
(Combined declaration and certificate)
FORM A
Issued in THE PEOPLE'S REPUBLIC OF CHINA
(country)

See Notes, overleaf

2. Goods consigned to (Consignee's name, address, country)

TEA COMPANY LIMTIED, HAMBURG
345 GREEN TREE STREET, HAMBURG

3. Means of transport and route (as far as known)

ON/AFTER AUGUST 11, 2003
FROM GUANGZHOU TO HAMBURG
BY VESSEL

4. For official use

5. Item Number	6. Marks and numbers of packages	7. Number and kind of packages; description of goods	8. Orign criterion (see Notes overleaf)	9. Gross weight or other quantity	10. Number and date of invoices
01	H&L HAMBURG NO. 1 – 200	(8 000) EIGHT THOUSAND KGS OF 4439 CHINA BLACK TEA * * * * * * * * * * * * *	"P"	8 140 KGS	TA7149 AUG. 11, 2003

11. Certification

It is hereby certified, on the basis of control carried out, that the declaration by the exporter is correct.

GUANG ZHOU AUG. 14, 2003

Place and date, signature and stamp of certifying authority

12. Declaration by the exporter

The undersigned hereby declares that the above details and statements are correct; that all the goods were produced in CHINA
(country)

and that they comply with the origin requirements specified for those goods in the Generalized System of Preferences for goods exported to

GERMANY
(importing country)

GUANG ZHOU AUG. 13, 2003

Place and date, signature of authorized signatory

Shipper CHINA TUSHU GUANGDONG TEA IMP. & EXP. CORP 351 TIANHE ROAD, GUANGZHOU, CHINA	B/L No. SG2003 - 723858 **中国远洋运输（集团）总公司** **CHINA OCEAN SHIPPING (GROUP) CO.**
Consignee or order TO ORDER	**ORIGINAL** COMBINED TRANSPORT BILL OF LADING RECEIVED the foods in apparent good order and condition as specified below unless otherwise stated herein. THE Carrier, in accordance with the provisions contained in this document, 1) undertakes to perform or to procure the performance of the entire transport form the place at which the goods are taken in charge to the place designated for delivery in this document, and 2) assumes liability as prescribed in this document for such transport One of the bills of Lading must be surrendered duty indorsed in exchange for the goods or delivery order
Notify address TEA EOMPANY LIMITED, HAMBURG 345 GREEN TREE STREET, HAMBURG.	

Pre-carriage by	Place of Receipt	
Ocean Vessel SUISU/SENTOR V. 001	Port of Loading GUANGZHOU	
Port of Discharge HAMBURG	Place of Delivery	Final Destination for the Merchant's Reference only

Container, Seal No. Marks and Nos.	No. of packages&Description of goods	Gross weight (kgs.)	Measurement (m^3)
H&L HAMBURF NO. 1 - 200 TEXU3730336/20'	200 PAPERSACKS 4439 CHINA BLACK TEA FREIGHT PREPAID TOTAL TWO HUNDRED PAPERSACKS ONLY	8140KGS	24m^3

Freight & Charges	Revenue Tons	Rate per	Prepaid	Collect
Ex. Rate	Prepaid at	Payable at	Place and date of issue GUAGNZHOU AUG. 11, 2003	
	Total Prepaid	No. of original Bs/L TWO	Stamp & Signature	

LADEN ON BOARD THE VESSEL

Date

By ______________

单元实验七
国际贸易融资业务实验

7.1　实验目的

1. 了解各种国际贸易融资方式的含义和适用范围。
2. 掌握各种国际贸易融资方式的业务流程和注意事项。

7.2　实验要求

1. 熟悉开证授信、进口押汇、提货担保等进口融资义务的办理。
2. 熟悉打包放款、出口押汇等出口融资业务的办理。
3. 熟悉福费廷业务的具体办理。
4. 熟悉国际保理业务的操作流程。

7.3　实验内容

一、进口融资业务

请根据单元实验四之二“进口信用证业务”第1题的有关内容，为进口企业SHANGHAI TENGLONG WEAVING CO.，LTD. 办理如下进口融资业务。

1. 为进口企业SHANGHAI TENGLONG WEAVING CO.，LTD. 办理开证授信额度的申请，并回答如下问题：

（1）为什么开证额度是银行给予的一种融资？

（2）开证行为什么要提供开证额度？

（3）银行提供开证额度会否有风险？如何控制风险？

有关资料：

担保方式	抵押	逾期罚息日利率	万分之五
担保合同编号	DBHT2005928	未如期交足保证金时的违约金日利率	万分之三

2. 假设该进口企业SHANGHAI TENGLONG WEAVING CO.，LTD. 在收到信用证项下单据时，因流动资金不足，无法在开证行付款前按时款赎单，为此，向银行申请办理进口押汇。

（1）该企业办理进口信用证押汇需要提交什么资料？

（2）请为该企业填写《进口押汇申请书》。

（3）办理进口押汇时，银行和企业分别需要注意哪些方面？

有关资料：

进口押汇利率	5.58%	计收利息方式	按季结息
进口押汇期限	2个月	申请押汇日期	2006年1月20日

3. 假设该笔进口信用证项下的货物早于运输单据抵达港口时，SHANGHAI TENGLONG WEAVING CO.，LTD为减少资金占用，及时提货，向银行递交了提货担保申请。

（1）请为企业填写提货担保申请书。（有关资料见单元实验四）

（2）在得到企业提交给银行的信托收据后，银行根据实际情况，有条件地为企业办理提货担保书。

（3）办理提货担保时，申请人、银行和船公司分别需要注意哪些方面？

二、出口贸易融资业务

1. 请阅读单元实验四之三“出口信用证业务”第3题。假设出口商在货物装船前为了减少资金占压，向银行申请打包放款。

（1）企业需要向银行提交哪些资料？

（2）请为企业办理打包放款申请。（假设：打包放款金额为该笔信用证金额的80%，期限为60天）

（3）办理打包放款时，银行和企业分别需要注意哪些方面？

2. 请根据单元实验六之一“缮制单据”第3题的信用证内容为企业办理出口押汇。

（1）请为企业填写出口押汇申请书。

（2）如果受益人在3月20日要求办理押汇，请计算银行办理该笔出口押汇应收取的利息。（假设出口押汇的利率为5.58%，押汇期限为45天，计收利息方式为预收利息）

3. 请阅读下面一则案例，分析并回答如下问题。

1998年12月10日，某市A公司与德国B公司签订了地毯的购买合同，合同总价值为USD 31346.86，装运港为中国郑州，目的地为德国法兰克福，收货人为B公司，付款条件为D/P30。1998年12月20日，A公司按照合同的要求备齐货物，从郑州运至德国法兰克福。在取得空运提单和FROM A产地证之后，A公司会同已缮制好的汇票、发票、单据一起交到该市C银行。因A公司近期资金紧张，随即以此单向C银行申请办理押汇。C银行虽然托收风险大，但A公司资信状况良好，与该行有良好的合作关系，无不良记录，就为A公司办理了出口押汇，押汇金额为USD 31346.86，押汇期限为50天，到期日为1999年2月9日，利率为7.4375%。同日C银行将此笔款项转到A公司账户，随后公司便支用了这笔款项。

1999年1月12日，C银行收到国外提示电传，声称客户已经承兑，并取走了该套单据，到期日为1999年2月8日。但是，在到期日之后，却迟迟未见该笔款项划转过来。A公司与C银行协商，由A公司与买方联系，但买方声称已将该笔款项转到银行。1999年

3月25日，C银行发电至提示行查询，提示行没有任何答复。此时，A公司再与B公司联系，B公司一直没有回电，到1999年9月突然来电声称自己破产，已无偿还能力。至此，该笔托收已无收回的可能。C银行随即向A公司追讨，但A公司一直寻找借口，拖欠不还。C银行见A公司无归还的诚意，就将A公司告上法庭，要求A公司履行义务，清偿所欠的银行债务。在法庭上，A公司认为自己不具有清偿该笔贷款的义务。理由是自己已将全套单据在C银行办理了质押，并将全套单据卖给了银行。既然银行买了全套单据，那么银行应该对这套单据负责，自己虽然可以协助银行追讨欠款，但并没有代为付款的义务。

请问：

（1）A公司的说法是否正确呢？

（2）出口押汇和包买票据的区别是什么？

（3）出口企业办理出口押汇时应注意哪些方面？

三、福费廷业务

1. 请阅读以下资料，了解中国银行办理福费廷业务的具体过程。

经过：浙江省进出口公司6月1日向浙江省中国银行下属某分行申请办理福费廷业务：承兑金额100000.00欧元，到期日8月27日；福费廷利率为年利5%。假设6月1日欧元买入价为953.09，当日交易如下：

$100000 - 100000 \times 5 \times (88 + 5)/(100 \times 360) = \text{EUR } 987083.33$

$\text{EUR } 987083.33 \times 9.5309 = \text{RMB } 940779.25$

案例分析：

（1）出口公司叙做福费廷业务可能出现的结果：

①假定开证行拖欠付款或付款未达，直到9月7日才收到款项，有利息损失，如果做其他有追索权的融资如押汇，此利息由出口商承担。

② 9月1日欧元贬值到798.00，但由此引起的汇率损失转嫁到中国银行，当然欧元也有升值的可能，关键是锁定了成本。

③开证行所在国（比如印度尼西亚）因政治原因，造成所有的外汇付款推迟。

（2）福费廷业务的费用。

①贴现率 = LIBOR + MARGIN。

②承诺费（COMMITMENT FEE）。利率定为贴现率的一半，承诺期间不超过30天，则免收承诺费，如中途取消福费廷业务，承诺费按实际占用额度的天数算收。目前的模式基本无此项费用。

③手续费：50.00美元/笔，20万美元以上免收。

（3）操作流程。如初次办理，需和中行签订《福费廷协议》，每笔按中行的格式提交福费廷申请书。待收到承兑电后报浙江省分行。审批通过后，买入票据并出具水单和出口收汇核销专用联。

（4）例外条款。

①如开证行因当地法院止付令而未能付款，中行根据福费廷协议向出口商行使追索

权，并从出口公司收回原融资款、融资利息及相关费用，并要求退回中行出具的出口收汇核销联。

②出口商涉嫌欺诈。

（5）业务掌握要点。

业务风险取决于进口国及开证行的风险；进口商的资信也比较关键，防遭止付；代理行要选择大银行、中银集团等。

（6）在贸易中的深入应用。

可以大胆使用远期业务，扩大贸易机会，增强竞争力。要求国外客户通过信誉良好的银行开证，可向中国银行咨询进口国信用等级较高的银行。

2. 请阅读以下资料，并回答下列问题。

A 客户收到一单出口业务，开证银行为孟加拉国汇丰银行，信用证类别为 90 天远期信用证，单据金额为 10000.00 美元并已经开证银行承兑，该客户申请融资的日期为 2006 年 5 月 24 日，该信用证承兑付款日为 2006 年 8 月 17 日。鉴于该客户为中小企业客户，融资方式受到较多限制，故其开户银行 B 银行为其合理安排出口福费廷授信额度，在扣除对方银行预扣费、银行手续费后，客户顺利获得了 9500 多美元的融资金额。请问：

（1）如 A 客户的开户银行未能在 2006 年 8 月 17 日收到开证行的付款，该银行能否对 A 客户行使追索权？

（2）福费廷业务属于短期融资，还是中长期融资？

（3）福费廷业务的优势体现在哪些地方？

3. 根据下面提供的资料，计算该笔福费廷的价格。

票据面值	USD 1000000.00
贴现利率	美元 3 个月 LIBOR（1.92% pa）+利差（1% pa）
承诺费率	0.625% pa
承诺天数	20 天
融资日至到期日天数	90 天
宽限期	2 天
预计国外银行扣费	USD 150
我行出口议付费用	USD 1280

4. 根据所给资料计算贴现利息和净额。

2002 年 6 月，我国甲公司与澳洲乙公司签订一项汽车销售合同，销售价格为 1000 万美元。由于金额巨大，进口商无力支付现汇，要求采用两年融资并且以每半年一次、每次 250 万美元，分四次付款方式来偿还融资。

为担保这笔业务，出口商要求有银行保兑或保函。在进口商的申请下，该国 G 银行同意为其担保。出口商为了提前收回资金，找到本国 F 银行要求办理福费廷融资。F 银行同意对出口商在无追索权的条件下按固定利率（8% pa）购买保兑汇票（宽限期限 25 个工作日，费用忽略不计）。

出口商在供货前的2002年7月1日开立汇票并且送交进口商进行承兑，进口商承兑这些汇票，并在取得G银行保兑后，把这些保兑汇票退给出口商。

四张单独开立的到期日间隔6个月、每笔金额为25万美元的保兑汇票如下：

汇票	金额（美元）	到期日
第一张	250000	装船后6个月到期
第二张	250000	装船后12个月到期
第三张	250000	装船后18个月到期
第四张	250000	装船后24个月到期

出口商将签约货物于2008年8月31日按时运往目的国，并将这些汇票连同装船证明提交给F银行。F银行于9月3日贴现这些汇票并把已扣除利息的款项付给出口商。出口商即可对此笔交易结账。F银行自行在到期日提交票据给担保人G银行要求付款。

现请根据上述资料计算贴现利息和净额。

汇票	金额（美元）	贴现天数	贴现利息（美元）	净额（美元）
第一张	250000			
第二张	250000			
第三张	250000			
第四张	250000			

四、国际保理业务

1. 阅读以下资料，并按要求回答如下问题。

资料1：

国内某纺织品公司（C公司），欲向英国某进口商（E公司）出口真丝服装，且欲采用赊销（O/A）的付款方式。

进出口双方在交易磋商过程中，该纺织品公司首先找到国内某保理商（作为出口保理商），向其提出出口保理的业务申请，填写《出口保理业务申请书》（又可称为《信用额度申请书》），用于为进口商申请信用额度。申请书一般包括如下内容：出口商业务情况；交易背景资料；申请的额度情况，包括币种、金额及类型等。

国内保理商于当日选择英国一家进口保理商，通过由国际保理商联合会（简称FCI）开发的保理电子数据交换系统EDIFACTORING将有关情况通知进口保理商，请其对进口商进行信用评估。通常出口保理商选择已与其签订过《代理保理协议》、参加FCI组织且在进口商所在地的保理商作为进口保理商。

进口保理商根据所提供的情况，运用各种信息来源对进口商的资信以及此种真丝服装的市场行情进行调查。若进口商资信状况良好且进口商品具有不错的市场，则进口保理商将为进口商初步核准一定信用额度，并于第5个工作日将有关条件及报价通知我国保理商。按照FCI的国际惯例规定，进口保理商应最迟在14个工作日内答复出口保理商。国内保理商将被核准的进口商的信用额度以及自己的报价通知纺织品公司。

纺织品公司接受国内保理商的报价，与其签订《出口保理协议》，并与进口商正式达成交易合同，合同金额为50万美元，付款方式为O/A，期限为发票日后60天。与纺织品公司签署《出口保理协议》后，出口保理商向进口保理商正式申请信用额度。进口保理商于第3个工作日回复出口保理商，通知其信用额度批准额、有效期等。

纺织品公司按合同发货后，将正本发票、提单、原产地证书、质检证书等单据寄送进口商，将发票副本及有关单据副本（根据进口保理商要求）交国内出口保理商。同时，纺织品公司还向国内保理商提交《债权转让通知书》和《出口保理融资申请书》，前者将发运货物的应收账款转让给国内保理商，后者用于向国内保理商申请资金融通。国内保理商按照《出口保理协议》向其提供相当于发票金额80%（即40万美元）的融资。

出口保理商在收到副本发票及单据（若有）当天将发票及单据（若有）的详细内容通过EDIFACTORING系统通知进口保理商，进口保理商于发票到期日前若干天开始向进口商催收。

发票到期后，进口商向进口保理商付款，进口保理商将款项付与我国保理商，我国保理商扣除融资本息及有关保理费用，再将余额付给纺织品公司。

问题：

现请结合资料1的内容，写出办理出口保理业务的流程。

资料2：

广州某贸易公司向巴西出口化肥，由于出口到南美，风险相对较高，企业在出口前希望通过信保或出口保理规避风险，经过多番比较，最后决定与浦发银行合作办理保理业务。

首先，浦发银行要对进出口合同进行审阅，通过审核协议，确定应收账款转让的有效性，以及交易过程中权利义务关系是否清晰。而后通过进口保理商对进口商进行事前调查，客观分析进口商在当地市场上的资信情况，给出独立的专业意见，并核准保理承保额度。浦发银行在进口保理商承保范围内，受让出口企业的出口应收账款，并向其预付了80%的货款。

在应收账款尚未到期前，浦发银行已敏锐地意识到巴西遭遇严重旱灾、巴西货币雷亚尔大幅升值的现状，势必对农业及相关产业造成重创。在向出口商通报上述情况并充分协商后，要求境外进口保理商启动催款程序，在应收账款到期后及时向进口商发出了法律催收书函。由于进口商以各种站不住脚的托词企图拖延付款，浦发银行再次仔细审核相关基础交易合同、发票、提单等单据，确认贸易合同签订完整，进出口双方权利、义务明晰，且出口商履约情况良好，不存在瑕疵和争议，要求进口保理商按《保理商间协议》约定承担进口商坏账风险，按时赔付。最终，进口保理商在规定期限内按约赔付。

浦发银行在与进口保理商通力合作下，成功帮广州该家出口公司收回了对巴西进口商25.5万美元的全额化肥货款。在最大限度帮助出口企业规避出口收汇风险的同时，有效化解了出口企业融资难的问题。

问题：

现请结合资料2的内容，分析保理业务的优势，并指出银行在办理保理业务时应注意哪些方面。

资料3：

经营日用纺织品的英国 TEX UK 公司主要从中国、土耳其、葡萄牙、西班牙和埃及进口有关商品。几年前，当该公司首次从我国进口商品时，采用的是信用证结算方式。最初采用这种结算方式对初次合作的公司是有利的，但随着进口量的增长，他们越来越感到这种方式的繁琐与不灵活，而且必须向开证行提供足够的抵押。为了继续保持业务增长，该公司开始谋求至少 60 天的赊销付款方式。虽然他们与我国出口商已建立了良好的合作关系，但是考虑到这种方式下的收汇风险过大，因此我国供货商没有同意这一条件。之后，该公司转向国内保理商 Alex Lawrie 公司寻求解决方案。英国的进口保理商为该公司核定了一定的信用额度，并通过中国银行通知了我国出口商。通过双保理制，进口商获得了赊销的优惠付款条件，而出口商也得到了 100% 的风险保障及发票金额 80% 的贸易融资。目前英国 TEX UK 公司已将保理业务推广到 5 个中国的供货商及土耳其的出口商。公司董事 Jeremy Smith 先生称，双保理业务为进口商提供了极好的无担保延期付款条件，使其拥有了额外的银行工具，帮助其扩大了从中国的进口量，而中国的供货商对此也应十分高兴。

问题：

现请结合资料 3 的内容，比较保理方式和其他结算方式的优缺点。我国贸易商从 TEX UK 公司选择保理方式的成功个案中可以得到哪些启示？

2. 阅读以下一则案例，分析并回答如下问题。

某年 8 月国内一家出口商就一笔家电出口香港，向国内某出口保理商提交了一份 100 万美元的保理信用额度申请。该出口保理商于是委托香港某保理公司（即该笔业务的进口保理商）对香港债务人做了资信评估，进口保理商向出口保理商批复了 20 万美元的信用额度。

次年 1 月出口商按合同发货，并于 2 月 2 日将该出口项下的 2 张发票共计 232160 美元的债权转让给了出口保理商。出口保理商随即按照保理商之间的委托协议将发票转让给了进口保理商，并将全套单据寄给了进口保理商。

3 月 15 日上述两张发票项下的应收账款到期，但进口商没有按期付款，也没有提出任何的贸易纠纷。5 月 11 日进口保理商通知出口保理商，香港债务人怀疑上述两张保理发票项下的货物有品质问题，理由是该批货物与债务人以前未用保理方式向出口商购买的货物同属一个型号，而先前所购货物存在质量问题。

据此，进口保理商以发生了贸易纠纷为由，将上述两张发票置于未受核准的应收账款项下，从而免除了其作为进口保理商应在发票付款到期日后第 90 天作担保赔付的责任。接到进口保理商的贸易纠纷通知后，出口保理商立即通知出口商，同时要求退还已经预付给他们的融资款，但遭到出口商拒绝。出口商认为进口商仅仅因为以前所购买的货物有品质问题而怀疑此批保理项下的货物也存在问题是毫无理由的，他们要求只有在进口商提供有关货物品质证明的条件下，才将融资款退还给出口保理商。同时出口商向出口保理商提供了与进口商之间的往来函电，在这些函电中进口商未曾就货物的品质向出口商提出任何质疑，而只是一味地强调未能如期付款的原因是因为该批货物的最终买家——土耳其某商人濒临破产，无力支付货款，造成香港进口商资金紧张，也无法如期支付。同时出口保理商还了解到，由于土耳其买家破产，欠有银行大量款项，该批货物抵达目的港后即被其银行控制，香港进口商实际已经无法要回货物。于是，出口保理商认为这笔业务不能排除进口商故意挑剔货物品质从而拖延付款的可能，所以多次与进口保理商协商，请进口保理商敦促进口商尽快提供权威商检机构品质证明，但一致未果。6 月 15 日进口保理商的 90 天赔付期过后，出口保理商仍没有得到任何赔付。10 月，在出口保理商的努力下，进口保理商在香港法院起诉了进口商，但在法院举行了一次听证会后，进口保理商既未等法院判决，又未替出口商作任何辩护，便认定此案涉及商业纠纷而立即撤诉，并于 12 月 16 日退还了已转让的有关应收账款。

请问：

（1）该案例争议的焦点是什么？

（2）进口保理商的做法是否合理？为什么？

（3）出口企业如欲申请办理国际保理业务，从上述案例中，可以得到哪些方面的启示？

第三部分

综 合 实 验

实验目的

1. 掌握各种结算方式的灵活运用。
2. 了解不同结算方式与国际贸易融资的配合。

实验要求

1. 熟练掌握各种结算方式条款的翻译。
2. 熟练掌握各种结算方式与贸易融资的灵活使用。

综合实验一

一、翻译下列英文条款的含义。

1. 50% of the value of goods by irrevocable letter of credit and remaining 50% on collection basis at sight, the full set of shipping documents are to accompany the collection item. All the documents are not to be delivered to buyer until full payment of the invoice value.

2. We hereby issue this credit stipulating that 50% of the invoice value is available against clean draft at sight while the remaining 50% of documents be held against payment at sight under this credit. The full set of the shipping documents of 100% invoice value shall accompany the collection item and shall only be released after full payment of the invoice value. If the importer fails to pay full invoice value, the shipping documents shall be held by the Issuing Bank (or Paying Bank) at the seller's disposal.

3. Payment available by D/P at sight with a Stand-by L/C in favour of seller for the amount of as undertaking. The stand-by L/C should bear the cause: In case the drawee of the documentary collection under credit No. ________ fails to honour the payment upon due date, the Beneficiary has the right to draw under this L/C by their draft with a statement stating the payment on credit No. ________ was not honoured.

4. Shipment to be made subject to an advanced payment or payment amounting ________ to be remitted in favour of seller by T/T or M/T with indication of S/C No. ________ and the remaining part on collection basis, documents will be released against payment at sight.

二、案例分析

我某外贸进出口公司与德国某贸易公司洽商某商品的出口交易，我方提出付款条件为30%的定金，货物装运后凭提单传真 T/T 付款，德国商人要求降价，否则付款条件修改为 D/P90 天，并通过其指定的代收行代收方可接受。请问：德国商人提出修改付款条件的意图是什么？

三、请仔细阅读下面三份信用证，并回答如下问题。

1. 这三份信用证分别采用什么方式开证？

2. 分析这三份信用证有哪些条款需要格外注意？

信用证 1

ABC INTERNATIONAL BANK, LTD.
18 Park Street, Singapore
Telegraphic address: "ABCINTL"
Telex no. 12345 ABCSIG RS

Irrevocable Documentary	Number 31325
Date of Issue: MAY 15, 2006	Expiry Date and Place for Presentation Documents: Expiry Date: Aug. 10, 2006 Place for Presentation: Shanghai
Applicant: Topway Garment Co., 100 Orchard Road, Singapore	
Advising Bank: Bank of China, Shanghai Reference No.: 2200001	Beneficiary: Shanghai Dongxu I/E Corp. 123 Dongxu Rd., Shanghai, China
Partial Shipments ☐allowed ☒not allowed	Amount: USD 76000.00
Transshipment ☐allowed ☒not allowed	(United states Dollars Seventy Six Thousand Only)
☐ Insurance covered by buyers	Credit available with Nominated Bank
Shipment as defined in UCP500 Article 46 From: Shanghai For transportation to: Singapore Not latter than: Aug. 10, 2006	☐by sight payment ☐by deferred payment ☐by acceptance of draft at ☒by negotiation Against the documents detailed herein: ☒And beneficiary's draft (s) drawn on us at sight

Documents required (in three-fold unless otherwise specified):
Signed commercial invoice
Packing list showing detailed colour/size/quantity assortment
Insurance Policy endorsed in bland, covering All Risks and War Risk as per CIC
Full set clean on board Bill (s) of lading made out to order and endorsed in blank, marked Freight Prepaid and notifying us and applicant.
Evidencing shipment of:
Ladies Coast, St 20856 500pcs at USD 25.00/pc; St 20876 1500pcs at USD 32.50/pc; St 20890 500pcs at USD 29.50/pc; CIF Singapore.
As per Sales Confirmation No. DX04 – 1234. Packing: each in a polybag, about 25pcs to a normal export carton.
Other conditions:
1. All documents must be presented to Bank of China for negotiation.
2. Bank charges out of Singapore are for beneficiary's account.

Documents to be presented with 15 days after date shipment but within the validity of the Credit.

We hereby issue the Irrevocable Documentary Credit in your favor. It is subject to Uniform Customs and Practice for Documentary Credit (1993 Revision, International Chamber of Commerce, pairs, France, Publication No. 500) and engages us in accordance with the terms thereof. The number and the date of the Credit and the name of our bank must be quoted on all drafts required. If the credit is available by negotiation, each presentation must be noted on the reverse side of this advice by the bank where the Credit is available.
INSTRUCTION TO THE NEGOTIATION BANK: Yours faithfully
In reimbursement, we shall reimburse you in accordance with your

ABC INTERNATIONAL BANK, LTD.
Instructions. **Linda chen**
The documents consists of 1 page (s)

信用证2

Issue of a Documentary Credit

Page 00001
Func SWPR3
UMR 01053

MSGACK DWS7651 Authentication successful with primary key
Basic Header F 01 BKCHCNBJA300 5512 717912
Application Header O 700 1912 040428 ABCBKHKHHAXXX 1691 190293 040429 0124 N
* ABC BANK
* HONG KONG

User Header	Bank Priority	113：
	Msg User Ref.	108：
Sequence of Total	*27：	1/2
Form of DOC. Credit	*40 A：	IRREVOCABLE
DOC. Credit Number	*20：	LC0357967
Date of Issue	31 C：	040428
Expiry	*31 D：	Date 040528 Place IN BENEFICIARY'S COUNTRY
Applicant	*50：	JOHN & GRACE CO. RM888, PO HING CENTRE, 18 WANG CHIU ROAD, KOWLOON BAY, HONG KONG
Beneficiary	*59：	SHANGHAI AAA GARMENTS I/E CORP, 8888 CHANGNING ROAD, SHANGHAI, CHINA
Amount	*32 B：	Currency USD Amount 7500.00
Available with/by	*41 D：	ANY BANK BY NEGOT1ATION
Drafts at	42 C：	SIGHT
Drawee	42 D：	ISSUING BANK FOR FULL INVOICE VALUE
Partial Shipments	43 P：	ALLOWED
Transhipment	43 T：	ALLOWED
Loading in Charge	44 A：	PORT OF CHINA
For transport to	44 B：	WINNIPEG, MANITOBA, CANADA
Latest Date of Ship.	44 C：	040518
Descript. of Goods	45 A：	1500 PCS OF GIRIS 100PCT NYLON WOVEN COATS LINED WITH 100PCT NYLON PADDED WITH 3/6 OZ SOFT POLY-FULL, STYLE NQ 56325 AT USD 5.00/UNIT AS PER S/C NBR. 04DX－C564 CM PORT OF CHINA
Details of Charges	71 B：	ALL BANKING CHARGES OUTSIDE HONG KONG ARE FOR ACCOUNT OF BENEFICIARY
Presentation Period	48：	WITHIN 10 DAYS AFTER SHIPMENT DATE
Confirmation	*49：	WITHOUT
Instructions	78：	+SUBJECT TO U. C. P. 1993 REVISION I. C. C. 500 +ALL DOCUMENTS MUST BE SENT TO US IN ONE LOT +IN REIMBURSEMENT WE SHALL COVER THE NEGOTIATING BANK LESS OUR CABLE CHARGES IN ACCORDANCE WITH THEIR INSTRUCTION UPON RECEIPT OF DOCUMENTS IN ORDER
Trailer		(order is <AUT： ><ENC： ><CHK： ><TNG： ><PDE： >…) MAC：7AF7DFlF

CHK：1605F44F6BAO
DLM：

Issue of a Documentary Credit

Page 00001
Func SWPR3
UMR 01053

MSGACK DWS765I Authentication successful with primary key
Basic Header F 01 BKCHCNBJA'300 5512 717914
Application Header O 701 1913 040428 ABCBKHKHHAXXX 1691 190294 040429 0125 N
* ABC BANK
* HONG KONG

User Header　Bank Priority 113：
Msg User Ref. 108：
Sequence of Total　*27：2/2
Doc. Credit Number　*20：LC0357967
Documents Required　46 B：+SIGNED COMMERCIAL INVOICE IN QUADRUPLICATE
+SIGNED PACKING LIST IN QUADRUPLICATE SHOWING DETAILS OF SHIPPED SIZE，COLOR，AND CARTON DIMENSION
+SIGNED CANADA CUSTOMS INVOICE IN QUADRUPLICATE SHOWING TRANSACTION VALUE I. E. SELLING PRICE AND SHOW1NG INLAND FREIGHT CHARGES SEPARATELY IN BOX 23
+COPY OF CLEAN ON BOARD INT'L FREIGHT BRIDGE COMBINED TRANSPORT BILL OF LADING CONSIGNED "TO THE ORDER OF THE ROYAI BANK OF CANADA", MARKED "FREIGHT COLLECT" AND NOTIFY "B CO.，88 WEST STREET，WINNIPEG，MANITOBA，CANADA"
+COPY OF EXPORT LICENCE SHOWING CONSIGNEE "B CO.，88 WEST STREET，WINNIPEG，MANITOBA，CANADA" AND SHOWING FOB VALUE：USD 11. 85/UNIT AND SHOWING QUOTA UNDER CATEGORY 1
+FAX COPY OF INSPECTION CETIFICATE ISSUED BY APPLICANT
+BENEFICIARY'S CERTIFICATE WITH THE RELATIVE DHL RECEIPT ATTACHED CEERTIFYING THAT ONE SET OF N/N SHPG DOCUMENTS，ORIGINAL EXPORT LICENSE N FULL SET OF ORIGINAL B/L HAVE BEEN SENT TO APPLICANT BY DHL WITHIN 3 DAYS AFTER SHIPMENT.
Additional Cond.　47 B：+DRAFT DRAWN HEREUNDER MUST SHOW THE L/C NUMBERS，DATE OF ISSUE AND NAME OF THE ISSUING BANK OF THIS CREDIT
+A USD 130.00 (OR EQUIVVALENT) FEE SHOULD BE DEDUCTED FROM REIMBURSEMENT CLAIM FOR EACH PRESENTATION OF DISCREPANT DOCUMENTS UNDER THIS L/C AND SHALL BE FOR THE ACCOUNT OF BENEFICIARY
+INSURANCE TO BECOVERED BY ULTIMATE BUYER
+ALL DOCUMENTS (EXCEPT COMMERCIAL INVOICE，CANDA CUSTOMS INVOICE AND DRAFT) MUST NOT INDICAATE INVOICE PRICE，VALUE OF GOODS，INVOICE NO. AND NAME OF L/C ISSUING BANK AND THIS L/C NUMBER
+ALL DOCUMENTS EXCEPT COMMERCIAI，INVOICE MUST NOT INDICATE THE S/C NO. 04DX—C564

Trailer　(order is <AUT：> <ENC：> <CHK：> <TNG：> <PDE：>…)
MAC 1 7AF7DFIF
CHK：1 605F44F6BAO
DLM：

信用证3

TELEX INCOMING RECEIPT
FILE NUMBER C0000 FILE NAME 13542958
INCOMING TELEX REFERENCE NUMBER：SWT/0339
02. 03 13：39
33062 BOCSH C CN
5222588 BOCOS J
TO BANK OF CHINA，SHANGHAI BR.
FM BANK OF CHINA，OSAKA BR.
TEST XXXXXXXX
WE HEREBY ISSUE OUR IRREVOCABLE DOCUMENTARY CREDIT NO. CSK02 – 0089 FOR AMOUNT OF USD 100000. 00 VALID IN CHINA UNTIL (EXPIRY DATE OF L/C) APR 30，2004 IN FAVOUR OF SHANGHAI DONGXU I/E CORP.，123 DONGXU ROAD，SHANGHAI，CHINA
APPLICANT UNITED GARMENT CO.，B – 22F NO. 20，7 – CHOME UTSUBO HOMACHI MISHI-KU OSAKA JAPAN
AVAILABLE BY PAYMENT WITH OURSELVES AGAINST PRESENTATION OF THE DOCUMENTS DETAILED BELOW AND OF BENEFICIARY'S DRAFT (S) AT SIGHT FOR 100% INVOICE VALUE ON US MARKED AS DRAWN UNDER THIS CREDIT：
1. SIGNED COMMERCIAL INVOICE IN 3 COPIES INDICATING S/C NO. 04ST – 003
2. 2/3 SET OF CLEAN ON BOARD CLEAN BILLS OF LADING MADE OUT TO ORDER AND BLANKLY ENDORSED AND MARKED "FREIGHT PREPAID" AND NOTIFYING US AND THE APPLICANT.
3. INSURANCE POLICY OR CERTIFICATE IN DUPLICATE，ENDOSED IN BLANK FOR 110PCT OF INVOICE VALUE COVERING THE INSTITUTE CARGO CLAUSES (A)，THE INSTITUTE WAR CLAUSE，INDICATING CLAIMS ARE TO BE PAYABLE IN JAPAN IN THE CURRENCY OF THE DRAFT.
4. PACKING LIST 1N 3 COPIES.
5. 2 CERTIFICATE OF ORIGIN，FORM A IN COPIES.
SHIPMENT OF GOODS：
T-SHIRTS AND KNITTED PANTS QUANTITY：20000 SETS，PRICE：USD 5. 00/SET CIF YOKOHAMA SHIPMENT FROM CHINA TO YOKOHAMA NOT LATER THAN APR. 20，2004
SPECIAL INSTRUCTIONS：
1. BENEFICIARY'S CERTIFICATE CERTIFYING THAT 1/3 OR1GINAL B/L，ORIGINAL CERTIFICATE OF ORIGIN G. S. P. FORM A AND ONE COPY OF INVOICE HAVE BEEN SENT TO APPLICANT BY AIR WITHIN 3 DAYS AFTER SHIPMENT DATE.
2. THIRD PARTY DOCUMENTS ACCEPTABLE.
3. PRESENTATION OF DOCUMENTS UNDER THIS L/C IS RESTRICTED TO BANK OF CHINA.
4. DOCUMENTS MUST BE PRESENTED TO PRESENTING BANK WITHIN 15 DAYS AFTER B/L DATE BUT WITHIN THE VALIDITY OF THIS L/C.
5. ALL BANKING CHARGE OUTSIDE JAPAN ARE FOR ACCOUNT OF BENEFICIARY.
6. ALL DOCUMENTS MUST SHOW THIS L/C NUMBER.

IN REIMBURSEMENT WE WILL REMIT THE PROCEEDS AS DESIGNATED BY THE PRESENTING BANK UPON RECEIPT OF DOCUMENTS IN COMPLICANCE WITH THE TERMS AND CONDITIONS OF THIS L/C. THIS ADVICE IS AN OPERATIVE CREDIT INSTRUMENT AND SUBJECT TO ICC UCP500.
NO MAIL CONFIRMATION WILL FOLLOW.
PLS ADVISE THE BENEFICIARY.
33062 BOCSH C CN
TELEX RECEIVED ON 2 – MAR – 04 AT 13：51 FROM LINE W

3. 按以下表格，分别列出这三份信用证下所需要提交银行以及直接寄申请人（如需）的单据中文名称和正副本份数。

名称 份数 对象												
交银行	正本											
	副本											
交客户	正本											
	副本											

综合实验二

一、根据下面的资料进行融资方案的选择。

1. 2006 年 10 月，国内某外贸公司 A 公司与香港 B 公司签署高新技术产品出口合同，合同金额为 200 万美元（产品收购价为 185 万美元），采用见单后 30 天延期付款信用证结算。A 公司在发货交单后，为增加资金流动性，拟向银行申请办理贸易融资，但对采用出口押汇还是福费廷的融资方式犹豫不定。请你以银行的身份为 A 公司进行详细分析，计算各种融资方式的成本，以帮助该公司选择最佳的融资方案。

有关资料如下：

银行美元对人民币的买入价	7.86
银行办理出口押汇业务融资利率	5.75%（同期 LIBOR + 50BP）
银行办理福费廷业务融资利率	6%（同期 LIBOR + 75BP）
银行人民币活期存款利率	0.72%
产品出口退税率	17%

2. 2005 年国内某通讯技术有限公司 M 公司为争揽巴基斯坦某电信运营商 T 公司的移动通讯升级改造近 5 亿美元的项目，M 公司在竞标过程中采用向 T 公司提供收货后 3 年延期付款的便利赢得了合同，合同约定 T 公司除支付 15% 的预付款外，其余 85% 采用收货后起算 3 年的延期付款方式，款项结算采用远期信用证方式。M 公司为规避远期收汇商业风险、国别风险、汇率风险以及将应收账款变为现金收入以改善财务报表，便在收到信用证后，即合同执行前与多家银行洽谈期限为 3 年的远期信用证项下福费廷业务，鉴于金额巨大、期限较长、开证行资信一般，各家银行都不愿意办理。

请问：M 公司的打算能如愿吗？请你为 M 公司献计献策。

二、阅读以下一份信用证，并根据信用证内容办理该笔业务。

************* RECEIVED MESSAGE ***************
Status: MESSAGE DELIVERED
Station: 6　　　　　　BEGINNING OF MESSAGE

---

* FIN/ Session/OSN　　: F01 2377 732466
* Own Address　　: BOCO20XXX BANK OF CHINA
*　　GUANGZHOU
* Output message Type　　: 700 ISSUE OF A DOCUMENTARY
*　　CREDIT
* Input Time　　: 1803
* MIR　　: 980920CZNBKRSEAXXX3198041023
* Sent by　　: CZNBKRSEAXXX KOOKMIN BANK
*　　: SEOUL (HEAD OFFICE)
* Output Date/Time　　: 980920/1703
* Priority　　: Normal
* MUR　　: F980920S70004161
* ---
* {3: {108: F980920S70004161}}
* ---
* 27/SEQUENCE OF TOTAL
*　1/1
* 40A/FORM OF DOCUMENTARY CREDIT
*　IRREVOCABLE
* 20/DOCUMENTARY CREDIT NUMBER
*　M08F2030NU001237
* 31C/DATE OF ISSUE
*　980920
*　　1998 - 09 - 20
* 31D/DATE AND PLACE OF EXPIRY
*　981121 AT THE NEGO BANK
*　　1998 - 11 - 21
* 50/APPLICANT
*　DAWO TRADING CO., LTD
*　SEOUL, KOREA
* 59/BENEFICIARY
*　GUANGZHOU FOREIGN TRADE CORP.
*　GUANGZHOU, P. R. OF CHINA
* 32B/CURRENCY CODE AMOUNT
*　USD 90000,
*　　US Dollar
*　　　90000, 00
* 39A/PERCENTAGE CREDIT AMT TOLERANCE
*　10/10
* 410/AVAILABLE WITH …BY… - NAME/ADDR
*　ANY BANK
*　BY NEGOTIATION
* 42C/DRAFTS AT…
*　AT 90 DAYS AFTER SIGHT
* 42A/DRAWEE-BIG

*　CZNBLULLXXX
*　　KOOKMIN BANK LOXEMBOURG S. A.
*　　LUXEMBOURG
*
*43P/PARTIAL SHIPMENTS
*　ALLOWED
*43T/TRANSSHIPMENT
*　PROHIBITED
*44A/ON BOARD/DISP/TAKING CHARGE
*　CHINESE MAIN PORT
*44B/FOR TRANSPOTATION TO
*　INCHON PORT
*44C/LATEST DATE OF SHIPMENT
*　991031
*　　1999－10－31
*45A/DESCP OF GOODS AND/OR SERVICES
*　OAK LEAF (LARGE LEAF): 18 BALES IN BAG
*　WITHOUT BRANCH, WITHOUT MILDEW AND ROT
*　LEAF
*　MOISTURE: 14 PERCENT MAX
*　Q'TY: 500M/T USD 180.00/MT USD 90000.00
*　10PERCENT MORE OR LESS IN QUANTITY AND
*　AMOUNT ACCEPTABLE
*　COUNTRY OF ORIGIN: CHINA
*　PRICE TERM: CFR INCHON
*46A/DOCUMENTS REQUIRED
*　FULL SET OF CLEAN ON BOARD OCEAN BILLS OF
*　LADING MADE OUT TO THE ORDER OF
*　KOOKMIN BANK SEOUL, KOREA
*　MARKED FREIGHT PREPAID AND NOTIFY
*　ACCOUNTEE
*　SIGNED COMMERCIAL INVOICE IN THREE FOLD
*　PACKING LIST IN THREE FOLD
*　COPY OF ORIGIN CERTIFICATE IN THREE FOLD
*　COPY OF INSPECTION CERTIFICATE
*　IN THREE FOLD
*　COPY OF PHYTOSANITARY CERTIFICATE IN
*　THREE FOLD
*47A/ADDITIONAL CONDITIONS
*　ALL DOCUMENTS MUST BEAR OUR L/C NUMBER
*　DOCUMENTS MUST BE NEGOTIATED IN
*　CONFORMITY WITH THE CREDIT TERMS
*　A FEE OF USD 50 OR EQUIVALENT IS TO BE
*　DEDUCTED FROM EACH DRAWING FOR THE
*　ACCOUNT OF BENEFICIARY, IF DOCUMENTS
*　ARE PRESENTED WITH DISCREPANCY (IES)
*　T/T REIMBURSRMENT PROHIDITED
*　ORIGINAL PHYTOSANITARY CERTIFICATE DIRECT
*　TO BUYER BY DHL
*71B/ CHARGES
*　ALL BANKING CHARGES COMM. INCLUDING
*　REIM CHARGE. OUTSIDE ISSUING BANK FOR
*　ACCOUNT OF BENEFICIARY

* 48/PERIOD FOR PRESENTATION
*   WITHIN 21 DAYS AFTER THE DATE OF
*   SHIPMENT BUT WITHIN THE VALIDITY OF
*   THE CREDIT
* 49/CONFIRMATION INSTRUCTIONS
*   WITHOUT
* 53D/REIMBURSING BANK NAME/ADDRESS
*   KOOKMIN BANK (CANBLULLXXX)
*   LUXEMBOURG S. A.
* 78/INSTRUCS TO PAY/ACCPT/NEGOT BANK
*   ALL DOCS MUST BE MAILED TO KOOKMIN BANK,
*   SEOUL, KOREA
*   BY COURIER IN ONE LOT
*   THIS CREDIT IS TO NEGOTIATED AT SIGHT BASIS
* 72/SENDER TO RECEIVER INFORMATION
*   THIS IS OPERATIVE INSTRUMENT.
*   THIS CREDIT IS SUBJECT TO UCP (1993
*   REV) I. C. C PUB 500
*   REIMBURSEMENTS UNDER THIS CREDIT
*   ARE SUBJECT TO THE URR. NO. 525
*
* --
* MAC: Authentication Code
*   DAB6D5A7
* CHE: CheckSum
*   9CBE7176B32D
* --
* SAC: SWIFT Authentication Correct
* COP: S: CBT Secondary Copy
* PCC: F: PC Connect: First Copy of The Message
* --

1. 阅读信用证，回答以下问题。

(1) 开证行名称	
(2) 信用证号码	
(3) 开证日期	
(4) 信用证有效期及地点	
(5) 申请人名称	
(6) 受益人名称	
(7) 信用证金额	
(8) 信用证的类型	
(9) 汇票付款期限	
(10) 汇票付款人	
(11) 分批装运	
(12) 转运	
(13) 装运港	

续表

(14) 目的港	
(15) 装运期限	
(16) 货物描述	
(17) 单据要求	
(18) 交单期限	
(19) 是否允许电索	
(20) 偿付行名称	
(21) 对议付行的指示	
(22) 费用负担	

2. 请写出办理该笔信用证的业务操作流程。

3. 一般在什么情况下适宜使用该种信用证？它与其他类型的信用证有哪些区别？

4. 使用该种信用证对买卖双方而言具有哪些优点？

综合实验三

一、阅读以下一则案例，分析并回答如下问题。

海南某出口公司与英商按 CIF LONDON 成交一批热带作物，装运期为 7/8 月，总价 10 万美元。进口方由英国标准麦加利银行香港分行开来一张即期循环信用证，指定由某银行海南分行议付，金额为 5 万美元，即总数量一半的金额可循环使用一次。信用证规定，在第一批热带作物装船并取得海运提单后，可自动恢复原金额、原数量。

出口公司在第一批货装船并取得海运提单、备好第一批的全套单据准备向指定银行交单议付时，该地区受强台风影响，银行停业 2 天。出口公司在银行开业后交单议付时已超过第一批规定的交单有效期，议付行在出口公司出具补偿保证书后，向开证寄单，在面函上提出其不符点内容并附“凭担保议付”单。开证行随即复电：“第××××号信用证项下第××××号单据已收到。议付行面函所提出的不符点不能接受，建议改为信用证项下的托收，单据暂代保管，听候你方处理意见”。出口公司只得把第一批货物 10 万美元改成信用证项下托收处理。随后，卖方及时准备第二批货物、报验、托运和报关，做到如期出运、正点交单，但银行又提出拒付第二批货款或仍按照第一批一样作托收处理。货抵伦敦后，市价疲软，两批托收单据均被拒付，经出口公司多次交涉，最后以让价 20% 结案。请问：

1. 开证行的拒付是否合理？其拒付理由是什么？

2. 本案以卖方损失 20% 结案，是否是因为开证申请人利用了信用证中的“软条款”进行欺诈所致？

3. 卖方有哪些方面的操作失误？应从中吸取哪些教训？

二、阅读以下一则案例，分析并回答问题。

某受益人向 I 银行交来信用证单据一套，金额 15 万美元，开证行为 S 银行卡萨布兰卡分行，偿付行是S银行的纽约分行。开证行在信用证中加列了限制议付条款，指定该行的天津分行议付。单据经Y银行审核认为相符后，Y银行遂在向开证行S银行寄单的同时，向纽约的偿付行索汇。不日，偿付行如期付款。不料开证行S银行随后向Y银行提出拒付，理由是：信用证项下的单据应由天津分行议付而不是Y银行，要求Y银行退回已索回的款项。几经交涉，开证行不再纠缠。请问：

1. 如果信用证指定了议付行，单据由非被指定的第三方银行议付是否允许，开证行能否以此为不符点而拒付信用证项下的单据？

2. 如果单据由非被指定的第三方银行寄单，开证行也必须付款的话，这是否就预示着，单据提交给非被指定银行的第三家银行，就绝对没有风险呢？

三、阅读以下一则案例，分析并回答问题。

2000年，国内某公司（A公司）与香港某公司（B公司）签订一份出口合同，支付方式为信用证。在规定时间内，香港B公司按合同要求开立了以A公司为受益人、金额为10万美元的背对背信用证，开证行为H银行。A公司收到信用证后，装运货物，并备好信用证下所要求的全套单据交国内C银行审核。C银行在审核单据时，发现提单内容（部分）显示如下：

Pre Carriage by ASIMONT 0161 - 022S	Place of Receipt
Vessel No. EVER REFINE 0720RW - 010	Port of Loading SHANGHAI
Port of Destination CALCUTFA INDIA	Place of Delivery

于是，C银行向卖方提出：提单载货船名不明确，要求卖方修改提单，或在提单作装船批注时注明在装货港所载船名。卖方认为香港进出口公司为老客户，信誉良好，指示银行寄单。此后，H银行提出修改卸货港，修改通知在C银行寄单之后到达，即使卖方接受修改，也无法作到。但H银行坚持修改卸货港。若干天后，C银行收到H银行不符点通知电：提单显示两个船名，但“已装船批注”未标明货物装载船名。并以此拒付。买卖双方几经交涉未果。卖方遂提出仲裁。基于双方的友好合作关系，最终达成以下协议：修改提单，扣款USD 10000.00作为付款条件。请问：

1. 在什么情况下需要在提单上进行已装船批注？如何做已装船批注？

2. H银行拒付是否合理？拒付理由是什么？

3. 上述案例发生的根本原因是什么？卖方应从该案例中吸取哪些教训？

四、阅读以下一则案例，分析并回答问题。

上海A公司与新加坡B公司签订了一份738450美元的售货合同，A公司为出口商。事后，B公司根据合同向印度银行新加坡分行申请开立不可撤销跟单信用证，有效期为2002年5月21日至同年8月17日，受益人为A公司，议付行为中国任一银行，汇票类别为即期，受款人为香港C银行，付款人为开证行，出票人为A公司。2002年5月29

日，A公司就上述信用证向C银行申请打包贷款，该行同意后于次日向A公司发放贷款30万美元。期间，根据开证人申请，开证行曾先后3次向C银行发出3份电传，对该信用证部分条款进行了修改，其中第3份内容为“收到申请人指示后，应将装运日程和船舶名称以修改方式通知受益人，上述修正副本应随单据一并发出”。2002年8月30日，C银行收到1份以B公司名义发来的电传（该电传下称“第4份通知”），告知A公司船名和货物装运日期。C银行将该电传转交给A公司。上述船名和装运日期与船公司接受A公司托运货物后签发的提单中所载内容相同。同年9月3日，A公司向C银行提供了包括第4份通知在内的信用证项下的出口单据要求议付。C行于同年9月5日向A公司发出议付通知，告知该公司在信用证项下的金额738450美元中，扣除手续费、邮费、短款费、修改通知费、提前付款利息及所欠打包贷款本金、利息后，尚余净额491434.01美元，并于次日将该议付款划入A公司账户内。之后，C银行将信用证单据寄往开证行要求偿付，开证行于同年9月18日、10月11日致函C行，称单据与信用证第3次修改的指示不符，并称其从未发过第4份船名和船期的修改通知，开证人B公司也未发过这份电传，单证存在不符点，拒绝偿付该信用证款项，并将所有单据退回C银行。于是，C银行于同年10月25日致函A公司告知其单据已遭拒付，并要求其归还议付的信用证款项。因A公司未归还议付款，C银行就先后3次从A公司账户内扣划59650美元用于归还上述议付款，尚欠678800美元，后因催讨未果，向法院诉讼要求A公司清偿所欠议付款本金及利息。而A公司则辩称C行在信用证议付时，扣除手续费及打包贷款本息后，原信用证项下的美元已经结清；单证不符是由C银行造成的，其应承担遭开证行拒付的责任。

此案在审理中产生了两种不同的处理意见。第一种意见认为A公司提出C银行审单不慎造成开证行拒付的理由与信用证惯例中对银行审单的“合理、公平、善意”原则不符，若此理由成立，则加重了银行在金融中介业务中的责任，也加重了其承担商品交易的风险。本案中，C银行收到的第4份通知虽未经开证行加押确认，但事实上A公司出口货物的船舶及船期与该电文内容一致，从C行作为议付行的角度看，接受上述船期和船名的通知，执行修改内容，并无不当。考虑到C银行审核信用证修改时有一定的过错，应承担付款部分利息损失。第二种意见认为，C行是本案所涉跟单信用证的通知行和议付行。根据《跟单信用证统一惯例》有关条款规定及解释，信用证通知行应合理谨慎地审核它所通知信用证的表面真实性，即应核对信用证的签署和密押，以确定该证的真实性。而C银行在收到以开证申请人的名义发来的装运电传后，未履行合理谨慎地审核义务即未经开证行加押确认就通知受益人A公司，因此该行具有通知不当的过错。故开证行以信用证的单据不符拒付信用证款项，过错责任应由C银行负担。

请问：

1. 请说明打包放款、议付信用证、出口押汇等概念的含义、区别、联系及其法律责任的认定。

2. 请结合此案例说明议付行在信用证法律关系中的地位和权利、义务。

3. 对于上述两种审理意见，你个人赞同哪种观点？

附录 1

某些 SWIFT 格式代号规定

1. SWIFT 电文格式 0～9 数字的业务性质

0	SWIFT 系统电报
1	客户汇款与支票（Customer Payment & Cheques）
2	银行头寸调拨（Financial Institution Transfers）
3	外汇买卖、货币市场及衍生工具（Foreign Exchange，Money Markets & Derivatives）
4	托收业务（Collections & Cash Letters）
5	证券业务（Securities Markets）
6	贵金属和银团贷款业务（Precious Metals and Syndications）
7	跟单信用证和保函（Documentary Credits and Guarantees）
8	旅行支票（Travellers Cheques）
9	银行和客户账务（Cash Management & Customers Status）

2. MT103 格式中的代号和栏位名称

本类型电文由汇款客户的银行或代表该银行的银行直接或通过往来行发给收款客户的银行。

状态	代号（Tag）	栏位名称（Field Name）
M	20	Sender's Reference（发报行的参考号）
M	23B	Bank Operation Code（银行操作代码）
O	26T	Transaction Type Code（业务类型码）
M	32A	Value Date/Currency/ Interbank Settled Amount（起息日/货币/清算金额）
O	33B	Currency/Instructed Amount（货币/指示金额）
M	50a	Ordering Customer（委托客户）
O	51A	Sending Institution（发报行）
O	52a	Ordering Institution（委托机构）
O	53a	Sender's Correspondent（发报行代理行）
O	54a	Receiver's Correspondent（收报行代理行）
O	55a	Third Reimbursement Institution（第三方偿付行）
O	56a	Intermediary Institution（中间机构）
O	57a	Account With Institution（机构账户）
M	59a	Beneficiary Customer（受益客户）

续表

状态	代号（Tag）	栏位名称（Field Name）
O	70	Details of payment（汇款信息）
M	71A	Details of Charges（费用细则）
O	71F	Sender's Charges（发报行费用）
O	71G	Receiver's Charges（收报行费用）
O	72	Sender to Receiver Information（发报行给收报行的附言）

3. MT202 格式中的代号和栏位名称

本类型电文是由指示行直接或通过往来行发给收款人银行，用以指示资金向收款行移动。也可以发给为发电文的银行提供多个账户服务的银行，使资金在这些账户间移动。此外，还可以发给某个银行，指示将发电文银行在收电文银行账户上的资金扣除，并记入在57a栏所指定的银行的发电文银行账户上。

状态	代号（Tag）	栏位名称（Field Name）
M	20	Transaction Reference Number（业务参考号）
M	21	Related Reference（相关参考号）
O	13C	Time Indication（时间说明）
M	32A	Value Date，Currency Code，Amount（起息日/货币代码/金额）
O	52a	Ordering Institution（付款行）
O	53a	Sender's Correspondent（发报行代理行）
O	54a	Receiver's Correspondent（收报行代理行）
O	56a	Intermediary（中间行）
O	57a	Account With Institution（机构账户）
M	58a	Beneficiary Institution（收款行）
O	72	Sender to Receiver Information（发报行给收报行的附言）

4. MT205 格式中的代号和栏位名称

本类型电文由第2类划款电文（即MT200，201，202，203或205）的接收行直接或通过往来行发给另一个和发电文银行位于同一国家的银行。用于在国内进一步传递划款指示。

状态	代号（Tag）	栏位名称（Field Name）
M	20	Transaction Reference Number（业务参考号）
M	21	Related Reference（相关参考号）
O	13C	Time Indication（时间说明）
M	32A	Value Date，Currency Code，Amount（起息日/货币代码/金额）
O	52a	Ordering Institution（付款行）
O	53a	Sender's Correspondent（发报行代理行）
O	56a	Intermediary（中间行）
O	57a	Account With Institution（机构账户）
M	58a	Beneficiary Institution（收款行）
O	72	Sender to Receiver Information（发报行给收报行的附言）

5. MT700 格式中的代号和栏位名称

SWIFT 信用证主要是指以 MT700 或 MT701 开立的信用证。以下两种格式中的代号和栏位名称对照表。当跟单信用证内容超过 MT700 报文格式的容量时，可以使用一个或几个（最多3个）MT701 格式传送有关跟单信用证。

M/O	代码（Tag）	栏位名称（Field Name）
M	27	合计次序（Sequence of Total）
M	40A	跟单信用证类型（Form of Documentary Credit）
M	20	信用证编号（Documentary Credit Number）
O	23	预通知编号
O	31C	开证日期
M	31D	到期日及到期地点
O	51A	开证申请人的银行（Applicant Bank）
M	50	申请人（Application）
M	59	受益人（Beneficiary）
M	32B	币别代号、金额（Currency Code，Amount）
O	39A	信用证金额允许浮动的范围（Percentage Credit Amount）
O	39B	最高信用证金额（Maximum Credit Amount）
O	39C	可附加金额（Additional Amount Covered）
M	41a	指定的有关银行及信用证的兑付方式（Available With…By…）
O	42C	汇票期限（Drafts at…）
O	42a	付款人（Drawee）
O	42M	混合付款指示（Mixed Payment Details）
O	42P	延期付款指示（Deferred Payment Details）
O	43P	分运（Partial Shipments）
O	43T	转运（Transhipment）
O	44A	装船/发送/接受监管（Loading on Board/Dispatch/Taking in Charge at /from…）
O	44B	装运至…（For Transportation to…）
O	44C	最后装运日（Latest Date of Shipment）
O	44D	装运期（Shipment Period）
O	45A	货物/或描述描述（Description Goods and/or Services）
O	46A	单据要求（Documents Required）
O	47A	附加条件（Additional Conditions）
O	71B	费用（Charges）
O	48	交单期限（Period for Presentation）
M	49	保兑指示（Confirmation Instructions）
O	53a	清算银行（Reimbursement Bank）
O	78	对付款/承兑/让购银行之指示（Instructions to the Paying/Accepting/Negotiation bank）
O	57a	收讯银行以外的通知银行（“Advise Through”Bank）
O	72	银行间的备注（Sender to Receiver Information）

注：M/O 为 Mandatory（必要项目）与 Optional（任意项目）的缩写。合计次序是本证的页次，共两个数字，前后各一。例如“1/2”，其中 2 指本证共 2 页，“1”指本页为第 1 页。

6. MT701 格式中的代号和栏位名称

M/O	代码（Tag）	栏位名称（Field Name）
M	27	合计次序（Sequence of Total）
M	20	信用证编号（Documentary Credit Number）
M	45B	货物描述与交易条件（Description Goods and/or Services）
O	46B	应具备单据（Documents Required）
O	47B	附加条件（Additional Conditions）

7. MT707 格式中的代号和栏位名称

对已开出的 SWIFT 信用证进行修改，则需要采用 MT707 标准格式。

代号（Tag）	栏位名称（Field Name）
20	送讯银行的编号（Sender's Reference）
21	收讯银行的编号（Receiver's Reference）
23	开证银行的编号（Issuing Bank's Reference）
52a	开证银行（Issuing Bank）
31c	开证日期（Date of Issue）
30	修改日期（Date of Amendment）
26E	修改序号（Number of Amendment）
59	受益人（修改以前的）（Beneficiary（before this amendment））
31E	新的到期日（New Date of Expiry）
32B	信用证金额的增加（Increase of Documentary Credit Amount ）
33B	信用证金额的减少（Decrease of Documentary Credit Amount ）
34B	修改后新的信用证金额（New Documentary Credit Amount After）
39A	信用证金额加减百分率（Percentage Credit Amount Tolerance）
39B	最高信用证金额（Maximum Credit Amount）
39C	可附加金额（Additional Amount Covered）
44A	由…装船/发送/接管（Loading on Board/Dispatch/Taking in Charge at /from…）
44B	装运至…（For Transportation to…）
44C	最后装船日（Latest Date of Shipment）
44D	装船期间（Shipment Period）
79	叙述（Narrative）
72	银行间备注（Sender to Receiver Information）

8. MT900 格式中的代号和栏位名称

本类型电文由提供服务的银行发给账户拥有者，用以通知账户拥有者其账户已被扣除。该出入账目将由银行结单进一步确认。

状态	代号（Tag）	栏位名称（Field Name）
M	20	Transaction Reference Number（业务参考号）
M	21	Related Reference（相关参考号）
M	25	Account Identification（账号）
M	32A	Value Date，Currency Code，Amount（起息日/货币代码/金额）
O	52a	Ordering Institution（指示行）
O	72	Sender to Receiver Information（发报行给收报行的附言）

9. MT910 格式中的代号和栏位名称

本类型电文由提供服务的银行发给账户拥有者，用以通知账户拥有者资金已记入其账户。该出入账目将由银行结单进一步确认。

状态	代号（Tag）	栏位名称（Field Name）
M	20	Transaction Reference Number（业务参考号）
M	21	Related Reference（相关参考号）
M	25	Account Identification（账号）
M	32A	Value Date，Currency Code，Amount（起息日/货币/清算金额）
O	52a	Ordering Institution（指示行）
O	56a	Intermediary（中间行）
O	72	Sender to Receiver Information（发报行给收报行的附言）

附录 2

跟单信用证统一惯例（UCP600）

ICG UNIFORM CUSTOMS AND PRACTICE FOR DOCUMENTARY CREDITS

第一条　UCP 的适用范围

《跟单信用证统一惯例——2007 年修订本，国际商会第 600 号出版物》（简称“UCP”）乃一套规则，适用于所有的其文本中明确表明受本惯例约束的跟单信用证（下称信用证）(在其可适用的范围内，包括备用信用证。) 除非信用证明确修改或排除，本惯例各条文对信用证所有当事人均具有约束力。

第二条　定义

就本惯例而言：

通知行指应开证行的要求通知信用证的银行。

申请人指要求开立信用证的一方。

银行工作日指银行在其履行受本惯例约束的行为的地点通常开业的一天。

受益人指接受信用证并享受其利益的一方。

相符交单指与信用证条款、本惯例的相关适用条款以及国际标准银行实务一致的交单。

保兑指保兑行在开证行承诺之外做出的承付或议付相符交单的确定承诺。

保兑行指根据开证行的授权或要求对信用证加具保兑的银行。

信用证指一项不可撤销的安排，无论其名称或描述如何，该项安排构成开证行对相符交单予以交付的确定承诺。

承付指：

a. 如果信用证为即期付款信用证，则即期付款。

b. 如果信用证为延期付款信用证，则承诺延期付款并在承诺到期日付款。

c. 如果信用证为承兑信用证，则承兑受益人开出的汇票并在汇票到期日付款。

开证行指应申请人要求或者代表自己开出信用证的银行。

议付指指定银行在相符交单下，在其应获偿付的银行工作日当天或之前向受益人预付或者同意预付款项，从而购买汇票（其付款人为指定银行以外的其他银行）及/或单据的行为。

指定银行指信用证可在其处兑用的银行，如信用证可在任一银行兑用，则任何银行均为指定银行。

交单指向开证行或指定银行提交信用证项下单据的行为，或指按此方式提交的单据。

交单人指实施交单行为的受益人、银行或其他人。

第三条　解释

就本惯例而言：

如情形适用，单数词形包含复数含义，复数词形包含单数含义。

信用证是不可撤销的，即使未如此表明。

单据签字可用手签、摹样签字、穿孔签字、印戳、符合或任何其他机械或电子的证实方法为之。

诸如单据须履行法定手续、签证、证明等类似要求，可由单据上任何看拟满足该要求的签字、标记、戳或标签来满足。

一家银行在不同国家的分支机构被视为不同的银行。

用诸如"第一流的"、"著名的"、"合格的"、"独立的"、"正式的"、"有资格的"或"本地的"等词语描述单据的出单人时，允许除受益人之外的任何人出具该单据。

除非要求在单据中使用，否则诸如"迅速地"、"立刻地"或"尽快地"等词语将被不予理会。

"在或大概在（on or about）"或类似用语将被视为规定事件发生在指定日期的前后五个日历日之间，起讫日期计算在内。"至（to）"、"直至（until、till）"、"从……开始（from）"及"在……之间（between）"等词用于确定发运日期时包含提及的日期，使用"在……之前（before）"及"在……之后（after）"时则不包含提及的日期。

"从……开始（from）"及"在……之后（after）"等词用于确定到期日期时不包含提及的日期。

"前半月"及"后半月"分别指一个月的第一日到第十五日及第十六日到该月的最后一日，起讫日期计算在内。

一个月的"开始（beginning）"、"中间（middle）"及"末尾（end）"分别指第一到第十日、第十一日到第二十日及第二十一日到该月的最后一日，起讫日期计算在内。

第四条　信用证与合同

a. 就其性质而言，信用证与可能作为其开立基础的销售合同或其他合同是相互独立的交易，即使信用证中含有对此类合同的任何援引，银行也与该合同无关，且不受其约束。因此，银行关于承付、议付或履行信用证项下其他义务的承诺，不受申请人基于与开证行或与受益人之间的关系而产生的任何请求或抗辩的影响。

受益人在任何情况下不得利用银行之间或申请人与开证行之间的合同关系。

b. 开证行应劝阻申请人试图将基础合同、形式发票等文件作为信用证组成部分的做法。

第五条　单据与货物、服务或履约行为

银行处理的是单据，而不是单据可能涉及的货物、服务或履约行为。

第六条　兑用方式、截止日和交单地点

a. 信用证必须规定可在其处兑用的银行，或是否可在任一银行兑用。规定在指定银行兑用的信用证同时也可以在开证行兑用。

b. 信用证必须规定其是以即付款、延期付款，承兑还是议付的方式兑用。

c. 信用证不得开成凭以申请人为付款人的汇票兑用。

d. i. 信用证必须定一个交单的截止日。规定的承付或议付的截止日将被视为交单的截止日。

ii. 可在其处兑用信用证的银行所在地即为交单地点。可在任一银行兑用的信用证其交单地点为任一银行所在地。除规定的交单地点外，开证行所在地也是交单地点。

e. 除非如第二十九条 a 款规定的情形，否则受益人或者代表受益人的交单应在截止日当天或之前完成。

第七条 开证行责任

a. 只要规定的单据提交给指定银行或开证方，并且构成相符交单，则开证行必须承付，如果信用证为以下情形之一：

i. 信用证规定由开证行即期付款，延期付款或承兑；

ii. 信用证规定由指定银行即期付款但其未付款；

iii. 信用证规定由指定银行延期付款但其未承诺延期付款，或虽已承诺延期付款，但未在到期日付款；

iv. 信用证规定由指定银行承兑，但其未承兑以其为付款人的汇票，或虽然承兑了汇票，但未在到期日付款。

v. 信用证规定由指定银行议付但其未议付。

b. 开证行自开立信用证之时起即不可撤销地承担承付责任。

c. 指定银行承付或议付相符交单并将单据转给开证行之后，开证行即承担偿付该指定银行的责任。对承兑或延期付款信用证下相符合单据金额的偿付应在到期日办理，无论指定银行是否在到期日之前预付或购买了单据，开证行偿付指定银行的责任独立于开证行对受益人的责任。

第八条 保兑行责任

a. 只要规定的单据提交给保兑行，或提交给其他任何指定银行，并且构成相符交单，保兑行必须：

i. 承付，如果信用证为以下情形之一：

a）信用证规定由保兑行即期付款、延期付款或承兑；

b）信用证规定由另一指定银行延期付款，但其未付款；

c）信用证规定由另一指定银行延期付款，但其未承诺延期付款，或虽已承诺延期付款但未在到期日付款；

d）信用证规定由另一指定银行承兑，但其未承兑以其为付款人的汇票，或虽已承兑汇票未在到期日付款；

e）信用证规定由另一指定银行议付，但其未议付。

ii. 无追索权地议付，如果信用证规定由保兑行议付。

b. 保兑行自对信用证加具保兑之时起即不可撤销地承担承付或议付的责任。

c. 其他指定银行承付或议付相符交单并将单据转往保兑行之后，保兑行即承担偿付该指定银行的责任。对承兑或延期付款信用证下相符交单金额的偿付应在到期日办理，无论指定银行是否在到期日之前预付或购买了单据。保兑行偿付指定银行的责任独立于保兑行对受益人的责任。

d. 如果开证行授权或要求一银行对信用证加具保兑，而其并不准备照办，则其必须毫不延误地通知开证行，并可通知此信用证而不加保兑。

第九条　信用证及其修改的通知

a. 信用证及其任何修改可以经由通知行通知给受益人。非保兑行的通知行通知信用及修改时不承担承付或议付的责任。

b. 通知行通知信用证或修改的行为表示其已确信信用证或修改的表面真实性，而且其通知准确地反映了其收到的信用证或修改的条款。

c. 通知行可以通过另一银行（“第二通知行”）向受益人通知信用证及修改。第二通知行通知信用证或修改的行为表明其已确信收到的通知的表面真实性，并且其通知准确地反映了收到的信用证或修改的条款。

d. 经由通知行或第二通知行通知信用证的银行必须经由同一银行通知其后的任何修改。

e. 如一银行被要求通知信用证或修改但其决定不予通知，则应毫不延误地告知自其处收到信用证、修改或通知的银行。

f. 如一银行被要求通知信用证或修改但其不能确信信用证、修改或通知的表面真实性，则应毫不延误地通知看似从其处收到指示的银行。如果通知行或第二通知行决定仍然通知信用证或修改，则应告知受益人或第二通知行其不能确信信用证、修改或通知的表面真实性。

第十条　修改

a. 除第三十八条另有规定者外，未经开证行、保兑行（如有的话）及受益人同意，信用证即不得修改，也不得撤销。

b. 开证行自发出修改之时起，即不可撤销地受其约束。保兑行可将其保兑扩展至修改，并自通知该修改时，即不可撤销地受其约束。但是，保兑行可以选择将修改通知受益人而不对其加具保兑。若然如此，其必须毫不延误地将此告知开证行，并在其给受益人的通知中告知受益人。

c. 在受益人告知通知修改的银行其接受该修改之前，原信用证（或含有先前被接受的修改的信用证）的条款对受益人仍然有效。受益人应提供接受或拒绝修改的通知。如果受益人未能给予通知，当交单与信用证以及尚未表示接受的修改要求一致时，即视为受益人已作出接受修改的通知，并且从此时起，该信用证被修改。

d. 通知修改的银行应将任何接受或拒绝的通知转告发出修改的银行。

e. 对同一修改的内容不允许部分接受，部分接受将被视为拒绝修改的通知。

f. 修改中关于除非受益人在某一时间内拒绝修改否则修改生效的规定应被不予理会。

第十一条　电讯传输的和预先通知的信用证和修改

a. 以经证实的电讯方式发出的信用证或信用证修改即被视为有效的信用证或修改文

据，任何后续的邮寄确认书应被不予理会。

如电讯声明“详情后告”（或类似用语）或声明以邮寄确认书为有效信用证或修改，则该电讯不被视为有效信用证或修改。开证行必须随即不迟延地开立有效信用证或修改，其条款不得与该电讯矛盾。

b. 开证行只有在准备开立有效信用证或作出有效修改时，才可以发出关于开立或修改信用证的初步通知（预先通知）。开证行作出该预先通知，即不可撤销地保证不迟延地开立或修改信用证，且其条款不能与预先通知相矛盾。

第十二条　指定

a. 除非指定银行为保兑行，对于承付或议付的授权并不赋予指定银行承付或议付的义务，除非该指定银行明确表示同意并且告知受益人。

b. 开证行指定一银行承兑汇票或做出延期付款承诺，即为授权该指定银行预付或购买其已承兑的汇票或已做出的延期付款承诺。

c. 非保兑行的指定银行收到或审核并转递单据的行为并不使其承担承付或议付的责任，也不构成其承付或议付的行为。

第十三条　银行之间的偿付安排

a. 如果信用证规定指定银行（“索偿行”）向另一方（“偿付行”）获取偿付时，必须同时规定该偿付是否按信用证开立时有效的 ICC 银行间偿付规则进行。

b. 如果信用证没有规定偿付遵守 ICC 银行间偿付规则，则按照以下规定：

i. 开证行必须给予偿付行有关偿付的授权，授权应符合信用证关于兑用方式的规定，且不应设定截止日。

ii. 开证行不应要求索偿行向偿付行提供与信用证条款相符的证明。

iii. 如果偿付行未按信用证条款见索即偿，开证行将承担利息损失以及产生的任何其他费用。

iv. 偿付行的费用应由开证行承担。然而，如果此项费用由受益人承担，开证行有责任在信用证及偿付授权中注明。如果偿付行的费用由受益人承担，该费用应在偿付时从付给索偿行的金额中扣取。如果偿付未发生，偿付行的费用仍由开证行负担。

c. 如果偿付行未能见索即偿，开证行不能免除偿付责任。

第十四条　单据审核标准

a. 按指定行事的指定银行、保兑行（如果有的话）及开证行须审核交单，并仅基于单据本身确定其是否在表面上构成相符交单。

b. 按指定行事的指定银行、保兑行（如有的话）及开证行各有从交单次日起至多五个银行工作日用以确定交单是否相符。这一期限不因在交单日当天或之后信用证截止日或最迟交单日届至而受到缩减或影响。

c. 如果单据中包含一份或多份受第十九、二十、二十一、二十二、二十三、二十四或二十五条规制的正本运输单据，则须由受益人或其代表在不迟于本惯例所指的发运日之后的二十一个日历日内交单，但是在任何情况下都不得迟于信用证的截止日。

d. 单据中的数据，在与信用证、单据本身以及国际标准银行实务参照解读时，无须与该单据本身中的数据，其他要求的单据或信用证中的数据等同一致，但不得矛盾。

e. 除商业发票外，其他单据中的货物、服务或履约行为的描述，如果有的话，可使用与信用证中的描述不矛盾的概括性用语。

f. 如果信用证要求提交运输单据、保险单据或者商业发票之外的单据，却未规定出单人或其数据内容，则只要提交的单据内容看似满足所要求单据的功能，且其他方面符合第十四条 d 款，银行将接受该单据。

g. 提交的非信用证所要求的单据将被不予理会，并可被退还给交单人。

h. 如果信用证含有一项条件，但未规定用以表明该条件得到满足的单据，银行将视为未作规定并不予理会。

i. 单据日期可以早于信用证的开立日期，但不得晚于交单日期。

j. 当受益人和申请人的地址出现在任何规定的单据中时，无须与信用证或其他规定单据中所载相同，但必须与信用证中规定的相应地址同在一国。联络细节（传真、电话、电子邮件及类似细节）作为受益人和申请人地址的一部分时将被不予理会。然而，如果申请人的地址和联络细节为第十九、二十、二十一、二十二、二十三、二十四或二十五条规定的运输单据上的收货人或通知方细节的一部分时，应与信用证规定的相同。

k. 在任何单据中注明的托运人或发货人无须为信用证的受益人。

l. 运输单据可以由任何人出具，无须为承运人、船东、船长或租船人，只要其符合第十九、二十、二十一、二十二、二十三或二十四条的要求。

第十五条　相符交单

a. 当开证行确定交单相符时，必须承付。

b. 当保兑行确定交单相符时，必须承付或者议付并将单据转递给开证行。

c. 当指定银行确定交单相符并承付或议付时，必须将单据转递给保兑行或开证行。

第十六条　不符单据、放弃及通知

a. 当按照指定行事的指定银行、保兑行（如有的话）或者开证行确定交单不符时，可以拒绝承付或议付。

b. 当开证行确定交单不符时，可以自行决定联系申请人放弃不符点。然而这并不能延长第十四条 b 款所指的期限。

c. 当按照指定行事的指定银行、保兑行（如有的话）或开证行决定拒绝承付或议付时，必须给予交单人一份单独的拒付通知。

该通知必须声明：

i. 银行拒绝承付或议付；及

ii. 银行拒绝承付或者议付所依据的每一个不符点；及

iii. a）银行留存单据听候交单人的进一步指示；或者

b）开证行留存单据直到其从申请人处接到放弃不符点的通知并同意接受该放弃，或者其同意接受对不符点的放弃之前从交单人处收到其进一步指示；或者

c）银行将退回单据；或者

d）银行将按之前从交单人处获得的指示处理。

d. 第十六条 c 款要求的通知必须以电讯方式，如不可能，则以其他快捷方式，在不迟于自交单之翌日起第五个银行工作日结束前发出。

e. 按照指定行事的指定银行、保兑行（如有的话）或开证行在按照第十六条 c 款 iii 项 a）发出了通知后，可以在任何时候将单据退还交单人。

f. 如果开证行或保兑行未能按照本条行事，则无权宣称交单不符。

g. 当开证行拒绝承付或保兑行拒绝承付或者议付，并且按照本条发出了拒付通知后，有权要求返还已偿付的款项及利息。

第十七条　正本单据及副本

a. 信用证规定的每一种单据须至少提交一份正本。

b. 银行应将任何带有看似出单人的原始签名、标记、印戳或标签的单据视为正本单据，除非单据本身表明其非正本。

c. 除非单据本身另有说明，在以下情况下，银行也将其视为正本单据：

i. 单据看似由出单人手写、打字、穿孔或盖章：或者

ii. 单据看似使用出单人的原始信纸出具：或者

iii. 单据声明其为正本单据，除非该声明看似不适用于提交的单据。

d. 如果信用证使用诸如"一式两份（in duplicate）"、"两份（in two fold）"、"两套（in two copies）"等用语要求提交多份单据，则提交至少一份正本，其余使用副本即可满足要求，除非单据本身另有说明。

第十八条　商业发票

a. 商业发票：

i. 必须看似由受益人出具（第三十八条规定的情形除外）：

ii. 必须出具成以申请人为抬头（第三十八条 g 款规定的情形除外）：

iii. 必须与信用证的货币相同：且

iv. 无须签名

b. 按指定行事的指定银行、保兑行（如有的话）或开证行可以接受金额大于信用证允许金额的商业发票，其决定对有关各方均有约束力，只要该银行对超过信用证允许金额的部分未作承付或者议付。

c. 商业发票上的货物、服务或履约行为的描述应该与信用证中的描述一致。

第十九条　涵盖至少两种不同运输方式的运输单据

a. 涵盖至少两种不同运输方式的运输单据（多式或联合运输单据），无论名称如何，必须看似：

i. 表明承运人名称并由以下人员签署：

* 承运人或其具名代理人，或

* 船长或其具名代理人。

承运人、船长或代理人的任何签字，必须标明其承运人、船长或代理人的身份。

代理人签字必须表明其系代表承运人还是船长签字。

ii. 通过以下方式表明货运站物已经在信用证规定的地点发送，接管或已装船。

＊事先印就在文字、或者

＊表明货物已经被发送、接管或装船日期的印戳或批注。

运输单据的出具日期将被视为发送，接管或装船的日期，也即发运的日期。然而如单据以印戳或批注的方式表明了发送、接管或装船日期，该日期将被视为发运日期。

iii. 表明信用证规定的发送、接管或发运地点，以及最终目的地、即使：

a）该运输单据另外还载明了一个不同的发送、接管或发运地点或最终目的地，或者。

b）该运输单据载有“预期的”或类似的关于船只，装货港或卸货港的限定语。

iv. 为唯一的正本运输单据，或者，如果出具为多份正本，则为运输单据中表明的全套单据。

v. 载有承运条款和条件，或提示承运条款和条件参见别处（简式/背面空白的运输单据）。银行将不审核承运条款和条件的内容。

vi. 未表明受租船合同约束。

b. 就本条而言，转运指在从信用证规定的发送，接管或者发运地点最终目的地的运输过程中从某一运输工具上卸下货物并装上另一运输工具的行为（无论其是否为不同的运输方式）。

c. i. 运输单据可以表明货物将要或可能被转运，只要全程运输由同一运输单据涵盖。

ii. 即使信用证禁止转运，注明将要或者可能发生转运的运输单据仍可接受。

第二十条　提单

a. 提单，无论名称如何，必须看似；

i. 表明承运人名称，并由下列人员签署：

＊承运人或其具名代理人，或者

＊船长或其具名代理人。

承运人，船长或代理人的任何签字必须标明其承运人，船长或代理人的身份。

代理人的任何签字必须标明其系代表承运人还是船长签字。

ii. 通过以下方式表明货物已在信用证规定的装货港装上具名船只：

＊预先印就的文字，或

＊已装船批注注明货物的装运日期。

提单的出具日期将被视为发运日期，除非提单载有表明发运日期的已装船批注，此时已装船批注中显示的日期将被视为发运日期。

如果提单载有“预期船只”或类似的关于船名的限定语，则需以已装船批注明确发运日期以及实际船名。

iii. 表明货物从信用证规定的装货港发运至卸货港。

如果提单没有表明信用证规定的装货港为装货港，或者其载有“预期的”或类似的关于装货港的限定语，则需以已装船批注表明信用证规定的装货港、发运日期以及实际船名。即使提单以事先印就的文字表明了货物已装载或装运于具名船只、本规定仍适用。

iv. 为唯一的正本提单，或如果以多份正本出具，为提单中表明的全套正本。

v. 载有承运条款和条件，或提示承运条款和条件参见别外（简式/背面空白的提单）。银行将不审核承运条款和条件的内容。

vi. 未表明受租船合同约束。

b. 就本条而言，转运系指在信用证规定的装货港到卸货港之间的运输过程中，将货物从船卸下并再装上另一船的行为。

c. i. 提单可以表明货物将要或可能被转运，只要全程运输由同一提单涵盖。

ii. 即使信用证禁止转运，注明将要或可能发生转运的提单仍可接受，只要其表明货物由集装箱、拖车或子船运输。

d. 提单中声明承运人保留转运权利的条款将被不予理会。

第二十一条　不可转让的海运单

a. 不可转让的海运单，无论名称如何，必须看似：

i. 表明承运人名称并由下列人员签署：

* 承运人或其具名代理人，或者

* 船长或其具名代理人。

承运人、船长或代理人的任何签字必须标明其承运人、船长或代理人的身份。

代理签字必须标明其系代表承运人还是船长签订。

ii. 通过以下方式表明货物已在信用证规定的装货上具名船只：

* 预先印就的文字，或者

* 已装船批注表明货物的装运日期。

不可转让海运单的出具日期将被视为发运日期，除非其上带有已装船批注注明发运日期，此明已装船批注注明的日期将被视为发运日期。

如果不可转让海运单载有“预期船只”或类似的关于船名的限定语，则需要以已装船批注表明发运日期和实际船只。

iii. 表明货物从信用证规定的装货港发运至卸货港。

如果不可转让海运单未以信用证规定的装货港为装货港，或者如果其载有“预期的”或类似的关于装货港的限定语，则需要以已装船批注表明信用证规定的装货港、发运日期和船只。即使不可转让海运单以预先印就的文字表明货物已由具名船只装载或装运，本规定也适用。

iv. 为唯一的正本不可转让海运单，或如果以多份正本出具，为海运单上注明的全套正本。

v. 载有承运条款的条件，或提示承运条款和条件参见别处（简式/背面空白的海运单）。银行将不审核承运条款和条件的内容。

vi. 未注明受租船合同约束。

b. 就本条而言，转运系指在信用证规定的装货港到卸货之间的运输过程中，将货物从船卸下并装上另一船的行为。

c. i. 不可转让海运单可以注明货物将要或可能被转运，只要全程运输由同一海运单涵盖。

ii. 即使信用证禁止转运，注明转运将要或可能发生的不可转让的海运单仍可接受，只要其表明货物装于集装箱，拖船或子船中运输。

d. 不可转让的海运单中声明承运人保留转运权利条款将被不予理会。

第二十二条　租船合同提单

a. 表明其受租船合同约束的提单（租船合同提单），无论名称如何，必须看似：

i. 由以下员签署：

* 船长或其具名代理人，或
* 船东或其具有名代理人，或
* 租船人或其具有名代理人。

船长、船东、租船人或代理人的任何签字必须标明其船长、船东、租船人或代理人的身份。

代理人签字必须表明其系代表船长，船东不是租船人签字。

代理人代表船东或租船人签字时必须注明船东或租船人的名称。

ii. 通过以下方式表明货物已在信用证规定的装货港装上具名船只：

* 预先印就的文字，或者
* 已装船批注注明货物的装运日期

租船合同提单的出具日期将被视为发运日期，除非租船合同提单载有已装船批注注明发运日期，此时已装船批注上注明的日期将被视为发运日期。

iii. 表明货物从信用证规定的装货港台发运至卸货港。卸货港也可显示为信用证规定的港口范围或地理区域。

iv. 为唯一的正本租船合同提单，或如以多份正本出具，为租船合同提单注明的全套正本。

b. 银行将不审核租船合同，即使信用证要求提交租船合同。

第二十三条　空运单据

a. 空运单据，无论名称如何，必须看似：

i. 表明承运人名称，并由以下人员签署；

* 承运人，或
* 承运人的具名代理人。

承运人或其代理人的任何签字必须标明其承运人或代理人的身份。

代理人或其代理人的任何签字必须标明其承运人或代理人的身份。

代理人签字必须表明其系代表承运人签字。

ii. 表明货物已被收妥待运。

iii. 表明出具日期。该日期将被视为发运日期，除非空运单据载有专门批注注明实际发运日期，此时批注中的日期将被视为发运日期。

空运单据中其他与航班号和航班日期相关的信息将不被用来确定发运日期。

iv. 表明信用证规定的起飞机场和目的地机场。

v. 为开给发货人或托运人的正本，即使信用证规定提交全套正本。

vi. 载有承运条款和条件，或提示条款和条件参见别处。银行将不审核承运条款和条件的内容。

b. 就本条而言，转运是指在信用证规定的起飞机场到目的地机场的运输过程中，将货物从一飞机卸下再装上另一飞机的行为。

c. i. 空运单据可以注明货物将要或可能转运，只要全程运输由同一空运单据涵盖。

ii. 即使信用证禁止转运，注明将要或可能发生转运的空运单据仍可接受。

第二十四条　公路、铁路或内陆水运单据

a. 公路、铁路或内陆水运单据、无论名称如何、必须看似：

i. 表明承运人名称：并且

＊由承运人或其具名代理人签署，或者

＊由承运人或其具名代理人以签字、印戳或批注表明货物收讫。

承运人或其具名代理人的收货签字、印戳或批注必须标明其承运人或代理人的身份。

代理人的收货签字，印戳或批注必须标明代理人系代理承运人签字或行事。

如果铁路运输单据没有指明承运人，可以接受铁路运输公司的任何签字或印戳作为承运人签署单据的证据。

ii. 表明货物的信用规定地点的发运日期，或者收讫待运或待发送的日期。运输单据的出具日期将被视为发运日期，除非运输单据上盖有带日期的收货印戳，或注明了收货日期或发运日期。

iii. 表明信用证规定的发运地及目的地。

b. i. 公路运输单据必须看似为开给发货人或托运人的正本，或没有任何标记表明单据开给何人。

ii. 注明“第二联”的铁路运输单据将被作为正本接受。

iii. 无论是否注明正本字样，铁路或内陆水运单据都被作为正本接受。

c. 如运输单据上未注明出具的正本数量，提交的份数即视为全套正本。

d. 就本条而言，转运是指在信用证规定的发运、发送或运送的地点到目的地之间的运输过程中，在同一运输方式中从一个运输工具卸下再装上另一运输工具的行为。

e. i. 只要全程运输由同一运输单据涵盖、公路、铁路或内陆水运单据可以注明货物将要或可能被转运。

ii. 即使信用证禁止转运，注明将要或可能发生转运的公路、铁路或内陆水运单据仍可接受。

第二十五条　快递收据、邮政收据或投邮证明

a. 证明货物收讫待运的快递收据，无论名称如何，必须看似：

i. 表明快递机构的名称，并在信用证规定的货物发运地点由该具名快递机构盖章或签字，并且

ii. 表明取件或收件的日期或类似词语，该日期将被视为发运日期。

b. 如果要求显示快递费用付讫或预付，快递机构出具的表明快递费由收货人以外的一方支付的运输单据可以满足该项要求。

c. 证明货物收讫待运的邮政收据或投邮证明，无论名称如何，必须看似在信用证规定的货物发运地点盖章或签署并注明日期。该日期将被视为发运日期。

第二十六条 “货装舱面”、“托运人装载和计数”、“内容据托运人报称”及运费之外的费用

a. 运输单据不得表明货物装于或者装于舱面。声明可能被装于舱面的运输单据条款可以接受。

b. 载有诸如“托运人装载和计数”或“内容据托运人报称”条款的运输单据可以接受。

c. 运输单据上可以以印戳或其他方法提及运费之外的费用。

第二十七条 清洁运输单据

银行只接受清洁运输单据，清洁运输单据指未载有明确宣称货物或包装有缺陷的条款或批注的运输单据。“清洁”一词并不需要在运输单据上出现，即使信用证要求运输单据为“清洁已装船”的。

第二十八条 保险单据及保险范围

a. 保险单据、例如保险单或预约保险项下的保险证明书或者声明书，必须看似由保险公司或承保人或其代理人或代表出具并签署。

b. 如果保险单据表明其以多份正本出具，所有正本均须提交。

c. 暂保单将不被接受。

d. 可以接受保险单代预约保险项下的保险证明书或声明书。

e. 保险单据日期不得晚于发运日期，除非保险单据表明保险责任不迟于发运日生效。

f. i. 保险单据必须表明投保金额并以与信用证相同的货币表示。

ii. 信用证对于投保金额为货物价值，发票金额或类似金额的某一比例的要求，将被视为对最低保额的要求。

如果信用证对投保金额未做规定，投保金额或类似金额的某一比例的要求，将被视为对最低保额的要求。

如果信用证对投保金额未做规定，投保金额须至少为货物的 CIF 或 CIP 价格的 110%。

如果从单据中不能确定 CIF 或者 CIP 价格，投保金额必须基于要求承付或议付的金额，或者基于发票上显示的货物总值来计算，两者之中取金额较高者。

iii. 保险单据须表明承保的风险区间至少涵盖从信用证规定的货物接管地或发运地开始到卸货地或最终目的地为止。

g. 信用证应规定所需投保的险别及附加险（如有的话）。如果信用证使用诸如“通常风险”或“惯常风险”等含义不确切的用语，则无论是否有漏保之风险，保险单据将被照样接受。

h. 当信用证规定投保“一切险”时，如保险单据载有任何“一切险”批注或条款，无论是否有“一切险”标题，均将被接受，即使其声明任何风险除外。

i. 保险单据可以援引任何除外条款。

j. 保险单据可以注明受免赔率或免赔额（减除除额）约束。

第二十九条　截止日或最迟交单日的顺延

a. 如果信用证的截止日或最迟交单日适逢接受交单的银行非因第三十六条所述原因而歇业，则截止日或最迟交单日，视何者适用，将顺延至其重新开业的第一个银行工作日。

b. 如果在顺延后的第一个银行工作日交单，指定银行必须在其致开证行或保兑行的面函中声明交单是在根据第二十九条 a 款顺延的期限内提交的。

c. 最迟发运日不因第二十九条 a 款规定的原因而顺延。

第三十条　信用证金额、数量与单价的伸缩度

a. “约”或“大约”用于信用证金额或信用证规定的数量或单价时，应解释为允许有关金额或数量或单价有不超过 10% 的增减幅度。

b. 在信用证未以包装单位件数或货物自身件数的方式规定货物数量时，货物数量允许有 5% 的增减幅度，只要总支取金额不超过信用证金额。

c. 如果信用证规定了货物数量，而该数量已全部发运，及如果信用证规定了单价，而该单价又未降低，或当第三十条 b 款不适用时，则即使不允许部分装运，也允许支取的金额有 5% 的减幅。若信用证规定有特定的增减幅度或使用第三十条 a 款提到的用语限定数量，则该减幅不适用。

第三十一条　部分支款或部分发运

a. 允许部分支款或部分发运。

b. 表明使用同一运输工具并经由同次航程运输的数套运输单据在同一次提交时，只要显示相同目的地，将不视为部分发运，即使运输单据上表明的发运日期不同或装货港、接管地或发运地点不同。如果交单由数套运输单据构成，其中最晚的一个发运日将被视为发运日。

含有一套或数套运输单据的交单，如果表明在同一种运输方式下经由数件运输工具运输，即使运输工具在同一天出发运往同一目的地，仍将被视为部分发运。

c. 含有一份以上快递收据，邮政收据或投邮证明的交单，如果单据看似由同一快递或邮政机构在同一地点和日期加盖印戳或签字并且表明同一目的地，将不视为部分发运。

第三十二条　分期支款或分期发运

如信用证规定在指定的时间段内分期支款或分期发运，任何一期未按信用证规定期限支取或发运时，信用证对该期及以后各期均告失效。

第三十三条　交单时间

银行在其营业时间外无接受交单的义务。

第三十四条　关于单据有效性的免责

银行对任何单据的形式、充分性、准确性、内容真实性，虚假性或法律效力，或对单据中规定或添加的一般或特殊条件，概不负责；银行对任何单据所代表的货物，服务或其他履约行为的描述、数量、重量、品质、状况、包装、交付、价值或其存在与否，或对发货人、承运人、货运代理人、收货人、货物的保险人或其他任何人的诚信与否、作为或不作为，清偿能力、履约或资信状况，也概不负责。

第三十五条　关于信息传递和翻译的免责

当报文、信件或单据按照信用证的要求传输或发送时，或当信用证未作指示，银行自行选择传送服务时，银行对报文传输或信件或单据的递送过程中发生的延误、中途遗失、残缺或其他错误产生的后果，概不负责。

如果指定银行确定交单相符并将单据发往开证行或保兑行，无论指定银行是否已经承付或议付，开证行或保兑行必须承付或议付，或偿付指定银行，即使单据在指定银行送往开证行或保兑行的途中，或保兑行送往开证行的途中丢失。

银行对技术术语的翻译或解释上的错误，不负责任，并可不加翻译地传送信用证条款。

第三十六条　不可抗力

银行对由于天灾、暴动、骚乱、叛乱、战争、恐怖主义行为或任何罢工、停工或其无法控制的任何其他原因导致的营业中断的后果，概不负责。

银行恢复营业时，对于在营业中断期间已逾期的信用证，不再进行承付或议付。

第三十七条　关于被指示方行为的免责

a. 为了执行申请人的指示，银行利用其他银行的服务，其费用和风险由申请人承担。

b. 即使银行自行选择了其他银行，如果发出的指示未被执行，开证行或通知行对此亦不负责。

c. 指示另一银行提供服务的银行有责任负担被指示方因执行指示而发生的任何佣金、手续费、成本或开支（“费用”）。

如果信用证规定费用由受益人负担，而该费用未能收取或从信用证款项中扣除，开证行依然承担支付此费用的责任。

信用证或其修改不应规定向受益人的通知以通知行或第二通知行收到其费用为条件。

d. 外国法律和惯例加诸于银行的一切义务和责任，申请人应受其约束，并就此对银行负补偿之责。

第三十八条　可转让信用证

a. 银行无办理信用证转让的义务，除非其明确同意。

b. 就本条而言：

可转让信用证系指特别注明“可转让（transferable）”字样的信用证。可转让信用证可应受益人（第一受益人）的要求转为全部或部分由另一受益人（第二受益人）兑用。

转让行系指办理信用证转让的指定银行，或当信用证规定可在任何银行兑用时，指开证行特别如此授权并实际办理转让的银行。开证行也可担任转让行。

已转让信用证指已由转让行转为可由第二受益人兑用的信用证。

c. 除非转让时另有约定，有关转让的所有费用（诸如佣金、手续费，成本或开支）须由第一受益人支付。

d. 只要信用证允许分批支款或分批发运，信用证可以分为若干部分转让给一个或以上的第二受益人。

第二受益人不得要求将信用证转让给居其后的其他受益人。第一受益人不属于上述其他受益人之列。

e. 任何转让要求须说明是否允许及在何种条件下允许将修改通知第二受益人。已转让信用证须明确说明该项条件。

f. 如果信用证转让给数名第二受益人，其中一名或多名第二受益人对信用证修改并不影响其他第二受益人接受修改。对接受者而言该已转让信用证即被相应修改，而对拒绝修改的第二受益人而言，该信用证未被修改。

g. 已转让信用证须准确转载原证条款，包括保兑（如果有的话），但下列项目除外：

——信用证金额

——规定的任何单价

——截止日

——交单期限，或

——最迟发运日或发运期间。

以上任何一项或全部均可减少或缩短。

必须投保的保险比例可以增加，以达到原信用证或本惯例规定的保险金额。

可用第一受益人的名称替换原证中的开证申请人名称。

如果原证特别要求开证申请人名称应在除发票以外的任何单据出现时，已转让信用证必须反映该项要求。

h. 第一受益人有权以自己的发票和汇票（如有的话）替换第二受益人的发票的汇票，其金额不得超过原信用证的金额。经过替换后，第一受益人可在原信用证项下支取自己的发票与第二受益人发票间的差价（如有的话）。

i. 如果第一受益人应提交其自己的发票和汇票（如有的话），但未能在第一次要求的照办，或第一受益人提交的发票导致了第二受益人的交单中本不存在的不符点，而其未能在第一次要求时修正，转让行有权将从第二受益人处收到的单据照交开证行，并不再对第一受益人承担责任。

j. 在要求转让时，第一受益人可以要求在信用证转让后的兑用地点，在原信用证的截止日之前（包括截止日），对第二受益人承付或议付。该规定并不得损害第一受益人在第三十八条 h 款下的权利。

k. 第二受益人或代表第二受益人的交单必须交给转让行。

第三十九条　款项让渡

信用证未注明可转让，并不影响受益人根据所适用的法律规定，将该信用证项下其可能有权或可能将成为有权获得的款项让渡给他人的权利。本条只涉及款项的让渡，而不涉及在信用证项下进行履行行为的权利让渡。

附录3

关于审核跟单信用证项下单据的国际标准银行实务（ISBP681）

ISBP（International Standard Banking Practice for the Examination of Documents under Documentary Credits）是一个供单据审核员在审核跟单信用证项下提交的单据时使用的审查项目（细节）清单。

ISBP（国际商会第645号出版物）于2002年首次通过，详细规定跟单信用证操作中的细节，填补了概括性的UCP规则与信用证使用者日常操作之间的差距，作为UCP500的必不可少的补充，得到了各界广泛的接纳。随着2006年UCP600的修改，有必要进行ISBP的更新。2007年版本的ISBP（国际商会第681号出版物）是一个对645号出版物修订而成的更新的版本。全文共分十一部分，有185个条款。在645号出版物中被认为是比较恰当的段落被吸收到UCP600正文中，从而不再包含在新版ISBP中。ISBP681中体现的国际标准银行实务是与UCP600、ICC银行委员会的意见和决定协调一致的，并没有修改UCP600，而是为从业者清晰准确地适用UCP600提供解释说明。信用证中任何修改或排除UCP600规则适用的条款也会对ISBP的适用带来影响。因此在考虑本出版物中的做法时，当事人必须重视任何在跟单信用证中被明确地修改或排除的UCP600条款。

ISBP681中的举例只是就事论事地说明相关条款，而不是全面详尽的阐述。本惯例反映跟单信用证项下各方当事人所应当遵从的做法。由于开证申请人的责任、权利和救济是基于其和开证行的约定、基础交易的履行情况和在可适用的法律和惯例规定的期限内提出的异议，申请人不应该认为他们可以以本惯例为依据排除他们偿付开证行的义务。适用本惯例时，跟单信用证条款无需直接援引本出版物，因为遵从公认做法的要求已经暗含在UCP600中了。

先期问题

信用证的申请和开立

1. 信用证独立于基础交易，即使信用证对该基础交易作了明确的援引。但是，为避免在审单时发生不必要的费用、延误和争议，开证申请人和受益人应当考虑清楚要求任何单据、单据由谁出具和提交单据的期限。

2. 开证申请人承担其有关开立或修改信用证的指示不明确所导致的风险。除非另有明确规定，开立或修改信用证的申请即意味着授权开证行以必要或适当的方式补充或细化信用证的条款，以使信用证得以使用。

3. 开证申请人应当知道，UCP600 的许多条文，诸如第 3 条、第 14 条、第 19 条、第 20 条、第 21 条、第 23 条、第 24 条、第 28 条（i）款、第 30 条和第 31 条，对信用证条款的含义作了特别规定，可能导致出乎当事人预想的结果，除非开证申请人对此条款完全通晓。例如，在多数情况下，要求提交提单而且禁止转运的信用证必须排除 UCP600 第 20 条（c）款的适用，才能使禁止转运发生效力。

4. 信用证不应规定提交由开证申请人出具或副签的单据。如果信用证含有此类条款，则受益人必须要求修改信用证，或者遵守该条款并承担无法满足这一要求的风险。

5. 如果对基础交易、开证申请和信用证开立的上述细节加以审慎考虑，在审单过程中出现的许多问题都能得以避免或解决。

一般原则

缩略语

6. 使用普遍承认的缩略语不导致单据不符，例如，用“Ltd.”代替“Limited”（有限），用“Int'l”代替“International”（国际），用“Co.”代替“Company”（公司），用“kgs”或“kos.”代替“kilos”（千克），用“Ind”代替“Industry”（工业），用“mfr”代替“manufacturer”（制造商），用“mt”代替“metric tons”（公吨）。反过来，用全称代替缩略语也不导致单据不符。

7. 斜线（“/”）可能有不同的含义，不得用来替代词语，除非在上下文中可以明了其含义。

证明和声明

8. 证明、声明或类似文据可以是单独的单据，也可以包含在信用证要求的其他单据内。如果声明或证明出现在另一份有签字并注明日期的单据里，只要该声明或证明表面看来系由出具和签署该单据的同一人作出，则该声明或证明无须另行签字或加注日期。

单据的修正和变更

9. 除了由受益人制作的单据外，对其他单据内容的修正和变更必须在表面上看来经出单人或出单人的授权人证实。对经过合法化、签证、认证或类似手续的单据的修正和变更必须经使该单据合法化、签证、认证该单据的人证实。证实必须表明该证实由谁作出，且应包括证实人的签字或小签。如果证实书表面看来并非由出单人所为，则该证实必须清楚地表明证实人以何身份证实单据的修正和变更。

10. 未合法化、签证、认证或采取类似措施的由受益人自己出具的单据（汇票除外）的修正和变更无需证实。参见“汇票和到期日的计算”。

11. 一份单据内使用多种字体、字号或手写，并不意味着是修正或变更。

12. 当一份单据包含不止一处修正或变更时，必须对每一处修正作出单独证实，或者以一种恰当的方式使一项证实与所有修正相关联。例如，如果一份单据显示出有标为 1，2，3 的三处修正，则使用类似“上述编号为 1，2，3 的修正 × × × 经证实”的声明即满足证实的要求。

日期

13. 即使信用证没有明确要求，汇票、运输单据和保险单据也必须注明日期。如果信用证要求上述单据以外的单据注明日期，只要该单据援引了同时提交的其他单据的日期，即满足信用证的要求（例如，装运证明可使用“日期同×××号提单”或类似用语）。虽然要求的证明或声明在作为单独单据时宜注明日期，但其是否符合信用证要求取决于所要求的证明或声明的种类、所要求的措辞以及证明或声明中的实际措辞。至于其他单据是否要求注明日期则取决于单据的内容和性质。

14. 任何单据，包括分析证明、检验证明和装运前检验证明注明的日期都可以晚于装运日期。但是，如果信用证要求一份单据证明装运前发生的事件（例如装运前检验证明），则该单据必须通过标题或内容来表明该事件（例如检验）发生在装运日之前或装运日当天。要求“检验证明”并不表明要求证明装运前发生的事件。任何单据都不得显示其在交单日之后出具。

15. 载明单据准备日期和随后的签署日期的单据应视为在签署之日出具。

16. 经常用来表示在某日期或事件之前或之后时间的用语：

a）“在……后的2日内”（within 2 days after）表明的是从事件发生之日起至事件发生后两日的这一段时间。

b）“不迟于在……后的2日”（not later than 2 days after）表明的不是一段时间，而是最迟日期。如果通知日期不能早于某个特定日期，则信用证必须明确就此作出规定。

c）“至少早于……的前2日”（at least 2 days before）表明的是一件事情的发生不得晚于某一事件的前两日。该事件最早何时可以发生则没有限制。

d）“在……的2日内”表明的是在某一事件发生之前的两日至发生之后的两日之间的一段时间。

17. 当“在……之内”（within）与日期连在一起使用时，在计算期限时该日期不包括在内。

18. 日期可以用不同的格式表示，例如2007年11月12日可以用12 Nov 07，12Nov07，12.11.07，2007.11.12，11.12.07，121107等形式表示，只要试图表明的日期能够从该单据或提交的其他单据中确定，上述任何形式都是可以接受的。为避免混淆，建议使用月份的名称而不要使用数字。

UCP600 运输条款不适用的单据

19. 与货物运输有关的一些常见单据，例如交货单、运输行收货证明、运输行装运证明、运输行运输证明、运输行承运货物收据和大副收据都不是运输合同的反映，不是UCP600第19条到第25条规定的运输单据。因此，UCP600第14条C款不适用于这些单据。从而，应以审核UCP600没有特别规定的其他单据的相同方式审核这些单据，也即适用UCP600第14条F款。在任何情况下，单据必须在信用证有效内提交。

20. 运输单据的副本并不是UCP600第19条到第25条和第14条C款所指的运输单据。UCP600关于运输单据的条款仅适用于有正本运输单据提交时。如果信用证允许提交副本而不是正本单据，则信用证必须明确规定应当显示哪些细节。当提交副本（不可转让的）单据时，无需显示签字、日期等。

UCP600 未定义的用语

21. 由于 UCP600 对诸如“装运单据”、“过期单据可接受”、“第三方单据可接受”和“出口国”等用语未作定义，因此，不应使用此类用语。如果信用证使用了这些用语，则其含义应能通过信用证上下文得以确定。否则，根据国际标准银行实务做法，这些用语将做如下理解：

（1）“装运单据”—指信用证要求的除汇票以外的所有单据（不限于运输单据）；

（2）“过期单据可接受”—指在装运日的 21 日历日后提交的单据是可以接受的，只要不迟于信用证规定的交单截止日；

（3）“第三方单据可接受”—指所有单据，不包括汇票，但包括发票，可由受益人之外的一方出具。如果开证行意在表示运输单据可显示受益人之外的第三人作为托运人，则无需写入这一条款，因为 UCP600 第 14 条 K 款已经对此予以认可；

（4）“出口国”—指受益人住所地国、及/或货物原产地国、及/或承运人接收货物地所在国、及/或装运地或发货地所在国。

单据的出单人

22. 如果信用证要求单据由某具名个人或单位出具，只要表面看来单据系由该具名个人或单位出具，即符合信用证要求。单据使用印有该具名个人或单位抬头的信笺，或如果未使用抬头信笺，但表面看来系由该具名个人或单位，或其代理人，完成及/或签署，则即为表面看来由该某具名个人或单位出具。

语言

23. 根据国际标准银行实务做法，受益人出具的单据应使用信用证所使用的语言。如果信用证规定可以接受使用两种或两种以上语言的单据，指定银行在通知该信用证时，可限制单据作用语言的数量，作为对该信用证承担责任的条件。

数学计算

24. 银行不检查单据中的数学计算细节，而只负责将总量与信用证及/或其他要求的单据相核对。

拼写错误及/或打印错误

25. 如果拼写及/或打印错误并不影响单词或其所在句子的含义，则不构成单据不符。例如，在货物描述中用“machine”表示“machine”（机器），用“fountan pen”表示“fountain pen”（钢笔），或用“modle”表示“model”（型号）都不会导致不符。但是，将“model 321”（型号 321）写成“model 123”（样品 123）则不应视为打印错误，而应是不符点。

多页单据和附件或附文

26. 除非信用证或单据另有规定，被装订在一起、按序编号或内部交叉援引的多页单据，无论其名称或标题如何，都应被作为一份单据来审核，即使有些页张被视为附件。当一份单据包括不止一页时，必须能够确定这些不同页同属一份单据。

27. 如果一份多面的单据要求签字或背书，签字通常在单据的第一页或最后一页，但是除非信用证或单据自身规定签字或背书应在何处，签字或背书可以在单据的任何地方。

正本和副本

28. 单据的多份正本可用“正本”（original）、“第二份”（duplicate）、“第三份”（triplicate）、“第一份正本”（first original）、“第二份正本”（second original）等标明。上述标注均不否认单据为正本。

29. 提交的正本单据的数量必须至少为信用证或 UCP600 要求的数量，或当单据自身表明了出具的正本单据数量时，至少为该单据表明的数量。

30. 有时从信用证的措辞难以判断信用证要求提交正本单据还是副本单据。

例如，当信用证要求：

“发票”、“一份发票”（One Invoice）或“发票一份”（Invoice in 1 copy），这些措辞应被理解为要求一份正本发票。

“发票四份”（Invoice in 4 copies），则提交至少一份正本发票，其余用副本发票即满足要求。

“发票的一份”（One copy of Invoice），则提交一份副本发票或一份正本发票均可接受。

31. 当银行不接受正本代替副本时，信用证必须规定禁止提交正本，例如，应标明“发票的复印件—不接受用正本代替复印件”，或类似措辞。当信用证要求一份运输单据副本并且表明正本运输单据的处理指示时，正本运输单据不可接受。

32. 副本单据不需要签字。

33. 除 UCP600 第 17 条以外，在考虑有关正本和副本的问题时，ICC 银行委员会（文件 470/871（修订）标题为“确定正本单据”，在 UCP500 第 20 条（b）款项下的政策声明，可提供进一步指导，在 UCP600 中仍然有效。该政策声明的内容作为本出版物的附录，以做参考。

唛头

34. 使用唛头的目的在于能够标识箱、袋或包装。如果信用证对唛头的细节作了规定，则载有唛头的单据必须显示这些细节，但额外的信息是可以接受的，只要它与信用证的条款不矛盾。

35. 某些单据中唛头所包含的信息常常超出通常意义上的唛头所包含的内容，可能包括诸如货物种类、易碎货物的警告、货物净重及/或毛重等。在一些单据里显示了此类额外内容而其他单据没有显示，不构成不符点。

36. 集装箱运输货物的运输单据有时仅仅在“唛头”栏中显示集装箱号，其他单据则显示详细的唛头标记，不能因此认为不相符。

签字

37. 即使信用证没有要求，汇票、证明和声明自身的性质决定其必须有签字。运输单据和保险必须根据 UCP600 的规定予以签署。

38. 单据上有专供签字的方框或空格并不必然意味着这一方框或空格必须有签字。例如，在运输单据如航空运单或铁路运输单据中经常会有一处标明“托运人或其代理人签字”或类似用语，但银行并不要求在该处有签字。如果单据表面要求签字才能生效（例如，“单据无效除非签字”，或类似规定），则必须签字。

39. 签字不一定手写。摹本签字、打孔签字、印章、符号（例如戳记）或用来表明身份的任何电子或机械证实的方法均可。但是，有签字的单据的复印件不能视为签署过的正本单据，通过传真发送的有签字的单据如果不另外加具原始签字的话，也不视为签署过的正本。如果要求单据“签字并盖章”或类似措辞，则单据只要载有签字及签字人的名称，无论该名称是打印、手写或盖章，均满足该项要求。

40. 除非另有规定，在带有公司抬头的信笺上的签字将被认为是该公司的签字。不需要在签字旁重复公司的名称。

单据的名称和联合单据

41. 单据可以使用信用证规定的名称或相似名称，或不使用名称。例如，信用证要求“装箱单”，无论该单据冠名为“装箱说明”还是“装箱和重量单”还是没有名称，只要单据包含了装箱细节，即为满足信用证要求。单据内容必须在表面上满足所要求单据的功能。

42. 信用证列明的单据应作为单独单据提交。如果信用证要求装箱单和重量单，当提交两份独立的装箱单和重量单或提交两份正本装箱单和重量联合单据时，只要该联合单据同时表明装箱和重量细节，即视为符合信用证要求。

汇票和到期日的计算

票期

43. 票期必须与信用证条款一致。

A. 如果汇票不是见票即付或见票后定期付款，则必须能够从汇票自身内容确定到期日。

B. 以下是通过汇票内容确定汇票到期日的一个例子。如果信用证要求汇票的票期为提单日后60天，而提单日为2007年7月12日，则汇票期限可用下列任一方式表明：

①“提单日2007年7月12日后60日”；或，

②“2007年7月12日后60日”；或，

③“提单日后60日”，并且汇票表面的其他地方表明“提单日2007年7月12日”；或，

④在出票日期与提单日期相同的汇票上标注“出票日后60日”；或，

⑤“2007年09月10日”，也就是提单日后的60日。

C. 如果用提单日后×××天表示票期，则装船日应视为提单日，即使装船日早于或晚于提单签发日。

D. UCP600第3条提供了对使用“从……起”（from）和“在……之后”（after）来确定汇票到期日的参考。到期日的计算从单据日期、装运日期或其他事件的次日起起算，也就是说，从3月1日起10日或3月1日后10日均为3月11日。

E. 如果信用证下提交的一套提单显示不止一个装船批注，而且需要出具汇票，例如，于提单日后60日或从提单日起60日付款，而提单上有多个装船批注，且所有装船批注均

显示货物是从一个信用证允许的地理区域或地区装运，则将使用最早的装船批注日期计算汇票到期日。例如，信用证要求从欧洲港口装运，提单显示货物于8月16日在都柏林装上A船，于8月18日在鹿特丹装上B船，则汇票到期日应为在欧洲港口的最早装船日，也就是8月16日起的60天。

F. 如果信用证要求汇票开立成，例如，提单日后60日或从提单日起60日付款，而一张汇票项下提交了不止一套提单，则最晚的提单日期将被用来计算汇票的到期日。

44. 上述例子中提及的尽管是提单日，但相同原则适用于所有运输单据。

到期日

45. 如果汇票使用实际日期表示到期日，则该日期必须按信用证的要求计算。

46. 如果汇票是“见票×××日后”付款，则到期日应按如下方法确定：

(1) 对于相符的单据，或虽不相符但付款银行没有拒付的单据，到期日应为付款银行收到单据后的第×××日。

(2) 对于不相符且付款银行拒付过但随后又同意接受的单据，汇票到期日最晚为付款银行承兑汇票日后的第×××日。汇票承兑日不得晚于同意接受单据的日期。

47. 在所有的情况下付款银行都必须向交单人通知汇票到期日。上述票期和到期日的计算也适用于延期付款信用证，即也适用于不要求受益人提交汇票的情况。

银行工作日、宽限期、付款的迟延

48. 付款应于到期日在汇票或单据的付款地以立即能被使用的款项支付，只要到期日是付款地的银行工作日。如果到期日不是银行工作日，则应在到期日后的第一个银行工作日进行付款。付款的迟延，例如宽限期、汇票需要的时间等不能在汇票或单据所规定或同意的到期日之外。

背书

49. 如果必要，汇票必须背书。

金额

50. 金额大写必须准确反映小写未表示的金额，两者均应表明币别及信用证规定的情况。

51. 金额必须与发票一致，除非出现UC600第18条（b）款规定的情况。

如何出票

52. 汇票必须以信用证规定的人为付款人。

53. 汇票必须由受益人出票。

以申请人为付款人的汇票

54. 信用证可以要求提交以申请人为付款人的汇票作为所需单据的一种，但是不能开成凭以申请人为付款人的汇票兑用。

修正和变更

55. 汇票如有修正和变更，必须在表面看来经出票人证实。

56. 有些国家不接受带有修正和变更的汇票，即使有出票人的证实。此类国家的开证行应在信用证中声明汇票中不得出现修正或变更。

发　票

发票的定义

57. 信用证要求“发票”而未做进一步定义，则提交的任何形式的发票都可以接受（如商业发票、海关发票、税务发票、最终发票、领事发票等）。但是，“临时发票”、“预开发票”或类似的发票是不可接受的。当信用证要求提交商业发票时，标为“发票”的单据是可以接受的。

货物、服务或履约行为的描述和与发票相关的其他一般事项

58. 发票中的货物、服务或履约行为的描述必须与信用证规定的一致，但并不要求如同镜子反射那样一致。例如，货物细节可以在发票中的若干地方表示，当合并在一起时与信用证规定一致即可。

59. 发票中的货物、服务或履约行为的描述必须反映实际装运的货物。例如，信用证的货物描述显示两种货物，如10辆卡车和5辆拖拉机，如果信用证不禁止分批装运，而发票表明只装运4辆卡车，是可以接受的。列明信用证规定的全部货物描述，然后注明实际装运货物的发票也是可以接受的。

60. 发票必须表明装运货物的价值。发票中显示的单价（如有的话）和币种必须与信用证中的一致。发票必须显示信用证要求的折扣或扣减。发票还可显示信用证未规定的与付款或折扣等有关的扣减额。

61. 如果贸易术语是信用证中货物描述的一部分，或与货物金额联系在一起表示，则发票必须显示信用证指明的贸易术语，而且如果货物描述提供了贸易术语的来源，则发票必须表明相同的来源（如信用证条款规定“CIF 新加坡 Incoterms 2000”，那么“CIF 新加坡 Incoterms”就不符合信用证的要求）。费用和成本必须包括在信用证和发票中标明的价格术语所显示的金额内，不允许任何超出该金额的费用或成本。

62. 除非信用证要求，发票无需签字或标注日期。

63. 发票显示的货物数量、重量和尺寸不得与其他单据显示的同种数值相矛盾。

64. 发票不得表明：

a）溢装（UCP600 第30条（b）款规定的除外）；或：

b）信用证未要求的货物（包括样品、广告材料等），即使注明免费。

65. 信用证要求的货物数量可以有5%的溢短装幅度。但如果信用证规定货物数量不得超额或减少，或信用证规定的货物数量是以包装单位或个数计算时，不适用此条。货物数量在5%幅度内的溢装并不意味着允许支取的金额超过信用证金额。

66. 即使信用禁止分批装运，只要货物全部装运，且单价（如信用证有规定的话）没有减少，则发票金额有5%的减幅是可接受的，如果信用证未规定货物数量，发票的货物数量即可视为全部货物数量。

67. 如果信用证要求分期装运，则每批装运必须与分期装运计划一致。

涵盖至少两种不同运输方式的运输单据

UCP600 第 19 条的适用

68. 如果信用证要求提交包括至少两种运输方式的运输单据（多式或联合运输单据），并且运输单据明确表明其覆盖自信用证规定的货物接管地或港口、机场或装货地至最终目的地的运输，则适用 UCP600 第 19 条之规定。在此情况下，多式联运单据不能表明运输仅由一种运输方式完成，但就采用何种运输方式可不予说明。

69. 本文件中所指多式联运单据还包括联合运输单据。单据不一定非使用“多式联运单据”或“联合运输单据”的名称才是 UCP600 第 19 条下可接受的单据，即使信用证使用了此类表述。

全套正本

70. 适用 UCP600 第 19 条的运输单据必须注明所出具的正本的份数。注明“第一正本”、“第二正本”、“第三正本”、“正本”、“第二份”、“第三份”等类似用语的运输单据都是正本。信用证项下多式联运单据不必非要注明“正本”字样才可被接受。除 UCP600 第 17 条以外，在考虑有关正本和副本的问题时，ICC 银行委员会（文件 470/871（修订），标题为“确定正本单据”，在 UCP500 第 20 条（b）款项下的政策声明，可提供进一步指导，在 UCP600 中仍然有效。该政策声明的内容作为本出版物的附录，以做参考。

多式联运单据的签署

71. 多式联运单据必须按 UCP600 第 19 条（a）款（i）项规定的方式签字，且承运人的名称必须出现在运输单据表面，并表明承运人的身份。

a）如果多式联运单据由代理人代表承运人签署，则必须表明其代理人身份，并且必须表明被代理人是谁，除非多式联运单据的其他地方已表明承运人的名称。

b）如果船长签署多式联运单据，则船长的签字必须表明“船长”身份。在这种情况下，不必注明船长的姓名。

c）如果由代理人代表船长签署多式联运单据，则必须表明其代理人身份。在这种情况下，不必注明船长的姓名。

72. 如果信用证规定“运输行多式联运单据可接受”或使用了类似用语，则多式联运单据可以由运输行以运输行身份签署，而不必表明其为承运人或其代理人。单据不必显示承运人名称。

装船批注

73. 多式联运单据的出具日期应视为发运、接管或装船的日期，除非单据上另有单独的注明日期的批注，表明货物已在信用证规定的地点发运、接管或装船，在此情况下，该批注日期即被视为装运日期，而不论该日期是早于或迟于单据的出具日期。

74. “已装船表面状况良好”（“Shipped in apparent good order”）、“已载于船”（“Laden on board”）、“清洁已装船”（“clean on board”）或其他包含“已装运”（“shipped”）或“已装在船上”（“on board”）之类用语的措辞与“已装运于船”（“shipped on board”）具有同样效力。

接管地、发运地、装货地和目的地

75. 如果信用证给出了接管地、发运地、装货地和目的地的地理区域（如“任一欧洲港口”），则多式联运单据必须注明实际的接管地、发运地、装货地和目的地，且该地点必须在规定的地理区域或范围内。

收货人、指示方、托运人、到货被通知人和背书

76. 如果信用证要求多式联运单据抬头以某具名人为收货人（如“收货人为×××银行”而不是“凭指示”或“凭×××银行的指示”等等）（即记名方式），则多式联运单据不得在该具名人的名称出现“凭指示”或“凭×××指示”的字样，不论该字样是打印上的还是预先印就的。同样，如果信用证要求多式联运单据抬头为“凭指示”或“凭某具名人指示”，则多式联运单据不得做成以该具名人为收货人的记名形式。

77. 如果多式联运单据做成指示式抬头或做成凭托运人指示式抬头，则该单据必须经托运人背书。托运人或代表托运人做的背书可以接受。

78. 如果信用证未规定到货被通知人，则多式联运单据上的相关栏位可以空白，或以任何方式填写。

转运和分批装运

79. 在多式联运方式下，将会发生转运，即自信用证规定的接管地、发运地或装货地至最终目的地之间的运输过程中，将货物从一种运输工具上卸下，再装上另一种运输工具（不论是否为不同的运输方式）。

80. 如果信用证禁止分批装运，而提交的正本多式联运单据不止一套，覆盖在一个或一个以上地点（信用证特别允许的地点或在给定的地理区域内）的装运、发运或接管，只要单据覆盖的货物运输系由同一运输工具完成，经同一航程，前往同一目的地，则此类单据可以接受。如果提交了一套以上的单据，而单据表明不同的装运、发运或接管日期，则按此日期中的最迟者计算交单期，且该日期为信用证规定的最迟装运、发运或接管的日期或之前。

81. 由一件以上运输工具（一辆以上的卡车、一艘以上的轮船、一架以上的飞机等）进行的运输即为分批装运，即使这些运输工具同日出发并驶向同一目的地。

清洁多式联运单据

82. 载有明确声明货物或包装状况有缺陷的条款或批注的多式联运单据是不可接受的。未明确声明货物或包装状况有缺陷的条款或批注（如“包装状况有可能无法满足航程”）不构成不符点，而说明包装“无法满足航程要求”的条款则不可接受。

83. 如果多式联运单据上出现“清洁”字样，但又被删除，并不视为有不清洁批注或条款，除非单据载有明确声明货物或包装有缺陷的条款或批注。

货物描述

84. 多式联运单据上的货物描述可以使用与信用证规定不矛盾的货物统称。

修正和变更

85. 多式联运单据上的修正与变更必须经过证实。证实从表面看必须由承运人、船长，或其代理人所为，该代理人可以与出具或签署单据的代理人不同，只要表明其作为承运人、船长的代理人身份。

86. 对于正本可能已做的任何修正或变更，多式联运单据的副本无须任何签字或证实。

运费和额外费用

87. 如果信用证要求多式联运单据注明运费已付或到目的地支付，则多式联运单据必须有相应标注。

88. 申请人和开证行应明确要求单据是注明运费预付还是到付。

89. 如果信用证规定运费之外的额外费用不可接受，则多式联运单据不得表示运费之外的其他费用已产生或将要产生。此类表示可以通过明确提及额外费用或使用与货物装卸费有关的装运术语表达，例如“装货船方免责”（Free in（FI））、“卸货船方免责”（Free Out（FO））、“装卸货船方免责”（Free In and Out（FIO））及“装卸货及堆积船方免责”（Free In and Out Stowed（FIOS）），运输单据上提到由于延迟卸货或货物卸载之后的可能产生费用如未能及时返还集装箱，不属于此处所说的额外费用。

货物涉及一套以上提单

90. 如果多式联运单据说明某一集装箱内的货物由该运输单据和另外一套或数套多式联运单据一起代表，并声明所有多式联运单据均须提交，或有类似表述，则意味着与该集装箱有关的所有多式联运单据必须一并提交后才能交付该集装箱的货物，此种多式联运单据不可接受，除非同一信用证项下的所有这类多式联运单据在同一交单时一并提交。

提　单

UCP600 第 20 条的适用

91. 如果信用证要求提交海洋运输单据（海洋、海运、港至港或其他表示），则适用 UCP600 第 20 条。

92. 只要运输单据是港至港运输单据，单据不一定要使用“海运提单”、“海洋提单”或“港至港提单”等措辞，才符合 UCP600 第 20 条的规定。

全套正本

93. 适用 UCP600 第 20 条的运输单据必须注明所出具的正本的份数。注明“第一正本”、“第二正本”、“第三正本”、“正本”、“第二份”、“第三份”等类似表述的运输单据都是正本。提单不一定非要注明“正本”字样才能被接受为正本。除 UCP600 第 17 条以外，在考虑有关正本和副本的问题时，ICC 银行委员会（文件 470/871（修订））标题为“确定正本单据”，在 UCP500 第 20 条（b）款项下的政策声明，可提供进一步指导，在 UCP600 中仍然有效。该政策声明的内容作为本出版物的附录，以做参考。

提单的签署

94. 正本提单必须以 UCP600 第 20 条（a）款（i）项规定的方式进行签字，且承运人的名称必须出现在提单上，并表明承运人身份。

（1）如果提单由代理人代表承运签署，则必须表明其代理人身份，而且必须表明所代理的承运人，除非提单表面的其他地方已经表明了承运人。

（2）如果船长签署提单，则船长的签字必须表明“船长”身份。在此情况下，不必标明船长的姓名。

（3）如果由代理人代表船长签署提单，则必须表明其代理人身份，在此情况下，不必标明船长的姓名。

95. 信用证规定“运输行提单可以接受”或使用了类似用语，则提单可以由运输行以运输行的身份而不必表明其为承运人或具名承运人的代理人。提单不必显示承运人的名称。

装船批注

96. 如果提交的是预先印就“已装运于船”的提单，提单的出具日期即视为装运日，除非提单带有加注日期的单独装船批注，此时，该装船批注的日期即视为装运日，而不论该批注日期是在提单签发日期之前还是之后。

97. “已装运表面状况良好”、“已载于船”、“清洁已装船”或其他包含“已装运”（“shipped”）或“已装在船上”（“on board”）之类用语的措辞与“已装运于船”（“shipped on board”）具有同样效力。

装货港和卸货港

98. 信用证要求的装货港名称应在提单的装货港栏中表明。如果很清楚货物是由船只从收货地运输，且有装船批注表明货物在“收货地”或类似栏名下显示的港口装载在该船上的话，也可在“收货地”或类似栏名下表明。

99. 信用证要求的卸货港名称应在提单的卸货港栏中表明。如果很清楚货物将由船只运送到最终目的地，且有批注表明卸货港就是“最终目的地”或类似栏名下显示的港口中，也要在“最终目的地”或类似栏名下表明。

100. 如果信用证规定了装货港或卸货港的地理区或范围（如“任一欧洲港口”），则提单必须表明实际的装港或卸货港，而且该港口必须位于信用证规定的地理区域或范围之内。

收货人、指示方、托运人、到货被通知人和背书

101. 如果信用证要求提单抬头以某具名人为收货人，如“收货人为×××银行”（即记名方式）而不是“凭指示”或“凭×××银行的指示”等等，则提单不得在具名人的名称前出现“凭指示”或“凭×××指示”的字样，不论该字样是打印还是预先印就的。同样，如果信用证要求提单抬头为“凭指示”或“凭某人指示”，提单就不能做成以该具名人为收货人的记名形式。

102. 如果提单做成指示式抬头或做成凭托运人指示式抬头，则该提单必须经托运人背书。代理人或代表托运人所做的背书是可以接受的。

103. 如果信用证未规定到货被通知人，则提单中的相关栏位可以空白，或以任何方式填写。

转运和分批装运

104. 转运是指信用证规定的装货港到卸货港之间的海运过程中将货物从一艘船卸下再装上另一艘船。如果卸货和再装船不是发生在装货港和卸货港之间，则不视为转运。

105. 如果信用证禁止分批装运，而提交的正本提单不止一套，装运港为一个或一个以上的港（信用证特别允许或在信用证规定的特定地理范围内），只要单据表明运输的货物是用同一艘船并经同一航程，目的地为同一卸货港，则此种单据可以接受。如果提交了一套以上的提单，而提单表明不同的装运日期，则最迟的装运日期将被用来计算交单期限，且该日期必须在信用证规定的最迟装运日或之前。货装多艘船即构成分批装运，即使这些船在同日出发并驶向同一目的地。

清洁提单

106. 载有明确声明货物及/或包装状况有缺陷的条款或批注的提单是不可接受的，未明确声明货物及/或包装状况有缺陷的条款或批注（如“包装状况可能无法满足海运航程”），不构成不符点。说明包装“是无法满足海运航程的”声明不可接受。

107. 如果提单下出现“清洁”字样，但又被删除，并不视为有不清洁批注或不清洁，除非提单载有明确声明货物或包装缺陷的条款或批注。

货物描述

108. 提单上的货物描述可以使用与信用证规定不矛盾的货物统称。

修正和变更

109. 提单上的修正和变更必须经过证实。证实从表面看来必须是由承运人、船长，或其代理人所为（该代理人可以与出具或签署提单的代理人不同），只要表明其作为承运人或船长的代理人身份。

110. 对于正本可能已做的任何修正或变更，不可转让提单副本无需任何签字或证实。

运费和额外费用

111. 如果信用证要求提单注明运费已付或到目的地支付，则提单必须有相应标注。

112. 申请人和开证行应明确要求单据是注明运费预付还是到付。

113. 如果信用证规定运费之外的额外费用不可接受，则提单不得显示运费之外的其他费用已产生或将要产生。此类表示可以通过明确提及额外费用或使用与货物装卸费有关的装运术语表达，例如“装货船方免责”（Free in（FI））、“卸货船方免责”（Free Out（FO）），“装卸货船方免责”（Free In and Out（FIO））及“装卸货及堆积船方免责”（Free In and Out Stowed（FIOS））。运输单据上提到由于延迟卸货或货物卸载之后可能产生的费用如未能及时返还集装箱，不属于此处所说的额外费用。

货物涉及一套以上提单

114. 如果一份提单说明某一集装箱内的货物由该提单和另外一套或多套提单一起代表，且该提单声明所有提单均须提交，或有类似表述，则意味着与该集装箱有关的所有提单必须一并提交后才能交付该集装箱。此类提单不可接受，除非同一信用证项下的所有这类提单在同一次交单时一并提交。

租船合约提单

UCP600 第 22 条的适用

115. 如果信用证允许提交租船合约提单且租船合约提单被提交，则适用 UCP600 第 22 条。

116. 一份以任何形式表明受租船合约约束的租船合约提单即为UCP600第22条所指的租船合约提单。

全套正本

117. 适用UCP600第22条的运输单据必须注明所出具的正本份数。注明“第一正本”、“第二正本”、“第三正本”、“正本”、“第二份”、“第三份”等类似用语的运输单据均为正本。信用证项下，租船合约提单不必非要注明“正本”字样才能被接受。除UCP600第17条以外，在考虑有关正本和副本的问题时，ICC银行委员会（文件470/871（修订））标题为“确定正本单据”，在UCP500第20条（b）款项下的政策声明，可提供进一步指导，在UCP600中仍然有效。该政策声明的内容作为本出版物的附录，以做参考。

租船合约提单的签署

118. 正本租船合约提单必须以UCP600第20条（a）款（i）项规定的方式进行签字。

（1）如果租船合约提单由船长、租船方或船东签署，则船长、租船方或船东的签字必须表明其身份。

（2）如果由代理人代表船长、租船方或船东签署，则必须表明其代理人身份，在这种情况下，船长的姓名不需要显示，但是租船方或船东的姓名必须出现。

装船批注

119. 如果提交的是预先印就“已装运于船”字样的租船合约提单，提单的出具日期即视为装运日期，除非提单上另有装船批注，此时装船批注日期即视为装运日期，而不论该日期是在提单签发日期之前还是之后。

120. “已装运表面状况良好”（“Shipped in apparent good order”）、“已载于船”（“Laden on board”）、“清洁已装船”（“Clean on board”）或其他包含“已装运”（“Shipped”）或“已装在船上”（“on board”）之类用语的措辞与“已装运于船”（“Shipped on board”）具有同样效力。

装货港和卸货港

121. 如果信用证规定了装货港及/或卸货港的地理区域或范围（例如“任一欧洲港口”），租船合约提单必须注明实际的装货港且该装货港必须位于规定的地理区域或范围内，但可用地理区域或范围表示卸货港。

收货人、指示方、托运人、到货被通知人和背书

122. 如果信用证要求租船合约提单抬头以某具名人为收货人（如“收货人为×××银行”而不是“凭指示”或“凭×××银行的指示”等等）（即记名方式），则租船合约提单不得在该具名人的名称前出现“凭指示”或“凭×××指示”的字样，不论该字样是打印上的还是预先印就的。同样，如果信用证要求租船合约提单抬头为“凭指示”或“凭某具名人指示”，则该提单不得做成以该具名人为收货人的记名形式。

123. 如果租船合约提单做成指示式抬头或做成凭托运人指示式抬头，则该单据必须经托运人背书。代理人或代表托运人做的背书是可以接受的。

124. 如果信用证未规定到货被通知人，则租船合约提单上的相关栏位可以空白，或以任何方式填写。

分批装运

125. 如果信用证禁止分批装运，而提交的正本租船合约提单不止一套，且装运港为一个或一个以上港口中（信用证特别允许或在信用证规定的特定地理区域内），只要单据表明运输的货物是用同一艘船并经同一航程，目的地为同一卸货港、同一港口范围或地理区域，单据是可以接受的。如果提交了一套以上的租船合约提单，而提单表明不同的装运日期，则最迟的装运日期将被用来计算交单期限，且该日期必须在信用证规定的最迟装运日或之前。货装多艘船即构成分批装运，即使这些船在同日出发并驶向同一目的地。

清洁租船合约提单

126. 载有明确声明货物及/或包装状况有缺陷的条款或批注的租船合约提单是不可接受的。未明确声明货物及/或包装状况有缺陷的条款或批注（如“包装状况有可能无法满足海运航程”），不构成不符点。而说明包装“是无法满足海运航程的”的声明则不可接受。

127. 如果租船合约提单上出现“清洁”字样，但又被删除，并不视为有不清洁批注或不清洁，除非单据上载有明确声明货物或包装有缺陷的条款或批注。

货物描述

128. 租船合约提单上的货物描述可使用与信用证规定不矛盾的货物统称。

修正和变更

129. 租船合约提单上修正和变更必须经过证实。证实须表面上看来系由船东、租船方、船长，或其代理人所为（该代理人可以与出具或签署提单的代理人不同），只要表明其作为船东、租船方或船长的代理人身份。

130. 对于正本上可能已做任何修正或变更，不可转让的租船合约提单副本无需任何签字或证实。

运费和额外费用

131. 如果信用证要求租船合约提单注明运费已付或到目的地支付，则租船合约提单必须有相应标注。

132. 申请人和开证行应明确要求单据是注明运费预付还是到付。

133. 如果信用证规定运费之外的额外费用不可接受，则租船合约提单不得表示运费之外的其他费用已产生或将要产生。此类表示可以通过明确提及额外费用或使用与货物装卸费有关的装运术语表达，例如“装货船方免责”（Free In（FI）），“卸货船方免责”（Free Out（FIO））及“装卸货及堆积船方免责”（Free In and Out Stowed（FIOS））。运输单据上提到由于延迟卸货或货物卸载之后的延迟可能产生费用，不属于此处所说的额外费用。

空运单据

UCP600 第 23 条的适用

134. 如果信用证要求提交机场到机场运输单据，则适用 UCP600 第 23 条。

135. 如果信用证要求提交“航空运单”或“航空发货通知书”等类似单据，则适用

UCP600 第 23 条，只要空运单据覆盖了机场到机场的运输，不一定非要使用上述或类似用语才符合第 23 条要求。

正本空运单据

136. 空运单据必须看来系“发货人或托运人的正本”。如果要求提交全套正本单据，只要提交一份表明是发货人或托运人正本的单据即可

空运单据的签署

137. 正本空运单据必须以 UCP600 第 23 条（a）款（i）项规定的方式签署，且承运人的名称必须出现在空运单据上，并表明承运人身份。如果由代理人代表承运人签署空运单据，则必须表明其代理人身份，且必须注明被代理的承运人，除非空运单据的其他地方注明了承运人。

138. 如果信用证规定“航空分运单可接受”或“运输行航空运单可接受”或类似用语，则空运单据可由运输行发运输行的身份签署，而无需表明其为承运人或具名承运人的代理，无需表明承运人名称。

货物收妥待运、装运日期与对实际发运日期的要求

139. 空运单据必须表明货物已收妥待运。

140. 空运单据的签发日期被认为是发运日期，除非单据上显示了单独的发运日期，在此种情况下，标记的日期将被认为是发运日期。空运单据上的其他与航班号、日期相关的信息不被用来确定发运日期。

出发地机场和目的地机场

141. 空运单据必须标明信用证要求的出发地机场和目的地机场。用 IATA 代码而非机场全称（例如用 LHR 来代替伦敦希思罗机场）表明机场名称不是不符点。

142. 如果信用证规定了出发地机场及/或目的地机场的地理区域或范围（例如“任一欧洲机场”），则空运单必须注明实际的出发地机场及/或目的地机场，而且该机场必须位于规定的地理区域或范围内。

收货人、指示方和到货被通知人

143. 空运单据不是物权凭证，因此不应做成“凭指示”式或“凭某具名人指示”式抬头。即使信用证要求空运单据做成“凭指示”式或“凭某具名人指示”式抬头，如提交的单据表明收货人为该具名人，则即使该单据没有做成“凭指示”式或“凭某具名人指示”式抬头，也可接受。

144. 如果信用证未规定到货被通知人，则空运单上的相关栏位可以空白，或以任何方式填写。

转运和分批装运

145. 转运是指信用证规定的出发地机场到目的地机场之间的运输过程中，将货物从一架飞机上卸下再装上另一架飞机的运输。如果卸货和再装不是发生在出发地机场和目的地机场之间，则不视为转运。

146. 如果信用证禁止分批装运，而提交的空运单据不止一份，覆盖从一个或一个以上出发地机场（经信用证特别允许或在信用证规定的范围内）的运输，只要单据表明运

输的货物是用同一架飞机，并经同一航程，目的地为同一机场，则此种单据可以接受。如果提交了一份以上的空运单据表明不同的装运日期，则最迟的装运日期将被用来计算交单期限，且该日期必须在信用证规定的最迟装运日之前或当日。

147. 货装多架飞机即构成分批装运，即使这些飞机在同日出发并飞往同一目的地。

清洁空运单据

148. 载有明确声明货物或包装状况有缺陷的条款或批注的空运单是不可接受的。未明确声明货物或包装状况有缺陷的条款或批注（如“包装状况有可能无法满足空运航程”），不构成不符点，而说明包装“是无法满足海运航程的”的条款则不可接受。

149. 如果空运单上出现“清洁”字样，但又被删除，并不视为有不清洁批注或不清洁，除非单据上载有明确声明货物或包装有缺陷的条款或批注。

货物描述

150. 空运单上的货物描述可以使用与信用证规定不矛盾的货物统称。

修正和变更

151. 空运单上的修正和变更必须经过证实。证实须表面上看来系由承运人或其代理人所为（该代理人可以与出具或签署空运单据的代理人不同），只要表明其作为承运人的代理人身份。

152. 空运单据的副本无需承运人或代理人的签字（或托运人的签字，即使信用证要求正本空运单据上有其签字），也不要求对正本单据上可能已作出的任何修正或变更进行任何证实。

运费和额外费用

153. 如果信用证要求空运单注明运费已付或到目的地支付，则空运单必须有相应标注。

154. 申请人和开证行应明确要求单据是注明运费预付还是到付。

155. 如果信用证规定运费之外的额外费用不可接受，则空运单不得表示运费之外的其他费用已产生或将要产生。此类表示可以通过明确提及额外费用或使用与货物装卸费有关的装运术语表达。运输单据上提到由于延迟卸货或货物卸载之后的延迟可能产生费用，不属于此处所说的额外费用。

156. 空运单据常常有单独的栏位，通过印就的标题分别标明“预付”运费和“到付”运费。如果信用证要求空运单据表明运费已预付，则在标明“预付”运费或类似用语的栏位内填具运输费用即符合信用证要求。如果信用证要求空运单据表明运费到付，则在标明“待收运费”或类似用语的栏位内填具运输费用即符合信用证要求。

公路、铁路或内河运输单据

UCP600 第 24 条的适用

157. 如果信用证要求提交覆盖公路、铁路或内河运输的运输单据，则适用 UCP600 第 24 条。

公路、铁路或内河运输单据的正本和第二联

158. 如果信用证要求铁路或内河运输单据，则不论提交的运输单据是否注明正本单据，都将作为正本单据接受。公路运输单据必须表明其为签发给托运人/发货人、来人的一联，或者对其签发对象不做任何标注。对铁路运单而言，许多铁路运输公司的做法是仅向托运人/发货人提供加盖铁路公司印章的一联（常常是拓印联）。此联将作为正本接受。

公路、铁路或内河运输单据的承运人与签署

159. 如果运输单据表面已经以其他方式表明承运人的承运人身份，"承运人"一词不需要出现在签字处，只要运输单据表面看来是由承运人或其代理人签署。国际标准银行实务做法接受带有铁路发运站日期章的铁路运输单据，无需注明承运人名称或者为或代表承运人签字的具名代理人的名称。

160. UCP600 第 24 条使用的"承运人"一词包括运输单据中的"签发承运人"、"实际承运人"、"后继承运人"及"承包承运人"等用语。

161. 运输单据上的任何签字、盖章、收妥表示必须表面看来系由下列人员之一作出：

a）承运人，并表明其承运人身份，或

b）为承运人或代表承运人签字的具名代理人，并注明代理人所代表的承运人的名称和身份。指示方、到货被通知人和背书。

162. 不是物权凭证的运输单据不应做成"凭指示"式或"凭某具名人指示"式抬头。即使信用证要求将不是物权凭证的运输单据做成"凭指示"式或"凭某具名人指示"式抬头，如提交的单据表明收货人为该具名人，则即使该单据没有做成"凭指示"式或"凭×××指示"式抬头，也可接受。

163. 如果信用证未规定到货被通知人，则运输单据上的相关栏位可以空白，或以任何方式填写。

分批装运

164. 由一件以上运输工具（一辆以上的卡车、一辆以上的火车、一艘以下的轮船等）进行的运输即为分批装运，即使这些运输工具同日出发并驶向同一目的地。

货物描述

165. 运输单据中的货物描述可以使用与信用证规定不矛盾的货物统称。

修正和变更

166. UCP600 第 24 条规定的运输单据的修正和变更必须经过证实。证实须表面上看来系由承运人或其具名代理人所为。该代理人可以与出具或签署单据的代理人不同，只要表明其作为承运人的代理人身份。

167. 对 UCP600 第 24 条所规定的运输单据正本上可能已作出的任何修正或变更，其副本不需要进行任何签字或证实。

运费和额外费用

168. 如果信用证要求 UCP600 第 24 条规定的运输单据注明运费已付或到目的地支付，则运输单据必须有相应标注。

169. 申请人和开证行应明确要求单据是注明运费预付还是到付。

保险单据

UCP600 第 28 条的适用

170. 如果信用证要求提交保险单据，如保险单或预约保险项下的保险证明书或声明书，则适用 UCP66 第 28 条。

保险单据的出单人

171. 保险单据必须在表面上看来是由保险公司、承保人或其代理人或代表出具并签署。如保险单据表面有要求或信用证条款要求，所有正本必须表面看来已被副签。

172. 如果保险单据在保险经纪人的信笺上出具，只要该保险单据是由保险公司或其代理人或代表，或由承保人或其代理人或代表签署，该保险单据可以接受。保险经纪人可以作为具名保险公司或具名保险商的代理人进行签署。

承保风险

173. 保险单据必须投保信用证规定的风险。即使信用证明确列明应投保的风险，则保险单据可做任何排除。如果信用证要求“一切险”，则只要提交任何带有“一切险”条款或批注的保险单据，即使该单据声明不包括某些风险，也符合信用证要求。如果保险单据标明投保（伦敦保险）协会货物保险条款（A），也符合信用证关于“一切险”条款或批注的要求。

174. 同一运输的同一险种的保险必须由同一保险单据表示，除非进行部分保险的多份保险单据通过百分比或其他方式明确反映每一保险人的保险价值，并且每一保险人将各自分别承担自己的责任份额，不受同一运输可能已经办理的其他保险的影响。

日期

175. 载有有效期的保险单据必须清楚地表明该有效期限是关于货物装船、发运或接管（如适用的话）的最迟日期，而不是保险单据项下提出索赔的期限。

比例和金额

176. 保险单据必须按信用证使用的币种，并至少按信用证要求的金额出具。UCP 没有规定任何最高比例。

177. 如果信用证要求保险金额不计免赔率，则保险单据不得含有表明保险责任受免赔率或免赔额约束的条款。

178. 如果从信用证或单据可以得知最后的发票金额仅仅是货物总价值的一部分（例如由于折扣、预付或类似情况，或由于货物的部分价款将晚些支付），也必须将货物的总价值为基础来计算保险金额。

被保险人和背书

179. 保险单据必须按信用证要求的形式出具，并且在需要时经有权索偿人背书。如果信用证要求空白背书式的保险单据，则保险单据也可开立成来人式，反之亦然。

180. 如果信用证对被保险人未做规定，则标明赔偿将付给托运人或受益人指定的人的保险单据不可接受，除非经过背书。保险单据应开立成或背书成使保险单据项下的索赔权利在放单之时或之前得以转让。

原产地证明

基本要求

181. 如信用证要求原产地证明，则提交经过签署，注明日期的证明货物原产地的单据即满足要求。

原产地证明的出具人

182. 原产地证明必须由信用证规定的人出具。但是，如果信用证要求原产地证明由受益人、出口商或厂商出具，则由商会出具的单据是可以接受的，只要该单据相应地注明受益人、出口商或厂商。如果信用证没有规定由谁来出具原产地证明，则由任何人包括受益人出具的单据都可接受。

原产地证明的内容

183. 原产地证明必须表面上与发票的货物相关联。原产地证明中的货物描述可以使用与信用证规定不相矛盾的货物统称，或通过其他援引表明其与要求的单据中的货物相关联。

184. 收货人的信息，如果显示，则不得与运输单据中的收货人信息相矛盾。但是，如果信用证要求运输单据作成“凭指示”、“凭托运人指示”、“凭开证行指示”或“货发开证行”式抬头，则原产地证明可以显示信用证的申请人或信用证中具名的另外一人作为收货人。如果信用证已经转让，那么以第一受益人作为收货人也可接受。

185. 原产地证明可发显示信用证受益人或运输单据上的托运人之外的另外一人为发货人/出口方。

参考文献

［1］舒红、徐丰、吴百福：《国际贸易结算实务》，中国商务出版社 2007 年版。

［2］苏宗祥：《国际结算》，中国金融出版社 2004 年版。

［3］蒋琴儿、秦定：《国际结算理论·实务·案例》，清华大学出版社 2007 年版。

［4］华坚：《国际结算》，电子工业出版社 2008 年版。

［5］沈其明：《国际结算》，机械工业出版社 2006 年版。

［6］庄乐梅：《国际结算实务精要》，中国纺织出版社 2004 年版。

［7］姚新超：《国际结算：实务与操作》，对外经济贸易大学出版社 2006 年版。

［8］肖勇：《现代货物进出口与单证实务》，上海教育出版社 2007 年版。

［9］卓乃坚：《国际贸易支付与结算及其单证实务》，东华大学出版社 2004 年版。

［10］周红军：《最新国际贸易结算管理与操作实务》，中国金融出版社 2005 年版。

［11］陈岩、刘玲：《UCP600 与信用证精要》，对外经济贸易大学出版社 2007 年版。

［12］庞红：《国际贸易结算》，中国人民大学出版社 2007 年版。

［13］刘昊虹：《国际结算实验教程》，中国金融出版社 2005 年版。

［14］靳生：《国际结算实验教程》，中国金融出版社 2007 年版。

［15］王益平、莫再树：《国际支付与结算》，清华大学出版社 2004 年版。

［16］高洁：《国际结算案例评析》，对外经济贸易大学出版社 2006 年版。

［17］蒋先玲：《国际贸易结算实务与案例》，对外经济贸易大学出版社 2005 年版。

［18］顾建清，姚海明，袁建新：《国际结算》，复旦大学出版社 2006 年版。

［19］田运银：《国际贸易单证精讲》，中国海关出版社 2008 年版。

［20］余世明：《国际商务单证实务》，暨南大学出版社 2007 年版。

［21］李一平、梁柏谦、张然翔：《跟单信用证项下出口审单实务》，中国商务出版社 2005 年版。

［22］周红军：《福费廷》，中国海关出版社 2008 年版。

［23］于立新：《现代国际保理通论》，中国物价出版社 2002 年版。

［24］周玮、朱明：《国际贸易结算单据》，广东经济出版社 2002 年版。

［25］周玮、朱明：《国际贸易结算信用证》，广东经济出版社 2002 年版。

［26］国际商会中国国家委员会，《ICC 跟单信用证统一惯例》（UCP600），中国民主法制出版社 2006 年版。